漢語史學報

第二十一輯

浙江大學漢語史研究中心編

上海教育出版社

目　録

王國維校録段玉裁批注《廣韻》考述 …… 張民權(1)
承襲與出新：新井白石《東音譜》與方以智《切韻聲原》 …… 李無未　鍾雪珂(14)
王念孫《合韻譜》《古韻譜》比較研究 …… 趙曉慶(29)
從反切結構看東晉三家經師的重紐性質 …… 許樹妙(55)

《鹿母經》真僞考 …… 裘雲青(67)

俞樾《諸子平議・楊子法言》辨疑 …… 郭鵬飛　蔡　挺(91)
中古新詞"趁"與文獻斷代 …… 真大成　向學春(101)
《列子》語言地域性考察
——以楚方言詞為中心 …… 嵇華燁(105)

漢法運動事件詞化類型演變比較研究
——基於古今對譯語料語用傾向的調查 …… 史文磊(111)
範圍、程度、頻率、語氣
——副詞之間的語義關聯 …… 李小軍(125)
"罪過"向會話程式語的語用化 …… 張愛玲(139)
吴語瑞安話的兩類定指"量名"結構及其關聯 …… 吴　越(150)

"俘囚"補説 …… 方一新　郭作飛(161)
再釋"薄相" …… 王　健(167)
"静便"考源 …… 湯傳揚(175)
《肉蒲團》詞語例釋 …… 王　曉(179)
《世説新語》札記二則 …… 劉芳池(183)
《説文》"湑"字"一曰露皃"探源 …… 羅　濤(185)
釋《楚帛書》古楚語詞"凼"
——兼談南方方言"凼"的來源 …… 吴春亮(193)

"相當"一詞考釋中的斷句問題 …… 王閏吉(202)
《漢書・古今人表》"榮聲期"異名辯正 …… 徐　凌　孫尊章(209)

編者的話 …… (216)

王國維校録段玉裁批注《廣韻》考述*

張民權

内容提要 《廣韻》校勘是一件非常重要的文獻研究工作,清代以來學者們都非常重視,尤其是乾嘉年間,《廣韻》校本甚多。現在能見到的有清人鈔録的惠棟、段玉裁、顧廣圻等人的校本,也有其他學者的校本,諸如沈大成、吴玉墀等,這些學者在語言學上具有很深的造詣,他們在韻字校正和文獻疏證上均有獨到之處,並將校勘範圍擴展到聲韻、方言以及俗字的辨析上。王國維曾臨録過黄丕烈臨摹的段玉裁《廣韻》校本,同時對《廣韻》也做了全面的校勘。王國維善於利用新發現的歷史文獻,運用唐寫本《切韻》《唐韻》等進行校勘,比較《切韻》與《廣韻》在小韻及韻字上的異同,開《廣韻》校勘一代新風。

關鍵詞 《廣韻》校勘　王國維臨録　段玉裁批注

〇　引言

《廣韻》自宋景德年間刊刻之後,歷經宋元明數朝,雖刻本很多,但至清代已屬罕見之物,而元明期間,所刻《廣韻》多爲節注本。康熙初,顧炎武在淮上得一《廣韻》,亟請陈上年、張力臣刊刻之(康熙六年,1667),後乃悟爲明内府節本(按應爲元本)。戴震《顧氏音論跋》曰:"《廣韻》已無善本,致使唐宋用韻沿革異同,莫之或知。以顧君之精博,而猶覈之疏,他人無論矣。"①朱彝尊《重刊廣韻序》:"曩崑山顧處士炎武校《廣韻》,力欲復古,刊之淮陰,第仍明内庫鏤板。"從這裏可以看出清代《廣韻》藏本稀罕。按顧炎武所刻《廣韻》乃元代删節本,這點《四庫全書提要》已有辨正之言,另外紀昀《書明人重刊〈廣韻〉後》和《書張氏重刊〈廣韻〉後》亦有辨證文字②。從文獻記載看,清代學者所收藏的《廣韻》可以説是屈指可數。如曹寅、毛扆、徐元文、盧文弨藏宋本《廣韻》等,另外朱筠藏有多種元明刻本《廣韻》,等等③。

《廣韻》在清代的廣爲流傳首先歸功於康熙間張士俊刊刻《廣韻》。

清人刊刻《廣韻》自顧炎武始,其後康熙四十三年(1704)張士俊刊刻宋本《廣韻》,四十五年(1706)曹寅刊刻宋本《廣韻》,當時刻本主要爲這三種,而張刻本流傳最廣。自此之後《廣韻》才開始在學者中廣爲流布,對《廣韻》校勘工作也就隨之展開。根據筆者所見現有文獻,清代校勘《廣韻》比較著名的有惠棟、段玉裁、顧廣圻等人。此外很多學者也做了《廣韻》校勘工作,今北京、上海、南京、武漢等地圖書館就藏有吴玉墀、沈大成、沈廷芳、翰臣(龍啓

* 本文曾在2016(武漢)紀念黄侃先生誕辰130週年國際學術研討會上宣讀,有修改,本文发表的是其中一部分。本文爲中國傳媒大學高精尖項目"传统文化創新傳播——王國維與清代學者《廣韻》校勘研究"(項目編號:CUC18A016-2)的階段性成果。

① 戴震著,趙玉新點校. 戴震文集:第4卷[M]. 北京:中華書局,1980:86.

② 見《紀曉嵐文集》第一册第十一卷《書後》。

③ 以上參見盧文弨《抱經堂文集》卷八《廣韻跋》和朱筠《笥河文集》卷六《蘇州張氏廣韻刊本書後》等。

瑞）等人批校的《廣韻》，還不包括那些無名氏校勘的《廣韻》①，此外還有一些學術札記和文獻研究性的校勘，如鄧顯鶴《廣韻校刊札記》和鄭文焯《宋本廣韻訂》等，國家圖書館有藏本。因此，《廣韻》校勘包括兩種形式，一是文本式的韻書校勘，二是學術札記式的文獻研究。當時校勘本主要是張氏澤存堂本，其他版本校勘者甚少②。

從現存清代學者校勘的《廣韻》看，其校勘有多種體例和形式，學者根據自己學養和專攻興趣，批校時各有側重點。概括起來，不外乎有三：一是校勘《廣韻》韻字及其注釋上的訛誤，補正其文獻徵引上的不足，以及補正《廣韻》反切又音，説明其方言性質等；二是以唐宋詩歌用韻説明《廣韻》韻字收録等方面的問題，如沈廷芳的《廣韻》校勘，傅山批校亦有此類性質；三是以周秦古音分部爲標準，説明《廣韻》韻字與古今音的分合關係，標注其古音字，如翰臣所校《廣韻》即如此；或是標記出古今音韻相出入的韻字，如段玉裁校勘。可見清人校勘範圍之廣，但以第一類校勘爲多爲常，從中最能見這些學者的文字音韻訓詁與文獻學功底。他們不僅是在韻字校正和文獻疏證上，並且將校勘範圍擴展到聲韻、方言以及俗字的辨析上。

清代乾隆年間修纂《四庫全書》時，史館編修人員就對《廣韻》進行了校勘工作，這些校勘内容編排在全書之末的《四庫全書考證》卷二十經部中。《四庫》收録《廣韻》凡二，一爲《原本廣韻》，元删節本，一曰《重修廣韻》，《提要》謂"此本爲蘇州張士俊從宋槧翻雕"，蓋謂張刻澤存堂《廣韻》祖本之類。而校勘内容爲《重修廣韻》，校正文字訛誤、脱誤、衍文以及注釋文獻引用不確等達 360 餘條。裏面引用了"據張士俊本"改五條，可見它不是張刻本《廣韻》，而是張刻本的原宋本《廣韻》，但它不是一部完整的《廣韻》版本，從注釋和反切體例看，而是兩種本子的拼合版。

清代學者在語言學上具有很深的造詣，他們在韻字校正和文獻疏證上均有獨到之處，對我們今日研究《廣韻》多有裨益，文獻參考價值極高。王國維曾臨録過黄丕烈臨摹的段玉裁《廣韻》校本，同時對《廣韻》也做了全面的校勘。王國維善於利用新發現的歷史文獻，運用唐寫本《切韻》《唐韻》等進行校勘，比較《切韻》與《廣韻》在小韻及韻字上的異同，開《廣韻》校勘一代新風。近代黄侃、周祖謨也對《廣韻》進行了校勘工作，無疑，這些研究成果將成爲一筆豐厚的歷史文化遺産。本文主要敘述王國維臨録段玉裁批校《廣韻》及相關歷史情況，至於清代學者諸如惠棟、顧廣圻、沈大成、吴玉搢等學者的研究，以及王國維校勘内容等，我們將會陸續以系列論文發表。

一　王國維校録本基本情況

段玉裁批注《廣韻》原本不存，雖有清人臨録本，但很少見，南京圖書館有無名氏抄録本（善本書號 115032），今有王國維迻録並校注的《廣韻》五卷（張氏澤存堂刻本），國家圖書館有膠卷拍照本，日本東京大學東洋文化研究所等亦有複印本。另外，中國社會科學院圖書館，

① 張亮、譚曉明（2010：96-99）《善本古籍〈廣韻〉版本考》一文曾有調查記録。

② 如國家圖書館藏有傅山批校張弨刻《廣韻》，何焯校跋曹寅刻《廣韻》等。按傅山批校《廣韻》僅有少量文獻校勘，而主要是杜甫詩句按韻注釋。何焯校跋本除卷一末一段校語外，書中校勘文字甚少。

以及臺灣"中研院"歷史語言研究所亦有無名氏迻録的王國維校本。① 臺灣本用朱墨兩筆批校,"書中有朱、黑筆批校,琳瑯滿目"②。原件筆者未見,本文研究使用的主要是國家圖書館藏膠卷本和東京大學复印本。各種本子略有異同,國圖本子王國維批注詳細,增加了丙寅年(1926)"王韻"等唐韻校注;其卷首有王國維的名章,屬王國維原校本(善本書號 A02138)。東京大學本及社科院圖書館本簡略,不如國圖本内容豐富,缺後來丙寅年"王韻"批校及卷末王國維"丙寅"年校記文字,很顯然是丙寅年之前王國維批校。東京大學本疑爲王國維弟子趙萬里臨録本,字跡規整秀麗,小楷書寫,卷五入聲末有一行批録文字:"丙寅十月校王仁昫《切韻》,萬里。"趙萬里後來或有補校(見下)。

國圖尚有一本無名氏過録的王國維校本(善本書號 18245),校勘内容與國圖原本一致,但書法不及東京大學趙臨本。此書本爲清乾隆間李繩藏本,《廣韻》目録頁有"芸業齋"葫蘆印,卷末有"讀書秋樹根"方印。此書後爲嘉慶間吴云所得,目録頁上有"建安吴氏二百蘭亭齋藏書之印",流傳有緒,也是一部很珍貴的澤存堂《廣韻》善本。究竟爲誰人臨録,不可知曉。可見王國維《廣韻》批校本流傳於海内外者至少有五種。趙臨本有趙氏批校語數條,一條見於原書卷一支韻十七葉"錘"字注文"八銖",下批曰:"里按一本《切韻》仍作銖,長孫注本作兩。"一條見於卷四末尾:"丙寅十月廿二日以王氏《切韻》校此卷。萬里。"丙寅歲爲民國十五年,即公元 1926 年。卷四去聲霽韻葉眉和綫韻葉眉又有"王先生曰"云云數條,補敘王國維之説③,蓋趙萬里在王國維生前幫助查閱過資料(王國維逝於 1927 年 5 月),並幫校閲過若干部分。這種校閲的痕跡集中在《廣韻》去聲和入聲兩卷上。

段注《廣韻》爲清代著名藏書家黄丕烈臨録,後清末烏程蔣氏收藏黄氏臨本,王國維校本即以蔣氏本迻録。卷首王國維記曰:"庚申歲不盡七日,借烏程蔣氏藏黄復翁臨校本録一過,並録原跋。"庚申歲爲民國九年,即 1920 年。蔣氏藏黄氏臨校本今歸藏於國家圖書館,另有南京圖書館藏無名氏臨録段玉裁校本,但無黄丕烈批校序跋。書末有一簽記:"道光庚寅七月十七日重校。"比黄臨本晚幾年。南圖本段校用朱筆,抄録者批語墨筆,體例非常清晰;與黄氏臨録本比較,南圖本段注條目比黄氏臨本多,如上平聲多出 26 條,下平聲多出 44 條,所以南圖本段校《廣韻》彌足珍貴。

王國維所言"烏程蔣氏"者爲蔣汝藻(1876－1954),字孟蘋,號樂庵,浙江吴興(今湖州)南潯人。清光緒二十九年(1903)舉人。參加過辛亥革命,曾任浙江軍政府首任鹽政局長及浙江省鐵路公司董事長等職,亦爲當時藏書名家,藏書之富,爲江南之巨,有傳書樓、密韻樓等。王國維曾爲之編寫藏書樓書目,曰《密韻樓藏書志》(後改名《傳書堂藏書志》)。從 1919 年春至 1923 年冬,前後五年始獲完稿,今稿本藏國家圖書館。爲感激王國維,蔣家出資爲之刻印《觀堂集林》(民国癸亥年,1923)。初刻本有"烏程蔣氏密韻樓印"牌記,並有蔣汝藻和羅

---

① 校本中有"德遠按"數條,如東韻崇小韻剿字注:"德遠按,觀堂云凡墨筆改字之處有Ⅴ記號者皆宋本字誤。"按宋本者,即四部叢刊巾箱本《廣韻》,該韻本"剿"字注曰"鍾屬","鍾"爲銿之誤。王國維在澤存堂本旁寫"鍾"字並作Ⅴ記號。德遠者,蓋王國維弟子,但不知何人名氏,俟考。社科院圖書館本爲游帥博士幫助拍照,特志謝忱。

② 參見朴貞玉、朴現圭(1986:138)。

③ 如霽韻蠆字注曰:"姓也。《漢書・王莽傳》有中常侍蠆惲。"惲字錯誤,王國維改爲惲,蔣斧本《唐韻》殘卷作惲,《鉅宋廣韻》和《四庫全書》本《廣韻》亦作惲。該頁眉批曰:"王先生曰:惲當以《唐韻》作惲,宋本俱誤。"社科院圖書館本眉批:"惲。宋本俱誤。"可以互證。宋本即《四部叢刊》巾箱本。今按巾箱本即作惲。

振玉序,今中華書局重印時删去。蔣氏與沈曾植、羅振玉、王國維、張元濟、傅增湘等關係甚好,故王國維可從其借觀藏書。

王國維迻録的校勘文字皆小楷書寫,略帶行書,書於韻書眉端,有時寫於韻書韻字中間或行間。《廣韻》每卷之末均有校記文字,記録校勘日期及相關事情。如卷一末尾:

丁巳十月假海鹽張氏所藏宋刊小字本校此卷。國維。

庚申祀灶日臨黄復翁録段若膺先生校本於眉首。壬戌八月唐本《切韻》校。十一日重校。觀翁。

卷二末尾:

丁巳十一月廿四五日,以武原張氏所藏宋小字本校一過。庚甲十二月復臨黄復翁録段校本。壬戌八月三日唐寫本《切韻》勘了。觀翁。越十日又校。

丙寅五月校王仁昫《刊繆補缺切韻》。

又卷五末尾:

越六年,壬戌八月,以唐寫本《切韻》《唐韻》通勘二過,並標出陸、孫二家所有之字,庶幾爲家塾善本矣。中秋日維記。

壬戌八月一日校起,至十五日校訖。眼力漸退,燈下不能作朱書,惟於下午從事。而初次校《唐韻》時所用朱筆,不知何故,變作紫色,幾與墨筆不能相辨。然明眼人自能别之。中秋再記。

上跋海鹽張氏爲張元濟,所謂宋刊小字本即今《四部叢刊》初編收録的《廣韻》巾箱本。丁巳歲爲民國六年(1917),下跋中的庚申歲爲民國九年(1920),壬戌歲爲民國十一年(1922),丙寅年爲1926年。黄復翁爲黄丕烈號名(見下)。由上述跋語可以看出王國維臨校《廣韻》的時間及其過程,前後十年,反復校勘。其校勘内容包括四個層次:

1. 以張元濟宋刊小字本校澤存堂本《廣韻》。今見校本中巾箱本字與澤存堂本不同的韻字皆在字旁標寫之;

2. 臨録黄本中段玉裁的《廣韻》校語;

3. 以唐寫本《切韻》《唐韻》通勘《廣韻》,並標出陸、孫二家所有之字。這一部分工作量很大,要將唐寫本《切韻》《唐韻》等與《廣韻》一一比較,並標記彼此有無之韻字(包括注釋同異),並非易事。這部分工作做得很晚,1922年,王國維獲觀敦煌殘卷《切韻》三種,立即摹寫抄録;同時又見到清廷内府藏項元汴跋王仁昫《刊謬補缺切韻》(王二),以及蔣斧藏《唐韻》殘卷等,於是,投入了極大的熱情研究之,並與《廣韻》比勘。國圖藏王國維校本卷五末又有丙寅歲以王韻校畢之批語。

4. 説明唐寫本《切韻》《唐韻》等文獻版本及韻書時代問題,等等。

所以,王國維不僅僅是過臨黄丕烈臨段校本,更有自己的精心校勘,其校勘内容不限於《廣韻》,而是包括《切韻》《唐韻》等韻書。故此校本文獻價值極高。段玉裁是音韻學和文字學大家,王國維也是語言學和文獻學大家,兩位大師的校勘合在一起,其文獻學價值就毋庸多説了,尤其是在學術史的研究上。

王國維校録非常勤勉,從丁巳歲(1917)到壬戌歲(1922),再至後來丙寅歲(1926)繼續以王仁昫《切韻》對校,前後十年都在進行這項工作,爲此耗費了很多心血,所謂"眼力漸退,燈下不能作朱書",令人敬佩。最初用的朱筆校勘在眼中也變得模糊了,近於紫色。其工作不僅僅是對《廣韻》進行校勘,更是藉此對《切韻》《唐韻》以來系列韻書做一番比較研究,《觀堂集林》卷八所載有關韻書文獻跋語即是如此。在這次校勘中更是運用唐寫本韻書進行比較，校語中經常可見“唐韻”“王韻”如何。王國維使用的校本爲張士俊澤存堂剜改本，舉二例可以説明，東韻“蟲”字注：“有曲成侯蟲達。”周祖謨《廣韻》校本、余迺永《新校互注廣韻》“達”皆作“進”（二人底本皆爲澤存堂本），且各種刊本均訛爲“進”①。又如“弓”字注文：“孫子曰倕作弓。”倕，周校本和余校本皆作“倕”。作“倕”是，《荀子》卷十五《解蔽篇》“倕作弓，浮游作矢”。此可知澤存堂本還有一剜改本。

現存校本有黄丕烈跋語二則，段玉裁跋語二則，王國維跋語校記數則，其餘是段玉裁和王國維《廣韻》韻字及其注釋的校勘文字。内容很多，今就黄氏跋語等内容做一些必要的考述。

二　黄丕烈跋語與段玉裁批校

先敘黄氏跋語，一則在潘耒序後，一則在《廣韻》卷末。如下：

是書爲段若膺手校本，有朱墨兩筆，卷首跋語兩通，首墨次朱。想先後所校，故以朱墨識别也。先生所校書甚夥，身後以白鏹三千金歸諸婿家閫齋觀察。先生有令似兩人，伯氏安貧，依然儒素。仲氏與乃姊丈關部事，頗以多財著，並徙而他宅，不復守枝園舊宅矣。伯氏余與之蹤跡亦殊疏闊。今夏持先生墓誌文過余，余亦遂往答之，遂及伊家事。始知楹書俄空，爲雲煙之散。詢以手澤，因出此《廣韻》相示，並許見借。暑天無暇，入秋來天氣漸涼，從事校勘，悉照校語臨之，中有朱墨圈及尖角在每字旁者，不知命意所在，姑於上平悉臨之，然卒茫乎未有知也，遂輟而不臨。先生於韻學甚精，著有成書，此必其所自爲記認之處。惜傳授無人，不能悉其綱領，惟就正訛之處，纖悉臨摹，以見校勘此書之精，無逾是本矣。時道光甲申秋閏七月十三日，古吴黄丕烈識②。

【又卷末云】望後一日，覆勘一過，自二卷至五卷，有校語及勘正處，悉録。大字及小字之○△，不盡臨矣。老蕘。

從跋文中可以看出，當時黄丕烈只過臨一卷，其餘四卷是後來過録的。針對黄氏所言段氏校勘特點：“中有朱墨圈及尖角在每字旁者，不知命意所在。”王國維眉批曰：

段校字旁所加之尖角，乃以志字之從古韻他部轉入者。蕘翁僅臨一卷，此校遂不臨之，段君《六書音韻表》全書具在，學者能自得之。國維又識，是日燈下。

王國維揭示了段玉裁批點標記作用所在，對我們理解段氏古音學有重要意義。今按現存《廣韻》校本平聲卷一支脂之微魚五韻韻字旁有△標記，國圖原本及社科院圖書館本用圓點。在批點上，兩本較爲一致，而日本東洋文化研究院藏本多有缺漏。另外，卷四卷五△○符號很多，多爲王國維所加。今國家圖書館藏有黄丕烈過録段玉裁校録《廣韻》（涵芬樓藏本），以及南京圖書館藏無名氏過録段校本卷一部分確有△號標記，主要就段氏古韻十七部韻字而標誌之，如支韻凡古音歌部字皆標記之，諸如鈹小韻“鈹陂鮍狓翍秛破旇被披”、陂小韻“陂詖犤羆罷蘢羆”、鼭小韻“觭踦崎碕攲”、宜小韻“宜儀鄴犧”、皮小韻“皮疲罷犤”、離小韻

① 《鉅宋廣韻》和巾箱本《廣韻》亦作“進”，《四庫全書》本《廣韻》作“達”。下例諸刊本皆誤，《四庫全書》本不誤。

② 此跋文後收入黄氏文集《蕘圃藏書題識》（卷一）。按道光甲申年爲道光四年（1824）。

"離籬蘺罹璃縭褵漓攡謧"等等,這些都是需要"離析"的韻字,但這些標記王國維臨録時没有全部臨録,有時略有遺漏或出入,如"虧""闃""攲"等段玉裁原未有標記符號,而王國維誤標記之,這些從南京圖書館本可以考察對比出來。段玉裁的這些批點,對於我們研究段玉裁古音十七部的形成有着極其重要的意義。

黄丕烈的跋文非常重要,它不僅揭示了段玉裁校本之特點,還從中透露了段氏身後家庭變故之消息。按黄丕烈(1763-1825),清著名藏書家、校勘家,字紹武,一字承之,號蕘圃、紹圃,又號復翁。文中所言"闇齋觀察"者爲龔自珍父親龔麗正(1767—1841),字暘穀,又字賜泉,號闇齋,仁和人,嘉慶進士,當時爲段玉裁女婿,官至江南蘇松太兵備道,署江蘇按察使,故言"婿家闇齋觀察"。文中"令似"爲"令嗣",即言段氏後嗣。似之嗣義見於《詩經》,《小雅·斯干》"似續妣祖",毛傳:"似,嗣也。"考有關文獻,段玉裁育有子女三。長子名驤,字右白,國子監生,父殁,安貧樂道,所謂"依然儒素"。次子名驓,縣庠生,爲姊丈龔麗正關部事,龔自珍的妻子就是他的女兒①。女兒名馴,即適龔麗正者,能詩,《杭郡詩續輯》選録其詩十餘首。從黄丕烈跋文中可以考知段玉裁身後事,即段氏殁後家道中衰,已趨貧窮狀態,段玉裁生前藏書全都被賣掉,"爲雲煙之散",且都賣給姐夫龔麗正家,以三千白銀(鏹是白銀的意思)的價格,連蘇州段氏生前舊宅"枝園"都變賣了,不知發生何種變故如此。若父親段玉裁有知,又該做何種感歎。黄丕烈與段玉裁生前頗有交情,段氏文集《經韻樓集》可見書信來往,卷十二有《與黄紹武書》《答黄紹武書》等三通即是。故段玉裁殁後段驤以父親墓誌文往示黄丕烈,道光甲申年即道光四年,公元1824年,距段玉裁逝世(嘉慶二十年,1815)近十年,段家變故如此巨大,令人很難想象。

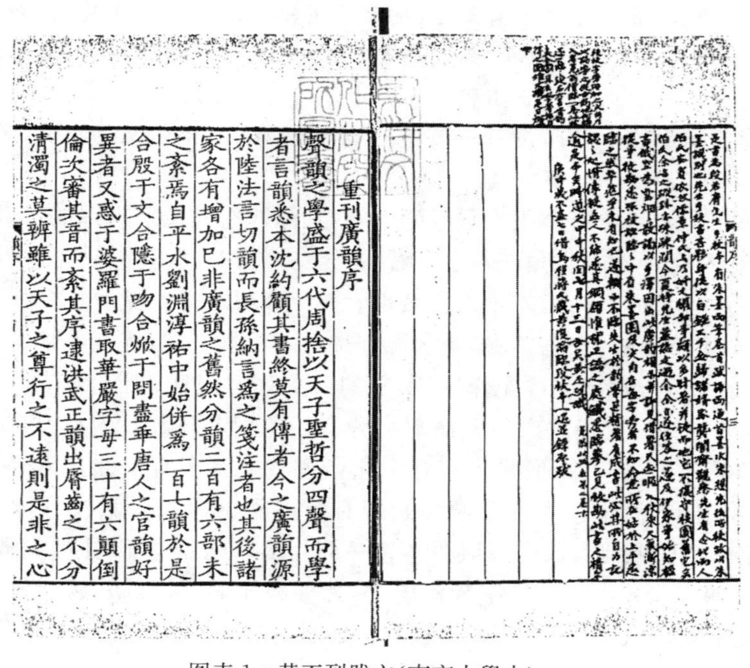
重刊廣韻序
聲韻之學盛于六代周捨以天子聖哲分四聲而學者言韻悉本沈約顧其書終莫有傳者今之廣韻源於陸法言切韻而長孫納言爲之箋注者也其後諸家各有增加已非廣韻之舊然分韻二百有六部未之紊焉自平水劉淵淳祐中始併爲一百七韻於是合殷于文合隱于吻合焮于問盡乖唐人之官韻好異者又惑于婆羅門書取華嚴字母三十有六顛倒倫次審其音而紊其序逮洪武正韻出脣齒之不分清濁之莫辨雖以天子之尊行之不遠則是非之心

图表1 黄丕烈跋文(東京大學本)

① 段玉裁《龔自珍妻權厝志》:"龔自珍,吾外孫也。其母,余女。其妻名美貞,余次子驓之女也。……至癸酉(嘉慶十八年,1813)七月,卒於府署,年二十有二。"參見段玉裁著,鍾敬華點校.經韻樓集:第8卷[M].上海:上海古籍出版社,2008:223.

不過，段玉裁生前家裏就可能非常拮据，爲刻寫《説文解字注》耗費了很多錢財，曾經多次向王念孫借錢，見於段氏文集書信中。如文集補編《與王懷祖》第二書、第四書、第五書等都提及此事。如：

數年以文章而兼通財之友，唯藉阮公一人，拙著《説文》，阮公爲刻一卷，曾由邗江寄呈，未知已達否？能助刻一二否？（第二書）鄙著《説文注》已竣，蒙阮公刻成一卷，一以爲唱，用呈請政，並量力佽助，庶乎集腋成裘。（第四書）愚弟段玉裁頓首懷祖大兄先生執事：去冬得大著並手書，業經雒誦，布陳傾倒之懷。嗣頻接手函，近者又惠以四十金，俾得刻資，此種高誼，不勝感沕。（第五書）①

這些書信均寫於嘉慶十年（1805）前後。前兩封信是請求王念孫能否幫助刻寫《説文解字注》，"阮公"即阮元。"佽助"即幫助的意思，《詩經・唐風・杕杜》一章"人無兄弟，胡不佽焉"，毛傳："佽，助也。"第三封寫於嘉慶十二年（1807），是王念孫慷慨借給段玉裁四十金（四十兩銀子），"惠以"應當是"借以"的委婉説法。但王念孫所借可能不止四十金，據《與王懷祖》第六書，此四十金被段玉裁挪作他用。書信曰："《説文注》未能刻，吾兄之相助者，他用矣。"（第 418 頁）可以想象，段玉裁爲《説文解字注》花費了很多錢財，一直到臨歿那年（嘉慶二十年，1815）才刻寫完畢。或許是負債纍纍，段氏身後，債主催還，其子不得已變賣家産以償還之。不像段玉裁，其子在社會和學術界什麼影響和地位都没有，雖然段玉裁生前朋友很多，但人走茶涼，這是社會常態。做學問不能給自己子孫貽福，是令人感傷的事情，古今如此。

如此看來，黄丕烈這段跋文具有重要的學術史價值。黄氏跋文提到的段玉裁跋語兩通，見於王國維校臨本《廣韻》所載孫愐《唐韻序》後，上平聲卷首，後收録於劉盼遂輯校的《經韻樓文集補編》卷上。迻録如下：

《廣韻》，句容裴生名玉字蘭珍物也。乾隆戊子（三十三年，1768），予館於裴，此書相隨三十餘年，手訂訛字極多，後之人將有取於此。嘉慶壬戌四月十四日，玉裁記於下津橋朝山墩之枝園。

竹汀云："《廣韻》卷首云：凡二萬六千一百九十四言。《唐韻》〔序〕乃云②：前後總加四萬二千三百八十三言。不應《唐韻》字轉倍《廣韻》，意兼注中字而言耳。"玉裁謂：孫愐"上陳天心"以上，愐自謂也；以下謂元青、吉成所增也。然則加四萬二千三百八十三言，元青、吉成所爲。《雲谷雜記》所謂《廣唐韻》蓋即此與？愐所爲以開元三十年爲限，元青、吉成所爲成於天寶十載，疑本是二書，此序恐非愐原文也。俟更考之。丁卯十一月，玉裁識。

以上兩通跋文作於不同時間，嘉慶壬戌爲嘉慶七年（1802），後一通丁卯歲爲嘉慶十二年（1807），此年段玉裁 73 歲。雖然批語時間是嘉慶七年，可以想象，在乾隆年間段玉裁就一直在進行校勘工作。此本《廣韻》相隨段玉裁三十餘年乃至終生伴隨，時時都在翻閲並校正之。下一篇跋文討論《唐韻》字數及《唐韻序》問題，回答了錢大昕曾經提出的疑問，是一篇很有學術價值的跋文。此時錢大昕（1728—1804）已歸道山（嘉慶九年），但學術疑問還留存於世。

按錢氏之疑，見於錢大昕《潛研堂文集》卷三十六《與戴東原書》。曰：

① 以上俱見《經韻樓集》（2008：415-417）所附録劉盼遂輯校《經韻樓文集補編》卷下。

② 此處疑抄落一序字，檢錢大昕《潛研堂文集》卷三十六《與戴东原书》有"序"字。

孫愐《唐韻序》稱:前後總加四萬二千三百八十三言,今檢《廣韻》卷首云凡二萬六千一百九十四言,《廣韻》本於《唐韻》,不應《廣韻》所收之字①,轉倍於《唐韻》,若然,則雍熙之所修者,當云"刪韻",不當云"廣韻"矣!意孫愐序所云增加者,兼注中字而言。邵長蘅遽謂孫愐增字至四萬有奇,似可未信,惟高明示之。

但戴震生前並没有回答錢大昕之疑,戴震逝世於乾隆四十二年(1777),三十年後,段玉裁代戴震回答了錢大昕之疑問。不過段氏"回答"也不完全,段氏認爲"前後總加四萬二千三百八十三言",乃元青、吉成所爲,亦缺乏證據。此數字應當是韻字兼注釋文字而言。

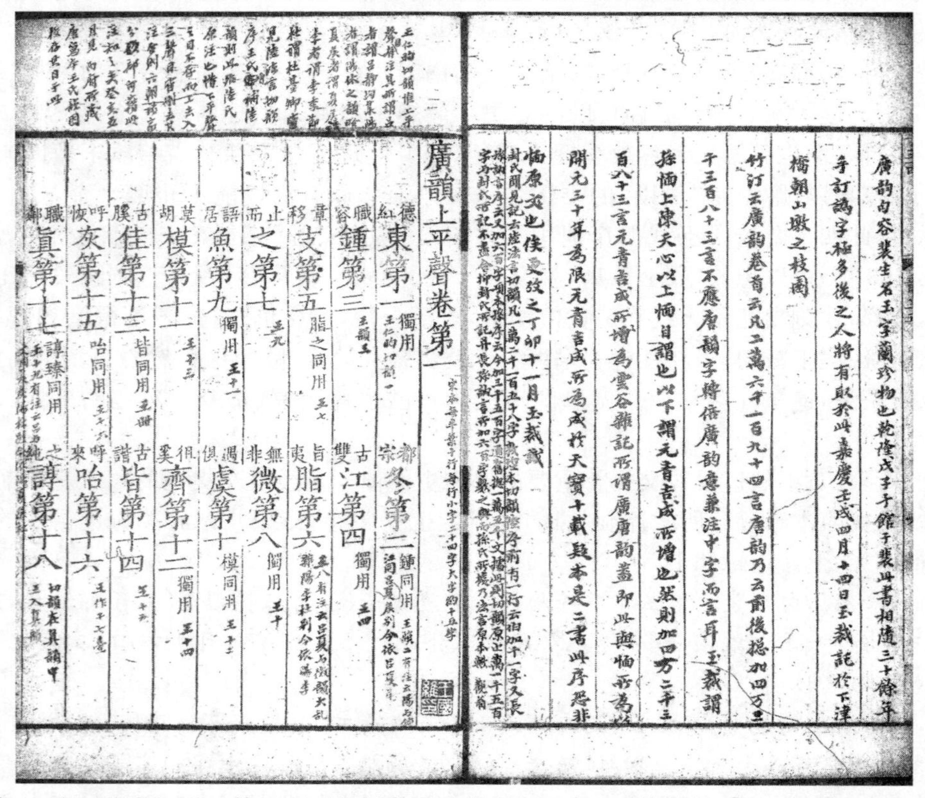

廣韵乃容裴生名玉字蘭珍物也乾隆戊子予館于裴氏書相隨三十餘年手訂譌字極多後之人將有取於此 嘉慶壬戌四月十四日玉裁記於下津橋朝山墩之枝園

竹汀云廣韵卷首云凡二萬六千一百九十四言唐韵乃云前後總加四万二千三百八十三言不應唐韻字轉倍廣韵意兼注中字而言耳玉裁謂孫愐上康天心以上愐自謂也以下謂元青吉成所增也然則加四万二千三百八十三言元青吉成所增爲雲谷雜記所謂廣唐韵蓋即此與愐所爲於開元三十年爲限元青吉成所爲成於天寶十載題本是二書此序恐非愐原文也俟更攷之丁卯十一月玉裁識

廣韻上平聲卷第一

德紅 東第一 獨用
都宗 冬第二 鍾同用
職容 鍾第三
古雙 江第四 獨用
章移 支第五 脂之同用
旨夷 脂第六
止而 之第七
無非 微第八 獨用
語居 魚第九 獨用
遇俱 虞第十 模同用
莫胡 模第十一
徂奚 齊第十二 獨用
古膎 佳第十三 皆同用
古諧 皆第十四
呼恢 灰第十五 咍同用
呼來 咍第十六
職鄰 眞第十七 諄臻同用
之純 諄第十八

图表 2 段玉裁跋文,後一節爲王國維跋語(國圖藏原校本,有王國維名章)②。日本東洋文化所藏本目録葉無批校。

段氏跋文後有王國維一段批語,繼續討論《切韻》字數問題,可以解答錢大昕之疑並彌補段玉裁不足。録之於下,曰:

① 此句所言《廣韻》,應是《唐韻》之誤,下句《唐韻》應是《廣韻》之誤。

② 左上爲王國維批語,《廣韻》韻目下是王國維參考《切韻》和項跋本《王韻》所作的批注。批語主要是對王韻韻目的説明,極爲重要。眉批曰:"王仁昫《切韻》惟上平聲目有注。其所謂吕者謂吕静《均集》,陽者謂陽休之《韻略》,夏侯者謂夏侯該,李者謂李季節,杜謂杜臺卿,皆見陸法言《切韻》序。王氏增補陸韻,則此殆陸氏原注也。惜下平聲之目不存,而上去入三聲目皆刪去其注,否則,六朝諸家分部可藉此注知之矣!癸亥(1923)五月見内府所藏唐寫本王氏韻,因校存其目於此。"

按王韻韻目下所注六朝人分韻異同,非常重要。敦煌本王韻上去入三卷均有注釋(平聲韻目缺卷,當有),宋濂跋本王韻平上去入四卷韻目均有,但王國維未見。所見爲項跋本王韻,王國維校本並有抄録。如本圖版脂部第六下,王國維批注曰:"王八。有注云:吕、夏與微韻大亂雜,陽、李、杜别,今依陽、李。"王國維認爲,這是陸法言原注,反映了陸法言分韻立部的依據。

《封氏聞見記》云：陸法言《切韻》凡一萬二千一百五十八字。敦煌本《切韻》陸序前有一行云，伯加千一字。又長孫訥言序云，又加六百字。項本孫序云今加三千五百字，通舊總一萬五千文。據此，則《切韻》原止萬一千五百字，與封氏所記不盡合。抑封氏所記并長孫訥言所加六百字數之，而孫氏所據乃法言原本歟？觀翁。

王國維參考《封氏聞見記》和長孫訥言序和項跋本所載孫愐《唐韻序》，推定《切韻》原本爲一萬一千五百字，其後唐人陸續增加至一萬五千字，至宋人修《廣韻》時增至“二萬六千一百九十四言”(《廣韻卷首》)，此《切韻》修定至《廣韻》爲止的增修字數。王國維的考定在韻書史的研究上意義重大，辨證了學術史上關於《切韻》原本字數的是非問題。當然，我們也可以换一種思維方式，封演所見陸法言《切韻》是經過唐代人增修的韻本，因爲封演爲德宗時(在位 780-804 年)人氏(據《四庫全書提要》)，此時《切韻》修訂本甚多，諸如王仁昫《切韻》和孫愐《唐韻》等。

按王國維在《廣韻》韻目上批注的“王韻”韻次，是根據項元汴所跋王仁昫《刊謬補缺切韻》。這本韻書實際上是綜次王仁昫韻本和長孫訥言等人韻本而成，有“混合”性質，還不是純粹的王仁昫《切韻》增補本。今有敦煌本王仁昫《刊謬補缺切韻》(伯二〇一一)傳世，簡稱敦煌本王韻，還有北京故宫博物院收藏的王仁昫《刊謬補缺切韻》，卷後有明初宋濂跋文，簡稱宋跋本王韻。這兩本王韻的内容性質基本一致，但與項跋本王韻出入較大，如項跋本王韻四江後次以五陽六唐，然後是七支八脂九之，故王國維於《廣韻》韻目支韻第五下批“王七”，脂第六下批注“王八”，之第七下注“王九”，等等。宋跋本王韻真韻之前韻部次序與《廣韻》一致，真部以下則有出入，因爲《廣韻》真諄分韻，寒桓分韻，所以韻目次序會有相應的參差。

三種王韻的寶貴之處是韻目下保留了陸法言的注釋，説明六朝人韻書分韻立部的差異，脂第六下有注云：“吕、夏與微韻大亂雜，陽、李、杜别，今依陽、李。”王國維批語指出：“其所謂吕者謂吕静《均集》，陽者謂陽休之《韻略》，夏侯者謂夏侯該，李者謂李季節，杜謂杜臺卿，皆見陸法言《切韻》序。”但項跋本王韻只是在平聲韻目保留了幾條陸法言部分韻目注釋，而於上去入三卷韻目則無，而敦煌本和宋跋本則保留較全。如項跋本於平聲韻目僅有二冬、八脂、十八真和十九臻四韻目下有陸法言注釋語，而宋跋本除這四韻外，還有十四皆、十五灰、廿殷、廿一元、廿二魂，廿五删、廿六山、卅一肴、卅六談、卅七陽、卌三尤、五十一咸，等十六個韻部有注。敦煌本平聲韻目闕卷，平上去三卷韻目注釋與宋跋本基本相同。可惜限於歷史條件，王國維没有見到敦煌本和宋跋本王韻，否則，批校工作可能會做得更加完善。

不僅如此，王國維還利用出土的敦煌韻書殘卷長孫訥言序，比較了《廣韻》所載長孫序的異同，揭示了長孫訥言箋注本《切韻》的一些特點，見下圖版。又據清卞永譽《式古堂書畫彙考》所載項元汴藏吴彩鸞寫本《唐韻》序文，補充孫愐序文原有語句：“今加三千五百字，通舊總一萬五千文，其訓注解，不在此數。”(此批校圖版未録)所以才得出了“《切韻》原止萬一千五百字”的結論。

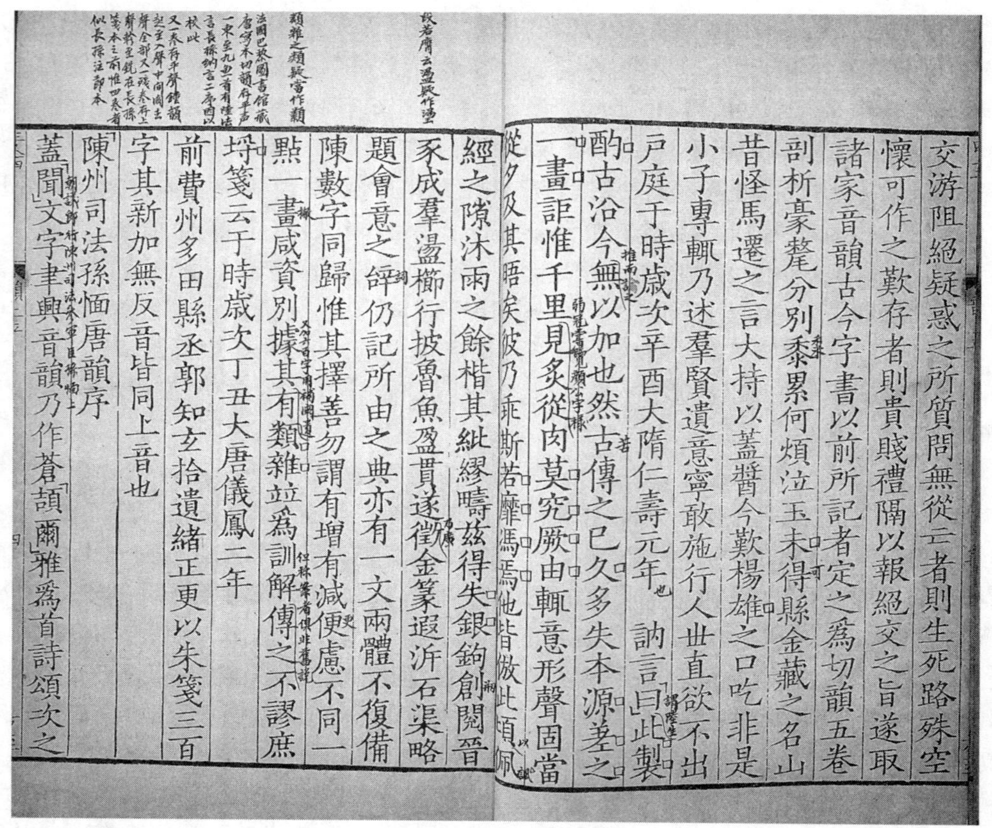
交游阻絶疑惑之所質問無從亡者則生死路殊空
懷可作之歎存者則貴賤禮隔以報絶交之旨遂取
諸家音韻古今字書以前所記者定之爲切韻五卷
剖析豪氂分別黍累何煩泣玉未得縣金藏之名山
昔怪馬遷之言大持以蓋醬今歎楊雄之口吃非是
小子專輒乃述羣賢遺意寧敢施行人世直欲不出
戶庭于時歲次辛酉大隋仁壽元年 訥言曰此製
酌古沿今無以加也然古傳之已久多失本源差之
一畫詎惟千里見炙從肉莫究厥由輒意形聲固當
從夕及其晤矣彼乃乖斯若靡馮焉他皆倣此項佩
經之隙沐雨之餘楷其紕繆疇茲得失銀鉤創闕晉
豕成羣盪櫛行披魯魚盈貫遂徵金篆遐泝石渠略
題會意之辞仍記所由之典亦有一文兩體不復備
陳數字同歸惟其擇善勿謂有增有減便慮不同一
點一畫咸資別據其有類雜並爲訓解傳之不謬庶
埒箋云于時歲次丁丑大唐儀鳳二年
前費州多田縣丞郭知玄拾遺緒正更以朱箋三百
字其新加無反音皆同上音也
陳州司法孫愐唐韻序
蓋聞文字聿興音韻乃作蒼頡爾雅爲首詩頌次之

图表 3 王國維校批《廣韻》,社科院圖書館本,此葉各校本同。案此爲王國維以巴黎圖書館藏唐寫本《切韻》殘卷(斯 2055)校《廣韻》,字旁標口者表示殘卷闕此字(漫漶脱落),行間批注文字爲殘卷有而《廣韻》無者。可知殘卷長孫訥言序與《廣韻》出入甚多。如"又加六百字用補闕遺"和"但稱案者俱非舊説"二句(項跋本《王韻》同),對於我們了解長孫訥言箋注本《切韻》一書的性質具有重要的意義。

三 段玉裁批校《廣韻》内容

段玉裁批校《廣韻》主要集中在韻字和注釋文字的校改上。王國維臨録時皆寫於眉頭,偶有寫於行間者,所録"段氏"批校語凡 520 餘條(南圖本段氏批校略多於此)。此録數例如下,以見段氏《廣韻》批校一斑。

序號	韻部	葉數	《廣韻》韻字注釋	王氏臨録段玉裁批校
1	東	八	鼕:鼓聲	段改鼕爲鼕
2	冬	十三	鼕:鼓聲	段鼕改爲鼕
3	鍾	十三	衳:小褌也	段云衳《説文》作幒
4	鍾	十三	潨:涷落貌又先恭切	潨段改潨
5	鍾	十四	封:…… 流血水爲丹色也	段改注水爲丹色也

序號	韻部	葉數	《廣韻》韻字注釋	王氏臨録段玉裁批校
6	鍾	十五	韉：通俗文云牽乾也	段改牽船也
7	江	十六	瓬：上同（即缸）	瓬段改瓨
8	支	十七	移：…… 移書蔑表之類也	蔑段改作箋
9	支	十七	箷：上同又榻前几	箷段改椸
10	支	十七	倭：慎貌	段曰慎當依《説文》作順，恐是梁時改耳
11	支	十八	椭：朽也	朽段亦改杇
12	支	十九	堤：堤封頃畝漢書作提顔師古曰提封者大舉其封疆也	段云《文選》注臣瓚案舊説云提撮也言大撮頃畒也。師古本瓚説。

從上舉例子中可以看出，段氏校批既有韻字的校改，也有對注釋文字中文獻的批注。如例 1、2、3、4、7、9 等是韻字的校改，其餘爲注釋文字的校改或批注，如例 12。當然，這只是文字方面的校勘，至於校勘標記在此就難以顯示出來。

《廣韻》錯誤既有歷代刊刻傳抄留下的錯誤，也有當時韻書編撰留下的錯誤，不一而足，情況非常複雜。段玉裁校勘被認爲非常"精確"，顧廣圻説："段若膺先生較尤精確。"①周祖謨作《廣韻》校勘，"段氏校語，今皆采入"（校例）。自序言曰："昔讀黄丕烈藏書題識，知段玉裁有《廣韻》校本。近得見王國維所臨黄丕烈過録之段校本，書中訂正《廣韻》之誤字極多。"又言曰："王氏亦嘗以宋刊巾箱本校澤存堂本，後又以《切韻》《唐韻》通勘《廣韻》，標出陸孫二家原有之字。趙斐雲（萬里）先生復重校一過，益以故宫博物院所藏王仁昫《刊謬補缺切韻》，朱墨琳琅，用力甚勤。"此言段校與王國維校本之事。舉一例可説明段校"精確"之處。

> 《廣韻》上聲紙韻破字，注枝折。段玉裁將折改爲析。趙萬里旁引王國維："王先生云據《切韻》當是披析之訛（王韻枝正作披）。"也就説，段玉裁校勘與《切韻》合。周祖謨《廣韻校勘記》亦采之，疏證曰："注枝折二字，敦煌王韻作披析，當據正（故宫王韻作披折，折乃析字之誤）。折，段氏改作析，極是。玄應《一切經音義》卷廿二引《纂文》云：'破，析也，破猶分也。'是其證。"②

段玉裁對《説文》《玉篇》等文獻精熟，又精通古音之學，因此，在《廣韻》校勘上常有引人入勝之處，他能夠運用《廣韻》與《説文》互校，《説文解字注》中常常能見到用《廣韻》來補正或糾正《説文》許慎分析之誤③，全書引用《廣韻》凡 56 處，或以《説文》規正《廣韻》誤字④。而且段氏所校文字往往與故宫王韻、孫愐《唐韻》或五代刻本韻書相吻合。如職韻堛字，注"土

---

① 見顧廣圻. 思適齋書跋[M]. 上海：上海古籍出版社，2007.

② 周祖謨. 廣韻校勘記[M]. 北京：中華書局，2004：237.

③ 此舉一例如下。如《説文・玉部》："珛，朽玉也。从王有聲，讀若畜牧之畜。"段玉裁認爲珛字字形有誤，應當爲玊，並將《説文》説解"从王有聲"改作"从王有點"。注解曰："各本篆文作珛，解云从王有聲，今訂正。……《廣韻》一屋云玊音肅，朽玉。此《説文》本字。四十九宥云珛音齅。此從俗字。《玉篇》：玊，欣救、思六二切。此《説文》本字。珛，許救切，引《説文》朽玉也，此後人據俗本《説文》所增。"段玉裁. 説文解字注[M]. 上海：上海古籍出版社，1988：11.

④ 如屋韻"夎"字，王國維批注曰："段云夎字《説文》《玉篇》皆作夓。"今按《段注》，欲將夎字改《説文》夓字。《説文・夊部》："夎，行夎夎也。从夊，闕。讀若僕。"段注："各本篆作夓，今依《廣韻》作夎，與小徐注合。"

田”,段玉裁“田”改“甾”,與《説文》合,而王仁昫《刊謬補缺切韻》(故宫王韻)、蔣斧本《唐韻》及五代刻本韻書正作“甾”。稫字,注“稫稄”,段玉裁將“稄”改作“稄”,除本韻阻力切“稄”注“稫稄”可證外,王韻和唐韻均作“稄”。

今南京圖書館藏有無名氏録段玉裁批校《廣韻》一部,朱筆抄録,善本書號 115032, 其過録段氏批校内容與黄丕烈臨録《廣韻》基本相同,但校語多於黄臨本。其間有抄録者批語,用墨筆,如東韻洪批户工切(《廣韻》户公切),支韻離字注文“孟軻門人”,批注“門人衍”等。上聲卷目録批改處脚下有“吴管涔改”字樣。此校本是否爲吴氏所録,難以考定,遺憾的是吴管涔生平履歷不詳,暫闕疑之。

段玉裁《廣韻》校批已見清人採用,鄭文焯《宋本廣韻訂》多有引述“段曰”云云者。如一東“東”字曰:“東,《世本》宋大夫東鄉爲,賈執《英賢傳》云,今高密有東鄉姓。段曰東鄉爲人,見《周禮》注。即向爲人,此奪人字。”又二冬:“鼕,鼓聲。段曰當作鼜。焯案此爲東部鼕之異文誤入。”上二例“段曰”云云正見於王國維臨録段校本。鄭氏此書僅有平聲一卷,其餘四卷未刻,今藏國家圖書館。鄭文焯(1856-1918),字俊臣,號小坡,又號叔同、大鶴山人等,奉天鐵嶺(今遼寧)人。晚清著名詞作家及批評家,著有《説文引群説故》二十七卷、《大鶴山房全書》等①。今國家圖書館藏有鄭氏批注詩詞稿本多種,如《夢窗詞校議定本》《瘦碧詩詞稿》等。

段玉裁《廣韻》批校今人利用者不多,除周祖謨《廣韻校勘記》引用外,鮮見學界今人引述,有引用者亦從周祖謨《廣韻校勘記》來,而周祖謨又從王國維校本來。

段玉裁批校《廣韻》在清代流傳甚廣,除黄丕烈有臨録外,還有顧廣圻臨録本。顧氏臨本將惠棟、段玉裁校語全部録上,並有自己的案校。後來人們又將惠棟、段玉裁和顧廣圻三家《廣韻》校勘匯録,先後有李福、潘錫爵、丁士涵、黄丕烈等臨録本。今人范祥雍和王欣夫等又有臨録整理本等。不敘,詳見另篇考述。

而在上述各家臨録本中,王國維校録本無疑最有特色。

徵引書目

《廣韻》若干種:張氏澤存堂本、《古逸叢書》覆宋本、《四部叢刊》巾箱本、曹楝亭五種本、黄三八郎《鉅宋廣韻》本、《四庫全書》本、張弨刻本、覆元泰定本,等等。

《切韻》殘卷三種,王國維抄寫,周祖謨編《唐五代韻書集存》,中華書局,1983 年。

唐寫本《切韻》《唐韻》若干種:(1)敦煌本王仁昫《刊謬補缺切韻》,(2)宋跋本《刊謬補缺切韻》,(3)項元汴藏吴彩鸞《唐韻》寫本,(4)蔣斧藏《唐韻》殘卷等。周祖謨編《唐五代韻書集存》。

清·惠棟《廣韻》校本,無名氏臨録,國家圖書館藏善本。

清·段玉裁《廣韻》校本,黄丕烈臨録本,國家圖書館藏善本。

清·段玉裁《廣韻》校本,王國維臨録黄丕烈本,國家圖書館藏善本若干種。

三家《廣韻》匯校本,潘錫爵臨録(惠棟、段玉裁、顧廣圻校),湖北圖書館藏本,國家圖書館膠卷本。

參考文獻

[1]黄侃. 黄侃手批廣韻[M]. 北京:中華書局,2007.

① 參見《大鶴山人詞話》(2001)前言部分。

[2]周祖謨. 廣韻校本[M]. 北京:中華書局,2004.
[3]余迺永. 新校互注宋本廣韻(定稿本)[M]. 上海:上海人民出版社,2008.
[4]蔡夢麒. 廣韻校釋[M]. 長沙:嶽麓書社. 2007.
[5]范祥雍. 廣韻三家校勘記補釋[M]. 上海:上海古籍出版社,2011.
[6]朴貞玉,朴現圭. 廣韻版本考[M]. 臺北:學海出版社,1986:138.
[7]張亮,譚曉明. 善本古籍《廣韻》版本考[J]. 圖書館學刊,2010(3).
[8]鄭文焯著,孫克强、楊傳慶輯校. 大鶴山人詞話[M]. 天津:南開大學出版社,2010.

On Wang Guowei's Collation and Transcription of *GuangYun* annotated by Duan Yucai

Zhang Minquan

Abstract: The Collation of *GuangYun* is a very important literature research work. Scholars have attached great importance to *GuangYun* since the Qing Dynasty, especially in the Qianjia period. *Guangyun* had many collation versions. Now we can see the collation versions of Hui Dong, Duan Yucai, Gu Guangqi and other scholars, such as Shen Dacheng, Wu Yuchi and so on. These scholars master linguistics, and their studies feature the correction of rhyme words and the proofreading of documents. Moreover, they also extended their scope to the analysis of phonology, dialect and folk characters. Wang Guowei once copied the revised version of Duan Yucai's *Guangyun* copied by Huang Pilie. At the same time, he also collated it comprehensively. Wang Guowei is good at using the newly discovered historical documents. He used the Tang manuscripts of *Qieyun* and *TangYun* to callate, comparing their similarities and differences in Xiaoyun and rhyme words, which opens a new trend of collation in *Guangyun*.

Key words: Collation on GuangYun, Wang Guowei's collation and transcription, Duan Yucai's annotation

通信地址:北京市朝陽區定福莊東街1號中國傳媒大學文法學部
郵　　編:100024
E-mail:zhangminquanbbi@sina. com zhangminquan2002@sohu. com

承襲與出新:新井白石《東音譜》與方以智《切韻聲原》

李無未　鍾雪珂

内容提要　日本江户時期著名學者新井白石的《東音譜》(1719)與中國方以智《切韻聲原》之間存在着非常密切的關係。《東音譜》對《切韻聲原》的承襲是顯而易見的,但其出新的一面則更爲突出。新井白石對《切韻聲原》的形式與内容做了較大程度的調整與改造,基本實現了本土化,進一步拓展了《切韻聲原》的應用範圍,增强了其標記中日兩國語音的"音值"功能,將《切韻聲原》化變爲《東音譜》後,其研究成果脱穎而出,附著上了更爲突出的"近代學術"外衣,令人驚異不已。由此,從整個東亞音韻學視閾的角度來看,新井白石《東音譜》不但有效地繼承了中國方以智《切韻聲原》音韻學思想,而且還使東西方音韻學思想真正做到了極爲重要的一次有效整合與升華,標誌着東亞音韻學步入了一個新的歷史時期,在東亞音韻學史上具有重要意義。將《東音譜》與《切韻聲原》進行比較研究,更是全面地認識方以智與新井白石兩位中日近代學術"巨匠"音韻理論意識在東亞乃至於世界範圍内科學性價值的需要。

關鍵詞　新井白石《東音譜》　方以智《切韻聲原》　東西方音韻學史　有效整合與升華

一　前言

新井白石(1657—1725)是日本江户時期十分重要的學者、政治家,其著述涉及日本及東亞歷史、政治、外交、文學、語言學等諸多領域。因其具有極其重要的近現代學術史價值,故而受到世界範圍内許多學者的廣泛關注。北京大學著名歷史學家周一良教授(1995:499)就稱之爲"江户時代許多著名的、受人重視的人物中最爲多彩多姿的一個"。

在東亞語言學領域,他主要有三部重要的學術著作:《東雅》(1717)、《同文通考》(1708)、《東音譜》(1719)。就其基本内容來看,這三部著作分别對應了中國傳統小學的三個分支——訓詁、文字、音韻。它們都被學術界看作是日本國語學及東亞語言學研究的經典之作,由此奠定了新井白石在日本國語學史及東亞語言學史,包括中國漢語音韻學史上的崇高地位。

《東音譜》是新井白石晚年的重要著作之一,成書於享保四年(1719),僅有一卷。篇幅雖然短小,但其内涵却十分豐富。《東音譜・序言》稱,在編寫《采覽異言》(1713)和《西洋紀聞》(1715)的過程中,他意識到漢字在記音方面的種種局限性,從而萌生了用日本假名來"括天下之聲"的想法。《東音譜》就是這種"括天下之聲",具有科學音韻理論意識的成果結晶。現在通行的《東音譜》版本主要有兩種:市島兼吉編校、吉川半七發行的《新井白石全集》(1906)第四卷和福井久藏編撰《國語學大系》(第三卷)(1940)"音韻一"中分别收録的《東音譜》。本文主要依據的是前者。該版本顯示,《東音譜》體例包括了"東音譜序"、凡例、"五十母字舊圖"、"五十母字音釋"和"音韻字母新譜"五個部分。

以往中日學者對《東音譜》的研究，大多認定，其構建了日本國語學史上非常成熟的“音圖”認知模式，進而突出其“典範”形式價值。從上田萬年(1895)到古藤友子(1995)等近現代學者，莫不如此。《東音譜》“五十母字音釋”涉及到中国四地漢語方言，森博達(1991)、李無未與許彬彬(2014)，均討論過其語音性質。古藤友子(1999)和滿娜(2014,2015)則提及《東音譜》與中國傳統音韻典籍之間的關係，但仍然停留在一般的認識上，還很難有實質性的突破。比如滿娜(2014,2015)注意到《東音譜》與方以智的《切韻聲原》有着一定的“類同”關係，但二者之間“類同”之點及“相異”之處究竟怎樣，她並没有説清楚，更没有認識到它們的“近代化”學術價值，這就需要我們進一步地思考與論證。

二 《東音譜》(1719)對《切韻聲原》的承襲與改造

《切韻聲原》是方以智於明崇禎年間完成的一部反映“存雅求正”漢語音系的韻學著作，收於所著百科全書式巨著《通雅》的第五十卷中。在新井白石《東音譜》裏，可以明顯地見到方以智《切韻聲原》或隱或現的“印記”。尤其是“音韻字母新譜”部分，無論是所用術語，還是所體現出來的“近代”音韻理論意識，都充分地表現出它們之間明確的承襲關係。但我們也看到，《東音譜》對《切韻聲原》的承襲都不是直接地照搬，而是採用了一定的“隱形”方式加以改造，需要我們花費一定的識别功夫才能認識清楚。我們從以下三個方面來討論這個問題。

(一)《東音譜》對《切韻聲原》音韻術語的承襲與改造

發聲、送聲、餘聲、收聲這四個術語的運用，是最能看出新井白石對《切韻聲原》音韻意識有所沿襲的地方。新井白石界定音韻術語内涵，以及所採取的釋義方式，都援引自方以智原文，十分明顯。如果説“對表音文字優越性的認識”等屬於思想層面上的繼承，那麽各種術語内涵界定方式上的“援引”，則使這種承襲方式顯得更爲具體而明確①。

在方以智《切韻聲原》中，發聲、送聲、餘聲、收聲四個術語其實並不屬於同一個語音要素範疇，發、送、收是就聲母發音方法要素而言的，而餘聲則屬於韻尾結構方式要素範疇。我們也據此而分爲兩類來討論二者的具體承襲情況。

1. 發、送、收聲

方以智的發、送、收聲是根據聲母發音方法的不同而使用的術語概念。羅常培曾對清代學者表示聲母發音方法的術語“群”進行了整理，如下頁表 1：

① 滿娜(2015)對這些術語内涵及釋義方式作了一些介紹，可以參看。

表 1 羅常培對清代學者聲母發音方法術語的整理

<table>
<tr><td>語音學名詞</td><td>邵班卿説</td><td>勞乃宣説</td><td>洪榜説</td><td>江永説</td><td>錢大昕説</td></tr>
<tr><td>不送氣的破裂音和破裂摩擦音</td><td>戛類</td><td>戛類</td><td>發聲</td><td>發聲</td><td>出聲</td></tr>
<tr><td>送氣的破裂音和破裂摩擦音</td><td>透類</td><td>透類</td><td>送氣</td><td rowspan="2">送氣</td><td rowspan="2">送氣</td></tr>
<tr><td>摩擦音</td><td>拂類</td><td rowspan="2">轢類</td><td rowspan="2">外收聲</td></tr>
<tr><td>邊音</td><td>轢類</td><td rowspan="2">收聲</td><td rowspan="2">收聲</td></tr>
<tr><td>鼻音</td><td>揉類</td><td>捺類</td><td>内收聲</td></tr>
</table>

按，見羅常培《音韻學研究法》(《羅常培文集》第七卷第 393 頁，濟南：山東教育出版社，2008 年)。

由上表可知，對於輔音聲母的發音方式，清代學者的看法不盡相同。他們的分歧主要集中在摩擦音的歸屬問題上。有的學者認爲，摩擦音應歸入“送氣”(如洪榜)之列；而有的學者則將其歸入“收聲”(如江永、錢大昕)之列。但他們的看法與方以智對發、送、收聲的認識具有明顯的相承關係，尤其是洪榜、江永等人的説法，更是如此。

對於方以智《切韻聲原》中發、送、收聲術語内涵所指，時建國(1996:9)是這樣解釋的：“方氏的‘發、送、收’是在《涅槃文字》用‘輕’‘重’‘不輕不重’解釋輔音發音方法的啟發下産生的。”方以智自己也説過“於波梵摩得發送收三聲”。其做法就是，“按氣流的强弱區別漢語的輔音聲母”，從而得到發、送、收聲三聲類別。方以智《切韻聲原》涉及到發、送、收聲三個術語，也説道：“《韻鑒》(注：《韻鏡》)入，始明横有唇、舌、顎、齒、喉、半喉/舌之七聲，其爲初發聲、送氣聲、忍收聲之三迭也。”

方以智根據當時的時音，將傳統的三十六字母合併，歸納爲自己所稱的“簡法二十字”系統聲母，並將它們分爲發、送、收聲三類，其分類情況如下：

表 2 方以智《切韻聲原》“簡法二十字”及其對應的分類情況

<table>
<tr><td>徵商合宫</td><td>徵商合</td><td>商宫</td><td>商</td><td>徵宫</td><td>徵</td><td>角宫</td><td>角</td><td>羽宫</td><td>羽</td><td></td></tr>
<tr><td></td><td>知</td><td></td><td>精</td><td></td><td>端</td><td></td><td>見</td><td></td><td>幫</td><td>初發聲</td></tr>
<tr><td></td><td>穿</td><td></td><td>清</td><td></td><td>透</td><td></td><td>溪</td><td>夫</td><td>滂</td><td>送氣聲</td></tr>
<tr><td>審
來
日</td><td></td><td>心</td><td></td><td>泥</td><td></td><td>疑</td><td></td><td>明
微</td><td></td><td>忍收聲</td></tr>
<tr><td colspan="11">另：宫-曉(發送)</td></tr>
</table>

按，本文作者依照《切韻聲原》内容自行整理。

由表 2 可知，方以智的聲母系統仍沿用三十六字母中的代表字，但表明其“變化”情況：其中的全濁聲母字已經全部取消，知照系也已經合流。由此，聲母系統大大簡化，只剩下二十個字母，與現代普通話語音聲母的情況基本相同。在發音方法上，這三類音呈現着明顯的規律性：“初發聲”就是我們常説的不送氣塞音、塞擦音；“送氣音”爲送氣塞音、塞擦音。“忍收聲”則更像是一個大雜燴，包括了我們一般所説的半濁音和清擦音。從這個角度上看，在表 1 所列舉的清代學者説法中，洪榜接近方以智，只是洪榜將收聲又分爲“内”“外”兩類。

新井白石將《切韻聲原》術語系統概括爲發聲、送聲、收聲三個類別，抓住了術語概念内涵一致性特徵,與江永、錢大昕等中國清代學者對聲母術語使用簡化的結果是一樣的。儘管如此,我們也要注意,新井白石三個術語所指代的概念内涵,與方以智的認識存在着一定的差異性。

新井白石在其《東音譜》"音韻字母新譜"認定的"發聲"方法之下,對發、送、餘、收聲四個語音要素特點先做了一個概括性的介紹。其中一句,涉及它們各自在音節内所處的位置情况,新井白石説:"發聲在字頭,餘、收並在字尾,而送聲在其右傍。"發聲和送聲所處音節結構位置没有争議,但新井白石的收聲,從音節結構位置上來看,就可以知道並非是對聲母發音方法的描述,而是與我們後面所要介紹的餘聲一樣,是一個與韻尾位置相關的音節結構存在方式的概念。

上田萬年(1895)和古藤友子(1995)都對新井白石《東音譜》"音韻字母新譜"中的術語概念内涵运用現代語音學理论进行了有效的詮釋,觀點基本一致,我們在這裏將其列出:

表 3 上田萬年(1895)和古藤友子(1995)對《東音譜》術語的現代詮釋

術語	上田萬年(1895)	古藤友子(1995)
發聲	子音	字頭の子音
送聲	長母音	長母字
餘聲	半音(又"半母音")	連母字
收聲	n、m、ng 等	ン、ム、ヌ、イで終わる音
入聲	p、t、k	漢字の入聲音
清濁	g、z、d、d	濁音
輕重	p	半濁音

按:见上田萬年(1895)和古藤友子(1995)兩文。

從表 3 可知,新井白石的"發聲",指的是日語語言學常説的"子音",也就是一個音節之中位於前面的輔音,即我們常説的充當聲母的輔音。前面我們已經提到,方以智的發、送、收術語概念其實來源於印度悉曇學。方以智所謂"初發聲",是借用了唐朝釋子把毗聲五行裏頭的第一個塞輔音叫做"初",即頭一個清音的説法。因爲頭一個清音吐氣輕,方氏就借用它來表示處於漢語發音系統中第一位的清聲母(時建國,1996)。新井白石和方以智的"發"術語概念,無論是發音系統位置,還是具體所指代的音節結構形式特徵内涵基本上都一致。這可以説是二者在内涵上最爲一致的一個術語概念。

"送聲",顧名思義就是"送氣聲"方法。它與"發聲"方法相配合,構成了一個具有特質意義的動態發聲形式特徵。二者以在發音方法上是否具有送氣特徵而相區别,在傳統漢語音韻學理論上稱之爲"次清音"發音形式。方以智及其他一些清代學者,根據其發音時吐氣程度較重特徵形式,而直接將其形象地稱之爲"送氣"。送氣音是漢語的一個具有極爲重要辨義形式標誌的音位術語概念。我們知道,世界上有一些語言,其語音系統上,是否送氣,並不構成音位系統上的對立,也不會對意義是否有差異構成影響,日語語音系統就是其中之一種。對於漢語中的送氣音與不送氣音的特徵形式差别,江户時期日本學者一般並不敏感,大都用同一個假名標記來表示,因此並不存在它們有否區别的標記性意識。雖然新井白石《東音譜》"音韻字母新譜"在解釋自己的"送聲"術語概念内涵時,也寫道:"送聲者,送氣聲也……本音不轉,以送其氣,即送聲也。"但我們仔細體會其所舉之例證,似乎"名"並不符"實"。

比如：

表 4 《東音譜》的送聲之例

クワ|	キワ|	ウワ|	イワ|	カ|	ア|
クイ|	キヰ|	ウイ|	イヰ|	キ|	イ|
クウ|	キユ|	ウウ|	イユ|	ク|	ウ|
クヱ|	キヱ|	ウヱ|	イヱ|	ケ|	ヱ|
クオ|	キヨ|	ウオ|	イヨ|	コ|	ヲ|

按，見新井白石《東音譜》"音韻字母新譜""送聲"部分。

從表 3 上田萬年和古藤友子的解釋可見，新井白石的"送聲"術語對應的是日語中的"長母字"標記，也就是長元音標記。"日語音讀長音一般來自漢語拼音中的複韻母以及單韻母 i、入聲中帶-p 韻尾的漢字"，這是因爲日語本身的元音都是單元音、短元音，"爲了準確表達漢語讀音"就創造出了其所謂"長母音"（成春有，2002）。滿娜（2015）指出："據有關學者研究，這種長音標記草創於新井白石。"①新井白石在其《采覽異言》和《西洋紀聞》中就是採用這種方式來標記的②。由此可知，《東音譜》確實是新井白石觀察語音動態變化形式特徵過程而加以記録的經驗模式的總結，對日本國語記音系統的不斷完善作出了突出貢獻。但他這裏所用的"送聲"發音術語概念，與我們所説（甚至新井白石自己所説）的送氣聲發音術語概念内涵相去甚遠。對"送聲"術語概念内涵的解釋，其實是新井白石的牽强附會之爲。

"忍收聲"術語概念内涵所指更为模糊不堪，對於新井白石語音理論所具有的科學性來説，就是一個更大的考驗了。時建國（1996）認爲，方以智之所以要將這一系列不同的音都稱之爲"忍收聲"，是因爲"這類輔音發音時，由於氣流速度比發聲低緩，所以用'收斂'來比擬氣狀"。這裏所謂"收"，即發音時氣息"收斂"的意思。

新井白石對"收"術語概念内涵的理解，明顯不同於方以智，甚至其所解釋的内容從根本上説就與方以智的理解迥異。他的《東音譜》"音韻字母新譜"給自己的"收聲"術語概念内涵所作出的解釋爲："凡收皆喉音，中間細分平上去，有脣舌喉之三聲，而脣收如中國尾閉之音（侵鹽覃凡，皆聲收盡而閉之類）、逼紐之聲（寒山先及歡元之類）。"具體來看，新井白石的"收聲"術語概念内涵分爲五類："脣收之開""脣收之合""舌收之合""喉收之開""喉收之合"。其實，它們對應了所有陽聲韻尾術語概念内涵所指，即我們所説的鼻音韻尾的-ŋ 、-m（"侵鹽覃凡"之類）和-n（"寒山先歡元"之類）概念内涵一致。他的"收"術語概念内涵，並非是方以智所説的聲母發音時"氣流收斂"之意，而應理解爲"收尾"之"收"術語概念内涵所指。

新井白石這樣做，反倒有一個好處，那就是將陽聲韻從"餘聲"術語概念語義内涵中分離出來，構成韻尾"三分天下"的結構布局："餘聲"對應元音韻尾，"收聲"對應鼻輔音韻尾，"入聲"對應塞音韻尾。這也就與我們傳統漢語音韻學上所説的"陰聲韻""陽聲韻""入聲韻"術語概念内涵三分語音結構格局相一致。

但是，這也存在着一個必須注意的問題，那就是，這一部分中所謂"喉收之開""喉收之合"術語概念的内涵所指與"餘聲"術語概念相應語義所指部分發生了重合，具體重合的語義

① 即我們在表 4 中所看到的，"在其右傍"標注一條分隔符來表示"長母音"的做法。

② 西方語言中也存在着大量複韻母音節。可見，他並不僅僅是記録漢語，還包括西方語言。

部分見下表：

表 5 白石的收聲與餘聲術語概念内涵語數重合部分

クイ	キヰ	ウイ	イヰ	キ	イ
イ	イ	イ	イ	イ	イ
クウ	キユ	ウウ	イエ	ク	ウ
ウ	ウ	ウ	ウ	ウ	ウ

按，見新井白石《東音譜》"音韻字母新譜"。這一部分音節要素既出現在收聲之例，也出現在餘聲之例。

對此，新井白石在《東音譜·凡例》第七條中解釋道："其平上去聲喉收者，與'烏'之餘聲相混。"即是此種情况。這説明新井白石意識到了這個術語概念語義内涵"自相矛盾"，明顯存在着問題，但他並沒有對此進行周密的解釋，或作出相應的術語使用上的調整。要理解這一"自相矛盾"現象，我們不得不回到日本漢字音系統結構形式"缺憾"中去尋找答案。日語語音系統中没有跟漢語鼻音韻尾相對應的音節模式，所以，在早期漢字音(吴音、漢音)系統結構中，用"イ"和"ウ"來表示(開口音用"イ"，合口音用"ウ")。後來，在江户時期又發明了撥音"ン"來表示這類音(在唐音中已經開始使用撥音)。顯然，新井白石在編寫《東音譜》時，也遵照了早期漢字音系統結構的表示方法，其"喉收之開"諸音收"イ"尾，"喉收之合"諸音是收"ウ"尾。他在"凡例"中專門提到這種"結構不平衡"現象，説明他知道收聲與餘聲中的"イ""ウ"發音，雖然在聽感上是一樣的，但它們語音系統結構中所構成的語音成分，更準確地説是，對應的漢語語音系統結構成分是不相適應的。儘管如此，新井白石却仍然罔顧語音系統結構"相異"事實而强行將其置於此處位置。這也表現出新井白石囿於日本漢字音語音系統結構模式束縛而理論意識"保守"的一面。

2. 餘聲。餘聲是針對音節結構中的韻尾要素而言的。可以説，這個術語概念是方以智《切韻聲原》的一項發明。方以智《切韻聲原》中有"三十六韻，十六攝約爲十二統，又約爲六餘聲"的説法，其"六餘聲"即爲"烏意阿邪牙◎"①。對此，時建國(1996)評價道，方以智的"餘聲"術語是與"攝"和"統"具有相同功能的一個概念，但是却比攝和統術語概念内涵所指語義更爲簡化，只是針對韻尾術語概念而言的"諸種術語"歸納合併，並不計算主要元音的術語概念内涵因素，因而是一種對攝、統術語概念内涵的"極度簡化"方式。方以智還進一步具體解釋了餘聲概念内涵所指的諸種情況，寫道："烏阿之餘聲即本聲，支開之餘聲爲意，邪哇之餘聲爲邪牙，爊謳之餘聲爲烏，其餘則皆◎矣。"由此可知，前五個餘聲分别收-u、-i、-o、-e、-a 尾。而對於第六個由"◎"所代表的餘音則是收鼻音韻尾。所以，餘聲概念内涵其實包括了元音韻尾和鼻音韻尾兩類，分别是指與入聲韻概念相對應的陰聲韻、陽聲韻概念。

由表 3 可見，日本國語學者對新井白石的"餘聲"概念内涵所指的詮釋是，它指的是"半音"(半母音)或"連母音"，也就是指半元音概念。但在看了新井白石所舉的例子之後，我們覺得這種詮釋並没有抓住新井白石概念内涵的實質。其中所涉及到的語音概念所指成分，

① 方以智《切韻聲原》有："(烏意阿邪牙)皆統於◎，而◎亦與五者分用。"這裏的"◎"實爲方以智自創的一個符號，表示鼻音韻尾。

確實不乏日語語言學中所説的"半音"概念，但新井白石設置這一術語概念更主要的目的是體現音節結構中的不同韻尾要素，更準確地説，是體現音節結構中的不同元音韻尾組合形式。新井白石給自己的"餘聲"術語所指内涵所確定的語義是："烏阿之餘聲即本聲，其餘如支開之餘聲爲意，邪呼之餘聲爲邪。"這句話直接援引自《切韻聲原》一書。從新井白石所舉的例子可以知道，他的"餘聲"概念内涵所指剛好對應的是五十音圖的五段，即ア＝a、イ＝i、ウ＝u、エ＝e、ヲ＝o 要素。

關於"餘聲"術語所指内涵，新井白石與方以智最明顯的不同就在於，方以智的"六餘聲"，在《東音譜》中只有五類。因爲新井白石的餘聲術語所指内涵只包含了五個元音韻尾，也就是説只有陰聲韻尾，而没有陽聲韻尾，與漢語語音結構組合形式明顯不同。方以智原文中的"其餘則皆◎矣"一句，在《東音譜》中也被删去。可見，新井白石是有意識地作出這樣的修改，因爲他已經敏感地意識到，日語語音系統結構中缺少這一環節。我們在前面已經説到，"餘聲"中所删除的鼻音韻尾其實被安排在了"收聲"之中。但是，我們認爲，新井白石作這樣的改變也存在明顯的不足，即上面提到的，"餘聲"與"收聲"概念内涵所指在語義上出現了混淆的情况。

（二）新井白石對表音文字記音方式優越性的基本認識

早於新井白石半個多世紀，明代學者方以智就在其著作《通雅》中明確提出了表音文字記音方式存在其優越性的問題。

因爲父親社會地位的關係，方以智自小就接觸到許多非常開明的學術睿智學者，他也因此而對西學語音理論産生了興趣。在成年之後，他曾問學於傳教士畢方濟①。由《切韻聲原》等文獻可知，方以智對傳統汉语音韻学的理解和思考是十分深刻的。据載，他在 1638 年即閲讀過金尼閣的《西儒耳目資》一書②。而此時距《西儒耳目資》刻成只有十餘年，可以説，方以智是最早認識《西儒耳目資》漢語音韻學學術價值的學者之一。羅常培在其發表於 1930 年的《耶穌會士音韻學上的貢獻》一文中對《切韻聲原》中的"旋韻圖"就是在《西儒耳目資》的啟發下製作的説法提出了質疑，但有學者表示贊同（任道斌，1983：90）。臺灣學者王松木教授也認爲："象數思想才是《旋韻圖》的本源；金尼閣的《音韻活圖》只不過是外形偶然相似罷了！"雖然如此，他也承認方以智的確受到過《西儒耳目資》的"激發"，這主要體現在兩個方面的"體悟"：一是"研擬新創標音符號"，二是"以'甚、次、中'印證中五之數"（王松木，2012）。第一點"體悟"，正是其對西方文字在表音方式上具有優越性的肯定。

在《通雅》卷首"疑始"中，方以智寫道："字之紛也，即緣通與借耳，若事屬一字，字各一義，如遠西因事乃合音，因音而成字，不重不共，不尤愈乎？"由此可知，他認爲漢字之所以出現"紛雜"的情况，主要是由於"通"和"借"的方式"畸變""模糊"而造成的。比如一個漢字可

① 據任道斌《方以智年譜》（1983：31），方以智 9 歲時就隨父親方孔照"問學熊明遇、鄭三俊，得長見識"。而熊明遇是當時愛好西學的進步學者，與徐光啟合譯過《泰西水法》。同時爲意大利傳教士熊三拔《表度説》作序。同書第 76 頁所記，方以智於 26 歲時與意大利傳教士畢方濟相識，問學且贈詩。

② 任道斌《方以智年譜》（1983：90）中轉録方以智著作《膝遇信筆》中内容："今日得《西儒耳目資》，是金尼閣所著，字父十五，母五十，有甚、次、中三標，清、濁、上、去、入五轉，是所以證明吾之等切。"這段内容記載於明崇禎十一年之下，即 1638 年。

以代表多個語義，而同一個語義也可能用多個漢字來表示。新井白石也有類似的觀點，並指出這種“轉假多在仿佛間”的情況，實則與“古今方俗”用字之異有關，從而造成漢字衆多紛雜的結果(《東音譜·序言》)。但方以智並沒有停留在一味地指責漢字標音的不確定性問題的層面上，而是“化腐朽爲神奇”，他認識到，語音雖然由於古今(歷史)、方俗(地域方言)要素而產生差異，但並不妨礙彼此之間相聯繫，此可謂之通轉。

儘管如此，方以智也還不滿足，認爲，應該另闢蹊徑解決漢字標記語音“紛雜不確”問題，他說，如果漢字如“遠西”拼音文字一樣，一字一義，以音成字，那麼就不會有重複混雜的情況了。很顯然，這就是令人震驚的創建“標記音值”文字“先聲”的意識。爲何方以智具有如此之“先知先覺”語音科學意識？這肯定與方以智經常和西方傳教士接觸交流而接受西方近代語音學知識有關。方以智閱讀了利瑪竇、金尼閣等傳教士的漢語語音學著作後，當然有感而發。而這正是他對西方表音文字具有優越性認識的集中體現。梁啟超稱方以智的觀念認識爲“一句極駭人的話”，並指出方以智在三百年前即有此番認識，足見其語音學理論見識超出常人，其氣魄極爲宏大，由此而充分肯定了方以智在漢語音韻學理論研究上的歷史性貢獻(梁啟超，2003：173)。羅常培也指出，這是方以智對西方羅馬字注音具有優越性的積極性回應(羅常培，2008：235)。可見，方以智在漢語音韻學研究中所體現出來的革新意識，是極具有前瞻性學術眼光的。

我們認爲，新井白石對東西方表音文字具有優越性的認識也超出當時的學者，肯定與受到方以智先進語音學思想的影響和啟發是分不開的。

但在另一方面，我們也認爲，新井白石對東西方表音文字具有優越性的認識“十分超前”，也同樣與新井白石自身的“睜眼向洋看世界”的特殊經歷有關。

1709年，新井白石先後四次審訊偷渡到日本的意大利傳教士西多蒂，由此而瞭解到了當時西方國家的地理、風俗、文化，甚至語言狀況。如《采覽異言》第一條“歐羅巴”。除了對歐洲所處地理位置，國家構成和各國制度、國力對比、風土人情等基本情況進行介紹以外，還涉及到其語言(方言)文字使用情況的介紹①。此外，他積極主動與在日本經商的荷蘭人來往，甚至學會了一些荷蘭語詞匯；由於公務需要，還與長崎唐通事多有往來。這些經歷，尤其是與東西方各類語言的接觸，都讓他對於表音文字與表意文字各自的特點有了比同時期日本學者更爲具體而直觀的認識。在《采覽異言·凡例》第一條中，新井白石曾這樣寫道：

“西人《山海輿地全圖》②，明儒所譯方國及人物名，美質諸西人之言，率多紕繆。大抵西方音多字少，故記其言，字有合成，而無音所遺；中土字多音少，故翻彼語，音有轉假，而無字可該。且絕域殊譯，歷代異稱，而中土之人各隨所聞，轉假用字，其音所托亦皆在仿佛間耳。”(《新井白石全集》第四卷《采覽異言》)

正因爲意識到表音文字與表意文字在表明音值科學性上的明顯“差異性”，在編寫《采覽異言》和《西洋紀聞》的過程中，他就嘗試着用日本假名來作表音研究，模仿琴譜的記音方式來表記東西方語音。他認爲，用假名這種記音方式往往比用漢字記音更能反映東西方語音的實際發音，正如他自己所說：“我今所譯，其端在於別音，凡聲音所象，一如琴之有譜，按譜

① 其描述文字爲：“東北之人，長身白皙，朱髮碧瞳，不與西南人同。如其方言，有古今雅俗之辨。文字體制，有如篆籀者，有如行草者。學之之法，亦有音韻詞章等科。”此處只摘錄了正文部分，其中對方言的情況還用小字作注，見《新井白石全集(第四)》(1906)之《采覽異言》。

② 《山海輿地全圖》爲利瑪竇所編，李之藻將其譯爲漢語，並命名爲《萬國坤輿全圖》。

而求音,則殊方之言,可盡譯也。”(《采覽異言·凡例》第一條)這便是《東音譜》的設計理念。可見,在編寫《采覽異言》和《西洋紀聞》的過程中,《東音譜》就已經成型於新井白石心中。

編寫《采覽異言》過程中所遇到的這些困難,讓他對不同類型的文字表音功能再次進行了思考。《采覽異言·凡例》已經表現了他的一些初步看法。而在《東音譜·序言》中,他將其表述得更爲具體:

“中國之書本於象,以形兼聲,故字多音少。外國之書由於音以聲兼形,故音多而字少。如我東方則兼有之矣。(…)(美)昔在前代辱奉,明旨訪問殊俗、采覽異言,竊自以謂:五方之音,本非文字之可該,音托於字,不如音托於音之近也。”

可見,新井白石在與外國人的接觸過程中,已經對表音文字和表意文字有了最爲直觀的感受。最後,他得出結論:在記録語音時,“音托於字,不如音托於音之近也”,從而明確表明了自己的想法——在標記語音方面,表音文字優於表意文字。這一點,爲歷來中日學者所稱讚。北大歷史學家周一良教授甚至稱其“在18世紀的東亞,可謂絶無僅有”(周一良,1995:517)。《東音譜》一書,與稍早的《采覽異言》《西洋紀聞》等著作,也奠定了新井白石在日本歷史上西學先驅者的地位。日本蘭學集大成者大槻文彦也稱其對日本蘭學具有“創始之功”。不可否認,這在當時的東亞,確實屬於較爲“前衛”的思想,但説其“絶無僅有”,則是我們所不能認同的,因爲方以智早就提出了類似觀點,也具有同樣的“前衛”意識。

在閱讀到《切韻聲原》中的相關言論時,新井白石怎麽可能錯過其中的精彩之處?在其個人經歷的基礎之上,拋開《切韻聲原》中深奥的象數之學,以及傳統漢語音韻的内容,新井白石立即捕捉到方以智那些在當時具有進步意義的音韻學思想,並受到了莫大的鼓舞和啟發,從而也道出“音托於字,不如音托於音之近”的言論。

新井白石對方以智的理解是非常準確的,甚至將方以智思想融合在自己的學術意識中,將其没有“盡言”的語音思想意識都用語言發揮了出來,而且表述得更爲直白。

新井白石在當時能夠表現出這樣的語音思想意識,實屬難得,但並非“絶無僅有”,而是有源可溯。我們認爲,這一理論意識的直接源頭就是方以智的《切韻聲原》。方以智對表音文字所具有的優越性的認識可是要比新井白石早半個多世紀,二者之間的承襲關係已經十分清楚。

(三)新舊語音觀念的“交替”——方以智與新井白石“新譜”藍圖的設計理念

王松木教授指出,方以智《切韻聲原》的内容可以分爲兩個部分:(1)等韻條例,以條例方式解説等切原理,包含對傳統韻圖與切語之批評與改良、對語言特徵與發音狀態的描述,對音韻結構的認知與詮釋等;(2)新編韻圖——編製《新譜》十六攝與《旋韻圖》(王松木,2012)。這兩部分爲主要内容,其後還有一些我們今天放入篇末注釋和附録的内容。

就這裏,我們不禁要問,方以智爲什麽要創製一套“新譜”?其所謂“舊譜”又是指什麽呢?要回答這個問題,我們必須回歸方以智學術文本和其所處的時代背景來認識。方以智所處時代的官話語音系統及其語音學觀念與《切韻》系韻書、韻圖所表現的語音系統與觀念已經發生了很大的變化。於聲母系統而言,最爲明顯的一個特點是全濁聲母的清化,這也相應地對韻母和聲調系統産生了影響。許多學者對此已經有所認識,並且著述説明,形成了比較成型的觀念意識。對此,深諳音韻的方以智當然有所認識,並且在《切韻聲原》中已經很明確地將其表現了出來。例如,《切韻聲原》已經打破了原來的"平上去入"舊四聲的格局,而變爲了"陰平、陽平、上、去"的新四聲格局。對於濁聲母清化問題,方以智也將原來的三十六字母合併爲了"簡法二十字",删減了所有濁聲母相對應的字母。而對於"重頭戲"的韻母系統,方以智更是對珙、温的韻圖進行了改造,並將其定義爲"新譜"模式。新譜的製作是爲了改變舊韻圖中不適合當時語音格局的地方,使其更好地記録語音現象和事實。已經變化的聲母、聲調也融入到這一系統之中。由此,其所謂新與舊語音模式就躍然紙上,新舊語音觀也赫然浮現於讀者面前。方以智的新、舊語音格局是針對漢語語音變化格局而言的。

新井白石的《東音譜》同樣體現出一種强烈的新舊語音觀念意識。由於其篇幅短小,在語音結構的布局上就比《切韻聲原》顯得更爲清晰:其開篇即列出"五十音圖舊圖",然後是"五十母字音釋",最後爲"音韻字母新譜"。由舊入新,邏輯嚴謹,環環相扣,格局大變。

二者雖然對語音結構系統認識上,都表現出一種新舊語音格局的對比態勢,但需要我們注意的是,它們之間顯然又存在着語音格局"設計理念"的不同。新井白石製作新譜的目的與方以智不同,並非因爲語音格局發生變化需要對原有語音格局系統進行改造,而是因爲對原有文字在記音方式上的不足有所認識,而對語音格局進行重新設計,從而更好地適應記録外國語語音的形勢。新井白石在《東音譜》中有兩處提及其所謂"舊語音格局"的地方,一是序言中説到"東方音韻之學,舊有母字,今當借之以記",其中的"舊有母字"也就是《東音譜》開篇的"五十母字舊圖";一是凡例中提到"凡平上去入及清濁、輕重,並有舊譜,一皆從舊"。很明顯,新井白石所謂"舊語音格局"設計方式,其實是指原有的記音工具和方式,而並不是像《切韻聲原》中那樣體現出對語音格局實際變化形勢的判斷。兩者有着本質的區别,但都呈現了明顯的對新舊語音格局觀念變化的趨勢的把握。我們所看到的二者之間的緊密"相承"與"改造"關係,是不能僅僅用巧合來解釋的。

三 新井白石《東音譜》對方以智《切韻聲原》音韻學思想的出新與改造

由上可知,新井白石《東音譜》與方以智的《切韻聲原》之間承襲關係非常明確。但新井白石在承襲《切韻聲原》理論意識的過程中,不是簡單地照搬和模仿,而是從内容到形式"格局"上都不同程度地作出了改動。這些改動,其實就是新井白石將方以智漢語音韻學理論本土化的"出新"與"改造"過程。

(一)新井白石充分認識到日本假名文字的記音表現"音值"的優勢,利用日本假名文字來記録漢語與日語實際語音形式,這就是其走向本土化的第一步。

日本原本没有自己的文字,最初是靠漢字來記録自己的語言。一直到平安時期才在漢字及偏旁的幫助下,形成了自己的假名文字系統。但是,漢語與日語畢竟是兩種不同的語言,在語言各要素上都呈現出明顯的差異。雖然日本人作出了很多努力來協調這種差異,出現了各種訓釋方式,但是用漢語來表記日語終究還是會時常出現不貼切的地方。正如新井白石在《東音譜·序言》中所説:"我嘗觀魏晉以來歷世史書記我東方之言,大半與我不合。"在比較了各種文字的優缺點之後,他認爲日本的假名文字具有明顯的記音優勢,比漢字更適合用來標記各種語音。

在選定了記音工具方式之後，就進入整個工作的重頭戲——記音方案"格局"的設計。在這一點上，新井白石大量借鑒了方以智《切韻聲原》中的音韻學術語和理論模式。《切韻聲原》所研究的是漢語語音，是適應漢語音系結構格局特點而作，並不考慮日語及其他外語的音系結構格局特點。所以，新井白石在借鑒這套概念的過程中，作了很多修改，來適應日語(包括漢字音)結構格局的特點，以方便假名記音。從上面我們已經看到，雖然新井白石在"音韻字母新譜"中所設置的術語基本來自《切韻聲原》，但在具體所對應的內容上却不盡相同。並且，新井白石所做的改動，並不是簡單的增減，而體現出一種系統性，可謂"牽一髮而動全身"。以差異最大的"收聲"來説，新井白石與方以智所對應的意義完全不同。同一個"收"，方以智是就聲母的發音方法而言，而新井白石則將其理解爲語音成分出現的位置，可謂南轅北轍。方以智的"收聲"包括的是半濁音和擦音，新井白石並没有給這一類音設置專門的類别，而是將這一術語概念用來表示了漢語中所對應的鼻音韻尾(-ŋ、-m 和-n)各音①。新井白石的"收聲"所對應的語音，在方以智的系統中又屬於"餘聲"中的一類。也就是説，新井白石將方以智"餘聲"中的一類獨立了出來，並將其命名爲了"收聲"，概念内涵发生了变化。

那麽，新井白石爲什麽要作這樣的語音理論"格局"調整呢？我們從新井白石的"餘聲"説起。很明顯，新井白石的"餘聲"只有五個，與方以智"六餘聲"相比，缺少的是鼻音韻尾，剩下的剛好是五個元音韻尾。而這五個元音韻尾，剛好可以對應五十音圖結構格局的五段(五個主要元音)語音構成格局。從這個角度來看，就容易理解新井白石作此改動的理論依據是什麽了，這是其適應假名記音所做的一種語音研究戰略格局調整。對於方以智"餘聲"中的鼻音韻尾結構模式，新井白石也並没有忽略，而是在方以智的術語系統中尋找了另一個術語概念來專門"確指"，即"收聲"概念。這樣做的結果是，雖然《東音譜》在具體語音内容與格局上發生了一些調整與變化，但仍然保證了音系結構格局的形式完整性。這正是我們所説的新井白石對方以智音韻學思想的本土化實踐的一種科學表現。

雖然，在這種語音"格局"建構過程的實踐中，新井白石仍然存在一些認識上的問題，例如我們前面提到的，對於"收聲"與"餘聲"中部分内容的重合，以及送聲的標記等語音結構形式環節上的"缺失"問題。但這都是時代局限性使然，並不能因此而抹殺新井白石及其《東音譜》在標記語音結構格局設計上進行探索而具有的學術意義和價值。

(二)新井白石力圖設計出一種可記録天下語言語音格局完美模式的理想標記語音系統

王松木教授指出，"明清等韻家設計韻圖、切語，除考量拼切字音之實用功能外，經常兼具着深層的哲學意涵——追溯聲音本源、窮盡古今音變"，而《切韻聲原》同樣也是"方以智爲展現哲學思想所設計的理想化圖示"。其創作《切韻聲原》的目的是爲了"創造出'使天下便之'的切音法則，不僅使九州之人均能通解，更冀望由'質測'而'通幾'，能透過切音之理推導出宇宙生成變化的規律，而達到'知無聲之原、盡聲音之變'的理想目標"(王松木，2012)。然而，從《切韻聲原》的内容來看，其所描寫的也僅僅是漢語。無論是李新魁(1983:301)所説的官話音系，還是耿振生(1992:250)所認爲的兼含古今南北方音的混合系統，抑或是孫宜志(2005)所認爲的明末桐城方音，都是僅針對漢語而言。方以智所謂的"天下"並不是我們現

① 可能新井白石認爲並没有必要爲這些半濁音、擦音等專門立一個類别。至於新井白石將這些音分配在哪一類别，從《東音譜》的内容來看，如果一定要回答這個問題，我們認爲可能將其放在"發聲"中是最合理的。因爲其他各類與這些音没有關係。

在理解的全世界概念，而僅指中國。

這其實並不難理解。在當時的明代，人們雖然已經接觸到了外部世界，包括西方科学理论，比如大量的傳教士進入中國，帶來了全新的知識，也確實吸引到很多當時的文人官員，但一些人固有的天朝大國的偏見，扭曲了人們認識世界的心理，甚至流行着一種"西學東源"的思想，並以此爲傲，方以智同樣是其中的一員。在他的著作中其實不时地流露出明顯的"西學東源"意味（陳衛平，1993）。這也就不難理解方以智的"天下"爲何只包括中國了。在他的眼中，中國就是世界，世界上的所有現象都可以在中國找到源頭，對自然語言，漢語語音結構"格局"的認識亦是如此。

再看新井白石。在新井白石生活的時代，由於西方傳教士和商人的到來，給日本的經濟、政治以及人們的生活帶來了很多新的認識，但同時也造成了不少問題。所以，爲了鞏固統治，幕府作出了一系列的"禁教"措施。到 1640 年，還對基督教進行了徹底鎮壓，連帶着將外國人全部趕出了日本國土，並禁止日本人私自出國，或與外國人接觸，只允許中國和荷蘭商船在長崎港進行貿易往來。

在這樣的環境下，新井白石並没有像當時大多數人一樣一味反對西方事物，而是能夠公正地去對待這些西方人，並且客觀地看待他們所帶來的一切（包括知識），甚至還主動與外國傳教士、商人接觸。他在與意大利傳教士西多蒂、荷蘭人，以及長崎通事、朝鮮使者的交往過程中，接觸到了東、西方多種語言，由此有了比他同時代的人更多的語言實際認知。這就讓他站得更高，看得更遠，其意識更爲超前，越過了當時日本同時代的大多數學者。在新井白石的著作中，最能夠體現這一點的，除了《采覽異言》和《西洋紀聞》，就要數《東音譜》和《東雅》了。

從《東音譜》製作的目的性來看，就已經超越了當時的學者，在東亞範圍内都可以説是一種具有開創性的重要理論與實際的嘗試行爲。他是想設計、編寫一套"足以括天下之聲"的記音系統"格局"。這裏的"天下之聲"，顯然不僅包括漢語語音、日語語音，還包括世界上一切語言的語音系統。這是何其高遠的目標？新井白石對各種語言的認識和包容意識非常可貴，這在當時的日本是具有相當大的開闊眼光的。

在這種語音認知理論意識的支配下，他試圖創製一套可以記録世界各國語言的表音文字系統。用他自己的話來説，即"是書本爲記異言而作"（《東音譜・凡例》）。而在閱讀了《通雅・切韻聲原》後，他發現自己跟方以智的理想是一致的，都是爲了記録"天下之音"①。方以智的話，無疑給了他莫大的啟發和鼓勵。

但是，前面我們已經説過，方以智的書中雖然也提到西方表音文字的優越性特點，也注意到了金尼閣的《西儒耳目資》運用羅馬字記音方式的先進性，但這些都没有真正進入到他的語音系統設計的格局中去。换句話説，他的語音體系格局設計理念中並不考慮漢語以外的語音系統設計問題，格局的局限性當然很大。

相比較而言，新井白石的志向似乎更爲高遠。他寫作《東音譜》，就是想創造一套能夠記録世界所有語言（至少也是他所接觸到的語言）語音的記音系統，這才是他真正的"天下"理想"格局"藍圖。在這樣的理想"格局"藍圖召唤下，新井白石利用自己有着深厚的漢語音韻學知識，又能突破漢字記音的束縛思維模式，利用介於表意文字和表音文字之間的日本假

① 雖然，在視野上方以智並没有超出漢語語音研究範疇，但其確實也是把記天下之音當作理想的。

名,實現了自己"括天下之聲"的宏大目標。在《東音譜》中,還多次出現記録"外國語音"的情況。如書的最後"音韻字母新譜"中"輕重"概念的結尾處就出現了"外國之音有牙喉聲重者,亦倣此"的字樣。可見,他的整套記音系統設計,考慮到了如何更好地記録"外國之音"問題。

方以智具有了一個偉大語音設計構想的"意識",新井白石將他的設想真正地付諸行動。雖然,有的地方設計得並不完美,還有一些地方仍囿於"漢文字觀念"的影響,有些記録顯得牽强附會,但他的《東音譜》從設計理論到語音系統格局的實現,可以説都是對《切韻聲原》的一大超越。這與19世紀末葉學者設計"萬國字母",即後來的國際音標工具研究,真的具有"異曲同工"之妙。

四 結語

新井白石曾經長期借閱《通雅》一書,還留下了兩卷抄本,足見他對方以智《通雅》一書的重視程度(大庭修,1977:223-224;周一良,2008:587)①。新井白石如此重視方以智漢語音韻學的思想,並在其啟發下編寫出《東音譜》,爲我們東亞音韻學術史的研究提供了什麼信息呢?

放眼東亞區域,再結合兩人的時代背景和個人經歷,我們認爲,新井白石《東音譜》對方以智《切韻聲原》音韻學思想的承襲,並非一般意義上的"繼承",而是在西學東漸的過程中東西音韻學理論與實踐的一次有效整合,並且是在已經有了理論預設的基礎之上的一次學術升華。

明清之際,作爲西方殖民擴張"意識"先導的傳教士來華,帶來了西方科技等新文明成果,對中國學者思想意識産生了巨大的衝擊力,迫使他們對很多問題重新作出判斷與思考。當時中國文人對這種外來文化所持有的態度各異:有的對其全盤接受(如徐光啟、李之藻);有的對其嗤之以鼻,稱其爲"西夷"(如王夫之、沈㴶)。而方以智身處這樣的時代大環境之中,對傳教士所介紹的西學知識充滿了興趣,主動學習和接受,將其與中國音韻研究實際相結合,同時又能夠帶有理性精神色彩,批判性地接受,明確指出西學在實踐中所存在的問題,實屬少見(羅熾,1988;方瑞、趙媛,2010)。正因爲他具有這種實事求是的科學態度,才讓他能夠在吸收到西方語言學學術精華的過程中升華自己的漢語音韻學研究意識,非常難能可貴。

但這種"大膽至極"的想法,囿於時代背景和方以智個人的知識體系局限,更多的接受到的是西方文化的"形",没能真正付諸行動而創造出一套全新的、完全擺脱傳統漢語音韻學的切音方案"格局"之"勢",更没有引起當時漢語音韻學者的過多關注和回應②。以至於在中國,具有真正意義上的文字改革運動推遲到了新文化運動時期,令人深感遺憾。

此時的日本,同樣處於閉關鎖國情勢之中。16世紀西方傳教士的進入,對日本社會造成了很大的困擾,以至於"1633年12月到1639年7月,德川幕府第三代將軍德川家光連續5次頒布了以'禁教'和'貿易統制'爲核心内容的所謂'鎖國令'"。到1640年,幕府對基督教

① 在對新井白石三部語言學著作進行研究的過程中,我們發現,它們都不同程度地引用了《通雅》的原文與内容,對此我們將另行撰文介紹。

② 其實,雖然其影響力並没有同時代的黄宗羲、王夫之、顧炎武等那樣大,但是在當時同樣是備受推崇的。《四庫全書》中對其人其著作的褒揚也是溢於言表的。只是,其真正的價值和貢獻,是近幾十年才再次得到發現和重視。

進行了徹底鎮壓，將外國人全部趕出了日本國土，並禁止日本國民私自出國（馮瑋，1996）。在貿易方面，只開通長崎港，僅允許中國和荷蘭商船進入，對商船的數量和輸入的物品也進行了嚴格控制。而這却成爲了日本接受西學的窗口，爲日本"蘭學"的興起做好了準備。方以智的著作也通過這一途徑經由清代商人之手傳入日本，並被"江户文人始終目爲備查考的重要工具"（周一良，1995：588）。新井白石也正是由此有了接觸中國和西方先進文化的機會。

新井白石以方以智《切韻聲原》爲藍本，構建起自己的記音體系"格局"。《東音譜》利用《切韻聲原》這一"舊瓶"注入了令人期待的"新酒"。

《東音譜》是真正意義上的一個東西學術"會通"的產物。雖然，還只是一次粗糙的嘗試，存在着諸多的問題。但在當時的日本，乃至東亞，都具有獨特的價值和意義。然而，《東音譜》在東亞音韻學史上的地位却長期没有得到應有的認同，令人感到十分遺憾。

站在東亞視閾觀察，我們也看到，長期以來，因爲缺少新井白石《東音譜》這一關鍵性"參照"環節，我們也很自然地低估了方以智漢語音韻學思想在東亞音韻學史上的地位及其影響。這也是需要我們必須儘快擺正的學術傾向性。

參考文獻

[1]陳衛平. 方以智對中西文化的比較[J]. 江淮論壇，1993(2)：70-76.

[2]成春有. 日語漢字音讀研究[M]. 合肥：中國科學技術大學出版社，2002：138-139.

[3]大庭修. 江户時代における中国文化受容の研究[M]. 京都：同朋舍，1977：223-224.

[4]方瑞，趙媛. 試論明代士大夫對西學的反應——以方以智的西學觀爲考察對象[J]. 安徽文學，2010(9)：146-147.

[5]馮瑋. 概論 20 世紀以前日本"西學"的基本歷程[J]. 日本學刊，1996(1)：110-124.

[6]耿振生. 明清等韻學通論[M]. 北京：語文出版社，1992：250.

[7]古藤友子. 新井白石の言語研究[A]//江户の思想編集委員會. 江户の思想（第二號）- 言語論の位相[M]. 東京：ぺりかん社，1995：104-121.

[8]古藤友子. 新井白石的日語研究以及中國明代學術[C]//聯合報系文化基金會編. 第十届中國域外漢籍國際學術會議論文. 出版地不詳，1999：37-57.

[9]李新魁. 漢語等韻學 [M]. 北京：中華書局，1983：301.

[10]李無未，許彬彬.《東音譜》所記漢語方音問題[A]//李無未. 東亞視閾漢語史論[M]. 廈門：廈門大學出版社，2014：115-129.

[11]梁啟超. 中國近三百年學術史[M]. 天津：天津古籍出版社，2003：173.

[12]羅常培. 耶穌會士在音韻學上的貢獻[A]//羅常培文集（第八卷）. 濟南：山東教育出版社，2008：187-280.

[13]羅常培. 音韻學研究法[A]//羅常培文集（第七卷）. 濟南：山東教育出版社，2008：391-399.

[14]羅熾. 方以智對西學的批判吸取[J]. 湖北大學學報（哲學社會科學版），1988(2)：7-13.

[15]滿娜. 新井白石及其《東音譜》概述[J]. 首都教育學報，2014(10)：不詳.

[16]滿娜.《東音譜》研究[D]. 南通：南通大學，2015.

[17]任道斌. 方以智年譜[M]. 合肥：安徽教育出版社，1983：90.

[18]森博達. 近世唐音と『東音譜』[J]. 國語學（第 166 集），1991：13-21.

[19]上田萬年. 言語學者としての新井白石[J]. 史學雜誌（第六編第二號）-論説，1895：91-129.

[20]時建國.《切韻聲源》術語通釋[J]. 古漢語研究，1996(1)：8-11、7.

[21]王松木,知源盡變——論方以智《切韻聲原》及其音學思想[J]. 文與哲,2012(21):285-350.
[22]孫宜志. 方以智《切韻聲原》與桐城方音[J]. 中國語文,2005(1):65-74.
[23]新井白石著,今泉定介編輯兼校訂. 新井白石全集(第四・東音譜)[M]. 東京:吉川半七,1906:395-405.
[24][清]永瑢等. 文淵閣四庫全書(第857册・通雅)[M]. 上海:上海古籍出版社,2003:928-948.
[25]周一良. 新井白石論[A]//周一良學術論著自選集. 北京:首都師範大學出版社,1995:499-520.
[26]周一良. 新井白石——中日文化交流的身體力行者[A]//周一良學術論著自選集. 北京:首都師範大學出版社,1995:582-594.

Inheritance and Innovation: Japan's Arai Hakuseki's *Tō'onpu* (*Dōngyīn Pǔ* 東音譜) and China's Fāng Yǐzhì's *Qieyun Sheng Yuan* (切韻聲原)

Li Wuwei　Zhong Xueke

Abstract: There is a very close relationship between the work *Tō'onpu* (1719) (東音譜) of the respected Japanese Edo scholar Arai Hakuseiki, and its correlated Chinese work by Fāng Yǐzhì's *Qièyùn shēngyuán*. The inheritance of the latter is self-evident, the innovation nonetheless is more outstanding. In fact, Arai Hakuseki has made a wide range of adjustments and modifications, both in its form and in its contents, to the *Qièyùn shēngyuán*, which were aimed at making it more "indigenous-looking", at further expanding the finalities of the original work, and at strengthening the function of the Sino-Japanese "phonemes" which it marked. These adjustments wrapped the *Tō'onpu* with a "modern academic" coat, and allowed its research results to become prominent. Thus, from the wider perspective of East-Asian phonology, Arai Hakuseki's *Tō'onpu* not only effectively inherited *Qièyùn shēngyuán*'s methods and practices of historical Chinese phonology, but also contributed to an extremely important and effective integration and sublimation of Eastern and Western phonological thoughts, marking the beginning of a new historical period of great significance for East Asian phonology. The comparison of *Tō'onpu* with *Qièyùn shēngyuán* allows us to understand the depth and the scientific value of Fāng Yǐzhì and Arai Hakuseki as the "pioneers" of modern Chinese and Japanese phonology both in East Asia and even in the whole world.

Key words: Arai Hakuseki's *Tō'onpu*(東音譜), Fāng Yǐzhì's *Qièyùn shēngyuán*(切韻聲原), East-West phonological history, Effective integration and sublimation

通信地址:李無未　福建省廈門市思明區廈門大學人文學院中文系
郵　　編:361005
E-mail:liwuweil@163. com

通信地址:鍾雪珂　福建省廈門市思明區廈門大學人文學院中文系
郵　　編:361005
E-mail:sczyzxk@aliyun. com

王念孫《合韻譜》《古韻譜》比較研究*

趙曉慶

内容提要 北京大學圖書館藏有王念孫未刊古韻研究遺稿《詩經群經楚辭合韻譜》一部，始終未刊，對於探求王氏古音學有重要價值。它反映了王念孫"古韻廿二部"及"古有四聲"觀點，是王氏古音研究之晚年定論。另就合韻而言，《詩經群經楚辭合韻譜》韻段分析較段玉裁、江有誥精審而細密，且較早年《古韻譜》多有修訂和補充，實爲上古音合韻研究之寶貴資料。

關鍵詞 王念孫 詩經群經楚辭合韻譜 遺稿 研究

一 引言

1922年羅振玉從江姓手中購得高郵王氏父子手稿①一箱，並將部分内容整理刊刻爲《高郵王氏遺書》(1925)。但已刊者僅其中少數，羅振玉《高郵王氏遺書》目録附記曰："其他未寫定之遺稿以韻書爲多，異日當陸續刊布。"這批遺稿王國維參與整理並作有《高郵王懷祖先生訓詁音韻書稿敘録》一文②，對其内容特别是音韻、訓詁稿本做了數目清點及價值評述。他希望日後繼續整理研究，但此願望未能實現。1927年王國維自沉頤和園，之後羅氏便將未刊遺稿轉售北京大學文科研究所③。

遺稿轉售北大後，陸宗達先生做了整理研究並在羅常培支持下擬以刊布，但因抗戰爆發而被迫擱置。新中國成立前夕，羅常培曾聯繫陸宗達進行過第二次擬刊，終亦未能成功。後來遺稿轉藏北京大學圖書館，一直保存至今(趙曉慶 2017)。

這批未刊遺稿以《韻譜》《合韻譜》等古音學内容爲主，王國維《高郵王懷祖先生訓詁音韻書稿敘録》(1959:398)初步考察曰："諸《韻譜》但摘經典中韻字書之，而同韻、合韻之字旁加記識，與金壇段氏《六書音韻表》例同。多完具，可繕寫。"1930年，陸宗達《王石臞先生〈韻譜〉〈合韻譜〉遺稿跋》一文對王念孫手稿中的《韻譜》(18冊)《合韻譜》(25冊)做了考察研究，

---

* 基金項目:國家社科基金項目"《王念孫古音學手稿》整理與研究"(16CYY030)。本文寫作過程中得到了孟蓬生研究員、孫玉文教授、張民權教授的指導和鼓勵，謹此一併致以誠摯謝意。

① 該手稿是王念孫生前大量未刊稿之匯總，王壽同整理後將其署名爲《王念孫手稿》，羅振玉稱之爲《遺書》、王國維稱之爲《書稿》《遺稿》，陸宗達先生亦稱之爲《遺稿》。

② 王國維對王念孫遺稿做了整理，這在《高郵王氏遺書》中有多處體現。如"釋大"之後王國維按曰："此第八篇初稿與第七篇及釋始清、從二母字初稿同在一紙上，塗乙草率，不可讀，亟録出之。雖非定稿而牙喉八母字得此乃備致可喜也。王國維識。"

③ "文科研究所"爲北京大學中文系前身。據沈乃文先生所述，北大購"高郵王念孫、王引之父子手稿五十九册，售價二千元。售價高昂，亦屬稀見"。參《北京大學圖書館藏古籍的價值及來源》，選自沈乃文(2011:479)。

從"分部之變""四聲之變"論述王氏晚年《合韻譜》已接受東、冬分立之説，言王氏已由篤信段玉裁"古無去聲"轉持"古有四聲"觀點。兩年後，陸先生《王石臞先生〈韻譜〉〈合韻譜〉遺稿後記》(1932)一文又對《韻譜》《合韻譜》之韻目、韻例、《合韻譜》之内容、價值做了進一步考述。此後，世人始知王念孫有大量《韻譜》《合韻譜》稿本存世，且知王氏晚年已將古韻更定爲廿二部。王念孫論古韻曰"言古韻者必以《三百篇》爲準"(劉盼遂 2000:2)，又"一以九經、《楚辭》所用之韻爲韻"(1985:751)。《詩經》、群經、《楚辭》韻文爲上古音研究主要材料，段玉裁《六書音均表》亦以此爲研究主體，可知諸多合韻譜中《詩經群經楚辭合韻譜》爲王氏古音學之核心内容，有必要做整理研究。

近幾十年來，臺灣許世瑛、陳新雄二人曾據陸宗達先生之文輯録王念孫《詩群經楚辭合韻譜》(參陳新雄《古音學發微》1996:324-358)，然而陸先生文中僅舉《詩經群經楚辭合韻譜》大約之例，并非全本。《詩經群經楚辭合韻譜》原稿無"本韻""合韻"標識，許、陳二人亦以己意增之，與實不符①。又有臺灣劉彩祥先生《高郵王氏〈詩經群經楚辭合韻譜〉補苴》(劉彩祥 2016)一文，據《詩經群經楚辭古韻譜》補許、陳二人輯録本。殊不知《古韻譜》《合韻譜》作之非一時②，分韻體例亦不相同，如《詩經群經楚辭古韻譜》無列去聲且未分東、冬，爲廿一部，王氏作《詩經群經楚辭合韻譜》時已四聲分列且東、冬分立爲廿二部。以上諸家雖有所補然皆未能循此體例。王念孫晚年古韻分部逐漸完善，對合韻分析益加精密，故較《古韻譜》而言，《合韻譜》中合韻條目已多有修訂和補充，非後人所能蠡測。

關於"合韻"，段玉裁《詩經韻分十七部表》曰："凡與今韻異部者，古本音也；其於古本音有齟齬不合者，古合韻也。本音之謹嚴，如唐宋人守官韻，合韻之通變，如唐宋詩用通韻。不以本音蔑合韻，不以合韻惑本音。三代之韻昭昭矣。"古韻部有分亦有合，分爲其界限，合爲其溝通，明確了古韻分部可以考察古合韻情況，考察古合韻情況反過來可以更加明確古韻分部的界限及遠近關係。正如段氏自作而託名吴省欽之《序》中所言："知其分而後知其合，知其合而後愈知其分。凡三百篇及三代秦漢之音，研求其所合，又因所合之多寡遠近及異平同入之處而得其次第，此十七部先後所由定。"王念孫繼承、發展了段玉裁的古合韻學説，并身體力行，以己所分"古韻廿一部""古韻廿二部"作《韻譜》《合韻譜》，同時又以《韻譜》《合韻譜》進一步考求韻部之間關係，更定古韻分部及古聲調理論，最終建立並完善了古韻部體系。合韻研究雖始於段氏，但王念孫"排比衆類、穿穴百家"，對先秦至魏晉南北朝幾乎所有傳世文獻韻文合韻情況做了考察、分析和歸納，並著《合韻譜》二十五册，集合韻研究之大成。《詩經群經楚辭合韻譜》便是諸多《合韻譜》中較爲重要的一部，集中體現了王念孫晚年古韻研究内容和古音學思想。我們從北大藏王念孫《詩經群經楚辭合韻譜》稿本實際出發，與《古韻譜》相比較，對其内容體例及學術價值做了考察研究，并附校本於後，以爲學界取資。

---

① 王念孫的韻字標識以"▌"表示"古合韻"，以"○"表示"古本韻"，以"△"表示"異調相押"。參北京大學圖書館藏王念孫《周秦諸子韻譜》(稿本)。

② 《詩經群經楚辭古韻譜》作於 1790 年之前，《詩經群經楚辭合韻譜》作於 1821 年之後，前後相差三十多年。

二　《詩經群經楚辭合韻譜》之内容

（一）《詩經群經楚辭合韻譜》之内容

王念孫《詩經群經楚辭合韻譜》共 3 册，見於北大藏《王念孫手稿》第三函第 1 册、第 2 册、第 3 册。其中第 1 册 58 頁（含封面 1 頁）、第 2 册 53 頁（含封面 1 頁）、第 3 册 20 頁（含封面 1 頁）。三册合計 131 頁。《詩經群經楚辭合韻譜》收録内容包括《詩經》《易》《書》《大戴禮記》《禮記》《左傳》《國語》《穀梁傳》《公羊傳》《論語》《孟子》《爾雅》《楚辭》①等十三部典籍，皆成書於西周至戰國時期。《合韻譜》所收篇目與《詩經群經楚辭古韻譜》相同，亦與《六書音均表》所載《詩經韻分十七部表》《群經韻分十七部表》一致，可見王念孫古韻著作受段玉裁影響。

《合韻譜》於每頁左上角寫有該頁所録合韻類目，分“二韻通合”“三韻通合”兩類。前兩册爲二韻通合譜（111 頁），共 107 組 384 條，始“東冬”終“毒宵”，除已分立東、冬，月、宵二部合韻承前省略外，譜目分類及排列次序與“古韻廿一部”相同。第三册爲三韻通合譜（20 頁），共 19 組 29 條，始“東冬蒸”終“止語厚”，次序亦與“古韻廿一部”相符。其中第 1 册“東侵合韻”“東元合韻”各重複一頁，“耕真合韻”占二頁；第 2 册“之宵合韻”重複一頁，“紙旨合韻”“錫月合韻”共在一頁；第 3 册“東語厚合韻”“冬侵耕合韻”共在一頁，“侵真諄合韻”“陽耕真合韻”共在一頁，“歌忮藥合韻”重複一頁。三册收録合韻共計 126 組 413 條，除去封面和重複頁數及兩組在一頁者，《詩經群經楚辭合韻譜》布局基本每頁一個組類，包括第 1 册 54 組，第 2 册 55 組，第 3 册 19 組。每合韻組類下合韻條目數量不等，少至 1 條如“東蒸合韻”“東侵合韻”等，多至 45 條如耕真合韻。

《詩經群經楚辭合韻譜》“二韻通合”之合韻類別、類目及合韻數量分别爲：

【東類】11 組 38 條：東冬（17）、東蒸（1）、東侵（1）、東陽（7）、東耕（1）、東諄（1）、東元（1）、東之（2）、東語（1）、東厚（1）、東幽（5）。

【冬類】5 組 15 條：冬蒸（2）、冬侵（6）、冬陽（3）、冬真（3）、冬元（1）。

【蒸類】6 組 11 條：蒸侵（5）、蒸陽（1）、蒸諄（1）、蒸元（1）、蒸之（2）、蒸職（1）

【侵類】5 組 8 條：侵談（1）、侵耕（3）、侵之（1）、侵黝（2）、侵毒

【談類】1 組 3 條：談陽（3）

【陽類】5 組 11 條：陽耕（6）、陽真（2）、陽元（1）、陽語（1）、陽御（1）

【耕類】6 組 53 條：耕真（45）、耕諄（3）、耕元（2）、耕質（1）、耕職（1）、耕御（1）

【真類】3 組 26 條：真諄（19）、真元（6）、真至（1）

【諄類】5 組 24 條：諄元（14）、諄質（2）、諄脂（5）、諄旨（1）、諄�（2）

【元類】7 組 18 條：元歌（5）、元質（2）、元脂（4）、元旨（1）、元祭（2）、元月（3）、元御（1）

【歌類】9 組 17 條：歌支（3）、歌紙（1）、歌忮（1）、歌脂（5）、歌旨（1）、歌鞊（2）、歌魚（2）、歌

① 《楚辭》僅收《離騷》《九歌》《天問》《九章》《遠遊》《卜居》《漁父》《九辯》《招魂》《大招》諸篇，一般認爲是屈原所作。

侯(1)、歌笑(1)

【支類】5 組 7 條:支脂(2)、紙旨(2)、錫月(1)、錫止(1)、錫屋(1)

【至類】6 組 21 條:至脂(1)、至旨(1)、至鞊(6)、質術(2)、質月(7)、質職(4)

【脂類】6 組 35 條:鞊祭(19)、術月(3)、脂之(4)、旨止(2)、鞊志(6)、鞊黝(1)

【盍類】2 組 4 條:盍緝(2)、盍鐸(2)

【緝類】2 組 6 條:緝職(5)、緝黝(1)

【之類】9 組 46 條:之魚(4)、止語(8)、之侯(1)、職屋(2)、之幽(2)、止黝(13)、志幼(4)、職毒(11)、之宵(1)

【魚類】5 組 11 條:魚侯(3)、語厚(3)、魚幽(2)、語黝(1)、御宵(2)

【侯類】6 組 15 條:侯幽(3)、厚黝(2)、候幼(1)、屋毒(7)、厚小(1)、候笑(1)

【幽類】3 組 17 條:幽宵(10)、黝小(6)、毒宵(1)

以上"二韻通合"囊括了除"月""宵"二部之外"古韻廿二部"的所有韻部,"月""宵"二部類承於前部而未單列。

《詩經群經楚辭合韻譜》"三韻通合"之合韻類別、類目及合韻數量分別爲:

【東類】5 組 11 條:東冬蒸(4)、東冬侵(3)、東冬陽(2)、東止語(1)、東語厚(1)

【冬類】2 組 2 條:冬侵耕(1)、冬耕真(1)

【蒸類】1 組 1 條:蒸諄元(1)

【侵類】1 組 1 條:侵真諄(1)

【陽類】2 組 2 條:陽耕真(1)、陽諄元(1)

【耕類】2 組 4 條:耕真諄(3)、耕真元(1)

【諄類】2 組 2 條:諄元質(1)、諄元旨(1)

【歌類】1 組 1 條:歌忮藥(1)

【質類】1 組 2 條:質術月(2)

【緝類】1 組 1 條:緝職毒(1)

【止類】1 組 2 條:止語厚(2)

《詩經群經楚辭合韻譜》可以考察王念孫對韻例的分析、合韻的歸納,解釋王念孫古韻分部及韻部編排體例。王念孫初以《廣韻》次序劃分古韻部,如《古韻十七部聲韻配合表及平入分配説》列韻目爲:東、支、脂、之、魚、真、諄、元、蕭、歌、陽、庚、蒸、尤、侯、侵、覃十七部,即以《廣韻》爲序。後根據有入、無入二分,改定爲東、蒸、侵、談、陽、耕、真、諄、元、歌、支、至、脂、祭、盍、緝、之、魚、侯、幽、宵,共廿一部。此序列王念孫既以《廣韻》爲基礎,如以東爲始、有"真、諄、元""支、脂、之、魚、侯、幽"之排列,又考慮到了入聲有無及合韻情況。合韻是王念孫研究古韻部分合、遠近的重要依據,以下我們對王念孫古韻排序與合韻頻次之間的關係作了考察。

(1)東、冬:《合韻譜》東類東、冬通合數量較多,有 17 條,故王念孫將冬第二列於東第一之後。

(2)蒸:蒸、侵合韻最多(5 條),考慮到《廣韻》蒸在東、冬之後,在侵之前,且"三韻通合"之"東冬蒸"(4 條)多於"東冬侵"(3 條),又蒸、談合韻無,故將蒸列於侵前,談列於侵後。

(3)陽、耕:談類中僅有談、陽合韻 3 例,故陽第六列於談第五之後。陽類中陽耕合韻最多(6 條),故耕第七列於陽第六之後。

(4)真、諄、元：耕類中耕、真合韻最多(45條)，故真第八列於耕第七之後。真類中真、諄合韻次數最多(19條)，故諄第九列於真第八之後。諄類中諄、元合韻次數最多(14條)，故元第十列於諄第九之後。又，"三韻通合"中，耕真諄(3條)多於耕真元(1條)，故以真、諄、元爲次。

(5)元、歌：元類中元、歌合韻最多(5條)，故歌第十一列於元第十之後。

(6)質、脂、月：有入一類，若依《廣韻》韻序則當以五支、六脂、七之爲序。脂類合韻中，脂月合韻最多(21條)；脂質合韻次之(10條)。王念孫在支部下列質爲第十三，脂爲第十四，月爲第十五。在《廣韻》基礎上考慮到了合韻情況。

(7)盇、緝：盇、緝二部從侵、談分出，關係密切。其中緝職合韻較多(5條)，可與之部相聯繫，故盇爲第十六。緝部爲第十七，下接之部。

(8)之、魚、侯、幽：之幽合韻19條，之魚合韻12條，魚侯合韻6條，侯幽合韻6條，侯宵合韻9條，幽宵合韻17條，之宵合韻12條。若依合韻頻次，當以之、幽、宵、魚、侯排列，又結合《廣韻》之、魚、侯、幽的先後以及三韻通合例(止語厚合韻2條)，故以之第十八、魚第十九、侯第二十、幽第二十一、宵第二十二爲次。

可見，不論是"古韻廿一部"還是"古韻廿二部"，王念孫古韻分部及韻部排序，皆以《廣韻》爲基礎而又極大考慮了《詩經》、群經、《楚辭》的合韻情況。《合韻譜》之合韻統計爲研究分析王念孫古韻部體系提供了依據。

另外，從《合韻譜》類目可以看出，凡"三韻通合"者，其内部前後兩個韻部在古韻部系統中一定比較臨近，即有較多相押頻次。如東類"東冬合韻"最多且前後臨近，故有東冬蒸、東冬侵、東冬陽等合韻；之類"之魚合韻"常見，故有東止語、止語厚合韻；諄類"諄元合韻"最多，故有蒸諄元、陽諄元、諄元質等合韻。也就是説，"三韻通合"中有"二韻"一定是鄰近的韻部，反過來説，有臨近韻部也是王念孫敢於判定爲"三韻通合"的必要條件。王念孫《合韻譜》中"三韻通合"、押韻頻次、"古韻廿二部"構成了一個互證體系。

(二)《詩經群經楚辭合韻譜》之分韻及四聲

《詩經群經楚辭合韻譜》之編製以《詩經群經楚辭古韻譜》爲基礎，即王氏先作《古韻譜》，後又在文獻整理校勘的同時重新增補和歸納用韻，將合韻條目一一摘出，以二合、三合韻目首字爲準，據新更定之"古韻廿二部"依次排列而成《合韻譜》。王念孫以韻目排列韻段，韻目實爲《合韻譜》之綱領。茲據北大藏《詩經群經楚辭合韻譜》稿本，參以陸宗達《王石臞先生〈韻譜〉〈合韻譜〉遺稿後記》所列，對《詩經群經楚辭合韻譜》之四聲部目做了重新排比歸納：

次序	平聲	上聲	去聲	入聲
第一部	東			
第二部	冬			
第三部	蒸			
第四部	侵			
第五部	談			

次序	平聲	上聲	去聲	入聲
第六部	陽			
第七部	耕			
第八部	真			
第九部	諄			
第十部	元			
第十一部	歌			
第十二部	支	紙	忮	錫
第十三部			至	質
第十四部	脂	旨	鞊	術
第十五部			祭	月
第十六部				盇
第十七部				緝
第十八部	之	止	志	職
第十九部	魚	語	御	鐸
第二十部	侯	厚	候	屋
第二十一部	幽	黝	幼	毒
第二十二部	宵	小	笑	藥

按，陸宗達《王石臞先生〈韻譜〉〈合韻譜〉遺稿後記》所列韻目第二十一部上聲“黝”作“有”，去聲“幼”誤作“黝”，第二十二部“宵”作“蕭”，皆與《詩經群經楚辭合韻譜》用字不符，今改之。

三 《合韻譜》對《古韻譜》合韻條目之補充

王念孫爲檢驗“古韻廿一部”而作《詩經群經楚辭古韻譜》。他在校勘經、史、子古籍過程中又對古韻部體系及文獻韻文合韻條目作了重新釐定，故有晚年《合韻譜》之作。《詩經群經楚辭合韻譜》（以下或稱《合韻譜》）與《詩經群經楚辭古韻譜》（以下或稱《古韻譜》）有一個明顯不同，那就是《古韻譜》未分東、冬，故於東、冬合韻處皆列爲東部獨韻；《合韻譜》區分東、冬，并將《古韻譜》東部東、冬合韻條目摘出列爲“東冬”合韻。另外，《合韻譜》對合韻情況做了重新考訂。從考察情況看，王念孫《詩經群經楚辭合韻譜》413 條合韻與《古韻譜》不能對應者 83 條，占總數的 20%。其中包括《古韻譜》以爲非韻而《合韻譜》視爲合韻之韻段 51 條，也包括《古韻譜》獨韻而《合韻譜》增韻字補爲合韻之韻段 20 條，其他有韻字調整者 12 條。以“東陽”合韻爲例，共有韻段 7 條，與《古韻譜》不能直接對應者 4 條：

恭從明聰書洪範曰某四句貌　明聰大戴禮子張問入官篇故古者冕而前旒四句　昌功殃月令盛昌三句水潦　功殃越語下女之功三句同男

其中，“恭從明聰書洪範曰某四句貌”“明聰大戴禮子張問入官篇故古者冕而前旒四句”“功殃越語下女之功三句同男”三條《古韻譜》中皆無，當以爲非韻，王念孫《合韻譜》則增以爲東陽合韻。“昌功殃月令水潦盛昌三句”一條，《古韻譜》陽部有“昌殃行湯疆水潦盛昌以下十一句”條，《合韻譜》增入“功”字（未録行、湯、疆三韻字）以爲東陽合韻。

又如，以“耕真”合韻爲例，有韻段 45 條，與《古韻譜》不能對應者 8 條：

人陳聲身人天何人斯三章　人刑聽傾蓼莪七章　成淵聲平聲聲那　仁情平信文王官人篇故事阻者不夷七句　刑人天生形成越語下死生因天地之刑六句　情誠信成大戴禮記文王官人探取其志以觀其情五(三)句　貞營人大戴禮曾子立事篇居哀而觀其貞也　生天少閒篇吉凶並興四句

其中，“仁情平信文王官人篇故事阻者不夷七句”“情誠信成大戴禮記文王官人探取其志以觀其情五(三)句”“貞營人大戴禮曾子立事篇居哀而觀其貞也”“生天少閒篇吉凶並興四句”四條《古韻譜》無，爲《合韻譜》新增。“人陳聲身人天何人斯三章”條，《古韻譜》真部“人陳身人天何人斯三章”，二者韻字有出入，《合韻譜》增“聲”字入韻，視爲合韻。“人刑聽傾蓼莪七章”條，《古韻譜》耕部“刑聽傾蓼莪七章”，《合韻譜》增“人”字入韻，視爲合韻。“成淵聲平聲聲那”條，《古韻譜》耕部“成聲平聲聲那”。《合韻譜》增“淵”字入韻，視爲合韻。“刑人天生形成越語下死生因天地之刑六句”條，《古韻譜》真部“人天天因人三句”，《合韻譜》增“刑”“生”“形”“成”字入韻，視爲合韻。

《合韻譜》對《古韻譜》除繼承、增補外，還有摘録和省簡特徵，即部分已知入韻處不再摘録，《合韻譜》僅摘取體現合韻部分。如《古韻譜》真部“天人命幸中庸上不怨天四句”，《合韻譜》耕真合韻“命幸中庸故君子居易以俟命二句”，“天”“人”二字未列入。《古韻譜》陽部“岡薪薪車舝四章”，《合韻譜》陽真合韻“岡薪車舝四章”，第二個“薪”字未列入。

《詩經群經楚辭合韻譜》與《詩經群經楚辭古韻譜》的不同，反映了王念孫晚年對《古韻譜》的更定，同時也説明王念孫晚年更加留意上古合韻情況，他在作《讀書雜志》的過程中對先秦文獻合韻情況做了進一步考察和研究。根據以上統計，王氏對早年《古韻譜》的更定有 83 處之多，將非韻改爲合韻者以及將非韻增補入韻字而爲合韻者共有 71 條，占更定總條目的 84%，可知王氏編纂《合韻譜》除東、冬分部外以增補、增訂合韻條目爲主。

四　《合韻譜》與《古韻譜》之互勘

王念孫《詩經群經楚辭古韻譜》刻入《高郵王氏遺書》後原稿遺失，其中内容已無法核對。但通過《合韻譜》與《古韻譜》刻本比較，我們發現二者皆有不少訛誤，而以《古韻譜》刻本錯誤最多，有必要進行相互校勘。

1.《古韻譜》之誤。根據《詩經群經楚辭合韻譜》稿本我們發現已刊《古韻譜》①中有不少問題，可能爲原稿失誤，但刊刻出現失誤的可能性較大，如：

(1)《古韻譜》耕部：天星贏成正天寧小章

《合韻譜》真耕合韻：天星贏成正天寧雲漢八章

按，《古韻譜》“小章”爲“八章”之誤，《合韻譜》不誤。

(2)《古韻譜》脂部：滅戾勩雨無正二句

《合韻譜》鞊祭合韻：滅戾勩雨無正二章

按，《古韻譜》“句”为“章”字之誤，《合韻譜》不誤。

(3)《古韻譜》祭部：勸列藝禮運以四爲柄故事可勸也六句

《合韻譜》元祭合韻：勸列藝禮記禮運以四時爲柄故事可勸也六句

① 《高郵王氏遺書》爲初刻，失誤處較多。後來《音韻學叢書》本雖有校刊，亦未能盡善。

按,《禮記・禮運》:"以陰陽爲端,故情可睹也;以四時爲柄;故事可勸也;以日星爲紀,故事可列也;月以爲量故功有藝也。"引文當爲"以四時爲柄",《古韻譜》脱"時"字,《音韻學叢書》改之,《合韻譜》不誤。

(4)《古韻譜》祭部:孛竭誥志篇則日月不食五

《合韻譜》術月合韻:孛竭誥志篇則日月不食五句

按,出處引文脱"句"字,應爲"則日月不食五句"。

2.《合韻譜》之誤。《詩經群經楚辭合韻譜》爲稿本,尚未寫定,可能會有錯誤。與《古韻譜》比較之後,我們發現《合韻譜》中確實有若干待校勘之處,如:

(5)《古韻譜》耕部:盛命盛定同上(大招)

《合韻譜》耕真合韻:盛命盛定同上(九辯)

按,《楚辭・大招》"曼澤怡面血氣盛只,永宜厥身保壽命只;室家盈廷爵禄盛只,鼃虖歸徠居室定只。"《古韻譜》耕部:"盛命盛定同上(大招)"。《合韻譜》"盛命盛定同上(九辯)",疑出处標示有誤。

(6)《古韻譜》真部:親怨儒行儒有内稱不辟親二句

《合韻譜》真元合韻:親怨儒行儒有内舉不辟怨二句

按,《禮記・儒行》:"儒有内稱不辟親,外舉不辟怨。程功積事,推賢而進達之。"出處引文《合韻譜》作"内舉不辟怨",當作"儒有内稱不辟親",《古韻譜》不誤。

(7)《古韻譜》宵部:譙翛翹摇嘵鴟鴞四章

《合韻譜》幽宵合韻:譙脩翹摇嘵鴟鴞四章

按,《合韻譜》稿本"翛"誤作"脩",《古韻譜》及《十三經注疏・毛詩正義》皆作"翛"。《詩・豳風・鴟鴞》:"予羽譙譙,予尾翛翛。予室翹翹,風雨所飄摇,予維音嘵嘵。"毛傳:"譙譙,殺也;翛翛,敝也。"箋云:"手口既病,羽尾又殺敝,言己勞苦甚。"故當以"翛"爲正。

3.《合韻譜》與《古韻譜》的不同,還反映了王念孫晚年對韻文用韻及校勘已有不同看法。如:

(8)《古韻譜》蒸部:恒懲離騷民生各有所樂兮余獨好脩以爲恒雖體解吾猶未變兮豈余心之可懲今本恒作常乃漢人避諱所改吳棫韻補因以懲叶直良反非是

《合韻譜》蒸陽合韻:常懲楚辭離騷

按,《詩經群經楚辭古韻譜》根據押韻將"常"改作"恒",并認爲該字本作"恒",漢人因避諱所改作"常"。《詩經群經楚辭合韻譜》改回"常"字,已變前説,認爲此處合韻。

(9)《古韻譜》幽部:道醜橘頌無道字者非

《合韻譜》侵黝合韻:任醜楚辭九章橘頌

按,《楚辭・橘頌》:"精色内白,類可任兮,紛緼宜脩,姱而不醜兮。""可任",洪興祖《楚辭考異》改作"任道"以與"醜"韻,《古韻譜》從之,《合韻譜》改回"任醜"爲韻,視爲合韻。

4.《合韻譜》與《古韻譜》還有多處用字差異。如:

(10)《古韻譜》東部:窮中功需象傳

《合韻譜》東冬合韻:竆中功易需象傳

按,《合韻譜》稿本"竆""躳"字,《古韻譜》皆作"窮""躬"。今考《十三經注疏》文本亦作"窮""躬"。《説文》:"躳,身也。从身,從吕。躬,躳或从弓。"王念孫曰"躬,《説文》本作躳,從身從吕,吕象人脊骨之形。"①按,包山楚簡作"[illegible]",古璽文作"[illegible]",皆从"吕","弓"疑爲訛形。又按,"弓"在蒸部,"躳"在冬部。"弓""躳""窮"字漢以後漸轉入《廣韻》東韻,故而"弓"後來亦可混作聲符。此当从王氏以"窮""躳"为正。段玉裁《六書音均表》亦作"窮""躳"。

(11)《古韻譜》耕部:菁睘姓杕杜二章

《合韻譜》耕元合韻:菁睘姓唐杕杜二章

按,《合韻譜》稿本、《十三經注疏》皆作"睘",《古韻譜》刻本作"睘",《説文·目部》:"睘,目驚視也。从目,袁聲。《詩》曰:'獨行睘睘'"。

(12)《古韻譜》諄部:慇辰東痻桑柔四章

《合韻譜》東諄合韻:慇辰東痻桑柔四章(諄部)

按,《詩·大雅·桑柔》:"憂心慇慇,念我土宇;我生不辰,逢天僤怒;自西徂東,靡所定處;多我覯痻,孔棘我圉。"鄭玄箋:"痻,病也。"孔穎達疏:"痻字从病而以昬爲聲。是昬忽之病。"按,"痻"从"昬"聲,"痻"从"昏"聲。《説文》:"昏,日冥也。从日,氐省。氐者,下也。一曰民聲。"段玉裁注曰:"字从氐聲爲會意,絶非从民聲爲形聲也。蓋隸書淆亂,乃有从民作昬者。"郭沫若《殷契粹編·考釋》:"殷人昏字實不从民。""痻""痻""昬"字《説文》無收,《玉篇》:"痻,病也。"《篇海類編》:"痻,亦作痻。"三字皆後起,本字存疑。

(13)《古韻譜》脂部:嘒潓屆寐小弁四章

《合韻譜》䵍祭合韻:嘒淠屆寐小弁四章

按,《詩·小雅·小弁》四章:"菀彼柳斯,鳴蜩嘒嘒。有漼者淵,萑葦淠淠。譬彼舟流,不知所屆。心之憂矣,不遑假寐。"《古韻譜》"潓"为"淠"字異體,《合韻譜》與《合韻譜》用字有差異。

王念孫的古音學研究具有遠見卓識,故而不論是古四聲説、古韻廿二部還是合韻研究,都走在了當時學界前沿。《詩經群經楚辭合韻譜》中王念孫分四聲列"古韻廿二部",以統系合韻類別及條目,由此部目可知王念孫晚年已在其"古韻廿一部"基礎上接受孔氏東、冬分立之説,這使他的古韻部體系更加完善。王國維在《周代金石文韻讀序》中説:"古韻之學自昆山顧氏,而婺源江氏,而休寧戴氏,而金壇段氏,而曲阜孔氏,而高郵王氏,而歙縣江氏,作者不過七人,然古音廿二部之目遂令後世無可增損。故訓故、名物、文字之學有待於將來者甚多,至古韻之學,謂之前無古人後無來者,可也。……余讀諸家韻書,竊歎言韻至王、江二氏已無遺憾。"(1959:394)從《詩經群經楚辭古韻譜》《詩經群經楚辭合韻譜》的考察來看,江氏"古有四聲""古韻廿一部"步王念孫後塵,而又未能超越。王念孫晚年之古韻廿二部,在章太炎、黄侃之前亦無人匹及。另就合韻而言,雖然段玉裁較早提出了"合韻"理論,但王念孫最早全面實踐並專門編製了《合韻譜》,他是合韻研究中集大成的清代古音學家②,爲上古音合韻研究做出了重要貢獻,爲考察異常諧聲、古音通假、古方言提供了文獻用韻依據。《詩經群經楚辭合韻譜》不論是古韻分部還是合韻歸納,都代表了清代中期古音學研究的較高水準。

① 見王念孫《〈重修古今韻略〉凡例》,載《王石臞先生遺文》卷四,《高郵王氏遺書》。

② 江有誥在王念孫之後亦編有《合韻譜》數種,已佚,其《音學十書》中有存目。

附:《詩經群經楚辭合韻譜》校本

凡　例

1. 此《合韻譜》原爲手稿本,字跡可辨,然部分字繁簡夾雜,如“傳”“傅”寫作“传”,“負”作“负”,“禮”字寫作“礼”,“謀”字寫作“谋”,“舉”字寫作“举”,“識”字寫作“ 识”(手稿中“言”旁已據草書寫法皆類推簡寫作“讠”)等,屬草簡體。爲統一用字,今改爲繁體。

2.《合韻譜》稿本各合韻部類名稱以“古韻廿二部”之序排列,合韻部類之下列合韻條目。北大藏《詩經群經楚辭合韻譜》每頁標有次序,爲方便核對、檢索,今復列之,如“東冬(1.2)”“東蒸(1.3)”中括號内之“1.2”“1.3”即其次序,表示第一册第二頁、第一册第三頁(首頁“1.1”爲封面),第三册未以此序排列,今亦遵原照片順序及編號排列。

3.《合韻譜》合韻條目之後以小字列明出處,爲顯示篇目與原文的不同,我們在中間加了空格,如:“功殃越語下　同男女之功三句”,“越語下”與“同男女之功三句”中間用空格隔開。僅列篇目名稱未列原文者則不作處理,如:“躳鄰易震上六”。

4. 在整理《合韻譜》稿本時,我們與已刊《古韻譜》做了對比,除繁簡用字外,其他不同之處皆以附注形式做了標示和説明。《合韻譜》於《古韻譜》中有對應者皆在每條之後標以《古韻譜》對應韻部。如“蟲螽忡降仲戎出車五章(東部)”,在出處後標了“(東部)”,説明它在《古韻譜》東韻中有完全對應;若在《古韻譜》中不完全對應,韻字及出處説明僅部分對應,也標出它在《古韻譜》中的相關韻部,同時別加附注,如“昌功殃月令　水潦盛昌三句(陽部)①”,同時在脚注中作出説明。

5.《合韻譜》中《古韻譜》所無條目爲王念孫後來增補,我們以方框形式圈出,以示不同,如“恭從明聽書洪範　貌曰恭四句”。

6. 稿本有修改補充痕跡,凡以“【】”括出者,爲删除内容。如:鞈祭合韻:“【蓋閉泄(禮記)　土事毋作六句(祭部)】”,“蓋閉泄(禮記)　土事毋作六句”條在“質月”合韻中已有,此處誤摘,故需删。王氏手稿及古籍批校本插補符號皆作“/”,凡以“/”標示者,爲補充内容。如:鞈祭合韻:“/害悖中庸　萬物并育而不相害二句(祭部)”,“/”之後“害悖中庸　育而不相害二萬物并句(祭部)”爲後補内容。

《詩經群經楚合韻譜》(一)

東冬(1.2)

蟲螽忡降仲戎出車五章(東部)　濃沖雝同蓼蕭四章(東部)

窮中功易需彖傳(東部)①　中功坎彖傳(東部)　中窮功邦蹇彖傳(東部)　衆中功解彖傳(東部)　窮中功凶井彖傳(東部)　功邦中

---

① “竆”“躳”字,《古韻譜》《十三經注疏》皆作“窮”“躬”,《合韻譜》稿本作“竆”“躳”,《説文》:“躳,身也。从身,从吕。躬,躳或从弓。”按,包山楚簡作“[illegible]”,古璽文作“[illegible]”,皆从“吕”,“弓”爲訛形。又按,“弓”屬蒸部,“躳”屬冬部。“弓”“躳”“竆”字漢以後漸轉入《廣韻》東韻,故後來“弓”亦可混作聲符。此當从王氏,以“竆”“躳”为正。

窮漸彖傳(東部)　窮同中功渙彖傳(東部)　中窮通節彖傳(東部)　中邦中孚彖傳(東部)　凶功中窮隨彖傳(東部)　凶中功坎彖傳(東部)　中窮功中窮凶巽彖傳(東部)

功衆禮記月令　不可以興土功三句(東部)　終用禮運　使老有所終二句(東部)

庸降楚辭離騷(東部)

東蒸(1.3)

動應易恒彖傳(東部)

東侵(1.4)(1.5)

沉(沈)封楚辭天問(東部)①

東陽(1.6)

明凶易乾文言(東部)

[恭從明聽] 書洪範　貌曰恭四句

[明聽] 大戴禮子張問入官篇　故古者冕而前旒四句

容恭同王禮記曲禮　正爾容六句(東部)　昌功殃月令　水潦盛昌三句(陽部)②

[功殃] 越語下　同男女之功三句

長明通楚辭卜居(陽部)

東耕(1.7)

凶正易豫象傳(東部)③

東諄(1.8)

慇辰東痻桑柔四章(諄部)④

東元(1.9)(1.10)

筵恭反幡遷僊賓之初筵三章(元部)

東之(1.11)

災尤載用易剝象傳(之部)　災志事用豐象傳(之部)

東語(1.12)

武緒野虞女旅功父魯宇輔閟宫二章(魚部)⑤

---

① "沉"字，古籍多寫作"沈"，四庫本《楚辭章句》《楚辭補注》皆然，《古韻譜》作"沈"，《合韻譜》稿本作"沉"。

② 《古韻譜》陽部"昌殃行湯疆水潦盛昌以下十一句"；《合韻譜》"昌功殃月令　水潦盛昌三句"，以"功"入韻，視爲東陽合韻，并省略"行湯疆"三韻字。

③ 《古韻譜》東部"凶正功豫象傳"；《合韻譜》"凶正易豫象傳(東部)"無"功"字。《易·豫》"象曰：初六鳴豫，志窮凶也。""象曰：不終日貞吉，以中正也。""象曰：盱豫有悔，位不當也。"按，"功"爲衍文。《古韻譜》有誤。

④ 《詩·大雅·桑柔》："憂心慇慇，念我土宇；我生不辰，逢天僤怒；自西徂東，靡所定處；多我覯⿸疒昬，孔棘我圉。"鄭玄箋："⿸疒昬，病也。"孔穎達疏："⿸疒昬字从病，而以昬爲聲，是昬忽之病。"按，"⿸疒昬"从"昬"聲，"痻"从"昏"聲。《説文》："昏，日冥也。从日，氐省。氐者，下也。一曰民聲。"段玉裁注曰："字从氐聲爲會意，絶非从民聲爲形聲也。蓋隸書淆亂，乃有从民作昬者。"郭沫若《殷契粹編·考釋》："殷人昏字實不从民。""⿸疒昬""痻""昬"字《説文》皆無收，《玉篇》："⿸疒昬，病也。"《篇海類編》："痻，亦作⿸疒昬。"皆魏晉後起之字，本字疑爲"昏"。《古韻譜》作"痻"。

⑤ 《古韻譜》魚部"武緒野虞女旅功父子魯宇輔二章"多"子"字。《詩·魯頌·閟宫》："至于文武，纘大王之緒；致天之届，于牧之野；無貳無虞，上帝臨女；敦商之旅，克咸厥功。王曰叔父，建爾元子，俾侯于魯，大啟爾宇，爲周室輔。""子"不當入韻，故《合韻譜》删之。

東厚(1.13)

後鞏後瞻卬七章(侯部)①

東幽(1.14)

務戎常棣四章(幽部)　調同車攻五章(東部)

從由大戴禮勸學篇物類之從二句(東部)②

同調楚辭離騷(東部)　龍遊天問(幽部)

冬蒸(1.15)

中中終應易未濟象傳(東部)

降騰禮記月令命司空詞(東部)③

冬侵(1.16)

中驂小戎二章(東部)　沖陰七月八章(東部)　飲宗公劉四章(東部)　蟲宮宗臨躬雲漢二章(東部)

禽窮易屯象傳(東部)　中禽中終比象傳(東部)

冬陽(1.17)

裳狼降漿翔行楚辭九歌東君(陽部)　堂宮中河伯(東部)　中窮行九章涉江(東部)

冬真(1.18)

躬天文王七章(真部)　頻中躬召旻六章(東部)④　躬鄰 易震上六

冬元(1.19)

蜒蜿騫躬楚辭大招(元部)

蒸侵(1.20)

膺弓縢興音小戎三章(蒸部)　林蒸夢勝憎正月四章(蒸部)⑤　林興心大明七章(侵部)　登升歆今生民八章(侵部)⑥　乘縢弓綅增膺懲承閟宮四章(蒸部)

蒸陽(1.21)

常懲楚辭離騷(蒸部)⑦

蒸諄(1.22)

門冰楚辭遠遊重(諄部)

蒸元(1.23)

陾薨登馮興勝緜六章(蒸部)

蒸之(1.24)

來贈女曰雞鳴三章(蒸部)

---

① 《古韻譜》同;《合韻譜》東語厚合韻"後鞏祖後瞻卬七章",將"祖"字入韻。

② 《古韻譜》東部"從由勸學篇物類三從二句","三"爲"之"之訛。四庫本《大戴禮記・勸學篇》:"物類之起必有所始案各本起訛作從始訛作由今從方本及荀子改起始爲韻下來德爲韻榮辱之來,各象其德。""從由"爲韻,一本"從"作"起","由"作"始""起始"爲韻。

③ 《古韻譜》東部"降騰月令三句",《合韻譜》作"降騰禮記月令命司空詞",引文表述不一致,内容實同。

④ 《詩・大雅・召旻》:"池之竭矣,不云自頻;泉之竭矣,不云自中;溥斯害矣,職兄斯弘,不烖我躬。"《古韻譜》東部"頻中弘躬六章",《合韻譜》作"頻中躬召旻六章(東部)",入韻字不同。《合韻譜》"弘"未入韻。

⑤ 《古韻譜》蒸部"蒸夢勝憎正月四章",《合韻譜》增"林"字,以爲合韻。

⑥ 《古韻譜》侵部"歆今(生民八章)",《合韻譜》增"登""升"字,視爲合韻。

⑦ 《古韻譜》蒸部"恒懲離騷民生各有所樂兮余獨好脩以爲恒雖體解吾猶未變兮豈余心之可懲今本恒作常乃漢人避諱所改吳棫韻補因以懲叶宜良反非是",《合韻譜》作"常懲楚辭離騷(蒸部)",與前說不同。

疑徵書洪範次七曰明用稽疑二句(蒸部)

蒸職(1.25)

膡賊大田二章(之部)

侵談(1.26)

萏儼枕澤陂三章(侵部)

侵耕(1.27)

今政抑三章(耕部)

城金周語下伶州鳩引諺(耕部)

形今 大戴禮保傅篇明鏡者所以察形也二句

侵之(1.28)

任治大戴禮五帝德篇舉舜彭祖而任之二句(之部)

侵黝(1.29)

守念咎受書洪範有猷有爲有守五句(幽部)

任醜楚辭九章橘頌(幽部)①

侵毒(1.30)

眈逐 易頤六四

談陽(1.31)

瞻相臧腸狂桑柔八章(陽部)　監嚴濫遑殷武四章(談部)

亡嚴饗長楚辭天問(阳部)

陽耕(1.32)

王刑 抑三章

行正易同人彖傳(耕部)　亨情乾文言(耕部)

姓明書堯典平章百姓二句(耕部)　成明洪範百穀用成二句(耕部)　成明寧同上(耕部)

陽真(1.33)

岡薪車舝四章(陽部)②

糧芳明身楚辭九章惜誦(陽部)

陽元(1.34)

言行抑九章(元部)

陽語(1.35)

旅廣鼓武雅語古下禮記樂記今夫古樂干三句

陽御(1.36)

迎故楚辭離騷(魚部)

耕真(1.37)

---

① 《古韻譜》幽部“道醜橘頌道學者非”,《合韻譜》“任醜楚辭九章橘頌(幽部)”,韻字不同。《楚辭・橘頌》:“精色内白,類可任兮,紛緼宜脩,姱而不醜兮。”按,“可任”,洪興祖《楚辭考異》改作“任道”,《古韻譜》從之,《合韻譜》改回“任”字。

② 《詩・小雅・車舝》:“陟彼高岡,析其柞薪。析其柞薪,其葉湑兮。鮮我覯爾,我心寫兮。”《古韻譜》陽部“岡薪薪車舝四章”,《合韻譜》作“岡薪車舝四章”,未録第二個“薪”字。

天定生寧醒成政姓節南山六章(耕部)　領騁七章(耕部)　令鳴征生小宛四章(耕部)　人陳聲身人天何人斯三章(真部)①　領屏桑扈二章(耕部)　人刑聽傾蕩七章(耕部)②　天星嬴成正天寧雲漢八章(耕部)③　天寧定瞻卬一章(耕部)　成淵聲平聲聲那(耕部)④

新正賢天易大畜彖傳(真部)⑤　盈信坎彖傳(耕部)　信正萃彖傳(耕部)⑥　成命人同上(耕部)　貞人兑彖傳(耕部)　成民節彖傳(耕部)　正民屯彖傳(耕部)　正命臨彖傳(耕部)　賓民平觀彖傳(真部)　正命正晉彖傳(真部)　臣身成繫辭傳君不密六句(真部)⑦　名身善不積四句(耕部)　精情天平乾文言(耕部)

耕真(1.38)

偏平書洪範無黨無偏二句(真部)

正令儀禮士冠禮三加祝辭(耕部)

靈名身大戴禮五帝德篇生而神靈自言其名四句(耕部)　天人成誥志篇政不率天三句(真部)⑧　仁情平信文王官人篇故事阻者不夷七句

盈人禮記少儀執虛如執盈二句(耕部)　命幸中庸故君子居易以俟命二句(真部)⑨　敬信故君子不動而敬二句(耕部)　盛神姓表記牲牷禮樂齊盛三句(耕部)⑩

挺扃令定左傳襄五年引詩(耕部)

刑人天生形成越語下死生因天地之刑六句(真部)⑪

名均楚辭離騷(耕部)　天名九章哀郢(耕部)　征零成情程遠遊(耕部)　榮人征同上重(耕部)　耕名身生真人清楹卜居(耕部)　清清人新平生憐聲鳴征成九辯(耕部)　天名同上(耕部)　盛命盛定同上(耕部)⑫

情誠信成大戴禮記文王官人探取其志以觀其情五(三)句　人生情易本命凡(夫)易之生人⑬　貞營人大戴禮曾子立事篇居哀而觀其貞也　生天少閒篇吉凶並興四句

耕諄(1.39)

倩盼碩人二章(諄部)　訓刑烈文二章(諄部)

聘問禮記儒行儒有席上之珍以待聘二句(諄部)

耕元(1.40)

---

① 《古韻譜》真部"人陳身人天何人斯三章",《合韻譜》作"人陳聲身人天何人斯三章",以"聲"字入韻,視爲合韻。

② 《古韻譜》耕部"刑聽傾蕩七章",《合韻譜》"人刑聽傾蕩七章",增"人"字入韻,視爲合韻。

③ 《古韻譜》耕部"天星嬴成正天寧小章","小章"爲"八章"之訛。

④ 《古韻譜》耕部"成聲平聲聲那",《合韻譜》作"成淵聲平聲聲那",增"淵"字入韻,視爲合韻。

⑤ 《古韻譜》真部"新正賢天大畜彖傳剛健篤實煇光日新其德剛上而尚賢王註以煇光日新其德爲句釋文云鄭以日新絶句其德連下句今從鄭剛健謂乾也篤實謂艮剛上而尚賢與其德剛健而文明句法也凡物之弱且薄者必不能久惟其剛健篤實是以煇光日新此釋大畜之義其德剛上而尚賢能止健大正也此言其德之大正乃釋利貞之義其德正尚煇光日新與下正賢天三韻正協",《古韻譜》對斷句問題做了解説,《合韻譜》則無。

⑥ 此處"革彖傳"《古韻譜》刻本、《合韻譜》稿本皆誤作"萃彖傳"。

⑦ 《古韻譜》真部"臣身成繫辭傳君不密則失臣三句",《合韻譜》作"臣身成繫辭傳君不密六句",斷句略異。

⑧ 《古韻譜》真部"天人成誥志篇引夫子言",與《合韻譜》引文説明不同,其實無異。

⑨ 《禮記·中庸》:"上不怨天,下不尤人,故君子居易以俟命,小人行險以徼幸。"《古韻譜·真部》"天人命幸中庸上不怨天四句",《合韻譜》作"命幸中庸故君子居易以俟命二句",僅録部分。

⑩ 《古韻譜》耕部"盛姓表記牲牷禮樂齊盛三句",《合韻譜》作"盛神姓表記牲牷禮樂齊盛三句",以"神"字入韻,視爲合韻。

⑪ 《國語·越語下》:"死生因天地之刑,天因人,聖人因天,人自生之,天地形之,聖人因而成之。"《古韻譜》真部"人天天因人三句",《合韻譜》作"刑人天生形成越語下死生因天地之刑六句",以"刑""生""形""成"入韻,視爲合韻。

⑫ 《楚辭·大招》:"曼澤怡面血氣盛只,永宜厥身保壽命只;室家盈廷爵禄盛只,鼂庨歸徠居室定只。"《古韻譜》耕部"盛命盛定同上(大招)",《合韻譜》作"盛命盛定同上(九辯)",出处標示有誤。

⑬ 《大戴禮記·易本命》:"子曰:夫易之生人,禽獸萬物昆蟲各有以生,或奇或偶,或飛或行,而莫知其情。"《合韻譜》出處原文作"凡易之生人"。

菁睘姓唐杕杜二章(耕部)①　靈言大戴禮五帝德篇生而神靈二句

耕質(1.41)

匹程楚辭九章懷沙亂(至部)

耕職(1.42)

極正易未濟象傳(耕部)

耕御(1.43)

情路楚辭九章惜誦(魚部)

真諄(1.44)

鄰云慇正月十二章(諄部)

順信順賢 繫辭傳　天之所助者順也六句

仁信敦大戴禮王言篇　是故君先言於仁三句(真部)　天神雲五帝德篇　其仁如天四句(真部)　川民主名山川二句(諄部)②

文神 禮記禮器一獻質四句　神先雲孔子閒居　清明在躬六句(諄部)　謹勉盡中庸　庸德之行五句(諄部)　尊親存 敬其所尊四句

信仁文 論語學而謹而信五句

君民進進 孟子公孫丑上何事非君四句　存神 盡心上　所過者化所存者神

分陳楚辭天問(諄部)　賓墳同上(諄部)　鰥親同上(諄部)　天聞鄰遠遊重(真部)　分紛陳先招魂(諄部)　諄存先大招(諄部)

雲神存昆同上(諄部)

真元(1.45)

民嫄生民一章(真部)

元天易坤象傳(真部)

變命禮記郊特牲　左之右之五句(真部)③　親怨儒行　儒有內舉不辟怨二句(真部)④

淺翩閒楚辭九歌湘君(元部)　願進抽思亂(真部)

真至(1.46)

朁引召旻五章(真部)⑤

諄元(1.47)

群錞苑小戎三章(諄部)　蜎敦 東山一章蜎蜎與敦韻　温幝戰 小宛六章　温温幝幝戰戰爲韻　熯愆孫楚茨四章(元部)　聞諫 思齊四章聞與諫韻

順願易渙象傳(元部)

---

① 羅振玉輯刻本《古韻譜》作"瞏"，嚴式誨《音韻學叢書》校刻本《古韻譜》改作"睘"；《合韻譜》作"睘"；《十三經注疏》字亦作"睘"。《説文・目部》："瞏，目驚視也。从目，袁聲。《詩》曰：'獨行瞏瞏。'"按，今本《詩・唐風・杕杜》作"獨行睘睘"，毛傳："睘睘，無所依也。"

② 《大戴禮記・五帝德》："使禹敷土，主名山川，以利于民；使后稷播種，務勤嘉穀，以作飲食。"《古韻譜》諄部"川民五帝德篇使禹敷土三句"，《合韻譜》作"川民主名山川二句"，出處引文説明略異，實則無别。

③ 《禮記・郊特牲》："左之右之，坐之起之，以觀其習變也；而流示之禽，而鹽諸利，以觀其不犯命也"《古韻譜》真部"變命郊特牲左之右之六句"，《合韻譜》引文説明"五句"有誤，當爲六句。

④ 《禮記・儒行》："儒有内稱不辟親，外舉不辟怨。程功積事，推賢而進達之。"《古韻譜》真部"親怨儒行儒有内稱不辟親二句"，《合韻譜》引文作"内舉不辟怨"，於韻字"親怨"不合。

⑤ 《詩・召旻》："維昔之富，不如時；維今之疚，不如兹；彼疏斯粺，胡不自替，職兄斯引。"《合韻譜》稿本作"朁"。按，"朁"同"替"。

輪奐禮記檀弓張老頌詞(諄部)①　忿倦怨坊記從命不忿三句(元部)　倦困儒行儒有博學而不窮四句(諄部)

飯飧越語下王問范蠡引諺(諄部)

孫怨 論語陽貨近之則不孫二句

還聞楚辭九章悲回風(諄部)　雰媛同上(諄部)　傳垠然存先門遠遊重(諄部)

諄質(1.48)

疾殄 思齊四章疾與殄韻

艱替楚辭離騷(諄部)②

諄脂(1.49)

敦遺北門三章(脂部)③　頎衣妻姨私碩人一章(脂部)　焞雷威采芑四章(脂部)④

分歸禮記禮運男有分二句(脂部)

殷梯 越語下田野開闢五句

諄旨(1.50)

偕近邇小雅杕杜四章(脂部)

諄鞊⑤(1.51)

類君比皇矣四章(脂部)⑥

蔚君易革象傳(諄部)⑦

元歌(1.52)

瑳儺竹竿三章(歌部)⑧　差原麻娑東門之枌二章(歌部)　翰憲難那桑扈三章⑨　阿難何隰桑一章(歌部)

慢僞禮記儒行其大讓如慢二句(歌部)

元質(1.53)

筵秩賓之初筵一章(元部)

實願願亂易泰象傳(元部)

元脂(1.54)

---

① 《禮記·檀弓下》:"張老曰:'美哉輪焉,美哉奐焉。'"《古韻譜》諄部"輪奐禮記檀弓下美哉二句",《合韻譜》作"輪奐禮記檀弓張老頌禱",二者引文略異,所指無别。

② 《楚辭·離騷》:"長太息以掩涕,兮哀民生之多艱;余雖好修姱以鞿羈兮,謇朝誶而夕替。"《合韻譜》稿本同上作"朁","朁"同"替",《正字通》"朁,今作替。"

③ 《詩·邶風·北門》:"王事敦我,政事一埤遺我。我入自外,室人交徧摧我。已焉哉,天實爲之,謂之何哉。"《古韻譜》脂部:"敦遺摧北門三章","催"字入韻;《合韻譜》作"敦遺北門三章",未録"催"字。

④ 《詩經·小雅·采芑》:"嘽嘽焞焞,如霆如雷;顯允方叔,征伐玁狁,蠻荆來威。"羅振玉輯刻本《古韻譜》脂部"惇雷威采芑四章",韻字"惇"爲"焞"之誤;嚴式誨《音韻學叢書》校刻本《古韻譜》改之;《合韻譜》不誤。

⑤ 《廣韻·去聲·至韻》"脂利切"下:"鞊,杠絲名,亦作鞓。"此"鞊"韻王念孫從《廣韻》"至"韻分出,以爲脂部去聲。

⑥ 《古韻譜》脂部"類比四章",《合韻譜》作"類君比皇矣四章","君"字未入韻,視爲合韻。

⑦ 《易·革》:"象曰:大人虎變其文炳也,上六君子豹變,小人革面。""象曰:君子豹變其文蔚也,小人革面順以從君也。"按,《古韻譜》作"炳蔚君革象傳",《合韻譜》作"蔚君易革象傳","炳"字不入韻。

⑧ 《詩·衛風·竹竿》:"淇水在右,泉源在左;巧笑之瑳,佩玉之儺。"《古韻譜》歌部"左瑳儺竹竿三章",《合韻譜》作"瑳儺竹竿三章",未將"左"字録入。

⑨ 《古韻譜》元部"翰憲桑扈三章",《合韻譜》作"翰憲難那桑扈三章",以"難""那"入韻,視爲合韻。

山歸東山一二三四章(元部)①　鬼萎怨谷風三章(脂部)

援推大戴禮曾子制言上己先則援之二句　遠微大戴禮五帝德篇聽以知遠二句(元部)

元旨(1.55)

泚瀰鮮新臺一章(脂部)

元祭(1.56)

拔兑駾喙緜八章(祭部)

勸列藝禮記禮運以四時爲柄故事可勸也六句(祭部)②

元月(1.57)

桀怛齊甫田二章(祭部)　發偈怛匪風一章(祭部)

勸鉞禮記中庸是故君子不賞而民勸二句(祭部)

元御(1.58)

賦亂變譔楚辭大招(元部)

《詩經群經楚辭合韻譜》(二)

歌支(2.2)

知爲禮記儒行靜而正之四句(支部)

離知楚辭九歌少司命(支部)　佳規施卑移大招(支部)

歌紙(2.3)

解施大戴禮誥志篇山不崩解二句③

歌忮(2.4)

地裼瓦儀議罹斯干九章(歌部)

歌脂(2.5)

雷蛇懷歸楚辭九歌東君(脂部)　妃歌夷蛇飛佪遠遊重(脂部)④

河遺易泰九二　腓隨易艮六二　和畏禮記樂記喜則天下和之二句

歌旨(2.6)

偕毁弛楚辭九辯(脂部)

歌鞊(2.7)

義謂易家人象傳

---

① 《古韻譜》元部"山歸山歸山歸山歸東山一二三四章",《合韻譜》作"山歸東山一二三四章",僅摘録部分。

② 《禮記・禮運》:"以陰陽爲端,故情可睹也;以四時爲柄;故事可勸也;以日星爲紀,故事可列也;月以爲量故功有藝也。"羅振玉輯刻本《古韻譜》祭部"勸列藝禮運以四爲柄故事可勸也六句",引文當爲"以四時爲柄",脱"時"字,嚴式誨《音韻學叢書》校刻本改之;《合韻譜》不誤。

③ 《大戴禮記・誥志篇》:"海不運,河不滿溢,川澤不竭,山不崩解,陵不陁。案陁各本作施,下又衍吝字,今從方本。"《古韻譜》作"解陁大戴禮誥志篇山不崩解二句",《合韻譜》作"解施大戴禮誥志篇山不崩解二句",用字不同。

④ "徊"字,《合韻譜》手稿作"佪"。四庫本《楚辭・遠遊》:"祝融戒而蹕御兮,騰告鸞鳥迎宓妃;張樂咸池奏承雲兮,二女御九韶歌;使湘靈鼓瑟兮,令海若舞馮夷;玄螭蟲象並出進兮,形蟉虯而逶迤;雌蜺便娟以增撓兮,鸞鳥軒翥而翔飛;音樂博衍無終極兮,焉乃逝以徘徊。"《古韻譜》刻本亦作"徊"。

味和氣 禮記月令薄滋味四句(脂部)①

歌魚(2.8)

居戲霞除 楚辭遠遊重(魚部)　瑕加 九辯(歌部)

歌侯(2.9)

寇可詈歌 桑柔十六章(歌部)

歌笑(2.10)

暴罷靡施爲 楚辭大招(歌部)

支脂(2.11)

支壞壞支 周語下衛彪傒引周詩(脂部)

訾斯咿兒 楚辭卜居哫訾粟斯喔咿儒兒(支部)

紙旨(2.12 左)

枳濟死 考工記橘踰淮而北爲枳三句(脂部)

濟積秭醴妣禮 載芟(脂部)②

錫月(2.12 右)

幭厄 韓奕二章(支部)

錫止(2.13)

閱里 周語中富辰引下人言(之部)

錫屋(2.14)

局蹐脊蜴 正月六章(支部)

至脂(2.15)

泥至 易需九三(至部)③

至旨(2.15)

濟至死 楚辭九辯(脂部)

至鞊(2.16)

濟閟 載馳三章(脂部)④　疾戾 抑一章(脂部)　疾屆 瞻仰一章(脂部)

疐貴 大戴禮武王踐阼篇杖銘

至匱遂類 禮記月令四方來集九句(脂部)⑤　至比 楚辭九章悲回風(脂部)

質術(2.17)

鴥鬱 晨風一章鴥與鬱韻(脂部)

畢橘 爾雅釋天月陽(至部)

質月(2.18)

---

① 《古韻譜》脂部“味氣 薄滋味四句”,《合韻譜》作“味和氣 禮記月令薄滋味四句”,以“和”字入韻,視爲合韻。

② 《古韻譜》脂部“濟秭醴妣禮 載芟”,《合韻譜》增“積”字入韻。

③ 《古韻譜》至部“泥至血穴穴 需九三六四上六”,《合韻譜》作“泥至 易需九三(至部)”,未録“血”“穴”“穴”三字。

④ 《詩・鄘風・載馳》第三章:“既不我嘉,不能旋濟,視爾不臧,我思不閟。”《古韻譜》脂部“濟閟 載馳二章”標示章節有誤,《合韻譜》不誤。

⑤ 《古韻譜》脂部“匱遂 四方來集五句”,《合韻譜》作“至匱遂類 禮記月令四方來集九句”,增加韻字,視爲合韻。

葛節日旄邱一章(至部)①　結厲滅威正月八章(祭部)　毖恤熱桑柔五章(至部)②

吉滅大戴禮武王踐阼篇丹書言　節潔節誥志篇 齋戒必敬六句(至部)

蓋閉泄禮記月令 土事毋作六句(祭部)③

摯罰説楚辭天問(祭部)

質職(2.19)

子室鴟鴞一章(至部)

福室儀禮少牢 饋食禮上蓁嘏詞　閉翼大戴禮誥志篇龍至不閉二句

節服楚辭離騷(之部)

鞊祭(2.20)

二大大戴禮曾子立事篇見其一冀其二四句

旆瘁出車二章(脂部)　滅戾勩雨無正二章(脂部)④　嘒淠屆寐小弁四章(脂部)⑤　淠嘒駟屆采菽二章(脂部)⑥　翳栵皇矣二章(祭部)

旆穟生民四章(脂部)

惠厲瘵瞻卬一章(祭部)

內外易家人象 傳　位快逮旅象傳(脂部)　外大位害渙象傳(祭部)　外內類退雜卦傳(脂部)⑦

【蓋閉泄(禮記)土事毋作六句(祭部)】⑧　大位月令命太尉贊傑俊五句(脂部)　/　害悖中庸 萬物并育而不相害二句(祭部)

制利越語下必有以知天地之恒制二句(祭部)　世位先人就世二句(脂部)

慨邁楚辭九章哀郢(脂部)　帶介慨邁穢敗昧九辯(祭部)　沬穢招魂(祭部)⑨

術月(2.21)

大月物大戴禮哀公問五義篇故其事大五句(祭部)　孛竭誥志篇 則日月不食五句(祭部)⑩

歠骨骨禮記曲禮毋摶飯七句⑪

脂之(2.22)

資疑維階桑柔三章(脂部)

違時易乾文言(脂部)　龜違易損六五益六二

---

① 《古韻譜》至部“葛節日旄丘一章”,“旄丘”《十三經注疏本》作“丘”,《合韻譜》作“邱”。

② 《古韻譜》至部“毖恤桑柔五章”,《合韻譜》作“毖恤熱桑柔五章(至部)”,以“熱”字入韻,視爲合韻。

③ 《禮記・月令》:“命有司曰,‘土事毋作,慎毋發蓋;毋發室屋,及起大衆,以固而閉;地氣沮泄。”羅振玉輯刻本《古韻譜》母、毋混同,此處當爲“毋”字;《合韻譜》不誤。

④ 《古韻譜》脂部“滅戾勩雨無正二句”,“句”当为“章”字之誤,《合韻譜》不誤。

⑤ 《古韻譜》脂部“嘒潖屆寐小弁四章”,“潖”为“淠”字異體,《合韻譜》用字不同。

⑥ 《古韻譜》脂部“潖嘒駟屆采菽二章”,“潖”为“淠”字異體,《合韻譜》用字不同。

⑦ 《古韻譜》脂部“內類退雜卦傳”,《合韻譜》作“外內類退襍卦傳(脂部)”“外”字入韻,視爲合韻。“雜”,《合韻譜》稿本作“襍”,《説文解字》:“雜,五彩相合,从衣、集聲。”“雜”之隸變爲“雜”和“襍”,二字異體,邵瑛《群經正字》曰:“今經典作雜”,《集韻》:“雜,或从衣、集。”《十三經注疏・周易正義》作“雜”。

⑧ 按,“【】”爲王氏稿中刪除符號,該條內容在“質月”合韻中已有,故需刪。

⑨ “魂”字王念孙稿本寫作“䰟”,《玉篇・鬼部》:“魂,亦作䰟。”二字異體。

⑩ 《古韻譜》祭部“孛竭誥志篇則日月不食五”,出處引文脱“句”字,應爲“則日月不食五句”。

⑪ “毋”字稿本中間一筆不下出,與《古韻譜》刻本作“毋”寫法一致。“摶飯”二字,稿本簡寫作“抟饭”。

齊時禮記月令秋稻必齊二句(脂部)①

旨止(2.23)

子已禮紀子/弟婦里已起禮記禮運各親其親以下十六句(之部)②

采禮禮器甘受和四句

鞀志(2.24)

事器易繫辭傳負也者小人之事也

事氣待事禮記月令毋舉大事四句(之部)

類異左傳成四年季文子引史佚之志(之部)

事器論語衛靈公工欲善其事二句

茲沫楚辭離騷(之部)　佩異態竢出九章思美人(之部)

鞀黝(2.25)

繼味飽楚辭天問(脂部)

盍緝(2.26)

業捷及蒸民七章(盍部)

法合禮記儒行忠信之美四句(緝部)

盍鐸(2.27)

赫業作常武三章(魚部)③

刼迫禮記儒行儒有可親而不可刼也二句(魚部)

緝職(2.28)

熾急國六月一章(之部)④　式入思齊四章

食惻汲福易井九三⑤

急服大戴禮五帝德篇順天之義五句(之部)

得及息禮記檀弓始死六句

緝黝(2.29)

猶集咎道小旻三章(幽部)

之魚(2.30)

膴謀小旻五章(之部)　呶僛郵賓之初筵四章(之部)　膴飴謀龜時茲緜三章(之部)

都觺駓牛災楚辭招魂(之部)

止語(2.31)

雨母蝃蝀二章(魚部)　股羽野宇户下鼠户子處七月五章(魚部)　者謀虎巷伯六章(魚部)

---

① 《禮記・月令》:"乃命大酋,秫稻必齊,麴糵必時,湛熾必絜。"《古韻譜》脂部"齊絜月令秫稻必齊三句",爲脂月合韻,與"時"不韻;《合韻譜》以"齊時"爲脂之合韻,未將"絜"字納入。

② 《古韻譜》之部"子已禮紀子婦里已起禮運各親其親以下十六句",《合韻譜》於"子婦"間補一"弟"字。

③ 《古韻譜》魚部"業作常武三章",《合韻譜》作"赫業作常武三章",以"赫"字入韻。

④ 《詩經・小雅・六月》:"六月棲棲,戎車既飭。四牡騤騤,載是常服。玁狁孔熾。我是用急。王于出征,以匡王國。"《古韻譜》之部"飭服熾急國六月二章",《合韻譜》作"熾急國六月二章","飭""服"二字未録入。

⑤ 《古韻譜》之部"食食惻汲福食井初六九三九五",《合韻譜》三"食"字未録入。

女子下錯易序卦傳(魚部)

虎野志大戴禮五帝德篇教熊羆貔貅貙虎四句(魚部)① 里海里舍勸學篇是故不積蹞步八句(之部)②

户下俎鼓瑕祖子下所祐禮記禮運故元酒在室十六句(魚部) 舉子士處所射譽射義引詩(魚部)③

之侯(2.32)

廚牛之楚辭九章惜往日(之部)

職屋(2.33)

穀食大戴禮五帝德篇務勤嘉穀二句(之部)④ 禄或服德息極公冠篇孝昭帝冠辭(之部)⑤

之幽(2.34)

紑俅基牛鼒觩柔休絲衣(之部)⑥

疑浮楚辭遠遊(之部)

止黝(2.35)

造士思齊五章(之部) 有收瞻卬二章 茂止召旻四章(之部) 子造疚考孝閔予小子(之部)⑦

道已始易恒彖傳(之部) 道咎造久首乾彖傳(幽部) 久醜咎大過彖傳(幽部) 咎道久離彖傳(幽部) 保母繫辭傳无有師保二句(幽部) 始咎懼以終始二句(之部)

守久大戴千乘依固可守二句

起始道理紀禮記月令兵戎不起五句(之部)

首在守楚辭天問(幽部)

志幼(2.36)

好食有杕之杜二章⑧

壽富大戴禮武王踐阼篇帶銘履銘

載幬禮記中庸譬如天地之無不持載二句⑨

佩好代意置載備異再識楚辭九章惜往日(之部)

職毒⑩(2.37)

殖覺斯干五章⑪

穋麥七月七章(之部) 備戒告楚茨五章(之部) 夙育稷生民一章(幽部) 匐嶷食菽四章(之部) 告則抑二章 稷福穋麥國

---

① 《古韻譜》魚部“虎野志大戴禮五帝德篇教熊羆貔貅貙虎三句”,《合韻譜》認爲是四句,斷句不同。

② 《古韻譜》之部“里海是故不積蹞步四句”,《合韻譜》“里海里舍勸學篇是故不積蹞步八句(之部)”,將“里”“舍”入韻,視爲合韻。

③ 《古韻譜》魚部“氏舉子士處所射譽射義引詩曾孫侯氏八句”,《合韻譜》作“舉子士處所射譽射義引詩”,“氏”字不入韻。

④ 《大戴禮記·五帝德篇》:“使后稷播種,務勤嘉穀,以作飲食。”《古韻譜》之部“穀食使后稷播種三句”,與《合韻譜》引文表述不同,内容無異。

⑤ 《古韻譜》之部“禄或服德德極公冠篇漢昭帝冠辭按六合之内靡不蒙德今本脱蒙字德字又誤作息蓋古德字作悳與息相近故誤今據後漢禮儀志注所引博物記訂正”;《古韻譜》糾正誤字,《合韻譜》未及。

⑥ 《古韻譜》之部“紑俅基牛鼒絲衣”,《合韻譜》作“紑俅基牛鼒觩柔休絲衣”,增韻字“觩”“柔”“休”。

⑦ 《古韻譜》之部“子疚閔予小子”,《合韻譜》作“子造疚考孝閔予小子”,將“造”“考”“孝”入韻,視爲合韻。

⑧ 《古韻譜》之部“好食好食有杕之杜一二章首句”,《合韻譜》作“好食有杕之杜一二章”,僅摘録韻字。

⑨ 《古韻譜》之部“載幬禮記中庸譬如天地之無不持載二句”,出處引文“辟”字,《合韻譜》作“譬”。“辟”“譬”古今字,阮元刻本《十三經注疏·禮記注疏》作“辟”。

⑩ 此類目中“逐”“覆”“鞠”皆屋部字,可知“職毒”合韻包含“職覺”“職屋”兩類,王氏未做分别。

⑪ 此條字跡潦草難辨,唯“覺”“斯”二字可識,“覺”字《詩經》正文僅出現有三次,唯《詩經·小雅·斯干》:“殖殖其庭,有覺其楹。”與題相符,入韻字爲“殖覺”。“覺”,手稿簡寫作“觉”,與今簡化字已無别。

穡閟宮一章(之部)

逐得易震六二既濟六二

覆誡大戴禮保傅篇引鄙語(之部)①　治貸治繆福服德虞戴德篇是以天下平而國家治九句(衆則集)(之部)②　默鞠楚辭九章懷沙(之部)

之宵(2.38/2.38 有重頁)

搖謀大戴禮武王踐阼篇户銘③

魚侯(2.40)

駒圖大戴禮誥志篇蝨蠆不螫嬰兒三句(魚部)④　珠虛易本命篇蚌蛤龜珠二句(魚部)

汙瑕垢左傳宣十五年伯宗引諺(魚部)

語厚(2.41)

禡附侮皇矣八章(侯部)

下後下後下禮記樂記是故德成而上七句(魚部)　舉取儒行懷忠信以待舉二句(魚部)⑤

魚幽(2.42)

休逑惄憂休民勞二章(幽部)

修圉爾雅釋天月陽(魚部)

語黝(2.43)

莽草楚辭九章思美人(魚部)⑥

御宵(2.44)

固鑿教樂高楚辭九辯(宵部)⑦　昭遽逃遥大招(宵部)

侯幽(2.45)

櫝趣棫樸一章(幽部)　揄蹂叟浮生民七章(幽部)⑧

走流大戴禮曾子制言上人非人不濟四句

厚黝(2.46)

道欲樂記君子樂得其道二句(幽部)　道道欲獨樂其志四句(幽部)

候幼(2.47)

欲孝文王有聲三章(幽部)

屋毒(2.48)

---

① 稿本"傅"簡寫作"传",誤。"傅""傳"二字不同,今"传"爲"傳"之簡體。

② 《大戴禮記・虞戴德》:"是以天下平而國家治,民亦無貸。居小不約,居大則治。衆則集,寡則繆,祀則得福,以征則服,此惟官民之上德也。"《古韻譜》之部"治貸治集繆福服德虞戴德篇是以天下平而國家治九句"有"集"字,《合韻譜》未取。按,《合韻譜》手稿此條末用"()"將"衆則集"一句括了起來,表示此句不入韻。

③ "阼"字,稿本作"祚",二字異體。

④ 《大戴禮記・誥志》:"鷙獸忘攫,爪鳥忘距,蝨蠆不螫嬰兒,蝨蝱不食夭駒,雒出服,河出圖。"《古韻譜》魚部"攫距駒圖大戴禮誥志篇鷙獸忘攫六句",《合韻譜》作"駒圖大戴禮誥志篇蝨蠆不螫嬰兒三句",引文出處所標句數不同。

⑤ "舉""禮"二字皆簡寫作"举""礼","禮記"二字稿本劃掉,是爲承上省略書名,與羅振玉所刻《古韻譜》一致。

⑥ 莽爲陽部字,王氏誤歸語部。

⑦ "樂"字,稿本簡作"乐"。

⑧ "叟"字,稿本寫作"叜"。《十三經注疏・毛詩正義》、羅振玉《高郵王氏遺書》、嚴式誨《音韻學叢書》皆作"叟",二者古今異體,實爲一字。《説文》:"叜,老也。从又,从灾。"徐灝《段注箋》曰:"叜,今隸變作叟。"《玉篇・又部》:"叜,或作叟。"王念孫用"叜"字,是爲存古。

蠋宿東山一章(侯部)　緑匊局沐采緑一章(侯部)

告瀆告易蒙彖辭(侯部)

族睦書堯典以親九族二句(侯部)

沐浴肉禮記曲禮上頭有創則沐三句 雜記引孔子言同(侯部)①　蹙愬禮器是故七介以相見也②　禄畜儒行難得而易禄也二句(侯部)

厚小(2.49)

揫沼禮記禮運鳳皇麒麟三句

侯笑(2.50)

豆飫具孺常棣六章(侯部)

幽宵(2.51)

舟髦鄘柏舟一二章(幽部)　陶翿敖君子陽陽二章(幽部)　滔儦敖載驅四章(宵部)　葽蜩七月四章(幽部)　譙翛翹搖嘵鴟鴞四章(宵部)③　酒殽正月十二章又車舝三章(幽部)④　舟瑶刀公劉二章(宵部)　驕憂乾文言(幽部)　求燥同上(幽部)

流昭幽聊由楚辭九章惜往日(幽部)

黝小(2.52)

廟猷巧言四章⑤　皎僚糾悄月出一章(宵部)⑥　肅廟保思齊三章(幽部)　酒紹抑三章(幽部)　糾趙蓼良耜(幽部)⑦

州道廟草擾獸牡左傳襄四年魏绛引虞人箴(幽部)

毒宵(2.53)

廟朝學禮記禮運故宗祝在廟三句(宵部)

《詩經群經楚辭合韻譜》(三)

東冬蒸(2961)

中應中蒙功易蒙彖傳(東部)　從中應竆比彖傳(東部)

降騰同動禮記月令天氣下降四句(東部)　騰降通冬命有司詞(東部)⑧

---

① 《古韻譜》侯部“沐浴肉禮記曲禮上頭有創則沐三句”,又“沐浴肉雜記下引孔子曰身有瘍則浴三句”,二者内容相同;《合韻譜》合爲一條。

② 《禮記・禮器》:“是故七介以相見也,不然則已愨,三辭三讓而至,不然則已蹙。”按,《合韻譜》韻字順序與原文顛倒。

③ 《詩・豳風・鴟鴞》:“予羽譙譙,予尾翛翛。予室翹翹,風雨所飄搖,予維音嘵嘵。”毛傳:“譙譙,殺也;翛翛,敝也。箋云:“手口既病,羽尾又殺敝,言己勞苦甚。”《十三經注疏・毛詩正義》及《古韻譜》刻本皆作“翛”;《合韻譜》稿本誤作“脩”。

④ 《詩・小雅・正月》:“彼有旨酒,又有嘉殽。”《詩・小雅・車舝》:“雖無旨酒,式飲庶幾;雖無嘉殽,式食庶幾。”《古韻譜》幽部“酒殽正月十二章”,漏失《車舝》韻段,《合韻譜》补之。

⑤ “猷”字,羅振玉輯刻本《古韻譜》幽部“廟猷巧言四章”,作“猷”;《十三經注疏》本作“猷”;《合韻譜》稿本作“猶”。“猷”“猶”二字異體,《玉篇》:“猷,與‘猶’同。”今統一作“猷”。

⑥ “皎”字,《合韻譜》稿本作“皎”;羅振玉輯刻本《古韻譜》誤作“咬”;嚴式誨《音韻學叢書》校刻本改作“皎”;《十三經注疏・毛詩正義》作“皎”。《説文》:“皎,月之白也。从白,交聲。《詩》曰:‘月出皎兮。’”“皎”與“皎”異體,《集韻・筱韻》:“皎,或从日。”今皆統一作“皎”。

⑦ 《古韻譜》幽部“糾趙蓼朽茂良耜”,《合韻譜》作“糾趙蓼良耜”,僅爲摘録。

⑧ 《禮記・月令》:“命有司曰:天氣上騰,地氣下降,天地不通,閉塞而成冬。”《古韻譜》東部“騰降通冬(月令)天氣上騰四句”,與《合韻譜》“騰降通冬命有司”出处标注不同,實則無别。

東冬侵(2962)

雝宮臨思齊三章(東部)

深中容禽終凶功易恒象傳(東部)

中湛豐楚辭九辯(東部)

東冬陽(2963)

邦崇功皇烈文(東部)

明功容明聰窮大戴禮勸學篇是故無憤憤之志者十句(東部)①

東止語(2964)

士祖父戎常武一章(魚部)

東語厚(2966.1)

後鞏祖後瞻卬七章②

冬侵耕(2966.2)

正聽心躳正終易象傳③

冬耕真(2967)

中成正淵易訟象傳(耕部)

蒸諄元(2969)

云先言勝陵文楚辭天問(諄部)

侵真諄(2970.1)

限夤心身易艮九三六四④

陽耕真(2970.2)

享正命易萃象傳⑤

陽諄元(2971)

聞患亡完楚辭九章抽思(元部)

耕真諄(2972)

牽賓牽民正命吝易姤象傳(真部)

倩盼絢論語八佾子夏引詩(諄部)

天人千佚淵瞑身楚辭招魂(真部)

耕真元(2973)

元天形成天命貞寧易乾象傳(耕部)

諄元質(2974)

順實巽順易蒙象傳(元部)

---

① 《大戴禮記·勸學篇》:"是故無憤憤之志者無昭昭之明,無緜緜之事者無赫赫之功,行歧塗者不至,事兩君者不容,目不能兩視而明,耳不能兩聽而聰,螣虵無足而騰,鼫鼠五伎而窮。"《古韻譜》東部"作明功容明聰騰窮大戴禮勸學篇是故無憤憤之志者十句";《合韻譜》作"明功容明聰窮大戴禮勸學篇是故無憤憤之志者十句","騰"字未入韻。

② 《詩經·大雅·瞻卬》:"心之憂矣,寧自今矣;不自我先,不自我後。藐藐昊天,無不克鞏。無忝皇祖,式救爾後。"《古韻譜》侯部"後鞏後瞻卬七章",《合韻譜》作"後鞏祖後瞻卬七章",增"祖"字入韻,視爲合韻。

③ 《古韻譜》耕部"正聽易象傳",《合韻譜》作"正聽心躳正終易象傳",將"心躳正終"四字入韻,視爲合韻。

④ 《古韻譜》真部"限夤身艮九三六四",《合韻譜》作"限夤心身易艮九三六四",以"心"字入韻,視爲三韻通合。

⑤ 《古韻譜》耕部"享正命情萃象傳",《合韻譜》作"享正命易萃象傳","情"字未納入。

諄元旨(2975)

先還先兒楚辭招魂(亂)(諄部)

歌忮蘖(2976/2977)

翟髢揥晢帝君子偕老二章(支部)

質術月(2978)

猗狘失禮記禮運鳳以爲畜六句

質物末易繫辭傳原始要終七句

緝職毒(2979)

極德直力服急息德毒忒食告則慝職鞠爾雅釋訓子子孫孫以下三十二句(之部)

止語厚(2980)

主母矩海下大戴禮五帝德篇爲神主十句(魚部)

俯止女子語古禮記樂記今夫新樂九句(魚部)

參考文獻

[1]陳新雄. 古音學發微[M]. 臺北:文史哲出版社,1996.

[2]江有誥. 音學十書[M]. 北京:中華書局,1993.

[3]劉彩祥. 高郵王氏《詩經群經楚辭合韻譜》補苴[J]. 静宜中文學報,2016(2).

[4]劉盼遂. 王石臞文集補編[M]//高郵王氏遺書・附録. 南京:江蘇古籍出版社,2000.

[5]王國維. 觀堂集林[M]. 北京:中華書局,1959.

[6]羅振玉. 高郵王氏遺書[M]. 南京:江蘇古籍出版社,2000.

[7]沈乃文. 書谷隅考[M]. 上海:上海古籍出版社,2011.

[8]王念孫. 國家圖書館藏鈔稿本乾嘉名人别集叢刊(第二十三册)[M]. 北京:國家圖書館出版社,2010.

[9]王引之. 經義述聞[M]. 南京:江蘇古籍出版社,1985.

[10]趙曉慶. 北大藏《王念孫手稿》流傳考述[J]. 文史哲,2017(3).

[11]趙曉慶. 北大藏《王念孫手稿》價值述略[J]. 文獻,2018(2).

Comparative Study of *Heyun Pu*(合韻譜) and *Guyun Pu*(古韻譜)

Zhao Xiaoqing

Abstract: Peking University Library has a large number of unpublished manuscripts of ancient Rhyme writed by Wang Niansun, especially *the Rhyme Spectrum and The Combination Rhyme Spectrum* Which is important value to explore the contents and thoughts of Wang Niansun. *The Combination Rhyme Spectrum* reflected the ancient Rhyme Department and ancient four sound view of Wang Niansun. In the research of *Combination Rhyme*, Wang Niansun does better Compared with Duan and Jiang, and have been revised and supplemented the Rhyme Spectrum. It is a precious literature in the study of ancient rhyme. In view of this, we do research on this script.

Key words: Wang Niansun, *The Shi Jing Qun Jing Chu Ci He Yun Pu*, unpublished manuscripts, research

通信地址:山東省青島市嶗山區松嶺路 238 號中國海洋大學文學與新聞傳播學院
郵　編:266100
E-mail: xiaoqing3552@sina. com

從反切結構看東晉三家經師的重紐性質*

許樹妙

内容提要 《經典釋文》輯録的徐邈、劉昌宗、李軌三位經師的音注,是研究早期重紐特點的重要材料。本文運用反切結構分析法考察東晉經師的重紐反切,發現經師重紐的反切結構具有如下特點:1)切上字不能區分重紐;2)切下字可區分重紐:當切下字爲A類、四等韻、章組、精組、日母、以母字時,被切字爲A類;當切下字爲B類、C類、一等韻、二等韻、云母字時,被切字爲B類。知組、來母切下字由具體用字區分重紐兩類。通過比較經師與《王三》重紐反切結構的異同之處,可知東晉時期的重紐爲"完全介音區别"類型,聲母並未發生"鋭鈍"性質的語音和諧變化。

關鍵詞 徐邈 劉昌宗 李軌 重紐 反切結構分析法

一 引言

(一)重紐的内涵及研究概況

重紐是指中古支脂祭真仙宵侵鹽8韻系的脣牙喉聲母,在開合相同的條件下具有重出對立小韻的現象。列於韻圖四等的稱爲重紐A類,列於韻圖三等的稱爲重紐B類。重紐問題是中古音研究中的重要問題。自日本學者有坂秀世(1937—1939)探討重紐的音值問題以來,陸志韋(1939、1947:26-29)、董同龢(1948)、周法高(1948)、李榮(1956:140)、邵榮芬(1982:70-80)等也對重紐兩類的語音區别展開討論。此後,俞敏(1984)、麥耘(1992)、黄笑山(1996)、丁邦新(1997)、潘悟雲(2000:21-45)等學者除了利用中古反切之外,還結合梵漢對音、域外漢字音、現代漢語方言等多方面材料推進重紐問題的研究。目前,中古重紐的區别主要在於介音的認識已較爲明確。各家對重紐兩類的構擬如下:

	有坂秀世	陸志韋	邵榮芬	黄笑山	麥耘	丁邦新	潘悟雲
重B	—ï—	—ɪ—	—i—	—rі—	—rɪ—	—rj—	—ɯi—
重A	—i—	—i—	—j—	—i—	—i—	—i—	—i—

黄笑山(2012)總結各家看法,提出重紐的兩類介音區别類似"鋭鈍"(acute&grave)區别,重紐B類的介音稍後,稍寬,腭化的色彩少一點,具有"鈍音性"([+grave]);重紐A類的介音稍前,稍窄,腭化的色彩多一點,具有"鋭音性"([+acute])。

目前,前人對重紐的認識主要來自對《切韻》系韻書的研究。對於《切韻》以前的語音系

* 本文在寫作過程中得到業師黄笑山教授的悉心指導。初稿蒙同門師兄廖秋華博士、邊田鋼博士指正。《漢語史學報》匿名審稿專家對本文提出了許多寶貴意見。謹此一併致謝。文中如有謬誤由筆者負責。

統中是否存在重紐,其語音内涵是什麽,以及早期重紐與《切韻》相比有何異同等方面的討論尚未多見。

(二)徐邈、劉昌宗、李軌經師及其重紐研究概況

陸德明《經典釋文》爲經典作注,在審定讀音的同時輯録了東漢至魏晉多位經師的音注材料,其中以徐邈、劉昌宗、李軌較爲大宗。

徐邈(約 344—397),字仙民,祖籍東莞姑幕(今山東諸城),其祖父於永嘉之亂帶領鄉人南渡,定居京口(今江蘇鎮江)。徐邈是東晉著名經師,曾爲《周易》《尚書》《毛詩》《禮記》等經典作注,但大多已亡佚。今存 1240 例反切於《釋文》之中。

劉昌宗,生卒年、籍貫、生平均不詳。據吴承仕(1933/2008:101)、盤曉愚(1999)、范新幹(2002)等考證,劉昌宗爲東晉人,年代稍晚於范宣,略早於徐邈,以注《三禮》名世。劉昌宗著作均已亡佚,今存 463 例反切於《釋文》。

李軌,生卒年不詳。陸德明《經典釋文 · 序録》云:"李軌,字弘範,江夏人,東晉祠部郎中,都亭侯。"《釋文》將李軌列於孔衍之後,劉昌宗、徐邈之前,據此可推知,李軌應是東晉中期人,時代稍早於劉昌宗、徐邈。李軌今存 211 例反切於《釋文》。

相比於易被後人改動的首音,經師音注的改動較少,是研究早期語音面貌較爲可靠的材料(參見楊軍 2013)。徐邈、劉昌宗、李軌三位經師年代相近,地域均爲南方,故將三位經師的重紐特點進行比較,可大致得出東晉時期的重紐面貌。蔣希文(1999:191-196)、吴萍(2012)曾分别對徐邈、李軌重紐進行研究,均認爲經師音系中存在重紐兩類的對立,但未深入討論重紐兩類的語音性質差别。

因此,本文以《經典釋文》所録的徐邈、劉昌宗、李軌三位經師的重紐反切爲材料,運用反切結構分析法,考察東晉南方音系的重紐反切結構特點,並進一步與《王三》的重紐作比較,從而對東晉重紐的語音性質以及重紐的演變問題作出討論。

二　反切結構分析法與重紐研究

蔣、吴二文主要運用繫聯法、比證法對經師重紐進行研究,存在一定的局限性:

1)經師音注具有隨文注音的特點,數量較少,各韻分布不平衡,一定程度影響了繫聯結果的有效性。

2)繫聯法往往難以判斷繫聯中的分組是重紐兩類對立性的體現,還是偶然未能繫聯的結果。蔣文依據《廣韻》的分合來判斷"不繫聯"的對立性或偶然性,略失客觀。

鑒於繫聯法的局限,日本學者辻本春彦(1954)首先從反切入手探討重紐兩類的區别。他發現"凡反切上字是 A 類的,其被切字都是 A 類。反切上字是 B 類的,其被切字都是 B 類。反切上字屬於没有重紐對立的諸韻時,則可由反切下字來決定被切字是 B 類還是 A 類"。黄笑山(1996)進一步提出反切結構分析法,關注被切字、切上字、切下字在音類上的搭配,尤其關注切上字的韻母及切下字的聲母,從而將重紐 A、B 兩類區分開來。李秀芹(2006)運用反切結構分析法對《王三》《釋文》首音、《慧琳音義》、朱翺反切等中古系統的重紐

特點進行研究，歸納出《釋文》型、慧琳型、朱翺型三種重紐反切結構類型。

可見，重紐兩類在反切上會有不同的表現，不同時代的重紐特點也能通過反切結構反映出來。從反切本身入手研究重紐的語音性質，還能彌補音切數量不足造成的局限。因此，對經師重紐現象的考察，我們以《廣韻》爲參照系，採用反切結構分析法，逐一考察經師重紐的反切結構特點，在此基礎上分析東晉時期重紐的語音性質。

我們對經師重紐的分析，具體方法如下：

1）以《廣韻》爲參照系確定經師重紐反切的範圍。

通常重紐韻指支、脂、祭、真（諄）、仙、宵、侵、鹽 8 韻系。爲擴大材料範圍，我們採取黄笑山（1996）的觀點，還把麻三、清韻系歸入重紐 A 類，庚三韻系歸入重紐 B 類，蒸韻系除"抑"小韻外歸入 B 類，幽韻系的唇音歸入 B 類，牙喉音歸入 A 類。以《廣韻》爲參照系，如此可得徐邈重紐反切共 196 條，劉昌宗重紐反切 76 條，李軌重紐反切 33 條。

2）對重紐反切切上字的韻、切下字的聲母進行分類。

切上字按韻分爲Ⅰ、Ⅱ、Ⅲ、Ⅳ等韻，Ⅲ等韻進一步細分爲 ABC 三類。A 代表重紐 A 類，B 代表重紐 B 類，C 代表普通三等韻及混合三等韻兩類。

切下字按聲母分爲脣牙喉聲母及舌齒聲母兩大類。其中，脣牙喉聲母字可分爲 A、B 兩類，由此可兼而考察脣牙喉聲母下的韻類關係。舌齒聲母分爲章組、精組、日母、莊組、知組、來母，喉音云母及以母也列入舌齒音中考察。由於經師重紐具有與非重紐韻混切的情況，因此非重紐韻切下字也分爲脣牙喉及舌齒聲母兩類，脣牙喉聲母字按韻類分爲Ⅰ、Ⅱ、C、Ⅳ四類，舌齒聲母同重紐韻字劃分，並一同參與統計①。

3）考察重紐被切字"被切字的重紐類别＝切上字（韻）＋切下字（聲/韻）"的反切結構。如《尚書・周書・君奭》："有若閎夭。"《釋文》："夭，於表反。徐於驕反。"則徐邈對"夭"注音的反切結構類型爲 B＝CB。

三　東晉三家經師重紐的反切結構特點

（一）徐邈重紐的反切結構分析

我們根據上文的方法考察徐邈 196 條重紐反切的結構，對音類配合關係進行統計，結果如下表 1 所示。表格左列爲切上字韻的分類，標題行爲切下字聲母的分類。由於徐邈不用Ⅱ作切上字，不用Ⅰ、莊組字作切下字，故表 1 均不列。表中"精、章、知"分别表示"精組、章組、知組"。表心爲各類切上字與切下字拼合得到的被切字數量，上格（陰影格）爲 A 類被切字的統計數據，下格爲 B 類被切字的統計數據，如：C 類切上字拼合來母切下字，被切字爲 A 類的有 9 例，被切字爲 B 類的有 8 例。表格底部的"總計"是對各類切下字總數的統計，右列"總計"是對各類切上字總數的統計。

① 經師非重紐韻切下字主要是脣牙喉音，舌齒聲母只有心母、來母各 1 例。經考察，這部分切下字與被切字上古同部，是經師語音存古性的體現。詳見本文第四部分。

表 1　徐邈重紐的反切結構類型表

下字／上字	脣牙喉					舌齒							總計
	Ⅱ	C	B	A	Ⅳ	以	精	章	日	知	來	云	
A						1		1					2
													0
B													0
			1								1		2
C		2①	1②	24	4	16	4	28	6	3	9		97
	2	12	55							2	8	1	80
Ⅰ	1				4	3							8
	1	2	2								1		6
Ⅳ					1								1
													0
總計	1	2	1	24	9	20	4	29	6	3	9	0	108
	3	14	58	0	0	0	0	0	0	2	10	1	88

表 1 顯示，徐邈的重紐反切具有如下特點：

1)切上字主要以 C 類爲主(共 177 例)，少量使用 A、B、Ⅰ、Ⅳ作切上字(共 19 例)。

當切上字爲 C 類時，被切字爲 A 類共 97 例，被切字爲 B 類共 80 例，數量相當。鑒於 A 類總數本多於 B 類(108 比 88)，C 類上字不具聯 A 類或 B 類的顯著傾向。

當切上字爲Ⅰ時，被切字 A、B 兩類數量相當(8 比 6)。

當切上字爲 A、B、Ⅳ時，僅 1 或 2 例反切，數量太少，無明顯傾向。

因此，切上字不具有區分重紐兩類的作用。

2)切下字除莊組外，各類聲母均有分布，且呈現出不同的傾向。

當切下字爲脣牙喉聲母時，由韻類決定被切字的重紐類别。切下字爲 A、Ⅳ時，被切字爲 A 類。切下字爲 B、C、Ⅱ時，被切字爲 B 類。

當切下字爲舌齒聲母時，由聲母類别決定被切字的重紐類别。切下字聲母爲以母、精組、章組、日母時，被切字爲 A 類。切下字聲母爲云母的反切僅 1 例，被切字爲 B 類③。切下字聲母爲知組、來母時，被切字爲 A 類與被切字爲 B 類的數量接近(知組爲 3 比 2；來母爲 9 比 10)，不具顯著傾向。

綜上，徐邈的重紐兩類可據切下字區分，但切下字爲知組、來母字時除外。

---

① 徐邈 A＝CC 結構的反切有 2 例：比，扶志反；秕，甫里反。楊軍(2013)認爲《釋文》頗有後人改動的痕跡。徐邈除此 2 例脂之均不混，故是否後人改動尚需考察。

② 徐邈 A＝CB 結構的反切爲：摽，符表反。徐邈爲"摽"共注兩音。《詩經・國風・摽有梅》："摽有梅。""摽"，徐符表(B)反。《左傳・襄公八年》："宣子賦《摽有梅》。""摽"，徐扶妙(A)反。兩處意義相同，但徐邈却分别注 A、B 兩讀。蔣希文(1999：91)指出，徐邈"符表反"實爲"受"注音，"受"屬 B 類；"扶妙反"才是爲"摽"注音，屬 A 類。故此例實爲 B＝CB。

③ 雖僅有 1 例，但結合《王三》《釋文》重紐反切中云母的傾向，可認爲這 1 例是云母聯 B 類的反映。

（二）劉昌宗重紐的反切結構分析

我們用相同的方法對劉昌宗 76 條重紐反切進行分析、統計，結果如下表 2 所示。表 2 體例同表 1。由於劉昌宗重紐未用 A、Ⅱ、Ⅳ作切上字，未用莊組、云母作切下字，故表 2 均不列。

表 2　劉昌宗重紐的反切結構類型表

下字 / 上字	脣牙喉						舌齒						總計
	Ⅰ	Ⅱ	C	B	A	Ⅳ	以	精	章	日	知	來	
B						1							1
				2									2
C				3[1]	10	2	1	4	3	4		2	29
			5	19							2	2	28
Ⅰ	1	1			3	4	1					1	11
	3			1								1	5
總計	1	1	0	3	13	7	2	4	3	4	0	3	41
	3	0	5	22	0	0	0	0	0	0	2	3	35

表 2 顯示，劉昌宗的重紐反切具有如下特點：

1）切上字主要以 C 類爲主（共 57 例），少量使用 B、Ⅰ作切上字（共 19 例）。

當切上字爲 C 類時，被切字爲 A 類的共 29 例，被切字爲 B 類的共 28 例，數量相當。

當切上字爲 B 類時，僅 3 例反切，並且其被切字的重紐類別亦可視爲切下字的影響。

當切上字爲Ⅰ時，被切字爲 A 類的共 11 例，被切字爲 B 類共 5 例，A 類稍多於 B 類，但也可視爲切下字影響的結果。

因此，切上字不具有區分重紐類别的作用。

2）切下字除莊組、云母外，各聲類均有分布，呈現不同的重紐傾向。

當切下字爲脣牙喉聲母時，由韻類決定被切字的重紐類别。切下字爲 A、Ⅳ時，被切字爲 A 類。切下字爲 B、C、Ⅰ時，被切字爲 B 類。切下字爲Ⅱ僅有 1 例，其被切字爲 A 類。

當切下字爲舌齒聲母時，由聲母類别決定被切字的重紐類别。切下字聲母爲以母、精組、章組、日母時，被切字爲 A 類。切下字聲母爲知組時，被切字爲 B 類。切下字聲母爲來母時，被切字爲 A 類與被切字爲 B 類的數量相同，不具顯著傾向。

綜上，劉昌宗的重紐兩類可據切下字區分，但切下字聲母爲來母時除外。

---

[1] 此 3 例爲：庇，副美反；比，芳美反；庀，芳美反。據《廣韻》這 3 個被切字均爲 A 類，則反切結構爲 A＝CB。但劉音或許恰有 B 類一讀，與《廣韻》不同。庇，《廣韻》：必至切（A 類）。原本《玉篇》殘卷注“庇，鄙冀反”（B 類）。説明南方“庇”字有 B 類讀音。劉昌宗的音切即是南方音的體現。“比”“庀”“庇”常相通，或許“比、庀”因而也有 B 類一讀。

(三)李軌重紐的反切結構分析

我們用相同的方法對李軌 33 條重紐反切進行分析、統計,結果如下表 3 所示。表 3 體例同表 1、表 2。由於李軌重紐未用 B、Ⅱ、Ⅳ作切上字,未用莊組、來母作切下字,故表 3 均不列。

表 3　李軌重紐的反切結構類型表

下字／上字	脣牙喉						舌齒						總計
	Ⅰ	Ⅱ	C	B	A	Ⅳ	以	精	章	日	知	云	
A									1				1
													0
C			1	1①	4	1	3	1	3	1			15
	1	1	3	5							1	3	14
Ⅰ						2	1						3
													0
總計	0	0	1	1	4	3	4	1	4	1	0	0	19
	1	1	3	5	0	0	0	0	0	0	1	3	14

表 3 顯示,李軌的重紐具有如下特點:

1)切上字主要以 C 類爲主(共 29 例),少量使用 A、Ⅰ作切上字(共 4 例)。

當切上字爲 C 類時,被切字爲 A 類的共 15 例,被切字爲 B 類的共 14 例,數量相當。

當切上字爲 A、Ⅰ時,被切字均爲 A 類,但反切各僅 1 例、3 例,且亦可視爲切下字的影響。

因此,切上字不具有區分重紐類别的作用。

2)切下字除莊組、來母外,各聲類均有分布,呈現不同的重紐傾向。

當切下字爲脣牙喉聲母時,由韻類決定被切字的重紐類别。切下字爲 A、Ⅳ時,被切字爲 A 類。切下字爲 B、C 時,被切字爲 B 類。切下字爲Ⅰ、Ⅱ各有 1 例,其被切字爲 B 類。

當切下字爲舌齒聲母時,由聲母類别決定被切字的重紐類别。切下字聲母爲以母、精組、章組時,被切字爲 A 類。切下字聲母爲云母時,被切字爲 B 類。切下字聲母爲日母、知組各 1 例,其被切字分别爲 A 類及 B 類。

綜上,劉昌宗的重紐兩類可據切下字區分。

(四)東晉三家經師重紐的反切結構特點

1. 東晉時期重紐的反切結構特點

將徐邈、劉昌宗、李軌的重紐反切結構進行比較,可得出東晉時期重紐的反切結構特點:

1)切上字以 C 類爲主,但無法區分重紐兩類;

---

① 此例爲:弭,亡辨反。《周禮·春官·小宗伯》:"王崩大肆,以秬鬯弭。""弭"(《廣韻》綿婢切),李亡辨反。據《廣韻》"弭"爲 A 類,則反切結構爲 A=CB。屬例外反切,大概是李軌的特殊讀音。

2)切下字可區分重紐兩類。

當切下字爲脣牙喉聲母時,由其韻類決定被切字的重紐類別,用公式可表示爲:

a. A=X+A/Ⅳ;　b. B=X+B/C/Ⅰ/Ⅱ①　(X表示任意切上字)

當切下字爲舌齒聲母時,由聲類決定被切字的重紐類别,用公式可表示爲:

a. A=X+以/精/章/日;　b. B=X+云　(X表示任意切上字)

3)切下字爲知組、來母時,在A、B兩類間"摇擺",無法直接根據聲類區分重紐②。

2. 知組、來母切下字的"摇擺性"及其對重紐的區分

東晉經師的重紐基本上能根據切下字的韻類或聲母分爲兩類,但知組、來母既作A類切下字,又作B類切下字,具有"摇擺性"。中古音系的重紐也存在同樣現象。麥耘(1992)、潘悟雲(2000:43)認爲,知組和來母的介音性質上介於A、B兩類介音之間,故反切行爲在A、B兩類之間"摇擺"。黄笑山(2012)指出,上古後期章組由舌音變爲齒音,故舌音位置的知組、來母因爲缺乏對立而發生摇擺。對於這類反切,李秀芹(2006:37、172)指出可通過切上字或音系中的對立情況確定被切字的重紐類别。但是,由於經師的切上字不表示重紐信息,也不像《切韻》等韻書具有封閉的系統性,因此,無法據此方法區分重紐。知組、來母作切下字的重紐反切佔有一定比重,如徐邈以知、來爲切下字的重紐共24例,占總數12%强,因此有必要從其他角度尋找知組、來母切下字對重紐的區分方式。

考察發現,經師重紐知組、來母切下字在選字上呈現對應A、B兩類的用字分組現象。這一點與《廣韻》、原本《玉篇》《經典釋文》首音、《玄應音義》等中古反切系統呈現一致性。如表4所示。

表4　東晉經師與中古反切系統的重紐知、來切下字對比

		李軌	劉昌宗	徐邈	原本玉篇	廣韻	釋文	玄應
知組	A			召趙		智	知趙	**致**
	B	轉	輒	輒鴆	朝追輒展	召追輒篆兆轉	朝追池展兆轉	**致**朝展鎮
來母	A		利吝	**列**履廉利連林	**利**列律	**列**連履誄	**列**利履梨律	**列**履梨鄰
	B		立倫	**列**戀類麗倫	**利**厲廉斂立栗例	**列**例劣廉立輦倫斂離遴	**列**倫例類綸廉	**列**利例厲林立廉累

注:黑體字表示A、B兩類均出現的跨類字

經師的B類知組切下字"轉、輒"在中古反切系統中也用於B類。A類知組切下字"趙"在中古反切中也用於A類。徐邈的"召"用於重紐A類,或許確爲失誤,或有其特殊性。經師的B類來母切下字"立、倫、類"在中古反切中也用於B類。A類來母切下字"利、履、連"在中古反切中也用於A類。徐邈"廉"切下字與中古反切歸屬不同,但與其系統内的B類切下

① 徐邈無Ⅰ切下字;李軌Ⅰ切下字僅1例,聯B類,均因數量太少難以確定傾向。但對比劉昌宗Ⅰ切下字3例聯B類(Ⅰ切下字共4例)可知經師Ⅰ切下字應聯B類。劉昌宗Ⅱ切下字僅1例,聯A類。但對比徐邈Ⅱ切下字有3例聯B類(Ⅱ切下字共4例),李軌Ⅱ切下字亦聯B類,可知劉昌宗例爲例外反切。經師Ⅱ切下字應聯B類。

② 來母在徐邈、劉昌宗重紐反切中"摇擺",李軌重紐雖未見來母切下字用例,但可據徐、劉推測。知組在徐邈重紐反切中"摇擺",但在劉2例及李1例中均只作B類切下字。結合《王三》《釋文》等其他系統的重紐反切結構,我們認爲劉、李知組只聯B類的情況可能是受音切數量所限未出現A類用例而已。考察知、來的具體用字可支持我們的觀點,詳見下文"知來摇擺性"部分。

字仍然對立。因此，經師重紐的知、來切下字與中古反切系統具有嚴整對應的一致表現，重紐兩類可通過切下字的具體用字區分開來①。

知組、來母切下字在選字上呈現對應 A、B 兩類的分組現象，其背後蘊含的語音信息是什麽，尚有進一步深入探討的必要。我們認爲或許與知組、來母的上古來源、前中古期的演變及性質有關。限於文章篇幅此處不展開討論，擬另文探討。綜上，當切下字爲知組、來母時，可據具體用字區分重紐。因此，經師所有重紐均能依靠切下字加以區分。

四　東晉三家經師與《王三》的重紐反切結構類型比較

（一）《王三》重紐的反切結構特點

李秀芹（2006：51－52）對《王三》的重紐反切結構做過專門研究，歸納出兩條規律：

1）"A、B 上字決定律"：當切上字爲重紐字時，切上字能夠決定被切字的類別。

2）"下字區分律"：當切上字爲非重紐字時，切下字能夠決定被切字的類別。當切下字是 A 類、以母、精組和章組（包括日母）時，被切字爲 A 類；當切下字是 B 類、云母、知組和來母時，被切字爲 B 類。

同時針對兩條規律的作用順序和作用效力進一步提出兩個規則：

1）"A、B 上字決定律"先於"下字區分律"。（作用順序）

2）下字區分率强於 A、B 上字決定率。（作用效力）

（二）東晉經師與《王三》重紐反切結構上的差異

東晉經師的重紐在反切結構上與《王三》具有較大的相似性。二者主要依靠切下字區分重紐兩類，共同滿足下字區分公式 a. A＝X＋A/以/精/章/日；b. B＝X＋B/云。另外，表 4 顯示，具有特殊性的知組、來母切下字，經師與《王三》在用字上均可再細分爲對應 A、B 的兩組。可以説，《王三》重紐反切結構的主要特點在東晉時期已經形成。

經師重紐與《王三》的差異主要體現在 A、B 切上字及非重紐韻切下字兩個方面。

1. A、B 切上字方面的差異

首先，經師與《王三》A、B 切上字的使用比例不同，經師的 A、B 切上字比例極小。

	《王三》	徐邈	劉昌宗	李軌
A、B 上字數量	85	4	3	1
A、B 上字佔比	26.32％	2.04％	3.8％	3.03％

另外，經師與《王三》的 A、B 切上字在區分重紐方面的能力不同。

李秀芹（2006：40）提出《王三》"A、B 上字決定律"先於"下字區分律"，其依據在於：當切上字與切下字決定的重紐類別發生衝突時，《王三》的被切字一般以切上字決定的類別爲據。

① 中古系統中的"跨類字"主要出現在來母切下字中，擬另文進一步探討。

如:“臂,卑義反”(A＝AB);“譬,匹義反”(A＝AB);“避,婢義切”(A＝AB);“僞,危賜反”(B＝B精);“釿,宜引反”(B＝B以)。李文認爲這些反切用字並非偶然所致,而是因爲這些重紐字可能已經發生聲母上的變化,是後來以切上字區分重紐的開端。

而經師的切上字却不同。如劉昌宗“蟦,平堯反”(A＝BⅣ)。四等韻切下字決定被切字爲A類,而B類切上字不影響被切字類别。説明經師重紐兩類的聲母並未產生語音區别。

由此可見經師的A、B切上字在使用比例、區分能力兩方面均弱於《王三》。

2. 非重紐韻切下字的差異

據蔣希文(1999)、范新幹(2002)、吴萍(2006)對經師韻部的繫聯結果,經師的韻部格局已接近《切韻》,重紐韻與非重紐韻的界限較爲分明,但仍存部分韻部混切的情况。經師重紐反切出現使用非重紐韻切下字的反切類型,尤其以C、Ⅳ切下字數量較多,現將各類非重紐韻切下字列舉如下:

表5 徐邈非重紐韻字作切下字的重紐反切①

類型	切語	被切字	切下字	切語	被切字	切下字
B＝XⅡ	泙,敷耕反	泙$_{\text{庚韻;耕部}}$	耕$_{\text{耕韻;耕部}}$	**英,於耕反**	**英**$_{\text{庚韻;陽部}}$	**耕**$_{\text{耕韻;耕部}}$
	亨,普孟反	亨$_{\text{庚Ⅲ韻;陽部}}$	孟$_{\text{庚Ⅱ韻;陽部}}$			
B＝XC	**劓,吾氣反**	**劓**$_{\text{脂韻;至部}}$	**氣**$_{\text{微韻;隊部}}$	餽,紀畏反	餽$_{\text{脂韻;微部}}$	畏$_{\text{微韻;微部}}$
	奄,於劍反	奄$_{\text{鹽韻;談部}}$	劍$_{\text{梵韻;談部}}$	淹,於嚴反	淹$_{\text{鹽韻;談部}}$	嚴$_{\text{嚴韻;談部}}$
	鉗,其嚴反	鉗$_{\text{鹽韻;談部}}$	嚴$_{\text{嚴韻;談部}}$	黔,渠嚴反	黔$_{\text{鹽韻;談部}}$	嚴$_{\text{嚴韻;談部}}$
	黔,其嚴反	黔$_{\text{鹽韻;談部}}$	嚴$_{\text{嚴韻;談部}}$	拳,已袁反	拳$_{\text{仙韻;元部}}$	袁$_{\text{元韻;元部}}$
	捲,紀阮反	捲$_{\text{仙韻;元部}}$	阮$_{\text{元韻;元部}}$	攓,紀偃反	攓$_{\text{仙韻;元部}}$	偃$_{\text{元韻;元部}}$
	揭,起謁反	揭$_{\text{薛韻;月部}}$	謁$_{\text{月韻;月部}}$	朅,起謁反	朅$_{\text{薛韻;月部}}$	謁$_{\text{月韻;月部}}$
	桀,居謁反	桀$_{\text{薛韻;月部}}$	謁$_{\text{月韻;月部}}$	孽,五謁反	孽$_{\text{薛韻;月部}}$	謁$_{\text{月韻;月部}}$
A＝XⅣ	**弊,蒲霽反**	**弊**$_{\text{祭韻;祭部}}$	**霽**$_{\text{齊韻;脂部}}$	淠,孚計反	淠$_{\text{脂韻;至部}}$	計$_{\text{齊韻;至韻}}$
	瀰,莫啓反	**瀰**$_{\text{支韻;歌部}}$	**啓**$_{\text{齊韻;支部}}$	沔,莫顯反	沔$_{\text{仙韻;元部}}$	顯$_{\text{先韻;元部}}$
	湎,莫顯反	湎$_{\text{仙韻;元部}}$	顯$_{\text{先韻;元部}}$	偏,敷面反	偏$_{\text{仙韻;元部}}$	面$_{\text{先韻;元部}}$
	瓢,扶堯反	瓢$_{\text{宵韻;宵部}}$	堯$_{\text{蕭韻;宵部}}$			

表6 劉昌宗非重紐韻字作切下字的重紐反切

類型	切語	被切字	切下字	切語	被切字	切下字
B＝XⅠ	**撟,枯老反**	**撟**$_{\text{宵韻;宵部}}$	**老**$_{\text{豪韻;幽部}}$	䠷,五高反	䠷$_{\text{宵韻;宵部}}$	高$_{\text{豪韻;宵部}}$
	麃,普保反	**麃**$_{\text{宵韻;宵部}}$	**保**$_{\text{豪韻;幽部}}$	檍,烏克反	檍$_{\text{職韻;職部}}$	克$_{\text{德韻;職部}}$
B＝XC	**輢,於既反**	**輢**$_{\text{支韻;歌部}}$	**既**$_{\text{微韻;隊部}}$	塈,其既反	塈$_{\text{脂韻;隊部}}$	既$_{\text{微韻;隊部}}$
	巾,居近反	巾$_{\text{真韻;文部}}$	近$_{\text{欣韻;文部}}$	卷,居遠反	卷$_{\text{仙韻;元部}}$	遠$_{\text{元韻;元部}}$
	卷,居晚反	卷$_{\text{仙韻;元部}}$	晚$_{\text{元韻;元部}}$			
A＝XⅣ	**弊,薄計反**	**弊**$_{\text{祭韻;祭部}}$	**計**$_{\text{齊韻;至部}}$	頍,枯熒反	頍$_{\text{清韻;耕部}}$	熒$_{\text{耕韻;耕部}}$
	紕,博雞反	紕$_{\text{支韻;支部}}$	雞$_{\text{齊韻;支部}}$	絹,侯犬反	絹$_{\text{仙韻;元部}}$	犬$_{\text{元韻;元部}}$
	蟦,平堯反	蟦$_{\text{宵韻;宵部}}$	堯$_{\text{宵韻;宵部}}$	縪,府結反	縪$_{\text{質韻;質部}}$	結$_{\text{屑韻;質部}}$
	縪,扶結反	縪$_{\text{質韻;質部}}$	結$_{\text{屑韻;質部}}$			

① 被切字、切下字下注該字的中古韻類及上古韻部,上古韻部採用鄭張尚芳(2013)的分類,但不再細分内部1、2、3小韻部。被切字與切下字上古韻部不同的切語用“黑體字”著重顯示。表6、表7亦同。

表 7　李軌非重紐韻字作切下字的重紐反切

類型	切語	被切字	切下字	切語	被切字	切下字
B=XⅠ	**蕢,婦輩反**	**蕢**$_{\text{脂韻;隊部}}$	**輩**$_{\text{灰韻;微部}}$			
B=XⅡ	**劓,魚界反**	**劓**$_{\text{脂韻;至部}}$	**界**$_{\text{皆韻;祭部}}$			
B=XC	掩,於範反 鍼,其嚴反	掩$_{\text{鹽韻;談部}}$ 鍼$_{\text{鹽韻;談部}}$	範$_{\text{范韻;談部}}$ 嚴$_{\text{嚴韻;談部}}$	鉗,其嚴反 脗,武粉反	鉗$_{\text{鹽韻;談部}}$ 脗$_{\text{真韻}}$	嚴$_{\text{嚴韻;談部}}$ 粉$_{\text{文韻;文部}}$
A=XⅣ	**敝,步計反** 嫛,婦堯反	**敝**$_{\text{祭韻;祭部}}$ 嫛$_{\text{宵韻;宵部}}$	**計**$_{\text{齊韻;至部}}$ 堯$_{\text{宵韻;宵部}}$	**歅,烏雞反**	**歅**$_{\text{真韻;真部}}$	**雞**$_{\text{齊韻;支部}}$

我們考察了經師非重紐韻切下字的上古來源,發現近 80%的切下字與被切字上古同部。自漢代起,"英京兵"等陽部字轉入耕部,"儀宜"等歌部字轉入支部,"保調道"等幽部字轉入宵部、微部轉入脂部、脂祭部混合(羅常培、周祖謨 1958:37,王力 1985:83-84)。因此,除"歅,烏雞反"外,上表上古不同部的被切字與切下字在東晉時期也已合流。經師重紐韻與非重紐韻混切均爲同韻部字,因此我們認爲經師使用非重紐韻切下字是經師語音存古性的體現,與中唐慧琳時期重紐以非重紐韻字作切的"合流"現象性質不同。

五　東晉時期重紐的語音性質

結合東晉經師的重紐反切結構特點及經師與《王三》重紐反切結構的比較結果,我們對東晉時期重紐的語音特徵得出以下兩點認識:

其一,經師重紐兩類的區別在於切下字,説明重紐區別在於韻母。從晉代詩人的用韻情況看(參見譚雅静 2007),重紐 A、B 兩類通押①,説明重紐兩類的韻基相同。那麼經師重紐切下字反映的是介音的區别。反切結構分析法揭示了重紐與切下字聲母的關係:精組、章組、日母、以母與 A 類關係密切,云母與 B 類關係密切,與《王三》重紐相同。因此我們認爲,東晉時期重紐兩類的介音區别也同《切韻》一樣,重紐 A 類的介音是稍前的/i/,具有"鋭音性";重紐 B 類的介音是稍後的/ri/,具有"鈍音性"。

其二,經師與《王三》重紐反切結構上的差異,反映了經師重紐的時代性。

經師重紐的切下字具有決定被切字重紐類别的絶對優勢,這説明經師的重紐區别在於介音,並且,此時的介音區别並未影響到聲母。而《王三》"上字決定律"先於"下字區分律"起作用,尤其在知組、來母作切下字的反切中,上字決定被切字的類别,這説明《王三》時期重紐的介音區别已在部分韻中影響了聲母的性質。約而言之,即經師重紐爲"完全介音區别"類型,《王三》重紐爲"介音區别爲主,聲母開始産生區别"類型。

另外,經師重紐具有非重紐韻字作切下字的現象,是經師語音存古性的體現,説明經師重紐還未完全定型。儘管如此,非重紐韻切下字與 A、B 兩類在語音性質上仍是匹配的。Ⅰ、C 爲後元音,Ⅱ具有-r-介音,均具有"鈍音性",故聯 B 類。Ⅳ爲前元音,具有"鋭音性",故

① 支韻:卑(A)、宜(B)(潘岳《在懷縣作詩之一》);宵韻:飄(A)、驕(B)(潘岳《河陽縣作詩之一》);祭韻:藝(A)、憩(B)(鄭豐《南山》);脂韻:粃(A)、軌(B)(曹攄《答趙景猷》);仙韻:面(A)、變(B)(曹攄《贈歐陽建》);真韻:濱(A)、貧(B)(王浚《王公歸園詩》)

聯 A 類。

通過考察重紐的反切結構，我們得出東晉時期重紐的語音性質爲“完全介音區別”型，結合中古其他系統的重紐特點（參見李秀芹 2006），則呈現出東晉至五代，重紐由介音區別逐漸轉變爲聲母區別的演變過程：

①完全介音區別（經師）→②介音區別爲主，部分聲母發生語音和諧（《王三》《釋文》）→③聲韻高度和諧（慧琳）→④聲母區別，介音區別消失（朱翺）

本文利用反切結構分析法，考察東晉徐邈、劉昌宗、李軌三位經師的重紐反切結構特點，並與《王三》的重紐類型展開比較，從而得出東晉時期重紐的語音性質，進而串聯起東晉至五代重紐的語音演變過程。文章的研究方法、研究結論均與前人研究有所差異。在探討早期重紐面貌，梳理重紐歷史演變等方面均具有一定價值。文中錯謬之處，祈請方家指正。

參考文獻

[1]丁邦新. 重紐的介音差異[M]//聲韻論叢(第六輯). 臺北:臺灣學生書局,1997:37-62.

[2]董同龢. 廣韻重紐試釋[M]//歷史語言研究所集刊(第 13 本). 油印本,1948:1-20.

[3]范新幹. 東晉劉昌宗音研究[M]. 武漢:湖北辭書出版社,2002.

[4]黄笑山.《切韻》三等韻的分類問題[J]. 鄭州大學學報(哲學社會科學版),1996(4):79-88.

[5]黄笑山.《切韻》三等韻 ABC——三等韻分類及其聲、介、韻分布和區別特徵擬測[J]. 中文學術前沿,2012(5):83-92.

[6]蔣希文. 徐邈音切研究[M]. 貴陽:貴州教育出版社,1999.

[7]李秀芹. 中古重紐類型分析[D]. 杭州:浙江大學,2006.

[8]李榮. 切韻音系[M]. 北京:科學出版社,1956.

[9]陸志韋. 三四等與所謂“喻化”[J]. 燕京學報,1939(26)//陸志韋. 陸志韋集[M]. 北京:中國社會科學出版社,2003:56-86.

[10]陸志韋. 古音説略[M]. 哈佛燕京學社,1947.

[11]羅常培,周祖謨. 漢魏晉南北朝韻部演變研究(第一分册)[M]. 北京:科學出版社,1958.

[12]麥耘. 論重紐及《切韻》的介音系統[J]. 語言研究,1992(2):119-131.

[13]潘悟雲. 漢語歷史音韻學[M]. 上海:上海教育出版社,2000.

[14]盤曉愚.《經典釋文》中劉昌宗反切聲類考[J]. 貴州大學學報(社會科學版),1999(2):72-80.

[15]邵榮芬. 切韻研究[M]. 北京:中國社會科學出版社,1982.

[16]譚雅静. 晉代詩人用韻考[D]. 濟南:山東大學,2007.

[17]王力. 漢語語音史[M]. 北京:中國社會科學出版社,1985.

[18]吴萍. 東晉李軌音切研究[D]. 貴陽:貴州大學,2006.

[19]吴萍. 從東晉李軌音切看切韻音系里的重紐現象[J]. 安徽大學學報(哲學社會科學版),2012(3):74-80.

[20]吴承仕. 經典釋文序録疏證[M]. 北京:中華書局,2008.

[21]楊軍.《周易音義》《尚書音義》重音音切研究[M]//安徽大學漢語言文字研究叢書(楊軍卷). 合肥:安徽大學出版社,2013:19-36.

[22]俞敏. 等韻溯源[M]//音韻學研究(第一輯). 北京:中華書局,1984:402-413.

[23]鄭張尚芳. 上古音系(第二版)[M]. 上海:上海教育出版社,2013.

[24]周法高. 廣韻重紐的研究[M]//歷史語言研究所集刊(第 13 本). 油印本,1948:49-117.

[25]有坂秀世. カールグレン氏の拗音説を評す[J]. 音聲學協會會報,1937-1939(49、51、53、58).

[26]辻本春彦. 所謂三等重紐的問題[M]//馮蒸譯. 馮蒸音韻論集. 北京:學苑出版社,2006:597-599.

The Feature of Chongniu(重紐)in Eastern Jin Dynasty from the View of Fanqie(反切)Structure

Xu Shumiao

Abstract: *Jingdian Shiwen*(經典釋文)had recorded a large amount of phonetic notations by Xu Miao, Liu Changzong and Li Gui, who were the famous glossographers in the Eastern Jin Dynasty. Their phonetic notions provide the study of Chongniu in the early time with a wealth of research materials. This paper focuses on the feature of their structure of Fanqie: 1)the first character in Fanqie can't distinguish two kind of Chongniu. 2) the second character in Fanqie can distinguish the Chongniu. When the second character is the kind of A type, fourth division, or when its initial consonant is the kind of Zhang Group(章組), Jing Group(精組), Ri(日母)and Yi(以母),the spelled character is the A type. When the second character is the kind of B type, C type, first division, second division, or when its initial consonant is Yun(云母), the spelled character is the B type. When the second character's initial consonant belongs to Zhi Group(知組)or Lai(來母), the specific characters decide its type of Chongniu. This paper have compared the Fanqie structure of the glossographers' notations with *Wangsan*(王三), and found that the distinctions between two types of Chongniu in Eastern Jin Dynasty are their medials, while the initial consonants haven't changed correspondingly.

Key words: Xu Miao, Liu Changzong, Li Gui, Chongniu(重紐), the structure of Fanqie

通信地址:浙江省杭州市西湖區天目山路 148 號浙江大學西溪校區行政樓 429
郵　　編:310000
E-mail:xushumiao0216@126. com

《鹿母經》真僞考*

裘雲青

内容提要 《大正新修大藏經》中分别有一短和一長兩部《佛説鹿母經》,二者内容相近,譯者皆作竺法護。本文通過對這兩部經作詞彙比對,認爲長篇《佛説鹿母經》爲竺法護原譯,短篇《佛説鹿母經》是長篇的縮略。

關鍵詞 《佛説鹿母經》 竺法護 "時" "於是" "言" "賢者"

一 問題提起

《大正新修大藏經》中分别有一短(3/454a4-455a13)一長(3/455a19-457c12)兩部《佛説鹿母經》,短經1186字,長經3030字,内容相近,二者譯者皆作竺法護(翻譯時代265-308年)。此外,寶唱《經律異相》録該經,名《鹿第七·鹿母落摑乞與子别還來就死一》(53/249c29-250c24),1028字,三者中篇幅最短。

現存最古經録僧祐《出三藏記集》(518)中記録:"鹿母經一卷"(55/9a23),譯者歸於竺法護。其他經録皆記載竺法護譯《鹿母經》一卷,無一部經録記有兩部《鹿母經》。另,《出三藏記集》又載:"鹿子經一卷……支謙以吴主孫權黄武初至孫亮建興中所譯出。"(55/7a20-24)。又有《佛名經》(557)言及該經:"南無鹿母經 南無鹿子経(14/197c1)"。關於經録所載,將在後面詳細論證。

《大正新修大藏經》中兩部《鹿母經》必定有一部先問世,另一部是後人縮略或增益而成。

二 從詞彙分析看《鹿母經》(長)及(短)之譯者

爲辨明《大正新修大藏經》中竺法護譯《鹿母經》(長)、竺法護譯《鹿母經》(短)及《經律異相》所録《鹿子經》間的關係,筆者做了一個對照表,對三者進行了逐字對比,發現(長)與(短)雖講述情節順序有異,且使用詞彙有所不同,有句子顛倒脱落之處,但二者不僅故事情節基本相同,而且使用詞彙也基本一致。(短)全文共1186字,除大段完整的缺欠部分以外,(短)中出現的與(長)不同的字詞共僅有335字,約72%文字一致。故可判斷,(長)和(短)同本異譯或同本重譯的可能極小。

(短)與《經律異相》録經不僅故事情節完全一致,且使用字詞大部分相同,《經律異相》録

* 感謝《漢語史學報》匿名審稿人在嚴謹審稿之後,提出了寶貴的修改意見。感謝浙江大學盧鷺博士對本文進行了校對,並提出了切實的建議。

經共1026字,其中963字,即94%與《鹿母經》(短)一致。不同處僅63字。值得注意的是,它的最後記作"出《鹿子經》"。

林屋友次郎指出,"對於現存的經典,在具有同名、類似名或異名的同類經之中做抉擇時,起決定作用的是對某一特定時代的譯詞、譯風,以及對某一特定翻譯者的譯詞、譯風的研究。"(林屋 1945:47)本文就從分析(長)與(短)的譯詞入手,對經譯者進行考察。

(一)《鹿母經》(長)是竺法護譯

《鹿母經》(長)中有僅見於竺法護譯的文字。如:

①忻然

456a22. 一切悉無常　忻然副信死　滅對畢因緣　怨盡從斯已(v)

忻然,謂喜悦貌;愉快貌①。至4世紀的漢譯佛經"忻然"僅出現18例,除竺法護筆受聶承遠譯《超日明三昧經》(290)外,其他17例皆見於竺法護譯,是極具竺法護譯特色的詞彙。如:

心懷忻然　如得滅度　爾等及吾　諸難以除(v)(《正法華經》,9/94a22)

寂然心定永安,是忍辱報;其心忻然,寂定安隱,無有衆魔,是精進報。(《賢劫經》,14/29a14)

觀察衆生,馳騁周旋,五趣之難,憂惱悁悒。使發道心,歡喜悦豫,加大篤信,忻然如是,堅固精進。(《度世品經》,10/628b17)

口演一音,悉應衆生志性所念,各得聞知,忻然解達。(《大哀經》,13/434c22)

②稽首顙面

457a16. 詣于廟寺,請稟沙門,稽首顙面,自歸自陳:"奉順慈義,畢志正真。"

稽顙,古代一種跪拜禮,屈膝下拜,以額觸地,表示極度的虔誠②。4世紀前漢譯佛經中"稽顙"僅8例,皆見於竺法護譯,如:

雄猛將士奮武剋捷,莫不稽顙。(《正法華經》,9/109b29)

若在家者爲轉輪王,捨家爲佛所知博達,力勢無限,三界特尊無不稽顙,必當成佛度脱十方。(《普曜經》,3/509a2)

天龍、鬼神、世間、人民、梵釋、魔王莫不稽顙受佛化者。(《佛説月光童子經》,14/816b7)

此外,還可以發現以下竺法護譯常用詞:

① 報曰

455b12. 鹿時惶怖,苦言報曰:……

竺法護譯中,"報言"使用了37次,而"報曰"的使用多達160次以上,在《阿惟越致遮經》《修行道地經》《生經》《正法華經》《持心梵天所問經》《普曜經》等所有竺法護譯經皆見。支婁迦讖譯《雜譬喻經》、曇果共康孟詳譯《中本起經》、康孟詳譯《興起行經》、康僧會譯《六度集經》、支謙譯《戒消災經》中"報言"加在一起也不過15次。

---

① 《漢語大詞典》例出自《史記·周本紀》:"姜原出野,見巨人迹,心忻然説,欲踐之,踐之而身動如孕者。"(第7卷,433頁)

② 《漢語大詞典》中舉例:《儀禮·士喪禮》:"弔者致命,主人哭拜,稽顙成踊。"《漢書·李廣傳》:"若乃免冠徒跣,稽顙請罪,豈朕之指哉!"(第8卷,123頁)

②衣毛

455b1. 是時,獵者聞鹿所言,且驚且怪,衣毛爲竪。其奇能言,識出人情。

衣毛,謂體毛,《漢語大詞典》中未收,至今已有學者對其進行過考釋(辛嶋 1998: 533;李維琦 2004: 352;俞理明、顧滿林 2013: 69)。至 4 世紀的漢譯佛經中有約 90 餘例,除支婁迦讖、支謙、安法欽、法炬、瞿曇僧伽提婆等人譯經外,在竺法護譯《阿惟越致遮經》《修行道地經》《生經》《正法華經》《賢劫經》《度世品經》《普曜經》等出現了 40 餘次。

③鬼魅

455b2. 汝爲鬼魅、山林(v. l. 靈)、樹神,得無變惑假借其形? 以實告我,令明其故。

至 4 世紀的漢譯佛經中有約 30 餘例,除康僧會、法炬共法立、佛馱跋陀羅、竺佛念等譯中外,在竺法護譯《修行道地經》《生經》《正法華經》等出現 11 次。

④來久

456c24. 吾之無良,殘暴來久。

來久,謂久遠以來。《漢語大詞典》中未收。至 4 世紀的漢譯佛經"來久"出現 38 次,除康僧會譯《六度集經》、支謙譯《大明度經》外,其中 25 例出於竺法護譯,如《光讚經》《正法華經》《普曜經》《大哀經》等。

⑤奉順

457a16. 詣于廟寺,請稟沙門,稽首顙面,自歸自陳:"奉順慈義,畢志正真。"

奉順,猶奉承順應①。4 世紀前漢譯佛經中"奉順"31 例,除法炬共法立譯《法句譬喻經》(306)、白法祖譯《佛般泥洹經》(307)爲"奉順四時"外,其餘 29 例皆見於《正法華經》《劫賢經》《大哀經》等竺法護譯中。

⑥導御

457b9. 各有化導,師子座及寶蓮華,或爲法師比丘現肉體者,或爲帝王及長者子者,或凡人黎庶現卑賤者,或人群生爲畜獸者,各各以光明導御説法。

導御,猶言教導;引導。《漢語大詞典》中未收。4 世紀前漢譯佛經中"導御"共 59 例②,其中無羅叉譯《放光般若經》(291)2 例、聶承遠譯《超日明三昧經》(290)2 例、瞿曇僧伽提婆譯《中阿含經》(398)1 例,其餘 54 例均見於竺法護譯,如《方等般泥洹經》《海龍王經》《光讚經》《正法華經》等。

⑦癡闇

457b26. 是諸比丘迺昔鹿遊國民,信受王命,奉順三寶,加鹿即感,皆願無上正真意。中間癡闇,不復習行。

癡闇,謂愚鈍;不明事理。《漢語大詞典》中未收。4 世紀前漢譯佛經中"癡闇"共出現 11 次,始見於竺法護譯《正法華經》③。除僧伽提婆譯《三法度論》(391)、瞿曇僧伽提婆譯《增壹阿含經》(397)外,其餘 9 例皆見於竺法護,如《普曜經》《寶網經》《心明經》《光讚經》等。

---

① 《漢語大詞典》中舉例:《戰國策・燕策三》:"寡人不佞,不能奉順君意,故君捐國而去,則寡人之不肖明矣。"《後漢書・順帝紀》:"朕以不德,統奉鴻業,無以奉順乾坤,協序陰陽,災眚屢見,咎徵仍臻。"(第 2 卷,1512 頁)

② 另有《不思議功德諸佛所護念經》及康僧鎧譯《無量壽經》。但前者譯者不詳,後者實爲 5 世紀翻譯。參考辛嶋静志(2016:356)。

③ 亦見於舊題康僧鎧譯《無量壽經》,實爲 5 世紀翻譯。見前注。

⑧閉結

457b28. 今聞我説前世本末,閉結疑解,得無想安隱,是其宿命,識神使然。

閉結,謂疑惑。《漢語大詞典》例自 12 世紀《朱子語類》[①]。漢譯佛經中"閉結"僅出 7 處,其中除支曜譯《成具光明定意經》(179)1 例、竺曇無蘭譯《見正經》1 例外,其餘 5 例皆見於竺法護譯《阿惟越致遮經》《普門品經》《文殊悔過經》。

⑨恩慈

456c5. 恩慈於賤畜　得見辭二子(v)

恩慈,謂寵愛慈惠[②]。4 世紀前漢譯佛經中"恩慈"21 例,9 例見於竺法護譯,如《正法華經》《海龍王經》《漸備一切智德經》《大哀經》等。

⑩善權

457a29. 佛語賢者阿難:"唯吾善權,累劫行恩。恩救衆生,其信如是……"

善權,梵語 upāya-kauśalya 的翻譯,謂多方巧説,導人覺悟,與"善巧方便"義同。"善權"雖已見於法護譯以前的漢譯佛經,但在竺法護譯《正法華經》《度世品經》《漸備一切智德經》《修行道地經》《方等般泥洹經》等中出現多達 340 餘次,是具竺法護譯特色的譯詞之一。

除上舉例以外,亦有諸如表不後悔的"無恨"、表生命短暫的"露"等皆爲竺法護常用譯詞,不再在此贅述。又上舉"忻然""稽首顙面"僅見於竺法護譯。因此我們可以認爲《鹿母經》(長)爲竺法護譯。

(二)《鹿母經》(短)非支謙譯

《出三藏記集》等經録言《鹿子經》是支謙譯[③]。確是如此嗎? 前面已論及,《鹿母經》(短)全文 1186 字之中僅 335 字與《鹿母經》(長)不同。對譯詞考察後,發現存在以下兩類詞語。

(1)未見於支謙譯,而見於竺法護譯的譯詞

①狡猾

454a27. 夫巧僞無實,奸詐難信。虚華萬端,狡猾非一。

此句與《鹿母經》(長)同。"狡猾"漢譯佛經始見於竺法護譯《生經》(285)。

②識別

454b12. 殘害衆生,殺獵爲業。欺僞苟得,貪求無恥。不知非常,識別三尊。

此句與《鹿母經》(長)同。"識别",謂辨別。始見於竺法護譯《方等般泥洹經》(269),在《生經》《度世品經》《大哀經》等均有出現。

③信誓

① 《漢語大詞典》第 12 卷 27 頁。

② 《漢語大詞典》中舉例:南朝陳徐陵《爲貞陽侯與王僧辯書》:"被此恩慈,如何酬答。"(第 7 卷 498 頁)。辛嶋(1998: 112)解釋爲"favour, grace"。

③ 《出三藏記集》:"《鹿子經》一卷。"(55/7a20-24)

法經《衆經目録》:"《鹿子經》一卷(吴建興年支謙譯)。"(55/116c12)

道宣《大唐内典録》:"《鹿子經》一卷"(《安録》無,祐云:見别録及竺道祖《吴録》。)(55/228b12)

明佺等《大周刊定衆經目録》:"《鹿子經》一卷,右吴建興年支謙譯,出《長房録》。"(55/373c15)

454b12. 信誓邈邈，情現盡中。

“信誓”，謂誠信的誓言，先秦即有。漢譯佛經中始見於竺法護譯《正法華經》(286)。

④悲號

454c7. 子猶悲號，戀慕相尋。

《鹿母經》(長)中對應處作“鹿子……益更悲戀”。“悲號”，漢譯佛典中始見於康僧會譯《六度集經》，亦見於竺法護譯《佛説盂蘭盆經》(313)。舊題支謙譯《菩薩本緣經》實爲 5 或 6 世紀譯①，《撰集百緣經》實爲 6 世紀譯②。

⑤悲戀

454c20. 母子悲戀，相尋而至。

《鹿母經》(長)中對應處作“子母悲啼”。“悲戀”，猶言悲哀依戀③。漢譯佛經中例始見於後漢竺大力共康孟詳譯《修行本起經》(197)，4 世紀前亦見於竺法護譯《普曜經》(308)及竺佛念譯《出曜經》(374)。

⑥慈信

455a3. 國人咸知，普感慈信。

《鹿母經》(長)中無對應。“慈信”，猶慈悲信義。《漢語大詞典》中未收。漢譯佛經中例始見於竺法護譯《寶女所問經》(287)，又《等集衆德三昧經》(313)。

⑦仁行

455a4. 國人咸知，普感慈信。鹿之仁行，有喻於義，莫不肅歎。

《鹿母經》(長)中無對應。“仁行”，猶仁愛的德行。漢譯佛經中始見於支曜譯《成具光明定意經》(179)，亦出現在竺法護譯《正法華經》《大哀經》，竺佛念《出曜經》譯(374)等。

⑧汝身

455a8. 時射獵者，汝身是。

《鹿母經》(長)中對應處作“獵者，阿難是”。“汝身”在漢譯佛經中見於支婁迦讖譯《道行般若經》(179)，舊題支謙譯《菩薩本緣經》《撰集百緣經》，二經皆爲 5 世紀後翻譯。“汝身”多見於竺法護譯，如《佛説方等般泥洹經》《正法華經》《佛説龍施菩薩本起經》《大哀經》等。

⑨度濟

455a10. 普使衆生度濟獲安。

“度濟”，謂“渡至(彼岸)；超越(痛苦)”。漢譯佛經中始見於竺法護譯《生經》(285)，亦見

① 因多處使用較新的音譯詞，如“阿修羅”“迦樓羅”等，因此顯然非支謙譯。Legittimo (2010：556)也認爲，《出三藏記集》未言及該經，而《衆經目録》(594)及《歷代三寶記》(597)始著録此經，言支謙譯。故將該經譯者歸爲支謙實不能令人相信。許理和(《佛教征服中國》頁 92 注釋 137)及 Jan Nattier(A Guide to the Earliest Chinese Translations)都將此經排除在支謙譯作之外。顏洽茂、熊娟(2010)從文獻學、語言學、文體結構三方面進行考察，認爲譯者不可能是支謙，其翻譯年代約在西晉之後。另一方面，Höke(1984)將此經譯爲德語，他則認爲該經是支謙譯。

② 出本充代(1995：99-108)對其進行了考辨，不僅至 6 世紀的文獻絲毫未言及《撰集百緣經》，且《撰集百緣經》中引用了 5 世紀譯《賢愚經》，因此出本認爲《撰集百緣經》譯於 5 世紀後半葉至 6 世紀之間。季琴(2006，2009)從詞彙及語法對其考察，認爲其譯者不是支謙，其成書時代晚於三國。遇笑容(2010：200-202)在對比該經與《瑞應本起經》的被動式等語法使用後指出，“二者可能不是出自一人之手”的同時，又提出：“不同經典可能出自不同的筆受，我們不能確定……是因主譯不同，還是筆受不同。”

③ 《漢語大詞典》例出自南朝梁蕭子良《浄住子・禮舍利寶塔門》：“然則現於涅槃者，復是增發悲戀之心。”(第 7 卷，575 頁)

於《海龍王經》(285)、《賢劫經》(291)等其他竺法護譯。

⑩豈當

454a17. 從死得去,豈當還期?

《鹿母經》(長)中對應處作"豈有還期"。"豈當",謂怎麼會,表反問。漢譯佛經始見於康僧會譯《六度集經》(251),另見於法炬共法立譯《法句譬喻經》,竺法護譯《正法華經》《度世品經》等。

(2)既不見於支謙譯,亦不見於竺法護譯。

①矇矇

454a13. 向生二子,尚小無知,始視矇矇,未曉東西。

《鹿母經》(長)中與此對應處作"向生二子,尚小無知。始自蒙蒙,未曉東西"。"矇矇",謂眼睛看物模糊不清狀。漢譯佛經始見於安玄譯《法鏡經》(181),並在康僧會譯《六度集經》(251)、佛陀耶舍、竺佛念譯《長阿含經》(413)出現。另有 1 例見於舊題支謙譯《菩薩本緣經》。

②肅歎

455a4. 國人咸知,普感慈信。鹿之仁行,有喻於義,莫不肅歎。

《鹿母經》(長)中無對應。"肅歎",猶恭敬讚嘆。《漢語大詞典》中未收。漢譯佛經中僅此一例。

③殺獵

454b11. 殘害衆生,殺獵爲業。欺僞苟得,貪求無恥。

455a4. 國人咸知,普感慈信。鹿之仁行有喻於義,莫不肅歎,爲止殺獵。

此 2 處的該詞在《鹿母經》(長)中均無對應。"殺獵"在漢譯佛經中始見於法炬共法立譯《法句譬喻經》(306)。

④糜朽

454b23. 即當應屠割　　碎身化糜朽(v)

《鹿母經》(長)對應處作"破碎受宿殃"。"糜朽",謂犧牲性命。在漢譯佛經中僅此一例。

⑤悲憐

454b29. 何爲悲憐? 徒益憂患。

《鹿母經》(長)中對應處作"何爲悲哀? 徒益憂患"。"悲憐",猶言哀憐。《商君書·兵守》:"悲憐在心,則使勇民更慮,而怯民不戰。"漢譯佛經中始見於康僧會譯《六度集經》。

⑥命旨

454c17. 感仁恩難忘　　不敢違命旨(v)

《鹿母經》(長)中對應處作"感受豈敢違"。"命旨",猶言命令。除此例之外,僅見於法盛譯《菩薩投身飴餓虎起塔因緣經》(439)、釋寶雲譯《佛本行經》(453)。

⑦恩紀

454c18. 感仁恩難忘　　不敢違命旨　　雖懷千返報　　猶不畢恩紀(v)

《鹿母經》(長)中對應處作"不足報慈恩"。"恩紀",猶言恩情①。漢譯佛經中僅此 1 例。

⑧効應徵驗

454c19. 鹿篤信死義,志節丹誠,慈行發中,効應徵驗,捨生赴誓……

《鹿母經》(長)中對應處作"獵者感誠,即寐。又重聞鹿説偈,皆微妙之聲。加其篤信,捨生就死,以副盟誓"。"効應徵驗",謂(如果從心底發起想孩子的心,那麼一定會)帶來好的結果"。"効應",猶言"成效;結果"②。在漢譯佛經中除此例外,另僅見不空譯《大雲經祈雨壇法》(771)一例。"徵驗",猶言"(預言等)應驗;證實"。漢譯佛經中亦此一例。《漢語大詞典》例出自宋代徐鉉《稽神録・建州狂僧》:"建州有僧,不知其名,常如狂人,其所言動,多有徵驗。"③但在此之前,亦已見於慧皎撰《高僧傳》(519)、道宣撰《續高僧傳》(649)、《法苑珠林》(668)、《開元釋教録》(730)。

由此可見,《鹿母經》(短)全文僅 1186 字,却出現至少 19 個支謙譯中從未使用過的詞語。因此,將其歸於支謙譯實無可能。

三　對經録的考察

有關《鹿母經》及《鹿子經》的記載,見於現存最古經録僧祐《出三藏記集》(518)。關於《鹿母經》載在《出三藏記集》卷二,作:"一卷","竺法護譯"(55/9a23)。根據《祐録》體例,説明僧祐知道道安《綜理衆經目録》(道安録 364 年散逸)著録有這部經典,他按照《安録》抄録了這個經名。《鹿子經》亦録在《出三藏記集》卷二:"《别録》所載,《安録》無……支謙譯出。"④此"《别録》"約指《衆經别録》(作者不明,成書於 5 世紀末—6 世紀)⑤。换言之,道安見到了《鹿母經》,而僧祐根據《安録》著録《鹿母經》,但是否親眼確認了此經則尚不明。僧祐又根據《衆經别録》著録了《鹿子經》。僧祐大約没有確認《鹿母經》及《鹿子經》二種,亦未比對《鹿母經》與《鹿子經》的異同。

費長房《歷代三寶紀》(597)卷六著録《鹿母經》,作"一卷",譯者竺法護,且卷十三《入藏

① 《漢語大詞典》例出自《後漢書・孔融傳》:"孤與文舉既非舊好,又於鴻豫亦無恩紀,然願人之相美,不樂人之相傷,是以區區思協歡好。"另一例出自《南史・蒯恩傳》:"恩益自謙損,與人語常呼官位,自稱鄙人,撫士卒甚有恩紀。"(第 7 卷,496 頁)。

② 《後漢書・方術傳下・郭玉》:"和帝時,爲太醫丞,多有效應。"(《漢語大詞典》第 5 卷,442 頁)

③ 同,第 3 卷,1083 頁。

④ "《鹿子經》一卷(《别録》所載,《安録》無…右三十六部,四十八卷,魏文帝時,支謙以吴主孫權黄武初至孫亮建興中所譯出。)"(55/7a20-24)

⑤ 「『出三藏記集』にはその下註に舊録・别録・古録等の経録名が屢屢引用されている。…その中の舊録は竺道祖録を指し、别録は宋時衆経别録を指していたものと解している。」"《出三藏記集》下注中屢屢引用舊録、别録、古録等經録名。……我們認爲舊録指《竺道祖録》,别録指宋代《衆經别録》。"(林屋 1967:42)。内藤認爲,《衆經别録》成書於梁代初期(内藤 1967:270)。

此外,2018 年 9 月筆者就經録及版本問題請教了方廣錩老師。方老師找到已知的英、法兩號敦煌遺書殘卷中的《衆經别録》,確認英、法兩號敦煌遺書殘卷未見《鹿子經》。但方老師又寫道:"敦煌本已殘,不能肯定該《衆經别録》一定没有收《鹿子經》。"在此對方老師表示感謝。

録》亦有記載①。同卷五關於《鹿子經》:"《鹿子經》一卷(《安録》無。祐云:見《别録》。及竺道祖《吴録》亦載。)"(49/57c12)

如上所述,《出三藏記集》僅言及《别録》,而費長房却提到了竺道祖(347—419)撰《吴録》。原因或許有二:(1)費長房從竺道祖《吴録》中看到了關於支謙譯《鹿子經》的記載,且自己考察了經本内容,認爲《鹿母經》和《鹿子經》相異,故將二者均收歸入藏。(2)費長房没有考察經本内容,僅看經本名稱。因二者名稱不同,就統統入藏。筆者認爲,後者的可能性較大。一般而言,費長房《歷代三寶紀》記載並非十分可信②。

後代智昇撰《開元釋教録》(730)明確指出:"群録中更有《鹿子經》一卷,云是吴代外國優婆塞支謙所譯,即與前《鹿母經》文句全同。""《鹿子經》一卷,……與《鹿母經》文同名異……《長房録》云:'《鹿子經》,吴代優婆塞支謙譯'者,謬也。"③所以將《鹿子經》摒出《入藏録》。

此外,道世《法苑珠林》(668)卷六十五亦言及《鹿子經》:

---

① "西晉沙門竺法護,二百一十部(三百九十四卷經戒)……《鹿母經》一卷……"(49/61c10-64a15)"《鹿母經》一卷,《鹿子經》一卷。"(49/111b3)。

② 「費長房の訳者、訳時の查定は全くの独断であって、従来失譯経とされた経典の多くに、何等か尤もらしき典拠のようなものを附して、無理に訳者を附し、時代を附した傾向がある。」「つまり前代経録で一経とされたものが、同一名又は異名に依って三経にも四経にも分裁され、それに対して三人にも四人にもの訳者を配当している場合も珍しくない。」"費長房常把一些似是而非的證據附加在失譯經典上,將其歸於某譯者、某時代。這一對漢譯者、翻譯年代的考定皆非常偏頗和牽强。""費長房把前代經録中的一部經分成同名或異名的三部或四部經,並分别歸於三個或四個譯者。此種情形並不少見。"(林屋 1945: 25)

本文也在(一)論及,按照《出三藏記集》,後漢安世高譯經典共 34 部,而費長房將一些譯者不明的經典歸於安世高譯,其結果就是在《歷代三寶紀》中安世高譯有 176 部之多。

③ "《鹿母經》一卷(又别有《鹿子經》一卷 與此全同 見《僧祐録》)"(55/494c18);

"《鹿母經》一卷(又别有鹿子經一卷,與此全同,見《僧祐録》)"(55/494c18);"《鹿母經》一卷,西晉三藏竺法護譯。(又群録中更有《鹿子經》一卷,云是吴代外國優婆塞支謙所譯,即與前《鹿母經》文句全同。但立名殊,故不雙出。)"(604b21-23);"《鹿母經》一卷,(别有《鹿子經》一卷,與此全同)三紙。"(688b9);"《鹿子經》一卷,右一經,與《鹿母經》文同名異。據其文義合,從母立名。《長房録》云'鹿子經,吴代優婆塞支謙譯'者,謬也。"(664b6-9);"《鹿子經》一卷(與藏中《鹿母經》文句全同)。"(698b11)。

除上述外的經録記載如下:

首先,關於《鹿母經》:

法經撰《衆經目録》(594 年):"《鹿母經》一卷(晉世竺法護譯);《鹿子經》一卷 (吴建興年支謙譯)"(55/116c11-12)。費長房撰《歷代三寶紀》(597 年):"西晉沙門竺法護 二百一十部(三百九十四卷經戒)……《鹿母經》一卷……"(49/64a15);"《鹿母經》一卷,《鹿子經》一卷。"(49/111b3)[隋]彦琮撰《撰衆經目録》(602 年):"《鹿母經》一卷,晉世竺法護譯。《鹿子經》一卷,吴建興年支謙譯。"(55/152b24)道宣撰《大唐内典録》(664 年):"《鹿母經》(四紙),西晉竺法護譯。《鹿子經》(三紙),吴建興年支謙譯。"(55/318a13-14)明佺等撰《大周刊定衆經目録》(695 年):"《鹿母經》一卷(四紙),右西晉代竺法護譯。出《長房録》。"(55/374c10)静泰撰《衆經目録》(665 年):"《鹿母經》一卷(四紙),晉世竺法護譯。《鹿子經》一卷,三紙,吴建興年支謙譯。"(55/184b13-14)圓照撰《貞元新定釋教目録》(800 年):"《鹿母經》一卷(又别有《鹿子經》一卷,與此全同。見《僧祐録》。)"(55/792a14);"《鹿母經》一卷,西晉三藏竺法護譯(右群録中更有《鹿子經》一卷,云是吴代外國優婆塞支謙所譯。即與前《鹿母經》文句全同。但立名殊,故不雙出。)"(937b28-c2);"《鹿母經》一卷(别有《鹿子經》一卷,與此全别)。"(1035c10)。

其次,關於《鹿子經》的記述:

法經《衆經目録》:"《鹿子經》一卷(吴建興年支謙譯)。"(55/116c12)

《大唐内典録》:"《鹿子經》一卷(《安録》無,祐云:見别録及竺道祖《吴録》。)(55/228b12);

"《鹿母經》(四紙),西晉竺法護譯。《鹿子經》(三紙),吴建興年支謙譯。"(55/291b15-17)

《大周刊定衆經目録》:"《鹿子經》一卷,右吴建興年支謙譯,出《長房録》。"(55/373c15)

> 晉周子長,僑居武昌五丈浦東堈頭。咸康三年,子長至塞溪浦中愁家。……子長先能誦四天王及《鹿子經》。(53/785c10-15)

按照道世的引文,咸康三年(337)《鹿子經》已經傳世。而這一年代支謙譯或竺法護譯都有可能。

正如附對比表所見,《鹿母經》(短)與《經律異相》引用文句基本相同,又《經律異相》最後寫"出《鹿子經》"。可見,《鹿母經》(短)即智昇《開元釋教録》言《鹿子經》。但這是否可證明《出三藏記集》引《衆經别録》著録"支謙譯"《鹿子經》亦是該《鹿母經》(短),僅憑現存資料驗證,還缺乏足夠的證據。但我們不能否認法經《衆經目録》(594)、道宣撰《大唐内典録》(664)、明佺等撰《大周刊定衆經目録》(695)的編纂者們視《鹿子經》爲《鹿母經》的可能性。

另,雖非經録,但日本古寫經有鎌倉中期金剛寺一切經《鹿母經》、平安院政期寫興聖寺一切經《鹿母經》,以及平安院政期寫七寺一切經《鹿子經》①。這三部書寫於 11 世紀後半葉至 13 世紀之間的日本古寫經均與《鹿母經》(短)同,不同字分别有 76、112、70 字,且非常值得注意的是,七寺本經題爲《鹿子經》,經名見於七寺所藏《貞元目録》中録外目録(落合 1994 第一卷:440;444)。如上所述,智昇《開元釋教録》(730)明確指出:"群録中更有《鹿子經》一卷,云是吴代外國優婆塞支謙所譯,即與前《鹿母經》文句全同。"可見這兩個經題在長時間爲人混淆,七寺本經題正證明了這一點。我們因此可以認爲,七寺本《鹿子經》即智昇在《開元釋教録》指出的《鹿母經》。

再,北涼中印度三藏曇無讖譯《優婆塞戒經》卷 6《五戒品 22》有:

> 是故,我於《鹿子經》中告鹿子母曰:"雖復請佛及五百阿羅漢,猶故不得名請僧福。若能僧中施一似像(v. l. 像似)極惡比丘,猶得無量福德果報。何以故?如是比丘雖是惡人,無戒、多聞,不修善法,亦能演説三種菩提,有因有果,亦不誹謗佛法僧寶,執持如來無上勝幡,正見無謬。"(24/1065a14-20)

該文中引用《鹿子經》内容與《大正藏》之《鹿母經》截然不同。如果《優婆塞戒經》不是僞經,那麽或許可以證明印度確有一部《鹿子經》。但其中《鹿子經》引用文中的"福德果報""三種菩提"在佛經漢譯中皆出現在 4 世紀以後,"修善法""佛法僧寶"在支謙譯中未嘗出現過。因此,此處《鹿子經》似非支謙譯。

故同樣,我們依然缺乏足夠的證據來證明,佛經翻譯史上確有一部支謙譯《鹿子經》。

四 《大正藏》本《鹿母經》(長)産生先於(短)

《大正藏》之《鹿母經》(短)文字 70%以上與《鹿母經》(長)一致,可以判斷二者並非同本異譯或同本重譯。有兩個可能:(1)先有長篇翻譯,某人對其進行了簡略後有了短篇;(2)先

---

① 感謝國際佛教學大學院大學附置日本古写經研究所所長落合俊典教授提供了這三部寫經照片。

有短篇翻譯，某人在其基礎上增衍後有了長篇。無論是哪一可能，從語言角度考察，我們基本可以確定，譯者都是竺法護。

唐代《衆經目録》《道宣録》《大周録》記載"《鹿母經》，四紙；《鹿子經》，三紙"。唐《衆經目録》亦同。據此，方廣錩認爲，短篇先被譯出，長篇是其增益①。

而筆者認爲，這些經録所載僅是《鹿母經》的篇幅，依此證明短篇先於長篇問世似證據不充分。

如上表所見，《經律異相》1026 字中 963 字與《鹿母經》(短)一致。而該《鹿母經》(短)最後作"出《鹿子經》"。因此，我們可以認爲，《鹿母經》(短)或許就是《開元釋教録》言"《鹿子經》一卷，……與《鹿母經》文同名異"的《鹿子經》。

516 年成書的寶唱《經律異相·鹿母落擸乞與子别還來就死一》明確標記作"出《鹿子經》"。雖然我們尚不能完全確定，寶唱是否認爲《鹿子經》與《鹿母經》相同，但同時也不能否認，法經撰《衆經目録》(594)、道宣撰《大唐内典録》(664)、明佺等撰《大周刊定衆經目録》(695)的作者們有可能認爲《鹿母經》(短)就是《鹿母經》。

另，智昇在《開元釋教録》(730)明確指出："群録中更有《鹿子經》一卷，云是吴代外國優婆塞支謙所譯，即與前《鹿母經》文句全同。""《長房録》云：'《鹿子經》，吴代優婆塞支謙譯'者，謬也。"可見，這兩個經題長時間爲人所混淆。

筆者認爲，長篇翻譯在先，短篇是其簡略。理由是：

(1)(短)中存在出現時代較晚的譯詞。如上(三·二)所見，除(短)中例外，"命旨"見於 5 世紀佛典，"效應"見於 8 世紀佛典，而"徵驗""糜朽""恩紀"等譯詞在漢譯佛經中僅見於《鹿母經》(短)。

(2)梵語 *atha* (*khalu*)，猶言於是；那麼；而；現在；此時；然後等，常用在一個段落的開始，用來引入一種新觀點或開啟一個新論題，甚至引入一個反對意見時也用。漢譯佛經中常譯作"時""是時""爾時""於是"等②。

(長)3030 字，與(短)對比，不同處多爲大段完整敘述和偈頌。除去這些完整的大段不同，(長)有 1417 字。以此 1417 字的(長)與 1186 字的(短)作一比較，結果如下：

---

① 在撰寫此文時就經録及版本問題請教方廣錩老師時，方老師對"紙"也一併作了詳盡的解釋。方文如下：

《大正藏》本《鹿母經》94 行，由於《大正藏》本每行 17 字，與歷代大藏經格式一樣，故可以一行抵一行。唐寫經一紙 28 行，亦即按照唐代寫經，《鹿母經》需要抄寫四紙。與唐代《衆經目録》《道宣録》《大周録》記載的四紙完全相符。

諸記録紙數的經録，均記述《鹿母經》爲四紙，唯有《開元録》著録爲三紙。應該是用紙産地不同，規格不同。《鹿母經》中有不少偈頌。古代寫經，偈頌可以兩句爲一行(五言偈頌，10 個字一行；七言偈頌，14 個字一行)，也可以 4 句爲一行(五言偈頌，20 個字一行)。上面説《鹿母經》94 行，按照一紙 28 行抄寫，可以抄寫爲四紙。但是其中有五言偈頌 40 行，所以，全經也可以抄寫爲 74 行。那麼，按照每紙 28 行抄寫，就變成三紙了。所以，《開元録》著録的三紙也是有道理的。

《大正藏》本《佛説鹿母經》227 行，按照每紙 28 行抄寫，需要 8.1 張紙。考慮到唐寫經首紙一般抄寫 26 行，則肯定需要 9 張紙。至今没有一部經録有這種記載。

② 荻原雲來(1986:28)。

		時	於是	是時	爾時	合計
長	1417 字	4	7	2	4	17
短	1186 字	1	6	1	2	10

佛典漢譯，譯者風格迥異。支謙、鳩摩羅什注重達意，譯文流暢。而安世高、支婁迦讖、竺法護則忠實於原文，逐字直譯。印度原文中 *atha* (*khalu*)出現頻繁，如果全部譯爲漢語，注定譯文不自然，不通暢。即便如此，竺法護等譯者依舊逐字翻譯。而《經律異相》等類書在編纂時簡略了一些翻譯經典中作爲漢語既不自然且無具體意義的"時""於是"等。

下面，我們以竺法護譯《生經》4 則及與其對應的《經律異相》4 則爲例來對比。因至今未發現《生經》原梵本，故僅選擇位於句首 *atha* (*khalu*)可能性較大的"時""於是"等。對比結果如下：

		時・爾時・是時	於是	合計
生經・五百幼童經	592 字	6	0	6
經律異相・幼童聚沙爲塔	192 字	0	0	0

		時・爾時・是時	於是	合計
生經・拘薩羅國烏王經	1275 字	13	2	15
經律異相・烏王甘蔗所領四烏使至沙竭國	430 字	3	1	4

		時・爾時・是時	於是	合計
生經・夫婦經	1105 字	11	1	12
經律異相・梵志棄端正婦於樹上愛著鄙婢後悔無益	465 字	1	0	1

		時・爾時・是時	於是	合計
生經・鼈獼猴經	874 字	6	0	12
經律異相・暴志前生爲鼈婦	388 字	2	0	2

可見，寶唱在集《經律異相》時，簡略了原佛經中一部分"時""爾時""是時""於時"等詞語。與(長)相比，(短)中此類詞語少了 7 個。如果(短)確爲一部翻譯在先的直譯佛經，那麽就是説，增益它時故意使用了 7 個翻譯色彩濃厚的不自然的漢語表達，這顯然匪夷所思。因此我們認爲，竺法護逐字翻譯了原典，(長)問世。後世某人對(長)進行了縮略，産生了(短)。

(3)關於"言"的用法，(長)中有"口説偈言""重説偈言""並説偈言""説訴偈言""告其子言""爲子説偈言""而説偈言"3 處、"以偈謝言""白佛言""白世尊言"，共 12 處。我們將其與(短)中相對應處分别作比較，列表如下：

(長)(共 12 處)	(短)(共 5 處)
口說偈言:……	即便說偈,以報獵者:……
重說偈言:……	以偈報言:……
並說偈言:……	而說偈言: ……
說訴偈言:……	—
告其子言:……	母顧命曰:……
爲子說偈言:……	爲子說此偈言:……
而說偈言:……(共 3 處)	說偈覺言:…/稽首謝曰:…/謝獵者:…
以偈謝言:……	重說偈言:……
白佛言:……	—
白世尊言:……	—

表中(長)下所列“言”,不是具體動詞“說,說話”,而同“曰”,表示引述①。如表所見,(長)中“言”有 12 處。在(短)有對應的 9 處中,5 處基本與(長)中用法同,2 處完全没有使用“言”,2 處作“曰”。這意味着什麽?

這裏的“言”表示引述,它來自於梵語或俗語 *iti* 或 *ti*,相當於引號,是一個内容賓語標記詞。“言”的該用法在漢譯佛經中很多。例如:

其人心中歡喜,意自念言:“我悔不知益作善,今當生無量清淨佛國。”(支婁迦讖譯《無量清淨平等覺經》,12/292c11)

佛爾時便說偈言:……(支謙譯《慧印三昧經》,15/463c9)

持牙者言如角,持鼻者對言:“明王!象如大索。”復於王前共訟言:“大王!象真如我言。”鏡面王大笑之曰:“瞽乎瞽乎!爾猶不見佛經者矣。”便說偈言:……(康僧會譯《六度集經》,3/51a7-10)

於是,阿那律爲阿難說偈言:……(竺法護譯《方等般泥洹經》,12/914b4)

彼時有菩薩,名曰降棄魔,降魔及官屬,還詣佛所,稽首聖足,叉手歸佛,白世尊言:……(竺法護譯《生經》,3/85b22)

於是,彌勒菩薩心自念言:……(同,《正法華經》,9/63c16)

① “曰”表引用的用法在佛典漢譯之前即有大量出現。如《史記·項羽本紀》:“沛公、項羽相與謀曰:‘今項梁軍破,士卒恐。’”西漢劉向撰《說苑》卷一《君道》:“成王封伯禽爲魯公,召而告之曰:……”又:“魯哀公問於孔子曰:‘吾聞君子不博,有之乎?’孔子對曰:‘有之。’”

4 世紀干寶著志怪小說《搜神記》:

劉根,字君安。京兆長安人也。漢成帝時,入嵩山學道。遇異人授以秘訣,遂得仙。能召鬼。潁川太守史祈以爲妖,遣人召根,欲戮之。至府,語曰:“君能使人見鬼,可使形見。不者,加戮。”根曰:“甚易。”借府君前筆硯書符,因以叩几。須臾,忽見五六鬼,縛二囚於祈前。祈熟視,乃父母也。向根叩頭曰:“小兒無狀,分當萬死。”叱祈曰:“汝子孫不能光榮先祖,何得罪神仙,乃累親如此。”祈哀驚悲泣,頓首請罪。根默然忽去,不知所之。(《搜神記》卷一)

按照《漢語大詞典》,“言”没有表示引述的用法①,在非佛教文獻的上古漢語《左傳》《論語》《史記》《孟子》等中均未發現“言”的該種用法。

5世紀《世説新語》中僅《德行第一》(46條)及《言語第二》(108條)中,就出現了“答曰”29次,“謂～曰”或“謂曰”19次,“對曰”13次,“歎～曰”或“歎曰”8次,“問曰”8次,“語～曰”6次,另有“進曰”3次,“聞曰”2次,“教曰”“言曰”“譏曰”“戲曰”“奉曰”“言曰”“謝曰”“賦曰”等各1次,合計96次。與此“曰”相比,通篇《世説新語》表内容賓語引述的“言”僅出現了1次②。

此外,晉干寶《搜神記》20卷,僅卷十六、十九各出現1次“答言”③,卷十九出現一次“呼言”④。表示引述時多使用“曰”,如“語曰”12次,“答曰”20次,“答云”2次,“問曰”13次。另有對象賓語+……+引述賓語的“謂……曰”“語……曰”“問……曰”“告……曰”“語……云”等,詞頻65次(周生亞2007:169)。

可以説,表内容賓語引述的“言”帶有濃重佛經翻譯色彩。如上表所見,(長)中“言”有12處。在(短)對應的9處中,5處基本與(長)中用法同,2處没有使用“言”,2處作“曰”,説明(短)的撰寫者在對(長)進行縮略時,覺得“言”用法具有翻譯語言特徵,因此或去掉,或改爲了符合漢語習慣的“曰”。

“言”與“曰”的異同也顯示出(長)的翻譯在先,(短)是(長)的縮略。

(4)關於“賢者”的用法,(長)中“佛語賢者阿難”處在(短)對應處作“佛語阿難”。

漢語“賢者”,謂德行兼備的人⑤。而在漢譯佛經中,比丘名前的“賢者”,是梵語 *āyuṣmat* 以及俗語 *āyasmat*, *āvuso* 的翻譯,原義爲“有壽命”。從此義伸展,在印度古典中既有“從此長生;健康的”之義,也有“年老的”義。在佛典中多用於比丘間的稱呼,相當於“某某先生”。在敘述文常用作對比丘的敬稱。漢譯多直譯爲“具壽”“尊者”“賢者”。例如:竺法護譯《正法華經》有“賢者知本際、賢者大迦葉”(63*a*8)、“賢者舍利弗”(73*b*4)等多次出現,皆與梵本 *āyuṣmat* 對應。

因此,作爲漢譯佛經,(長)中“佛語賢者阿難”是極爲自然的文字。(短)則是簡略了此二字。

根據以上4點,筆者認爲,(長)是竺法護翻譯的佛經,(短)是(長)的縮略。

---

① ①説,説話。《説文·言部》:“言,直言曰言。”《左傳·昭公二十八年》:“(賈大夫妻)三年不言不笑。”②議論。《韓非子·五蠹》:“今境内之民皆言治,藏商、管之法家者有之……。”另有③記載。《論語·衛靈公》:“子貢問曰:‘有一言而可以終身行之者乎?’”④言詞。《左傳·文公七年》:“今君雖終,言猶在耳。”⑤告訴。《史記·酈生陸賈列傳》:“酈生瞋目案劍叱使者曰:‘走!復入言沛公,吾高陽酒徒也,非儒人也。’”⑥解釋引文,詞語,相當於“就是説”。《孟子·告子上》:“《詩》云:‘既醉以酒,既飽以德。’言飽乎仁義也。”(《漢語大詞典》第11卷,1頁)

② 王佛大歎言:“三日不飲酒,覺形神不復相親。”(《任誕第廿三》第52條)

③ 《搜神記》卷十六:“如是再三,定伯復言:‘我新鬼,不知有何所畏忌?’鬼答言:‘惟不喜人唾。’於是共行。”

同,卷十九:“(丹陽道士謝非)非驚擾不得眠。遂起,呼銅問之:‘先來者誰?’答言:‘是水邊穴中白鼉。’”

④ 同,卷十九:“穀城鄉平常生,不如何所人也。數死而復生。時人爲不然。後大水出,所害非一,而平輒在缺門山上大呼言:‘平常生在此。’云:‘復雨,水五日必止。’止則上山求祠之。但見平衣杖革帶。後數十年,復爲華陰市門卒。”

⑤ 如:《論語·子張》:“賢者識其大者,不賢者識其小者。”《三國志·蜀書·秦宓傳》:“漁父詠滄浪,賢者以耀章。”

五 結語

《大正新修大藏經》中有長短兩支《鹿母經》,譯者皆作竺法護,二者基本對應。通過對詞彙的考察,對"時""是時""爾時""於是","言"以及"賢者"等使用的比較,本文得出的結論是,篇幅較長的《鹿母經》是竺法護譯經,篇幅較短的《鹿母經》是其縮略本。

《大正藏》中有兩部《佛説鹿母經》的理由可能有二:

一是某一類書編録《鹿母經》時將其縮略,但後類書佚失,其著録的縮略本却得以流傳,且被冠以《鹿子經》之名。516 年寶唱《經律異相》從已是簡略本的《鹿子經》又作簡略本,録爲《鹿第七・鹿母落摑乞與子別還來就死一》,明確寫"出《鹿子經》"。518 年僧祐撰《出三藏記集》録一該簡略本爲支謙譯《鹿子經》,又另按照《安録》抄録了《鹿母經》的經名。僧祐後的經録著者皆從僧祐,直至智昇。智昇注意到了這一誤録,故在其《開元釋教録》明確指出:"群録中更有《鹿子經》一卷,云是吴代外國優婆塞支謙所譯,即與前《鹿母經》文句全同",並將該名爲《鹿子經》的縮略本摒出《入藏録》。

二是或佛經翻譯史上確曾存在過一支謙譯《鹿子經》,内容與《鹿母經》完全不同,流傳至某一時代,但後佚失,僅留下經題,使得後代經録撰寫人産生了混淆。

筆者認爲前者的可能性更大。

自後漢至北宋的九百年之間翻譯並流傳至今的佛典有 1482 部,共 5702 卷,多達 4600 萬字,是我們研究漢語,尤其是研究漢語口語的寶貴的資料。因爲翻譯者以及譯出年代明確,因此使用漢譯佛典作爲語料的有利之處很多。但其中也存在一定問題。自唐代始,直至今日的《大正新修大藏經》(東京 1924—1934)、《中華大藏經》(北京 1984—1996),歷代大藏經中所記載的漢譯佛經的譯者名皆以經録爲準,如僧祐《出三藏記集》(510—518)、費長房《歷代三宝紀》(597/598)等。這些經録有時並不可信,尤其是《歷代三寶紀》。例如,按照《出三藏記集》,後漢安世高譯經典共 34 部,而費長房將一些譯者不明的經典歸於安世高譯,其結果就是在《歷代三寶紀》中安世高譯有 176 部之多。因此,在我們利用大藏經時,對於未出現在《出三藏記集》,而見於《歷代三寶紀》之後經録的譯者名,有時需要慎重判斷其真僞。這是一件十分困難的工作。

判斷譯經産生年代方法有多種,方一新等(2012:13-84)對此有極爲詳盡的綜述,如從佛學發展史、佛學文獻著録的角度,對譯者進行考訂;從語言學的角度對具體譯經進行考辨等。

此外,在經録中發現題署不明或有誤的譯經時,我們可以比對這些經在語法和詞彙方面的異同,從而判斷它們究竟屬於不同譯本抑或所謂"翻版"。詞語的使用年代、譯者個人翻譯風格等都可以作爲判斷的依據。如果我們掌握每一位譯者的常用詞彙,有這樣一個譯者常用詞彙表,就會有很大的參考價值。

雖然語法的變化較詞彙更為穩定,系統性强,更能顯示出時代特點、譯者個人特色(方一新 2012:59),但本文所探討的長、短兩部《鹿母經》因篇幅較短,且二者文字相同之處極多,因此我們只能從細微的詞彙差異入手。而逐字對比則是雖費力但十分有效的方法。通過對比,我們可以清楚知道二者在用詞上的差異,並由此考察這些差異産生的原因,從而達到判斷二者真僞的目的。此種方法學界似尚不多見，本文希望抛磚引玉，期待關注，也敬請指教。

參考文獻

[1]出本充代(Demoto, Mitsuyo). 『撰集百緣經』の訳出年代について[J]. パーリ学仏教文化学. 1995(8): 99-108.

[2]出本充代(Demoto, Mitsuyo). *Avadānaśataka* 梵漢比較研究[D]. 京都大学博士論文.

[3]林屋友次郎(Hayashiya, Tomojiro). 異譯經類の研究[M]. 東京:東洋文庫, 1945.

[4]Höke, Holger. *Das P'u-sa pen-yüan ching (Frühere Leben des Bodhisattva). Eine Sammlung buddhistischer Geschichten* [J]. Bochum: *Bochumer Jahrbuch zur Ostasienforschung*. 1984(7): 113-213.

[5]Legittimo, Elsa. Der Garu ḍa und die Nāgas: von Feindschaft zur Freundschaft unter buddhistischem Einfluss[J]. *From Turfan to Ajanta: Festschrift for Dieter Schlingloff on the Occasion of his Eightieth Birthday*, ed. Eli Franco and Monica Zin. Lumbini 2010(1): 547-566.

[6]辛嶋静志(Karashima, Seishi). *A Glossary of Dharmarakṣa's Translation of the Lotus Sutra*(正法華經詞典) [M]. 東京:The International Research Institute for Advanced Buddhology at Soka University, *Bibliotheca Philologica et Philosophica Buddhica* Ⅰ. 1998: 112.

[7]辛嶋静志(Karashima, Seishi). 佛典語言及傳承[C]. 上海:中西書局, 2016: 356.

[8]内藤龍雄(Naito, Tatsuo). 敦煌残欠本『衆経別録』について[J]. 印度學佛教學研究. 1967(30): 268-270.

[9]Nattier, Jan. *A Guide to the Earliest Chinese Buddhist Translations: Texts from the Eastern Han* 東漢 *and Three Kingdoms* 三國 *Periods* [J]. 東京:The International Research Institute for Advanced Buddhology at Soka University, *Bibliotheca Philologica et Philosophica Buddhica* Ⅹ, 2008: 149-155.

[10]荻原雲来(Wogiwara, Unrai). 漢訳対照梵和大辞典[M]. 東京:鈴木学術財団, 1940=1979, 1986 增補改訂版: 講談社.

[11]許理和(Zürcher, Erik). 佛教征服中國(李四龍、裴勇中譯本)[M]. 南京:江蘇人民出版社, 2003: 92 注 137.

[12]方一新等. 東漢疑僞經的語言學考辨研究[M]. 北京:人民出版社, 2012:13-84.

[13]季琴. 從詞彙角度看《撰集百緣經》的譯者及成書年代[J]. 成都:宗教學研究, 2006(4):64-67.

[14]季琴. 從語法角度看《撰集百緣經》的譯者及成書年代[J]. 武漢: 语言研究, 2009(1):105-109.

[15]李維琦. 佛經詞語匯釋[M]. 長沙: 湖南師範大學出版社, 2004:352.

[16]顔洽茂, 熊娟. 《菩薩本缘經》撰集者和譯者之考[J]. 杭州: 浙江大學學報(人文社會科學版). 2010(1):55-63.

[17]俞理明, 顧滿林. 東漢佛道文獻詞彙新質研究[M]. 北京: 商務印書館, 2013:69.

[18]遇笑容. 《撰集百緣經》語法研究[M]. 北京:商務印書館, 2010:200-202.

[19]周生亞. 搜神記語言研究[M]. 北京: 中國人民大學出版社, 2007:166-170.

縮寫符號

v. l. =*varia lectio* (寫本或版本的)異文, 異讀

(v)=verse 偈頌

On the Authenticity of the Two Chinese Translations of the Lumujing

Qiu Yunqing

Abstract: There are two Chinese translations of the Lumujing (鹿母經"Scripture of a Mother Deer") in the Taishō Shinshū Daizōkyō, nos. 182 and 182a, both ascribed to Dharmarakṣa 竺法護. After comparing these two translations and an abridged text of the said scripture, found in the *Jinglü Yixiang* 經律異相 (Taishō Tripiṭaka, no. 2121), the present author has concluded that the longer version (no. 182a) is the original translation, while the shorter one (no. 182) is none other than a simplified version of it.

Key words: Dharmarakṣa,時,於是,言,賢者

通信地址:日本東京都八王子市丹木町 1-236 創價大學ワールドランゲージセンター
郵　　编:192-8577
E-mail: yunqing2006@yahoo.co.jp

附:《鹿母經》(長)、《鹿母經》(短)、《經律異相》所録《鹿第七·鹿母落摗乞與子別還來就死一》對比表

表中使用了以下縮寫和符號:
A=《鹿母經》(長)
B=《鹿母經》(短)
C=《經律異相》録《鹿第七·鹿母落摗乞與子別還來就死一》
讀 B 時以 A 爲標準,讀 C 時以 B 爲標準。對照表中使用以下標記:
[ ]= 没有與其對應的部分(如果是完整的段落缺欠則不使用該標記)
[★→★][★←★]= 對 A 應部分前後錯位
= B 中使用的與 A 不同的詞語表達
= C 中使用的與 B 不同的詞語表達
{ } = 衍字
/ = 偈頌前半首詩;//= 偈頌後半首

A

佛說鹿母經（長）

佛言：

昔者有鹿，數百爲群，隨逐水草，侵近人邑。國王出獵，遂各分迸。

有一母鹿，懷妊獨逝，被逐飢疲，失侶悵怏。時生二子，捨行求食。煢悸失錯，誤墮獵者弶(*v.l.* 羂)中。悲鳴欲出，不能得脱。

獵師聞聲，便往視之。見鹿心喜，適前欲殺。鹿乃叩頭，求哀自陳：“向生二子，尚小無知。始自蒙蒙，未曉東西。乞假須臾，暫還視子。將示水草，使得生活。并與二子盡哀死別，長短命矣。願垂恕恩，愍及有識。若蒙哀遣，得見子者，誠非鹿獸所能報謝。天祐有德，福注罔極。見遣之期，不違信誓。旋則就死，獸意無恨。”

是時，獵者聞鹿所言，且驚且怪，衣毛爲竪。其奇能言，識出人情，即問鹿曰：“汝爲鬼魅、山林(*v.l.* 靈)、樹神，得無變惑假借其形？以實告我，令明其故。”

鹿即答曰：“吾以先世貪殘之罪稟受鹿身，至心念子，故發口能言，非爲鬼魅。唯見識憐，生放死還，甘心所全。”

獵者聞之，信加其言。心懷貪欲，意不肯聽。即告鹿曰：“　世人一切尚無志誠，況汝鹿畜？憐子惜身，尚全求生。從死得去，豈有還期？王命急切，恐必知之。罪吾失鹿，更受重責。雖心不忍，事不獲已。”終不相放。

鹿時惶怖，苦言報曰：“鹿雖賤畜，甘死不恨。求期則返，豈敢違命？人受罪疊，唯乞假祚，爲福所種。去則子存，留則子亡。聽往時還，神信我言。夫死何足惜而違心信。顧念二子，是以懇懇。生不識母，各當没命。分死全子，滅三痛劇。”鹿母低頭嗚噭，口說偈言：

我身爲鹿獸
遊食於林藪 /
賤生貪軀命
不能故送死 //
今來入君弶
自分受刀机 /

B

佛說鹿母經（短）

佛言：

昔者有鹿，數百爲群，隨逐美草，侵近人邑。國王出獵，遂各分迸。

有一鹿母，懷妊獨逝，被逐飢疲，失侶悵怏。時生二子，捨行求食。煢悸失措，[　]墮獵[　]弶中。悲鳴欲出，不能得脱。

獵師聞聲，便往視之。見鹿心喜，適前欲殺。鹿乃叩頭，求哀自陳：“向生二子，尚小無知，始視矇矇，未曉東西。乞假須臾，暫還視之。將示水草，使得生活。

[*]　旋來就死，[*←不違信誓]。”

是時，獵者聞鹿所語，驚怪甚奇，

即答鹿曰：“[*]一切[*←世人]尚無至誠，況汝鹿身？[　]從死得去，豈當還期？

終不放汝。”

鹿[　]復報言：

“聽則子存，留則子亡。[
母子俱死，不得生別。
[　]分死全子，滅三痛劇。”即便]說偈，{以報獵者}：

我身爲畜獸
遊處於林藪 /
賤生貪軀命
不能故送死 //
今來入君弶
分當就刀机 /

C

《經律異相》鹿第七

鹿母落羂乞與子別還來就死一

[　]

昔者有鹿，數百爲群。隨逐美草，侵近人邑。國王出獵，遂各分迸。

有一母鹿，懷妊獨遊，被逐飢疲，失侶[　]。時生二子，捨行求食。煢悸失厝。　墮獵羂中。悲鳴欲出，不能得脱。

獵師聞聲，便往視之。見鹿心喜，即前欲殺。鹿乃叩頭，求哀自陳：“向生二子，尚小無知。始視矇矇，未曉東西。乞假須臾，暫還視子。將示水草，使得生活。

旋來就死，不違信誓。”

[　]獵者[　]驚怪[　]，

即答鹿曰：“一切世人尚無至誠，況[　]鹿身？從死得脱，豈有還期？”

鹿復報言：

“聽則子存，留則子亡。”

[　]說偈曰[　]：

我身爲畜狩
遊處於林藪
賤生貪軀命
不能故逆死
今來入君羂
分當就刀机

不惜腥臊身	不惜腥臊身	不惜腥臊身
但憐二子耳 //	但憐二子耳 //	但憐二子耳
唯我前世時		
暴虐(*v.l.* 害)不至誠/		
不信生死苦		
罪福之分明 //		
行惡自招罪		
今受畜獸形 /		
若蒙須臾命		
終不違信盟 //		
於是，獵者聞鹿言訴之聲，甚歎其奇。貪利成事，不欲放遣。即告於鹿："責數之日，夫巧僞無實，姦詐難信。虚華萬端，狡猾非一。侵暴生種，犯人稼穡。以罪投身，入于吾弶。今當殺送，供王厨食。不須妄語，欺吾求脱。重身畏死，誰能効命？人之無食，猶難爲期，而況畜獸？全命免死，豈有還期？但當就死，終不相放。"	[ ][*]獵者[*←於是]聞鹿所語，甚奇甚異。意猶有貪，[ ] 復答鹿曰："[ ]夫巧僞無實，奸詐難信。虚華萬端，狡猾非一。愛身重死，少能効命。人之無良，猶難爲期，而況禽獸？[ ]去豈復還？固不放汝，不須多方。"	獵者 [ ] 甚奇甚異，意猶有貪，又答鹿曰："夫巧僞無實，姦詐難信。虚華萬端，狡猾非一。愛身重死，尠能效命。人之無良，由難爲期，而況禽狩？{將}去豈復還？固不放汝。[ ]"
鹿時憶子恐懅，前跪兩膝，低頭涕淚，悲訴嗚吟，重説偈言：	鹿 [ ] 復垂淚，[ ] 以偈報言：	鹿 復垂淚， 以偈報言：
雖身爲鹿畜	雖身爲賤畜	雖身爲賤畜
不識仁義方 /	不識人義方 /	不識仁義方
奈何受慈恩	奈何受慈恩	奈何受慈恩
得去不復還 //	一去復不還 //	一去不復還
寧受分裂痛	寧就分裂痛	寧就分裂痛
無爲虚僞存 /	無爲虚僞存 /	無爲虚僞存
哀傷二子窮	哀傷二子窮	哀傷二子窮
乞假須臾間 //	乞假須臾間 //	乞假須臾間
宿世罪自然		
故受畜生体 /		
爲人所不信		
殃禍自應爾 //		
猶是招當來		
欲脱畜生形 /		
披肝露誠信		
願聽重誓言 //		
若世有惡人	世若有惡人	世若有惡人
鬬亂比丘僧 /	鬬亂比丘僧 /	鬬亂比丘僧
破塔壞佛寺	破塔壞佛寺	破塔壞仏寺
及殺持戒人 //	及殺阿羅漢 //	及殺阿羅漢
反逆害父母	反逆害父母	返逆害父母
兄弟與妻子 /	兄弟及妻子 /	妻子及奴婢
設我不來還	設我不還來	設我不來還
罪大過於是 //	罪大過於是 //	罪大過於是
普世之極罪		
劫盡殃不已 /		
宛轉更燒煮		

之彼復到此 //
可思之深重
受痛無終始 /
設我不來還
罪大過於是 //

爾時，獵者重聞鹿言，心益竦然，乃却歎曰：“唯覩世間一切人民稟受宿福，得生爲人，愚惑癡冥，背恩薄義，不忠不孝，不信不仁，貪殘無道，欺僞苟全。　不知非常，識别三尊。鹿但畜生，懇懇辭言，信誓叩叩，有殊於人。情露丹誠，似如分明。識覩其驗，以察其心。”便前解弶，放遣假之。

於是，鹿母出弶得去。且顧且馳，到其子所。低頭嗅子，舐其身体。一喜一悲，踟蹰徘徊，嘆息啼吟，並説偈言：

一切恩愛會
皆由因緣合 /
合會有别離
無常難得久 //
今我爲爾母
恒恐不自保 /
生世多畏懼
命如露著草 //

於是，鹿母説此偈已，便將二子入于林藪，爲别食稼，示好水草，誡勅叮寧，教生活道。念别子孤，淚下如雨，悲鳴摧傷，説偈别言：

前世行欺詐
負債著恩愛 /
殘暴衆生命
自盜教彼殺 //
身作如影隨
今日當受之 /
畢故不造新
當還赴彼期 //
違佛不信法
背戾師父誡 /
自用貪無厭
放情恣癡意 //
罪報爲畜生
當爲人作飼 /
自分不敢怨
畢命不復欺 //
貪求取非道
殺盜於前世 /
每生爲畜獸

爾時，獵者重聞鹿言，心益悚然，乃却歎曰：“惟〔　　〕我處世，得生爲人。愚惑癡冥，背恩薄義。殘害衆生，殺獵爲業。欺僞苟得，{貪求無恥}。不知非常，識别三尊。鹿〔　　〕之所言，[＊]有殊於人。[＊←信誓邈邈]，　{情現盡中。}”〔　　〕便前解弶，放之令去。

於是，鹿母〔　　〕至其子所，低頭鳴吟，舐子身体。一悲一喜，〔　　〕而説偈言：

一切恩愛會
皆由因緣合 /
合會有别離
無常難得久 //
今我爲爾母
恒恐不自保 /
生世多畏懼
命危於晨露 //

於是，鹿母〔　　〕將其二子，〔　　〕示好水草。垂淚交流，〔　　〕即説偈言：

〔　　〕獵者重聞鹿言，　心益悚然，乃却歎曰：“惟　　我處世，得生爲人。愚惑癡冥，背恩薄義。殘害衆生，殺獵爲業。詐僞苟得，　貪求無厭。　不知非常，識别三尊。鹿　　之所言，有殊於人。信誓叩至，　情見盡忠。”

便前解擐，放之令去。

於是，鹿〔　　〕{還}至其子所，低頭鳴吟，舐子身体。一悲一喜，　　並説偈言：

一切恩愛會
皆由因緣合
合會有别離
無常難得久
今我爲爾母
恒恐不自保
生世多畏懼
命急於晨露

於是，鹿母　　將其二子，　　示好水草。　　垂淚交流，　　説偈别言：

<table>
<tr><td>宿命所追逮 //</td><td></td><td></td></tr>
<tr><td>結縛當就死</td><td></td><td></td></tr>
<tr><td>恐怖無生氣 /</td><td></td><td></td></tr>
<tr><td>用識三尊言</td><td></td><td></td></tr>
<tr><td>見遣盡恩愛 //</td><td></td><td></td></tr>
<tr><td>吾朝行不遇</td><td>吾朝行不遇</td><td>吾朝行不遇</td></tr>
<tr><td>誤墮獵者弶 /</td><td>誤墮獵者手 /</td><td>誤墮獵者手</td></tr>
<tr><td>即當就屠割</td><td>即當應屠割</td><td>即時當屠割</td></tr>
<tr><td>破碎受宿殃 //</td><td>碎身化糜朽 //</td><td>碎身化糜朽</td></tr>
<tr><td>念汝求哀來</td><td>念汝求哀來</td><td>念汝求哀來</td></tr>
<tr><td>今當還就死 /</td><td>今當還就死 /</td><td>今當還就死</td></tr>
<tr><td>憐汝小雙孤</td><td>憐汝小早孤</td><td>憐爾小早孤</td></tr>
<tr><td>努力自活已 //</td><td>努力自活己 //</td><td>努力自活已</td></tr>
<tr><td>行當依群類</td><td></td><td></td></tr>
<tr><td>止當依衆裹 /</td><td></td><td></td></tr>
<tr><td>食當隨侶進</td><td></td><td></td></tr>
<tr><td>卧當驚覺起 //</td><td></td><td></td></tr>
<tr><td>慎勿子獨遊</td><td></td><td></td></tr>
<tr><td>食走於道邊 /</td><td></td><td></td></tr>
<tr><td>言竟便長別</td><td></td><td></td></tr>
<tr><td>就死不復還 //</td><td></td><td></td></tr>
<tr><td>是時，鹿母説此偈已，與子死別，遲迴再三，低頭俛仰，唱聲感哀，委背而去。二子嗚啼，悲泣戀慕。從後追尋，頓斃復起，悲喚(v.l. 叫)叫叫，説訴偈言：</td><td>[ ]鹿母説 [ ]已，便捨而去。二子嗚啼，悲泣戀慕，從後追尋，頓地復起。</td><td>鹿母説已，便捨而去。二子嗚呼，悲淚戀慕，從後追尋，頓仆復起。</td></tr>
<tr><td>貪欲慕恩愛</td><td></td><td></td></tr>
<tr><td>生爲母作子 /</td><td></td><td></td></tr>
<tr><td>始來受身形</td><td></td><td></td></tr>
<tr><td>受命賤畜体 //</td><td></td><td></td></tr>
<tr><td>如何見孤背</td><td></td><td></td></tr>
<tr><td>斷命没終此 /</td><td></td><td></td></tr>
<tr><td>慕母情痛絶</td><td></td><td></td></tr>
<tr><td>乞得并就死 //</td><td></td><td></td></tr>
<tr><td>自念我生來</td><td></td><td></td></tr>
<tr><td>未識東與西 /</td><td></td><td></td></tr>
<tr><td>念母憐我等</td><td></td><td></td></tr>
<tr><td>當報乳養恩 //</td><td></td><td></td></tr>
<tr><td>何忍長生别</td><td></td><td></td></tr>
<tr><td>永世不復存 /</td><td></td><td></td></tr>
<tr><td>念母爲我苦</td><td></td><td></td></tr>
<tr><td>不聊獨生全 //</td><td></td><td></td></tr>
<tr><td>無福受畜形</td><td></td><td></td></tr>
<tr><td>薄祐禍害至 /</td><td></td><td></td></tr>
<tr><td>始生於迷惑</td><td></td><td></td></tr>
<tr><td>當早見孤棄 //</td><td></td><td></td></tr>
<tr><td>凡生皆有死</td><td></td><td></td></tr>
<tr><td>早晚當就之 /</td><td></td><td></td></tr>
</table>

今日之困(*v.l.* 因)窮
當與母同時 //

於是，鹿子説此偈已，其母悲感，低頭號泣，哀悼怨歎，迴頭還顧。抗聲悲鳴，告其子言：“爾還勿來！吾自畢故，以寿當之。無得母子夭横併命。吾死甘心，傷爾未識。世間無常，皆當別離。吾自薄命，爾生無祐。何爲悲哀？徒益憂患。但當速(*v.l.* 逮)行，畢債於今。” 鹿母復鳴，爲子説偈言：

吾前坐貪愛
今受弊畜身 /
世生皆有死
無脱不終患 //
制意一離貪
然後乃大安 /
寧就至誠死
終不欺殆生 //

於是，鹿子聞母偈音，益更悲戀，鳴涕相尋，至于弶所。東西求索，乃見獵者卧於樹下。鹿母徑就其邊，低頭大聲，以覺獵者，而説偈言：

投分全中實
畢寿於畜生 /
見放不敢稽
還就刀几刑 //
向所可放鹿
今來還就死 /
恩慈於賤畜
得見辭二子 //
將行示水草
爲説非常苦 /
萬没無餘恨
念恩不敢負 //

爾時，獵者聞鹿鳴聲説誠信之言，驚覺即起，心動竦然。慈心發中，口未得宣。鹿便低頭，前跪兩膝，重向獵者，喜自陳説，以偈謝言：

仁前見放遣
德厚過天地 /
賤畜被慈育
悲意不自勝 //
一切悉無常
忻然副信死 /
滅對畢因緣
怨盡從斯已 //
仁惠恩難忘
感受豈敢違 /

母**顧命曰**：“爾還勿來！
無得母子[ ]併命{**俱死**}。吾没甘心，傷**汝**未識。世間無常，皆**有**別離。**我**自薄命，爾生**薄**祐。何爲悲**憐**？徒益憂患。但當**建** 行畢**罪**。”於**是**，[ ]母復[ ]爲子説{**此**}偈言：

吾前**生**貪愛
今**來爲**畜身 /
生世皆有死
無脱不終患 //
制意一離貪
然後乃大安 /
寧就誠**信**死
終不欺殆生 //

[ ]子[ ]**猶**[ ]悲**號**，**戀慕**相尋，至于弶所，東西求索，乃見獵者卧於樹下。鹿母**住前**，
説偈**覺**言：

前所可放鹿
今來還就死 /
恩**愛愚**賤畜
得見辭二子 //
將行示水草
爲説非常苦 /
万没無**遺**恨
念恩不敢負 //

[ ]獵者[ ]{**於是**，**忽**}覺驚起。
鹿**復**[ ]**長**跪向獵者，[ ]**重説**偈言：

君前見放**去**
德**重**過天地 /
賤畜被慈育
赴信還就死 //
感仁恩難忘
不敢違**命旨** /

母顧命曰：“爾還勿來！
無得母子併命俱死。吾没**心甘**，傷汝未識。世間無常，皆有**離別**。我自薄命，爾生**無**祐。何爲悲**懷**？徒益憂患。但當建 **志**畢**命**。”於是，母復爲子説此偈言：

吾前生貪愛
今來**愛持**身
世生皆有死
不脱不終患
制意一離貪
然後乃大安
寧就**説**信死
終不欺殆生

子 猶悲**戀**，**鳴啼**相尋，至于**摾**所。東西求索，乃見獵者卧於樹下。鹿母住**立**，
説偈覺言：

前所可放鹿
今來還就死
恩**流惠**賤畜
得見辭二子
將行示水草
爲説非常苦
萬没無遺恨
念恩不敢負

獵者 於是，忽覺驚起。
鹿復 [ ]跪向[ ]，
重説偈言：

君前見放去
德重過天地
賤**狩**被慈**覆**
赴信**來**就死
感仁恩難忘
不敢違命旨

雖謝千萬辭 不足報慈恩 // 唯夫誠精誠 受福歸自然 / 今日甘心死 以子屬仁君 //	雖懷千返報 {猶}不[ ]畢恩紀 //	雖還于反報 猶不畢恩紀
於是，獵者感誠，即寐。又重聞鹿說偈，皆微妙之聲。加其篤信，捨生就死，以副盟誓。子母悲啼，相尋而至。	[ ]獵者見鹿篤信死義，志節丹誠，慈行發中，効應徵驗，捨生赴誓，母子悲戀，相尋而至，	獵者見鹿篤信死義，志節丹誠，慈行發忠，放應徵驗，捨生赴誓，母子悲戀，相尋而至，
"斯鹿之身必非凡庸，吾覩世士未能比倫。雖復獸体，心若神靈。吾之無良，殘暴來久。鹿乃立義，言信不負，可爲明教。稽首稟受。豈復當敢生犯害心。"即時，獵者加肅謙敬，辭謝遣鹿而說偈言：	慈感愍傷，稽首謝曰：	慈感愍傷，稽首謝曰：
神鹿信若天 言誓志願大 / 今我心竦懼 豈敢加逆害 // 寧自殺鄙身 妻子寸寸分 / 何忍向天種 有想害靈神 //	爲天是神祇 信義妙乃爾 / 恐懼情悚然 豈敢迦逆害 // 寧自殺所親 碎身及妻子 / 何忍害靈神 起想如毛髮 //	爲天是神祇 信義妙乃爾 恐懼情悚然 豈敢加逆害 寧自殺鄙身 害及其妻子 何忍向靈神 起想如毛髮
獵者說此偈已，即以慈心遣鹿。重復辭謝，悔心自責。	獵者[ ]即[ ]便放鹿使去。	獵者 即[ ]放鹿使去。
鹿見遣去，出就其子。子望見母得生出還，强馳走趣，跳躁悲鳴。子母相得，俱懽俱喜。一俛一仰，鳴聲呦呦。悲感受活，生蒙大恩，即仰頭謝獵者而說偈言：	母子[ ]悲喜，[ ]鳴聲呦{偈}呦，[ ]謝獵者：	母子 悲喜， 鳴聲呦[ ]呦， {偈}謝獵者：
賤畜生處世 當應充厨宰 / 即時分烹俎 寬假辭二子 // 天人重愛物 復蒙放赦原 / 德祐積無量 非口所能陳 //	賤畜生處世 當應充厨宰 / 即時分烹煮 寬惠辭二子 // 天仁重愛物 復蒙放捨原 / 德祐積無量 非口所能陳 //	賤畜生處世 當應充厨宰 即時分烹殂 寬惠辭二子 天仁重愛物 復蒙放赦原 德祐積無量 非口所能陳
爾時，鹿母說此偈，謝已，將率二子，還于深林。鳴群嘯侶，以遊以集。安身草澤，以寧峻山。	爾時，[*]	[ ]
獵者於後，深自惟言："鹿但畜生，信義祐身。既免即濟，見者加稱。我之爲暴，何廣於心？" 即時啟寐，散意歸仁，放弩壞弶，無復殺心。詣于廟寺，請稟沙門，稽首顙面，自歸自陳："奉順慈義，畢志正真。" 便往白王，具說鹿言。		

王聞其説，心喜驚歎：“鹿獸有義，我更貪殘。又此鹿慧，深達言教，知仰三尊。我國弊冥，事彼妖言。誠可捨棄，以保永全。普國人民無不聞知，畜獸行義，現獲信證。大道之化，無隱不彰。”於是，國王即請會群臣，宣令國民：“吾之爲闇，不別真僞。敀受邪師，言畏僞神。妖祭無道，殘暴衆生。不如鹿畜，明識三尊。自今已後，普國率民廢彼邪宗，皆歸正真。詣于佛寺，請受聖衆。冀以後世，長獲其福。” 臣下、群僚、國民大小皆信三尊，奉五戒十善。爲期三年，國豐太平。民皆寿樂，鹿之祐矣。	獵者**具以聞**王。 **國人咸知，普感慈信。鹿之仁行有喻於義，莫不肅歎，爲止殺獵**。 [＊←]於是，鹿還，鳴群嘯侶，以遊以集，各寧其所。	獵者具以聞王。 國人咸知，普感慈信。狩之仁行有踰於義，莫不肅嘆，爲止殺獵。 ［　　］鹿還，鳴群嘯侶，［　］遊［　］集，各寧其所。
佛語賢者阿難：“唯吾善權，累劫行恩。恩救衆生，其信如是。爾時鹿母者，我身是也；二子者，　羅云及朱離母[貝可]是；國王者，舍利弗是；獵者，阿難是；界上民走白王者，調達是。”	佛語［］阿難：“**昔吾所更，勤苦**如是。爾時鹿［］者，我身是［］；二子者，羅云及{**羅漢**}朱**利**母［］是；{**其**}國王者，舍利弗是；{**時射**}獵者，**汝身**是。	佛言： “［　］時鹿者，我身是；二子者，羅云、［　　］朱利母是{也}；時國王者，舍利弗是；［］射獵者，阿難是。”
佛時説已，於鹿腨腸，放大光明，遍照東西南北四隅十方各千佛刹，吾其光明所之。各有化導，師子座及宝蓮華，或爲法師比丘現肉体者，或爲帝王及長者子者，或凡人黎庶現卑賤者，或人群生爲畜獸者。各各以光明導御説法。爾時所説，鹿母信誓功德，以爲法訓。法音入心，莫不信受，其者皆歸無上正真之道。佛即迴光等接遍照閻浮提内，悉令普徹。其蒙光者逮安隱想。		
爾時，衆中有八百比丘，意志四道，以證道迹。聞説鹿母於畜生之中發起大意，以信成道，感悟變化，即時反悔。前白佛言：“願立信誓，爲菩薩道。唯佛加哀，助利我等。當以建行，荷負衆生。救濟一切，至死不離。”即時逮得僧那僧涅弘誓之鎧。		
爾時，阿難整服長跪，白世尊言：“此諸比丘網惑大乘，不受正諦。如今開悟，逮得法證，離淵越塹，何其疾也。誠非小道所能信明。大會有疑，唯願世尊説其緣由，以釈將來。”		
佛言：“善哉阿難！汝問快也！斯承先識，非今所造。是諸比丘迺昔鹿遊國民，信受王命，奉順三寶，加鹿即感。皆願無上正真意。中問癡闇不復習行。雖以遇我，得作沙門。忽棄本願，迷於大乘。今聞我説前世本末，閉結疑解，得無想安隱，是其宿命識神使然。”		

A	B	C
佛説是時，八百比丘皆得阿惟越致。力士聚中有八千人，見證心解，除放逸行，皆發無上正真之道。逮得入信，聲尋獲安隱無想之定。天龍、世人七億二千皆發無上正真道意。 佛語阿難：“我作畜生之時，以不忘菩薩弘濟之心，應行導利，逮于今者，但爲衆生勤苦無極。假使一人亡本没流，未拯拔者終不捨放。諸欲求安，逮是功德，疾成佛者，皆當盡心中誠，歸信三尊。世世不廢，如我今日現般泥洹，誠信所致也。阿難！汝當受持，廣宣此經，無令滅絶。” 阿難即前，稽首作禮，受持諷誦。	我**之所入，興隆道化。種善無厭，分德不住。雖在禽獸，不忘菩薩。權行如應，導利一切。普使衆生度濟獲**安。逮是功德，疾成**至佛真人。至誠忠信，不可不作**。”	
佛説鹿母經	佛説鹿母經	（出《鹿子經》）

俞樾《諸子平議·楊子法言》辨疑*

郭鵬飛　蔡　挺

内容提要　《法言》對宋明理學有着深刻的影響，如《二程集》《朱子語類》《近思録》均可發現其留下之痕迹。但此書用詞艱深古奥，使文義晦澀難明。儘管自漢代以來，至北宋中期，爲之作注者不少，亦不能盡解。清代樸學大興，對《法言》相關之校勘、注釋等著作出現，是書面貌漸見清晰，其中俞樾《楊子法言平議》貢獻尤大，素爲後人所重，影響深遠。然而，針對是書失誤之研究極少，不無遺憾。今羅列證據，檢討俞書得失。

關鍵詞　俞樾　《諸子平議》　《揚子法言》　子學　訓詁

一　前言

德清俞樾（1821—1907），字蔭甫，號曲園，晚清樸學大家，徐世昌（1855-1939）《清儒學案·曲園學案》曰："曲園之學，以高郵王氏爲宗。發明故訓，是正文字而務爲廣博，旁及百家，著述閎富，同、光之間，蔚然爲東南大師。"《諸子平議》一書，是俞樾的代表作，可説是子學訓釋的鉅著。此書仿效王念孫（1744—1832）《讀書雜志》而補其未及，識力之精，涉獵之廣，爲《雜志》之後，從事子學者不可或缺的典籍。然而，智者千慮，容或有失，今就俞氏《諸子平議·楊子①法言》部分，檢其可議之處，略陳己見，並就相關詞義問題，一併討論。

二　正文

(1)羿、逢蒙分其弓。

樾謹按："分"字之義不可通，當讀爲"焚"。文十一年《左傳》："獲僑如之弟焚如。"《史記·魯世家》作"棼如"。《爾雅·釋天》："焚輪，謂之穨。"《釋文》作"棼"，曰："本或作'焚'。"然則"分"之通作"焚"，猶"棼"之通作"焚"也。"羿、逢蒙焚其弓"，正與下文"良舍其策，般投其斧"一律。

案：本篇原文出自《法言·學行篇》，曰：

孔子習周公者也，顔淵習孔子者也。羿、逢蒙分其弓，良捨其策，般投其斧而習諸，

---

*　本論文爲"俞樾《諸子平議》斠正"研究計劃的階段性成果，計劃得到香港政府研究資助局優配研究金資助（UGC GRF，編號：145012），謹此致謝。

①　對於雄之姓氏，究爲从木，抑或从手之問題，藍秀隆依據諸家論證，參酌史傳姓志，證明雄爲楊姓之流裔，與揚姓一族無涉。今雄姓作"揚"，疑"楊""揚"通用，或隸書訛變之故。詳見藍秀隆（1989：206-214）。今本文取藍説，凡正文雄之姓皆作"楊"，但歷代書志與後世相關著作多記録《法言》作"揚子法言"。除俞樾列明其書爲《楊子法言平議》外，爲免使讀者混淆，正文、引文、註釋及關鍵詞對此書之名稱，仍沿其舊。

孰曰非也？或曰："此名也，彼名也，處一焉而已矣。"曰："川有瀆，山有嶽，高而且大者，衆人所不能踰也。"①

俞謂"分"當讀作"焚"，猶焚毁也。除俞説外，洪頤煊(1765—1837)指"分"當是解散之名。劉師培(1884—1919)以爲"分"當訓爲"裂"。汪榮寶(1878—1933)釋"分弓"猶云弛弓矣。王其和訓"分"爲"斷"。惟此句與"良捨其策，般投其斧"相對，指春秋時之善御馬者王良捨棄其馬鞭，以及巧匠公輸般拋棄其斧頭，可見"捨""投"皆有棄意，是以"分其弓"之"分"理應義亦相當。然而，若如上述諸説，則不一律矣。宋咸(1024年進士)於此句下注曰"羿弃弓"，即訓"分"爲棄。宋説較洪、俞、劉諸説爲佳，但無明析"分"何以有棄意，未能使人完全信服。今案桃源藏(1722—1801)指"分"是"分手"之"分"，甚是。《説文·八部》："分，别也。从八，从刀，刀以分别物也。"桂馥(1736—1805)《説文解字義證》曰："'别也'者，本書云：'别，分解也。'"則"分"本義爲分開、分離。《莊子·漁父篇》："仁則仁矣，恐不免其身；苦心勞形以危其真。嗚呼，遠哉其分於道也。"陸德明(556—627)《釋文》引司馬彪(？—306)注："分，離也。"羿、逢蒙皆爲古代之善射者，故"羿、逢蒙分其弓"是説二人與其弓分離，猶言離棄其弓，與下文義正相協。由此可見，"分"字本通，不必如俞氏改讀。

(2)吾聞先生相與言，則以仁與義；市井相與言，則以財與利。如其富！如其富！

樾謹按："如其富"，言如何其以富也。重言之者，深疾之之辭。此句法本於《論語》之"如其仁！如其仁"。孔安國《注》云："誰如管仲之仁。"增字解經，頗非經旨。以楊子之意推之，則"如其仁"者，不許之也。孔子於管仲，但許其事功之盛，而未嘗予之以仁，故其意若曰，論管仲者，但以事功論之足矣，如何其以仁也！如何其以仁也！即下章"民到於今受其賜"，可謂推許之至，而於仁字，固不一及也。非楊子此文，則孔子之意不見矣。《吾子篇》："或問'屈原智乎?'曰：'如玉如瑩，爰見丹青，如其智！如其智！'"此與孔子之論管仲，正可互明。蓋若管仲者，論其事功可也，不必論其仁也。若屈原者，論其志節可也，不必論其智也。楊子以《法言》擬《論語》，正在此等處。吴秘《注》曰："如何其智，如何其智，非智也。"即可以説《論語》之"如其仁"矣。

案：本篇原文出自《法言·學行篇》，曰：

或謂子之治産，不如丹圭之富。曰："吾聞先生相與言，則以仁與義；市井相與言，則以財與利。如其富！如其富！"或曰："先生生無以養也，死無以葬也，如之何?"曰："以其所以養，養之至也；以其所以葬，葬之至也。"

司馬光(1019—1086)於"如其富！如其富"下注曰："宋(咸)、吴(秘)本作'如其富！如其義'。《音義》(即《揚子法言音義》)曰：'俗本下句作"如其義"，非。'今從之。"朝鮮覆宋咸本(以下簡稱朝鮮本)、明覆刊南宋建陽坊肆六子本(以下簡稱明覆建陽六子本)、明朱蔚然校讀書坊本(以下簡稱讀書坊本)、明末武林何氏刊本配補清刊本(以下簡稱朱錫綸本)與司馬氏所引宋、吴本下句同。至於美國國會圖書館藏明監本(以下簡稱明監本)、新纂門目五臣音註本(以下簡稱世德堂本)、《漢魏叢書》本(以下簡稱程本)"如其富"句不重。而石硯齋翻宋治平監本(以下簡稱治平本)、宋唐仲友(1136—1188)台州刻本(以下簡稱台州本)、宋元遞修本並作

① 本文所引今本《法言》内容、李軌注文及其標點，除特别説明外，皆據《法言義疏》，是書所收《法言》原文以清嘉慶二十四年(1819)秦恩復重刻宋治平監本爲底本。

"如其富！如其富"。誠如俞説，兩句本於《論語・憲問》"如其仁！如其仁"。按《論語》之句式，不論"如其義"，抑或"如其富"而不重句者，皆傳鈔之誤，當從宋本作"如其富！如其富！"

然而，俞氏解"如其富"作"如何其以富也"，非是。俞説乃基於《論語》中孔子未嘗予管仲（前725—前645）以仁，則"如其仁"是"如何其以仁也"之意。楊雄（前53—18）既擬《論語》而撰《法言》，故《法言》用語，當與《論語》相近。《論語・憲問》："桓公九合諸侯，不以兵車，管仲之力也。如其仁！如其仁！"王引之（1766—1834）釋"如"猶"乃"，言管仲不用民力而天下安，乃其仁，乃其仁也。劉寶楠（1791—1855）《論語正義》曰：

"如其仁"者，王氏引之《經傳釋詞》："如，猶乃也。"此訓最當。蓋不直言"爲仁"，而言"如其仁"，明專據功業言之，《穀梁傳》所云"仁其"者也。……鄭《注》云："重言'如其仁'者，九合諸侯，功齊天下，此仁爲大。死節，仁小者也。"

劉氏認爲王引之的解釋最爲精當，接着提出鄭玄的注釋①，以此作爲支持王説之理由。汪榮寶亦曰：

假如俞説，"如仁者"者，不許之之辭，若管仲者，但論其事功可也，不必論其仁也。則按之上下文義，盡成矛盾，此説斷非經旨。

汪氏依據《論語》該章句之前後文脈，指出俞説不當之處。由是觀之，王引之的解釋與經旨契合。

以此推之，《法言》同樣的句式，亦當如此解釋，像"如其富"者，"其"指"先生"與"市井"。此兩句的意思是説君子乃以德爲富，小人乃以財爲富，這就是二者對於富的定義。又《吾子篇》曰：

或問："屈原智乎？"曰："如玉如瑩，爰見丹青，如其智！如其智！"

"如其智"謂屈原將其忠貞美德，化爲文章，這就是其智。又《淵騫篇》曰：

或問："淵、騫之徒惡乎在？"曰："寖。"或曰："淵、騫曷不寖？"曰："攀龍鱗，附鳳翼，巽以揚之，勃勃乎其不可及也。如其寖！如其寖！"

"寖"者，《廣雅・釋詁》："寖，藏也。"此謂湮没不彰也。"如其寖"之"其"表示顔淵、閔子騫之徒。七十子因得師事孔子，故名聲甚顯，但再傳弟子不復有所附麗，故名不彰。可見《法言》"如其"者三例，文皆可通。姚永概（1866—1923）、韓敬亦取王訓。俞氏不取其説，臆爲之解，誤甚。至於桃源藏、汪榮寶以"如"爲"不如"，清吴昌瑩解"如"爲"與"也，李慈銘（1830—1894）謂"如"猶"均"也，裴學海（1899—1970）訓"如"爲"寧"也，抑或徐仁甫（1901—1988）釋"如"猶"豈"也，皆未得其義也。

（3）佗則苓。

樾謹按：咸曰："'苓'當爲'蒙'，字之誤也。"然"苓"與"蒙"雖並從艸，其下絶不相似，安得致誤？秘曰："苓，苓耳也。苓耳徒有其名，而無聆聞之實。"然上文言"惟聖人爲可以開明"，此當從目取喻，不當從耳取喻也。光曰："'苓'音聆，闕。"蓋以二説皆未安，故闕其義。今按"苓"當讀爲"笭"。《説文・竹部》："笭，車笭也。"《釋名・釋車》曰："笭，横在車前，織竹作之，孔苓苓也。"此言惟聖人爲可以開明，其佗則如車笭，然所見者小矣。

① 《論語正義》所引鄭玄佚注，可見於《太平御覽・人事部六十・仁德》，惟宋本《御覽》"齊"作"濟"，"死節"作"代節"。見《太平御覽》第2册（1960：1930）。

案:本篇原文出自《法言・問道篇》,曰:

吾焉開明哉?惟聖人爲可以開明,它則苓。大哉,聖人言之至也!開之,廓然見四海;閉之,閛然不覩牆之裏。

俞氏所據本"它"作"佗"。"佗"通"它"。宋、吴二注固誤。然俞説亦非。藍秀隆以文理推尋,此字應與"開明"相反爲義,若以器名釋之,則文義不通不對。且上文爲陳述句"聖人爲可以開明",如下句無相應文義,而逕作比喻,讀"苓"作"笭",指隔車笭而觀外,朦朧不清,如此兀突迂曲,顯非楊雄手筆。除俞説外,此句異訓亦多。桃源藏以"苓"通"零",言它道則落失其所以開發者。惟桃説不足據,因其所據本將李軌《注》"開發"二字,誤植於"苓"字之下,遂有此誤詁。姚鼐謂"苓"是"櫺"之借字,謂一櫺之開,亦微發於明,但其發小耳。按文脈推之,此言只有聖人方可啟發世人之矇昧,即使楊雄亦云:"吾焉開明哉?"可見他者無法取代聖人教化世人之地位。故姚説"微發於明,但其發小耳",與文義不符。方槃如讀"苓"作"聆",言聖人生而知之,故自可以開明。它人則聞而知之,故必聆乃開發耳。徐仁甫與方説同。但如俞氏駁吴秘《注》所曰"當從目取喻,不當從耳取喻也"。若如方、徐二説,上下文不一律矣。至於劉師培初引《管子・宙合篇》"奮乃苓",下釋之曰:"奮,盛;苓,落也。"彼文明"苓"對文與"奮"同。"苓"義詁"落",當從彼説。後又謂"開明"爲"智"字之義,則"苓"字必當爲"愚昧"之意。古字"令"與"民"通,是故"苓"當作"民"。"民"猶冥也,盲也。楊雄所謂"苓"即"泯無所知"。由此可見,劉説除前後矛盾外,解"苓"爲"落",抑以"泯無所知"訓"苓",説皆迂曲,使人難以信服。

今案"苓"疑"芩"之誤。至於二字相誤之例,可見於兩漢典籍之中,如《急就篇》:"黄芩伏苓礜茈胡。"《天壤閣叢書》本之顔師古《注》曰:"黄苓,一名空腸,一名腐腸,一名内虚,一名妒婦。"但海鹽張氏涉園藏明鈔本、文淵閣《四庫全書》本之顔《注》"黄苓"作"黄芩",可見天壤閣本"芩"誤作"苓"。"芩"者,《説文・艸部》:"芩,艸也。从艸,今聲。《詩》曰:'食野之芩。'"《詩・小雅・鹿鳴》:"呦呦鹿鳴,食野之芩。"毛《傳》曰:"芩,草也。""芩"於此讀若"黔",猶染黑也。"黔"與"芩"古音並作群母侵部,雙聲叠韻,因而具備通假之條件。漢帛書"黔"通作"芩",用作中藥名,如馬王堆漢墓帛書本《五十二病方・傷痙》曰:"冶黄黔(芩)、甘草相半,即以(彘)膏財足以煎之。"即二字相通之證。《説文・黑部》曰:

黔,黎也。从黑,今聲。秦謂民爲黔首,謂黑色也;周謂之黎民。《易》曰:"爲黔喙。"

則"黔"本義爲黑色,後引申爲染黑。《莊子・天運篇》:"夫鵠不日浴而白,烏不日黔而黑。"唐成玄英疏:"染緇曰黔。黔,黑也。"又《漢書・敘傳上》:"孔席不煖,墨突不黔。"隋蕭該《音義》引《字林》曰:"黔,黧黑也,音芩。"顔師古注:"孔,孔子;墨,墨翟也。突,竈突也。黔,黑也。言志在明道,不暇安居。"由此可見,"它則芩(黔)"是説他道則使世人雙目染黑,云使人矇昧也,與上文"開明"義正相對。

(4)請問之。

樾謹按:"之"當作"心",隸書相似而誤也。上文"或問'神'。曰:'心。'"故或人又請問心也。《音義》曰:"天復本作'請聞之'。"蓋既誤"心"爲"之",因又改"問"爲"聞",以就其義。温公從之,非是。

案:本篇原文出自《法言・問神篇》,曰:

或問"神"。曰:"心。""請問之。"曰:"潛天而天,潛地而地。天地,神明而不測者也。

心之潛也，猶將測之，況於人乎？況於事倫乎？""敢問潛心于聖。"曰："昔乎，仲尼潛心於文王矣，達之。顏淵亦潛心於仲尼矣，未達一間耳。神在所潛而已矣。"

俞指"之"爲"心"字之誤，汪榮寶亦隨其說。然而，"之"可用作代詞，指代人或事物的名稱，如《左傳·隱公元年》："愛共叔段，欲立之。"杜預(222—284)注："欲立以爲太子。""之"代指共叔段。又《孟子·告子上》："天下易生之物也，一日暴之，十日寒之，未有能生者也。"趙岐注："種易生之草木五穀，一日暴温之，十日陰寒以殺之，物何能生？"此"之"指"易生之物"。由此推之，本文"請問之"上承"曰：'心'"而言，則"之"所指代的對象即"心"，是問何謂心者。且"請問之"的句式，亦可見於其他先秦古籍，如《論語·陽貨》曰：

子張問仁於孔子。孔子曰："能行五者於天下，爲仁矣。""請問之。"曰："恭、寬、信、敏、惠。恭則不侮，寬則得衆，信則人任焉，敏則有功，惠則足以使人。"

孔穎達疏："'請問之'者，子張復請問五者之目也。"又《禮記·曾子問》曰：

曾子問曰："諸侯旅見天子，入門，不得終禮，廢者幾？"孔子曰："四。""請問之。"曰："大廟火，日食，后之喪，雨霑服失容，則廢。如諸侯皆在而日食，則從天子救日，各以其方色與其兵。大廟火，則從天子救火，不以方色與兵。"

此"請問之"即問哪四種情況使諸侯覲見天子之禮停止。此皆其證也。可見文義本通，不必如俞說以"之"爲誤文。

(5)舉茲以旃，不亦寶乎！

樾謹按："旃"字義不可通。咸曰："旃，之也。言舉此諸德以議之，莊亦寶也。"則增出"議"字矣。"旃"疑"稱"字之誤。《禮記·射義篇》注曰："稱猶言也。"

案：本篇原文出自《法言·問明篇》，曰：

楚兩龔之絜，其清矣乎？蜀莊沈冥。蜀莊之才之珍也，不作苟見，不治苟得，久幽而不改其操。雖隨、和何以加諸？舉茲以旃，不亦珍乎！吾珍莊也，居難爲也。不慕由，即夷矣，何毚欲之有？

俞疑"旃"爲"稱"字之誤。然"旃""稱"形音俱遠，無緣致誤。《漢書·王貢兩龔鮑傳》引此句亦作"舉茲以旃"，可證原文不誤。俞說未足爲據。顏師古於《漢書》"舉茲以旃，不亦寶乎"下注曰：

"旃"亦之也。言舉此人而用之，不亦國之寶乎！自此以上皆楊雄之言也。

顏氏以爲"旃"當訓爲之，"以"猶用也，意謂舉蜀莊而用之。桃源藏、陶鴻慶(1860—1918)、汪榮寶俱從其說。惟上文言"蜀莊沈冥。蜀莊之才之珍也，不作苟見，不治苟得，久幽而不改其操"，即以蜀莊澹泊名利，不願出仕爲貴。若如顏說，謂舉而用之，與上下文義不符。劉師培謂"旃"字不必改。蓋"旃"爲軍中之幖識，引伸之即爲"旃表"之義，猶"旌"字用爲"旌表"之"旌"也。此文"舉茲以旃"，猶言舉兩龔、蜀莊之行以爲師表。今案當以劉說爲是。《説文·㫃部》："㫃，旗曲柄也。所以旃表士衆。从㫃，丹聲。《周禮》曰：'通帛爲旃。'旜，旃或从亶。"段玉裁(1735—1815)《説文解字注》曰：

《司常職》文，《注》云："通帛謂大赤，從周正色，無飾。"《爾雅》："因章曰旃。"郭云："因絳帛之文章，不復畫之。"

可見"旃"或體作"旜"，本義是古代一種赤色、無文飾、曲柄的旗幟，後引申泛指旌旗、旗幟，如《穀梁傳·昭公八年》："置旃以爲轅門。"范甯(339—401)注："旃，旌旗之名。"《文選·陸機

(261—303)〈飲馬長城窟行〉》:"將遵甘陳迹,收功單于旃。"李善(? —689)注:"旃,旌旗也。"又《文選・司馬相如(? —118)〈子虛賦〉》:"靡魚須之橈旃,曳明月之珠旗。"唐張銑注:"旃,亦旗也。"旌旗作章明之用,古已有之,《廣雅・釋詁四》:"旌,表也。"《左傳・閔公二年》:"佩,衷之旗也。"杜預注:"旗,表也。所以表明其中心。"又《左傳・定公元年》:"生不能事,死又離之,以自旌也。"杜預注:"旌,章也。"故《法言》此文之"旃",實與"旌"之"表章"作用同。段玉裁於《説文》"所以旃表士衆"下曰:

> "旃"當爲"展",以疊韻爲訓。《聘禮》曰:"使者載旝。"注云:"載之者,所以表識其事也。""及竟,張旝誓。"注云:"張旝,明事在此國也。"此與仲秋治兵載旝,皆展表士衆之義。

王筠(1784—1854)《説文解字句讀》此句下則曰:

> "旃表"與"旌進"同法,皆以静字爲動字。《聘禮》:"使者載旝。"注:"載之者,所以表識其事也。"

王説與段注相類,皆以"旃"爲表識用之旗幟。既然"旃"字本通,不必如俞氏改字。至於顔、宋二注誤實詞爲虚詞,亦謬。

(6)蓋哉!蓋哉!應難未幾也。

> 樾謹按:"應難"二字,衍文也。此本云:"蓋哉!蓋哉!未幾也。"李注曰:"再言'蓋哉'者,應難以事未有近其理者。"是"應難"之文,乃李氏解"再言'蓋哉'"之意,猶言應之難也。正文即涉注而衍耳。

案:本篇原文出自《法言・重黎篇》,曰:

> 或問"渾天"。曰:"下閎營之,鮮于妄人度之,耿中丞象之,幾乎!幾乎!莫之能違也。""請問'蓋天'。"曰:"蓋哉!蓋哉!應難未幾也。"

俞氏疑"應難"涉注文而衍。然其所據李注,當中或有誤文。汪榮寶引曹元忠(1865—1923)之論,指李注"應難以事"當作"應難八事",並引《宋書・天文志》爲證,言草書"以""八"形近,因此致誤。曹説合理可信。由此可見,李注"應難以事"當作"應難八事"。"八事"即楊雄提出"難蓋天八事",以否定蓋天説,由是注文"應難"之"難",乃是辯難之意,而非困難也。且《宋書・天文志》:"或問蓋天於揚雄。揚雄曰:'蓋哉!蓋哉!'難其八事。"則見當時有答難之語,可證"應難"當非衍文。俞氏以誤文爲據,疏矣。此外,汪榮寶指"應難"之"難"不讀如字,應從司馬光"難,乃旦反" 説。汪言近是。然釋"應難"爲"彼時蓋天家必有强辭奪理以應之者",則未是。楊雄曾相信"蓋天説",但與桓譚辯論失敗以後,便予放棄,並作《難蓋天八事》。故楊雄針對者,是蓋天説在理論上之缺陷。按上文"莫之能違也",即就渾天説本身而言。據此,下文言及蓋天説亦當如此。汪氏認爲"應難"之"難",專指當時蓋天家"强辭奪理"之辯難,未免牽强附會。馬其昶曰:

> 應人之難,而未幾於理,謂蓋天之説多詘,不似渾天近理而莫之能違也。

馬説是也。"應難未幾"是楊雄就蓋天説本身缺失所提出之批評。《後漢書・儒林列傳上》:"饗射禮畢,帝正坐自講,諸儒執經問難於前。"由是觀之,此言蓋天説不足以解答衆人之問難,於文義較切。

(7)忠不足相也。

樾謹按:《説文·目部》①:"相,省視也。從目從木。"《易》曰:"地可觀者莫可觀於木。"是"相"與"觀"義近。"忠不足相也",猶曰:"忠不足觀也。"不曰"觀",而曰"相",子云好爲艱深之辭故耳。李注訓"相"爲"助",將使誰助之乎? 失楊旨矣。

案:本篇原文出自《法言·淵騫篇》,曰:

或問"蒙恬忠而被誅,忠奚可爲也?"曰:"壍山堙谷,起臨洮,擊遼水,力不足而死有餘,忠不足相也。"

俞訓"相"爲"觀",並以此爲楊雄好作艱深之辭。然汪榮寶指"力不足而死有餘",是説用民之力而不惜民之死,民力匱而死者多耳,並引司馬遷(前145—?)之言爲證。可見此文重點在蒙恬(? —前210)之盡忠如何害民。劉師培改"相"爲"榴"。"忠不足榴",猶言忠不足崇也。汪榮寶則疑"相"當作"稱",傳寫之誤,惟二説皆無塙證。李軌此句下注曰:"相,助也。雖盡一身之節,而殘百姓之命,非所以務民之義。"考《爾雅·釋詁下》:"相、助,勴也。"郭璞注:"勴,謂贊勉。"郝懿行(1757—1825)曰:

"勴"者,"勵"字之省也。《説文》云:"勵,助也。"教導所以贊助,故又爲"勴"也。……"相"者,从目,視之助也。《書·吕刑》云:"今天相民。"馬融注:"相,助也。"……"助"者,《説文》:"左也。"通作"佐"。故《小爾雅》云:"助,佐也。"

由是觀之,"相""助"皆有扶助、輔助之意。故李氏訓"相"爲助,猶云贊助、輔助。俞氏誤解李注,反問"將使誰助之乎",謬甚。今案當以李注爲是。此言蒙恬如此不顧人民死活之忠誠,不足以輔助君王。

(8)鼓之以道德,征之以仁義。

樾謹按:"征"乃"鉦"字之誤。《詩·采芑篇》:"鉦人伐鼓。"《傳》曰:"鉦以静之,鼓以動之。"是"鉦""鼓"相對爲文。"鼓之以道德,鉦之以仁義",猶言以道德動之,仁義静之耳。今誤作"征",殊失其義。

案:本篇原文出自《法言·淵騫篇》,曰:

或問"近世名卿"。曰:"若張廷尉之平,雋京兆之見,尹扶風之絜,王子貢之介,斯近世名卿矣。""將。"曰:"若條侯之守,長平、冠軍之征伐,博陸之持重,可謂近世名將矣。""請問古。"曰:"鼓之以道德,征之以仁義,輿尸、血刃,皆所不爲也。"

俞謂"征"當作"鉦"。然此句在《三國志·袁涣傳》曰:

夫兵者,凶器也,不得已而用之。鼓之以道德,征之以仁義,兼撫其民而除其害。夫然,故可與之死而可與之生。

又《北齊書·王紘傳》曰:

官軍頻經失利,人情騷動,若復興兵極武,出頓江、淮,恐北狄西寇,乘我之弊,傾國而來,則世事去矣。莫若薄賦省徭,息民養士,使朝廷協睦,遐邇歸心,征之以仁義,鼓之以道德,天下皆當肅清,豈直僞陳而已。

《北史·王紘傳》與《北齊書》大略相同,曰:

若復出頓江、淮,恐北狄西寇,乘弊而來。莫若薄賦省徭,息人養士,使朝廷協睦,遐

① 筆者案:"目部"原作"木部",今據《説文》改。

通歸心，征之以仁義，鼓之以道德，天下皆當肅清，豈直江南僞陳而已。

由此可見，"鼓之以道德，征之以仁義"是漢魏六朝常語，足證"征"字並非誤文。按上文《三國志》《北齊書》與《北史》之用例，可見"征"皆作"征服"之意。據此，《法言》謂要用道德來鼓動人心，用仁義來征服敵人，即使用兵如神之名將，多所殺傷，亦不可爲也。俞氏必以"征"爲誤字，實求之過深。

三　結語

俞氏學殖豐厚，才華洋溢，好創新而己見甚强，此本爲美事，然但有心得，便勇於立説，故時有未備。如《學行篇》"羿、逢蒙分其弓"之"分"讀作"焚"，猶焚毁也。然"分"有分離、離開義。是謂"羿、逢蒙分其弓"謂羿、逢蒙離棄其弓。"分"字本通，無需改讀。又如《問神篇》"請問之"，俞改"之"作"心"。"之"用作代詞，指代對象爲"心"，是問何謂心者，故不應改字。凡此皆見俞氏聰敏有餘而沈穩不足。雖然如此，《楊子法言平議》不乏鞭辟入裏之見者，縱然有誤，亦無損此書對於整理今本《法言》之巨大貢獻。劉師培、汪榮寶等人著作大量徵引此書，正好反映《楊子法言平議》崇高之學術地位。

參考文獻

[1]丁福保. 説文解字詁林[M]. 北京：中華書局，1988.

[2]王引之. 經傳釋詞[M]. 李花蕾點校. 上海：上海古籍出版社，2014.

[3]王其和. 俞樾訓詁研究[M]. 濟南：齊魯書社，2011.

[4]王念孫. 廣雅疏證[M]. 虞思徵等點校. 上海：上海古籍出版社，2016.

[5]史游. 急就篇，四部叢刊續編：第69册[M]. 上海：商務印書館，1934.

[6]史游. 急就篇，景印文淵閣四庫全書：第223册[M]. 臺北：臺灣商務印書館，1985.

[7]史游. 急就篇，叢書集成初編：第1052册[M]. 北京：中華書局，1985.

[8]司馬光. 新纂門目五臣音註揚子法言[M]. 美國國會圖書館藏明監本.

[9]司馬光. 新纂門目五臣音註揚子法言[M]. 臺灣"國家圖書館"藏明嘉靖九年(1530)至十二年(1533)吴郡顧氏世德堂刊本.

[10]司馬光. 纂圖互註揚子法言，中國子學名著集成：第29册[M]. 臺北：中國子學名著集成編印基金會，1978.

[11]司馬遷. 史記[M]. 北京：中華書局，1959.

[12]吴昌瑩. 經詞衍釋[M]，中華書局，1956.

[13]李百藥. 北齊書[M]. 北京：中華書局，1972.

[14]李延壽. 北史[M]. 北京：中華書局，1974.

[15]李昉. 太平御覽[M]. 北京：中華書局，1960.

[16]李慈銘. 越縵堂讀書記[M]. 由雲龍輯. 北京：中華書局，2006.

[17]汪榮寶. 法言義疏[M]. 陳仲夫點校. 北京：中華書局，1987.

[18]阮元. 十三經注疏：附校勘記[M]. 臺北：藝文印書館，1976.

[19]俞樾. 諸子平議[M]. 上海：商務印書館，1936.

[20]姚永概. 慎宜軒筆記，中國人民大学圖書館古籍珍本叢刊：第65册[M]. 北京燕山出版社，2012.

[21]洪興祖. 楚辭補注[M]. 白化文等點校. 北京:中華書局,1993.
[22]洪頤煊. 讀書叢録,續修四庫全書:第1157册[M]. 上海:上海古籍出版社,2002.
[23]范曄. 後漢書[M]. 北京:中華書局,1965.
[24]徐仁甫. 諸子辨正[M]. 北京:中華書局,2014.
[25]桃源藏. 揚子法言增註[M]. 日本蓬左文庫藏寬政六年(1823)序刊本.
[26]班固. 漢書[M]. 北京:中華書局,1962.
[27]荀悦. 漢紀,兩漢紀[M]. 張烈點校. 北京:中華書局,2002.
[28]郝懿行. 爾雅義疏[M]. 王其和等點校. 北京:中華書局,2017.
[29]郭慶藩. 莊子集釋[M]. 王孝魚點校. 北京:中華書局,2004.
[30]陳奇猷. 吕氏春秋新校釋[M]. 上海:上海古籍出版社,2002.
[31]陳壽. 三國志[M]. 北京:中華書局,1959.
[32]陶鴻慶. 讀諸子札記[M]. 北京:中華書局,1959.
[33]陸德明. 經典釋文彙校[M]. 黄焯彙校,黄延祖重輯. 北京:中華書局,2006.
[34]揚雄. 宋本揚子法言[M]. 北京:國家圖書館出版社,2017.
[35]揚雄. 宋版揚子法言[M]. 成都:巴蜀書社,1988.
[36]揚雄. 法言,漢魏叢書:第4册[M]. 臺北:新興書局,1959.
[37]揚雄. 揚子法言,《四部叢刊正編》:第18册[M]. 臺北:臺灣商務印書館,1979.
[38]揚雄. 揚子法言[M],明(1368—1644)讀書坊本.
[39]揚雄. 揚子法言[M],臺灣"國家圖書館"藏明末武林何氏刊本配補清刊本.
[40]揚雄. 楊子法言[M]. 日本國立國會圖書館藏朝鮮木活字本.
[41]黄暉. 論衡校釋(附劉盼遂集解)[M]. 北京:中華書局,1990.
[42]裘錫圭. 長沙馬王堆漢墓簡帛集成[M]. 北京:中華書局,2014.
[43]裴學海. 古書虚字集釋[M]. 北京:中華書局,1954.
[44]劉師培. 法言補釋,儀徵劉申叔遺書:第8册[M]. 萬仕國點校. 揚州:廣陵書社,2014.
[45]劉寶楠. 論語正義[M]. 高流水點校. 北京:中華書局,1990.
[46]諸祖耿. 戰國策集注匯考(增補本)[M]. 南京:鳳凰出版社,2008.
[47]黎翔鳳. 管子校注[M]. 梁運華,整理. 北京:中華書局,2004.
[48]蕭統. 文選[M]. 上海:上海古籍出版社,1986.
[49]蕭統. 新校訂六家注文選[M]. 鄭州:鄭州大學出版社,2015年.
[50]蕭該. 漢書音義,叢書集成續編:第273册[M]. 臺北:新文豐出版公司,1989.
[51]韓敬. 法言注[M]. 北京:中華書局,1992.
[52]藍秀隆. 楊子法言研究[M]. 臺北:文津出版社,1989.

A Critical Study of *Yanzi Fayan Pingyi* in Yu Yue's *Zhuzi Pingyi*

Guo Pengfei Cai Ting

Abstract: Yu Yue(1821-1907) was a distinguished Qing (1644-1912) scholar, whose tremendous achievements in the study of the Chinese classics and philology are greatly respected to this day. His work, *Zhuzi Pingyi* (《諸子平議》), continue to be essential references for Chinese philologists. However, the author of this paper argue that his commentaries on *Yangzi Fayan* (《楊子法言》) would benefit from further investigation and refinements. This paper is an attempt to re-examine some of their commentaries on *Yangzi Fayan* and offer rectification to possible errors. Eight examples will be discussed in detail and it is hoped that the questions raised in this essay will form the basis for further research.

Key words: Yu Yue, *Zhuzi Pingyi*, *Yangzi Fayan*, Zixue, Chinese Philology.

通信地址:郭鵬飛 香港城市大學中文及歷史學系
郵　　編:999077
E-mail:ct079572@cityu.edu.hk

通信地址:蔡　挺 香港城市大學中文及歷史學系研究助理
郵　　編:999077
E-mail:tingchoi2@cityu.edu.hk

中古新詞“趁”與文獻斷代*

真大成　向學春

内容提要　“趁”作爲中古新詞，在發展過程中所産生的新義新用法具有鮮明的時代性，這種時代特徵有助於進行文獻斷代。文章以“趁”的某些新義新用法的時代性爲據，對《齊民要術》卷前《雜説》和王梵志詩、寒山詩的時代作出研判。

關鍵詞　趁　時代性　斷代

“趁”是中古新詞，在發展過程中又不斷産生新義新用法；這些新義新用法，具有鮮明的時代性。這種時代特徵有助於以“趁”爲鑒别項來進行文獻斷代。這裏舉兩個例子。

一

《齊民要術》卷前《雜説》，學者多疑非賈思勰原作，而出後人附益（一般認爲是唐人）①。汪維輝(2006)從詞彙史角度考察了卷前《雜説》中的11個詞語，論證卷前《雜説》不可能出於賈氏之手，其中即有“趁”。卷前《雜説》：“觀其地勢，乾濕得所，禾秋收了，先耕蕎麥地，次耕餘地。務遣深細，不得趁多。”“趁多”義即貪多。汪文認爲，“‘趁’當‘貪；求’講，唐以前未見，而唐人時有使用……《雜説》用‘趁’，符合唐人的用詞習慣。”

據真大成(2015)對“趁”發展演變的考察，可從兩方面進一步論證卷前《雜説》是唐人所作，甚而極可能是中唐以後人的手筆。

1.“趁”之“尋求；貪求”義的産生時代

汪維輝(2006)已經指出，“‘趁’當‘貪；求’講，唐以前未見，而唐人時有使用”，甚是。真大成(2015)進一步調查後發現，“趁”自南北朝産生以來，直至義淨(635—713)譯經時，“趁”的含義仍不出追趕、驅逐、隨逐，意義和用法没有發生大的改變；大約從8世紀中後期(中唐)開始，“趁”的含義逐漸豐富起來，其“尋求；貪求”義也産生於此時：

(1)後發卒理獄茲多，吏趁省易，隸書出焉。(賈耽[730—805]《説文字源序》)

(2)近來行到門前少，趁暖閑眠似病人。(王建[生卒年不詳，與張籍②同時]《早春書情》)

(3)遠投人宿趁房遲，僮僕傷寒馬亦饑。(王建《初冬旅遊》)

(4)奈何趁酒不省録，不見玉枝攢霜葩。(韓愈[768—824]《李花二首》之一)

(5)然則一期趁樂，不知樂是苦因。(靈祐[771—853]《警策文》)

---

* 本文是國家社科基金重大項目“漢語詞彙通史”(14ZDB093)的階段性成果。

① 參看繆啟愉(1998:22-23)、柳士鎮(1989)。

② 張籍，生卒年約在766—830。

(6)雨後退朝貪種樹,申時出省趁看山。(劉禹錫[772—842]《題王郎中宣義里新居》)按:"貪""趁"對文。

(7)佳辰不見召,争免趁杯盤。(白居易[772—846]《奉酬侍中夏中雨後游城南莊見示八韻》)按:"趁杯盤"猶言"貪杯"。

(8)老趁風花應不稱,閑尋松雪正相當。(白居易《南龍興寺殘雪》)按:"趁""尋"對文。

(9)趁醉春多出,貪歡夜未歸。(白居易《問諸親友》)按:"貪""趁"對文。

(10)放醉卧爲春日伴,趁歡行入少年叢。(白居易《贈夢得》)按:"趁歡"即例(9)之"貪歡"。

(11)唯知趁杯酒,不解煉金銀。(白居易《感事》)

(12)三十年來世上行,也曾狂走趁浮名。(元稹[779—831]《放言五首》之五)

(13)好趁江山尋勝境,莫辭韋杜别幽居。(賈島[779—843]《送友人之南陵》)按:"趁""尋"互文。

(14)道從會解唯求静,詩造玄微不趁新。(周賀[生卒年不詳,與姚合同時]《贈姚合郎中》)按"趁""求"互文。

由此推測,《要術》卷前《雜説》"不得趁多"云云,最早也應是中唐人語。

2."趁+AP"的産生時代

進一步觀察《要術》卷前《雜説》"不得趁多",可以發現"趁"的對象爲"多",是形容詞;據真大成(2015)的考察,"趁+AP"這一組合類型唐代才出現,"大約從中唐以後用例開始多見",除上引例(1)、(14)外,又如:

(15)羲之俗書趁姿媚,數紙尚可博白鵝。(韓愈《石鼓歌》)

(16)趁暖泥茶灶,防寒夾竹籬。(白居易《新亭病後獨坐,招李侍郎公垂》)

(17)趁涼行繞竹,引睡卧看書。(白居易《晚亭逐涼》)

(18)趁静野禽曾後到,休吟鄰叟始安眠。(賈島《處州李使君改任遂州因寄贈》)

(19)簿籍誰能問,風寒趁早眠。(姚合[約779—約855]《武功縣中作三十首》)

由此可以進一步證實《要術》卷前《雜説》不僅"極可能是唐代人的冒牌貨"①,甚而極可能是中唐以後人的手筆。

二

著名白話詩人王梵志、寒山的時代一直以來聚訟紛紜,據項楚等(2005:114-117、186-191)的綜述,前者有隋代、初唐、天寶-大歷年間、甚至唐末五代等多種説法,後者有初唐、中唐兩種觀點。

將"趁"的歷時發展情況作爲鑒别標準,進而觀察"趁"在王梵志、寒山詩中的用法,可據以判定它們應該不會是隋、初唐時期的作品。下面分爲甲、乙兩組例子試作辨析。

甲組:

(20)白日趁身名,兼能夜逐樂。(王梵志)

(21)若遣趁宫商,余病莫能罷。(寒山)

① 參看繆啟愉(1998:23)。

據真大成(2015)的考察,在義浄之前,“趁”後所接對象皆爲有形實物;據現有文獻,大約7世紀末開始打破這種局面:時代稍晚於義浄的陳子昂(661—702)《上軍國機要事》有“縱倍程趁期”之語①,而與陳子昂基本同時的張鷟(約660—740)的《朝野僉載》則有“趁韻而已”云云②,“期”“韻”均非實體。搭配對象抽象化,説明“趁”的義域逐漸擴大,詞義開始泛化。

觀察(20)(21)兩例,“趁”搭配以抽象事物“身名”“宫商”,顯然是它自7世紀末、8世紀以來方才産生的新用法。而唐代與“趁身名”“趁宫商”含義相類的例子也都出現於8—9世紀,除上引例(12)外,又如:

(22)詩情聊自遣,不是趁聲名。(姚合《山居寄友人》)

(23)裙裾旋旋手迢迢,不趁音聲自趁嬌。(元稹《舞腰》)

(24)行摇雲髻花鈿節,應似霓裳趁管弦。(白居易《醉後題李、馬二妓》)

(25)朝隨燭影出,暮趁鼓聲還。(白居易《暮歸》)

由此可見,(20)(21)兩例也極可能是7世紀末、8世紀—9世紀的作品。

乙組:

(26)别覓好時對,趁却莫交住。(王梵志)

(27)聞道愁難遣,斯言謂不真。昨朝曾趁却,今日又纏身。(寒山)

(28)羅漢門前乞,趁却閑和尚。(寒山)

這三例“趁却”中的“却”動作意義虚化,已是動態助詞,表示動詞“趁”的完成;“趁却”是動結式述補結構。

無獨有偶,除“趁却”外,唐代還出現了動結式“趁得”“趁取”:

(29)更勸殘杯看日影,猶應趁得鼓聲歸。(白居易《游城南,留元九、李二十晚歸》)

(30)巧窮南國千般豔,趁得春風二月開。(杜牧[803—約852]《見穆三十宅中庭海榴花謝》)

(31)勸君火急添功用,趁取當時二妙聲。(柳宗元[773—819]《疊後》)

上引三例動結式“趁得”“趁取”的時代,居於8—9世紀,由此反觀動結式“趁却”的産生時代,也極可能出現於這個時期。

唐代以來,動結式“V却”使用頻繁,“准入”的V的語義限制也逐漸消失,數量越來越多③。“趁”作爲一個南北朝以來的新詞,7世紀中期以後行用益廣,8—9世紀時進入動結式“V却”這一語法格式也正是其功能日漸豐富的表徵之一,也符合詞語發展演變的一般規律。

假如王梵志、寒山詩産生於隋、初唐,那麽“趁却”和“趁得”“趁取”的時代要相差200年左右,這樣一來,同一動詞在同一語法格式中搭配以不同助詞其時間差得如此懸遠就難以解釋了;假如王梵志、寒山詩(至少26、27、28三例)是中唐以後的作品,則“趁却”和“趁得”“趁取”的時代顯得整齊劃一,實際上恰好反映了“趁”作爲當時活躍口語詞的强大組合功能。

對於作爲常用語料的王梵志、寒山詩的時代性,唐鈺明(1988)有一段話引人深思,他考察唐代“被”字句發現它的使用頻度隨時間推移呈現遞進的趨勢,“而另查《王梵志詩校輯》時,情況就頗令人吃驚。該集屬初唐,而所見被動式21例全部是‘被’字式(8+13),頻度竟

① 據羅庸(1986:49),此文作於武則天萬歲通天元年(696)。

② 《朝野僉載》當作於武后朝後,即705年以後。

③ 參看曹廣順(1994:11-13)。

達100%，再查《寒山子詩集》，被動式15例也全屬'被'字式(3+12)。這種狀況不僅與唐代稍後的材料發生斷裂，而且對六朝'被'字式15%的頻度來説也是陡變——二者的跨度如此之大，實在使人困惑。究竟是'王梵志詩''寒山子詩'的時代有問題，還是唐以前有更接近口語的資料未被發現？如果是後者，那就説明現存的六朝之前的文獻與當時的口語仍有相當大的距離。"

根據上文以"趁"在唐代的新義新用法爲鑒别依據對王梵志、寒山詩時代性的辨析，可知顯然是"'王梵志詩''寒山子詩'的時代有問題"，——不能將其歸入初唐語料；不然據以考察某一語言現象的發展歷程時，往往會發現它們到了王梵志、寒山詩裏，就會"偏離方向""旁逸斜出"，與一般事實規律不合，這其實都是誤判語料時代所致。

參考文獻

[1]曹廣順. 近代漢語助詞[M]. 北京：語文出版社，1994.
[2]柳士鎮. 從語言角度看《齊民要術》卷前《雜説》非賈氏所作[J]. 中國語文，1989(2).
[3]羅庸. 唐陳子昂先生伯玉年譜[M]//新編中國名人年譜集成(第十二輯). 臺北：臺灣商務印書館，1986.
[4]繆啟愉. 齊民要術校釋(第二版)[M]. 北京：中國農業出版社，1998.
[5]唐鈺明. 唐至清的"被"字句[M]. 中國語文，1988(6).
[6]汪維輝.《齊民要術》卷前《雜説》非賈氏所作補證[J]. 古漢語研究，2006(2).
[7]真大成. 説"趁"——基於晉唐間(5—10世紀)演變史的考察[J]. 中國語文，2015(2).

New Word "Chen (趁)" in Middle Chinese and Dating of Literatures

Zhen Dacheng Xiang Xuechun

Abstract: As a new word in Middle Chinese, new meanings and new usages of "Chen (趁)" are produced in the development process. These meanings and usages have the characteristics of the time, which contributes to the dating of literatures. Based on these characteristics, this paper makes judgments on the dating of "Zashuo (雜説)" before the main body of "Qimin Yaoshu (齊民要術)"and Wang Qizhi (王梵志)'s poems as well as Hanshan (寒山)'s poems.

Key words: Chen (趁), characteristics of the time, dating

通信地址：真大成　浙江大學漢語史研究中心
郵　　編：310028
E-mail：zhendacheng@126. com

通信地址：向學春　重慶市萬州區五橋重慶三峽學院文學院
郵　　編：404000
E-mail：734545927@qq. com

《列子》語言地域性考察*

——以楚方言詞爲中心

嵇華燁

内容提要　《列子》成書年代及作者歷來頗有争議。本文以楚方言詞爲研究對象，考察《列子》語言的地域性。楚方言詞的確定主要採用方言區域文獻研究法，藉助兩漢、魏晉時期記録方言的文獻確定《列子》中存在的楚方言詞。我們認爲《列子》詞彙帶有楚方言色彩，其作者可能有楚方言背景，以往有學者推測《列子》作者或爲王弼，王弼爲山陽郡（今屬山東）人，這個可能性不大。

關鍵詞　《列子》　楚方言　地域

一　引言

《列子》相傳爲列子所作，曾一度失傳，東晉張湛重新編定《列子》並爲之作注。但自唐代柳宗元《列子辨》起，《列子》一書不斷受到質疑，被認爲是一部僞書，非列禦寇所作。20世紀以來，梁啟超（1927）、馬敘倫（1933）、楊伯峻（1956）、張永言（2006：1-18）、魏培泉（2017）等從多個角度論證《列子》是僞書，並且推測《列子》爲張湛本人或者東晉時人所僞造。目前，總體認爲《列子》非先秦之書是可以斷定的。

在詞彙研究方面，以往對《列子》詞彙的研究主要集中在新詞的發掘上，以此推斷《列子》寫作時代。我們希望通過對《列子》方言詞的研究，分析其語言的地域性。相傳列子是鄭國人，在方言分區上屬於周韓鄭方言區。但是在《列子》一書中却有不少楚方言詞。從文獻的記載來看，列子未有長期離開鄭國的形跡，且未有前往楚國的記録，因此這些楚方言詞可能是《列子》真正的作者留下的語言痕跡。

本文中楚方言詞的確定主要採用方言區域文獻研究法。首先確定記録了漢代楚方言的文獻①。主要是《方言》《説文解字》《淮南子》《楚辭》諸家注釋、漢代其他經師注以及有楚方言背景的文人作品（張衡、應劭、桓寬等②）。確定記録了魏晉六朝楚方言的文獻，主要是陸璣《毛詩草木鳥獸蟲魚疏》、郭璞《方言注》《爾雅注》、葛洪《抱朴子内篇》等。第二，根據楚方言文獻確定楚方言詞。第三，將確定的楚方言詞與《列子》進行比較，確定《列子》中存在的楚方言詞。

---

*　拙文承方一新師、汪維輝老師指正，謹致謝忱。文中不當之處，責任盡在作者。

①　對於《列子》的時代性我們認爲，《列子》非先秦所作是可以確定的，但是其主體部分主要寫定於兩漢還是魏晉仍然可以再探討。

②　列舉的有楚方言背景文人名録引自謝榮娥2007年華東師範大學博士學位論文《秦漢時期楚方言區文獻的語音研究》。

二 《列子》楚方言詞考察

關於楚方言詞已有大量研究。袁慶述(1983:85-91)、黄樹先(1989:109-117)、嚴學宭(1990:378-403)、邵則遂(1994:62-64)、李恕豪(2008:13-45)、劉信芳(2010:83-95)等均對楚方言詞作了個案研究,考證了多個楚方言詞以及楚方言詞在現今的留存情況。李小璠(2012:78,95)具體考證了《列子》中楚方言語詞。另外也有不少碩博士論文以楚方言詞爲研究對象。譚步雲(1998)、王穎(2004)、周璐(2010)、邵則遂(2011)、李小璠(2013)等對楚方言詞作系統性研究,考證了楚方言地域及楚方言詞發展。

《列子》一書有不少篇章散見他書,以《莊子》《淮南子》《山海經》《吕氏春秋》《孔子家語》等爲主。我們只考察僅見於《列子》有關篇章的楚方言詞。

【攩】推,捶打

《列子·黄帝》:"既而狎侮欺詒,攩拯挨抌,亡所不爲。"張湛注:"攩音晃。"宋林希逸《列子鬳齋口義》卷二:"攩、拯、挨、抌四字,皆戲侮而推打之也。""攩"本義爲朋黨。《説文·手部》:"攩,朋群也。"徐鉉音:"多朗切。"與晃音不同。"攩"音晃時,義爲捶打。《廣韻·蕩韻》:"攩,攩[illegible]搥打。"《玉篇·手部》:"攩,胡廣切,搥打也。"

"攩"秦漢時期爲楚語詞①。《方言》卷十:"拯、抌,推也。南楚凡相推搏曰拯,或曰揔。沅涌澧幽之語或曰攩。"郭璞注:"澧水,今在桂陽,音扶。涌水,今在南郡華容縣也。"清錢繹箋疏:"《漢志》:'南郡華容縣,雲夢澤在南,荆州藪。夏水首受江,東入沔,行五百里。'《晉志》:'南郡,漢置華容縣,今湖北荆州府江陵縣,東南有涌水,實夏水之支流也。'"秦漢時期"桂陽""南郡華容縣"屬楚方言區。考察秦漢時期其他文獻,無"攩"表示擊打的用例。因此,"攩"在秦漢時期可能是局限於楚方言區使用的方言詞,且未進入到書面語中,可能是揚雄經考察發現楚地有此方言而記録。

魏晉六朝時期,"攩"使用區域擴大,被江東方言區所吸收。《方言》卷十:"沅涌澧幽之語或曰攩。"郭璞注:"今江東人亦名推爲攩,音晃。"劉宋求那跋陀羅譯《雜阿含經》卷二十五:"時彼蟲神,排攩大山,推迮王上,及四兵衆,無不死盡。""排攩"義爲推擊。在書面語中用例仍不多。

【拯】推擊

《列子·黄帝》:"既而狎侮欺詒,攩拯挨抌,亡所不爲。"張湛注:"音扶閉。"唐殷敬順《釋文》云:"《方言》:'凡相推搏曰拯。'又扶畢切,推擊也。"《集韻·至韻》:"拯,戲擊也。《列子》:'攩拯挨抌。'"《玉篇·手部》:"拯,推擊也。"《篆隸萬象名義·手部》:"拯,莆畢反,推,擊,荆。"《廣雅·釋詁三》:"拯,擊也。"

"拯"爲楚方言詞。《方言》卷十:"拯、抌,推也。南楚凡相推搏曰拯,或曰揔。"《説文》無"拯"字。《慧琳音義》卷二十八《維摩詰經上卷》:"捉拯,蒲畢反,《方言》:'拯,推也。南楚凡相搏曰拯。'"《文選·張衡〈西京賦〉》:"叉蔟之所攙捔,徒搏之所撞拯。"吕延濟曰:"撞拯,謂撞而拯倒。"張衡是楚方言背景文人。"拯"也可寫作"柲"。《方言》卷十二:"柢、柲,刺也。"清錢繹箋疏:"柲通作拯。"與"攩"情況相類,"拯""柲"在文獻中用例較少,"柲"用例主要表示柄,因此我們猜測

① 邵則遂(2011:66-67)認爲"攩"是魏晉通語文獻中的楚方言詞。

“抋”是局限於楚方言區使用的方言詞，經揚雄考察後記録到《方言》中。

【抌】推擊

《列子・黄帝》：“既而狎侮欺詒，攩抋挨抌，亡所不爲。”張湛注：“抌音都感切。”唐殷敬順《釋文》：“抌，丁感切。《方言》：‘擊背也。’”《方言》卷十：“抌，推也。”《説文・手部》：“深擊也，从手冘聲。”《玉篇・手部》：“抌，擊也。”《篆隸萬象名義・手部》：“抌，都感反，推，剌。”

“抌”疑爲楚方言詞。《方言》未對“抌”使用區域作説明。《集韻・寢韻》：“抌，《説文》深擊也，一曰楚謂搏曰抌。或作㪅。”文獻中“抌”主要表示“舀取”義。《周禮・地官司徒》：“女舂抌二人。”郑玄注：“女奴能舂與抌者。抌，抒臼也。《詩》云：‘或舂或抌。’”“抌”表示“推擊”義用例較少。《淮南子・説林》：“不在於梱格，在於批抌。”高誘注：“抌，推擊其要矣。”①與“攩”“抋”情況相類，“抌”在文獻中用例較少，主要出現在字書中，秦漢六朝文獻僅在《淮南子》中找到用例，因此我們認爲“抌”是局限於楚方言區使用的方言詞，經揚雄考察後記録到《方言》中。“抌”在今粤語中仍有保留②，讀音[tæm35]。清宣統辛亥年《東莞縣志》卷十一：“深擊曰抌，抌讀合脣音。……今莞俗云用力擊人曰抌，即此字，他邑無是語。”

【菱芰】菱角

《列子・説符》：“夏日則食菱芰，冬日則食橡栗。”此句又見於他書。《吕氏春秋・恃君》：“夏日則食蓤芡，冬日則食橡栗。”《説苑・立節》：“冬處於山林，食杼栗，夏處洲澤，食蔆藕。”《列子》與《吕氏春秋》最接近，僅用“菱芰”替代了“蓤芡”。“菱芰”與《説苑》“蔆藕”相對應。

“菱”“芰”同義連用構成“菱芰”，“菱”“芰”均義爲菱角。“菱”與“蔆”同。《説文・艸部》：“蔆，芰也。从艸淩聲。”朱駿聲通訓定聲：“蔆，又作菱，作蓤。”《楚辭・九嘆》：“芙蓉蓋而蔆華車兮，紫貝闕而玉堂。”《淮南子・本經》：“曲拂邅迴，以像湡浯；益樹蓮菱，以食鼈魚。”

“芰”與“茤”“菱”義同。《説文・艸部》：“蔆也。从艸支聲。杜林説：‘芰从多。’”《玉篇・艸部》：“芰，巨寄切，蔆也。”《廣韻・艸部》：“芰，菱也。奇寄切。”《文選・左思〈魏都賦〉》：“丹藕凌波而的皪，綠芰泛濤而浸潭。”“菱”與“芰”析言略有差異。唐段成式《酉陽雜俎》卷十九《草篇》云：“芰，今人但言菱芰，諸解草木書亦不分别，惟王安貧《武陵記》言四角三角曰芰，兩角曰菱。”“菱芰”連用表示兩種菱角，恰與“橡栗”相對。

“芰”漢代爲楚方言詞，“菱”或爲當時通語③。《説文・艸部》：“楚謂之芰，秦謂之薢茩。”“芰”在楚方言背景文獻中有較多用例。《國語・楚語上》：“屈到嗜芰。”三國韋昭注：“屈到，楚卿屈蕩之子子夕。芰，菱也。”《楚辭・離騷》：“製芰荷以爲衣兮，集芙蓉以爲裳。”《楚辭・招魂》：“芙蓉始發，雜芰荷些。”《淮南子・本經》：“喬枝菱阿，芙蓉芰荷。”高誘注：“芰，菱角交萏也。”《漢書・揚雄傳上》：“衿芰茄之綠衣兮，被夫容之朱裳。”④

“芰”魏晉六朝時期仍在楚地通行。《爾雅・釋草》：“蔆蕨攗。”郭璞注：“蔆、蕨，水中芰。”宋邢昺疏引晉吕忱《字林》：“楚人名蔆曰芰，可食。”《文選・孔稚珪〈北山移文〉》：“焚芰製而

① 抌，又作“伔”。批抌，誤作“批伔”。王念孫《讀書雜志・淮南内篇第十七》：“隸書冘字或作冗，亢字或作?，二形相似，故抌字右邊或誤爲冗，或誤爲亢，左邊手旁又誤爲人旁，故藏本作伉，劉本作伔也。《列子》攩抋挨抌，釋文抌一本作抗，此冘誤爲亢之證也。”“抌”左邊手旁不誤，又可寫作“抏”。

② 據《漢語方言大詞典》“抌”條。

③ “芰”爲楚方言詞前賢業已有考證。嚴學宭(1990:378-403)《論楚族和楚語》亦考證“芰”爲楚方言詞。

④ 此句出自揚雄《反離騷》，是仿《楚辭》的作品，揚雄雖非楚方言地區文人，但其熟諳楚方言，創作仿《楚辭》的作品容易使用楚方言詞彙。

裂荷衣，抗塵容而走俗狀。”北朝賈思勰《齊民要術》卷六《養魚》：“種芰法，一名菱。”這一時期“芰”使用應該比較廣泛，在北方文獻中也有用例，可能是楚方言詞“芰”使用區域的擴大，也有可能是作者本人受前代作品的影響，如《北山移文》中“芰製”來源於《楚辭・離騷》“製芰荷以爲衣兮，集芙蓉以爲裳”一句。

【蘇】草芥、柴草

《列子・周穆王》：“王俯而視之，其宮榭若累塊積蘇焉。”釋文云：“蘇，樵人。”楊伯峻認爲釋文中“人”字疑“也”字之誤。世德堂本“人”作“也”。

“蘇”義爲柴草。《説文・艸部》：“蘇，桂荏也。从艸穌聲。”段玉裁注：“蘇之叚借爲樵蘇。”《廣雅・釋草》：“蘇，草也。”《莊子・天運》：“蘇者取而爨之而已。”郭象注：“蘇，李云：‘蘇，草也。取草者得以炊也。’”《素問・移精變氣論》：“十日不已，治以草蘇草荄之枝。”《文選・左思〈魏都賦〉》：“樵蘇往而無忌，即鹿縱而匪禁。”《史記・淮陰侯列傳》：“臣聞千里餽糧，士有飢色，樵蘇後爨，師不宿飽。”裴駰集解引《漢書音義》曰：“樵，取薪也，蘇，取草也。”清錢繹《方言箋疏》卷三：“王逸注：‘蘇，取也。’是草謂之蘇，取草亦謂之蘇，猶草謂之芻，取草亦謂之芻，薪謂之樵，採薪亦謂之樵，義並相因。”“取草”義是名詞“蘇”作謂語時的含義。

“蘇”爲楚方言詞。《方言》卷三：“蘇、芥，草也。江淮、南楚之間曰蘇。”江淮、南楚均爲楚方言區①。《文選・枚乘〈七發〉》：“秋黄之蘇，白露之茹。”《莊子・天運》：“蘇者取而爨之而已。”秦漢時期“蘇”在文獻中用例較少，表示“草”義的蘇可能主要在方言區口語中使用。魏晉六朝時期，“蘇”的使用區域在南方地區有所擴展，但在字書上並無記録。《宋書・羊玄保傳》：“富强者兼嶺而占，貧弱者薪蘇無託。”《文選・潘岳〈馬汧督誄〉》：“木石將盡，樵蘇乏竭，芻蕘罄絶。”《文選・應璩〈與侍郎曹長思書〉》：“樵蘇不爨，清談而已。”《玉臺新詠・鮑照〈夢還時〉》：“開奩集香蘇，探袖解纓徽。”“蘇”的用例較多情況是“樵蘇”連用，主要是對《史記》“樵蘇後爨”的沿用，可見，魏晉時期“蘇”在書面語中使用仍不普遍，還是一個局限在方言區的詞彙，更多的在江淮、南楚之間以及周邊的江東一帶。

【恂】相信

《列子・周穆王》：“今亡黄帝孔丘，孰辨之哉？且恂士師之言可也。”張湛注：“恂，信也。音荀。”“恂”義爲相信。

《説文・心部》：“恂，信心也。从心旬聲。”《玉篇・心部》：“恂，思巡切，信也。”《篆隸萬象名義・心部》：“恂，思巡反，信。”《書・立政》：“迪知忱恂于九德之行。”但值得注意的是，此處“恂”的用法是僞作者力圖使《列子》語言呈現先秦特點，刻意古奥而導致的錯誤用法②。“恂”訓作“信”時，往往作名詞，如前文“迪知忱恂于九德之行”例。另多有作狀語，意爲“的確，確實”。《漢書・地理志下》：“恂盱且樂，惟士與女，伊其相謔。”顔師古注：“恂，信也。”但是，未見“恂”作動詞並後接賓語的用法。《列子》僞作者將“恂”作動詞並接賓語“士師之言”，與固有用法不符③。

---

① 《史記・十二諸侯年表》：“楚介江淮。”索隱：“介音界，言楚以江淮爲介，一云介者夾也。”林語堂(1933:14-41)將陳汝潁江淮(楚)分爲一系。羅常培，周祖謨(1958)將陳楚江淮之間分爲一系。李恕豪(2003)將楚郢、北楚、江淮同歸爲楚方言區。

② 此條感謝匿名評審專家的評審意見。

③ 《列子》一書有多處因刻意古奥而造成的錯誤，張永言(2006:1-18)列舉了“姬”“庚”“郵”“誠”“省”“斯”“齊”等詞因仿古而導致語義及用法與語言事實不相符。

“恂”在楚方言區使用。《方言》卷一:“允、訦、恂、展、諒、穆,信也。宋衛汝潁之間曰恂。”“宋衛”“汝潁”屬於兩個方言區①。“汝潁”爲楚方言區。“恂”在楚方言區通用,但其使用範圍較大,超出了楚地。

三 小結

本節共列舉了《列子》中 6 個楚方言詞:“攩”“挐”“抌”“蘇”“恂”“菱芰”。《列子》另有“狶”②“憑怒”③“婑媠”④“爽”⑤4 個楚方言詞,這 4 個詞方言性質前代學者已有考證,故不再贅述。這 10 個詞在《列子》中所關涉的篇章都僅見於《列子》,由《列子》僞作者本人所寫,我們認爲可以體現僞作者自身的語言風格。具體到各個實例,首先,一部分詞彙具有較强的口語性和地方性。“挐”“抌”等詞在文獻中使用都極少,僅在《方言》等字書中記録,使用地域局限在楚方言地區。第二,部分詞彙在漢代至六朝均爲楚方言詞。“憑怒”“婑媠”等詞漢代及魏晉時期均只在楚方言文學中出現,有些在非楚方言文獻中出現往往是引用或化用前代楚方言文獻中的詞句。第三,部分詞彙漢代及前代爲楚方言詞,魏晉六朝時使用範圍擴大,成爲廣泛意義上的南方方言詞彙,尤其以江東方言爲最。“攩”“狶”“蘇”“恂”等例在魏晉時期的南方方言文獻中均出現了用例。另有“菱芰”一詞在北方文獻中出現用例。

綜上所述,我們認爲《列子》詞彙帶有楚方言色彩,其作者可能有楚方言語言背景,不可能是由列禦寇所創作,當是後人假託列子之名所寫。在《列子》作者的討論上,有學者根據張湛所述的《列子》流變情況,推測或爲王弼⑥。但王弼爲山陽郡(屬今之山東)人,其生活區域也主要集中在北方,因此不大可能會撰寫帶着楚方言色彩的《列子》。

參考文獻

[1]華學誠. 論王逸的楚方言研究[M]//中國文字研究(第三輯). 南寧:廣西教育出版社,2002:234-243

[2]黄樹先. 古楚語釋詞[J]. 語言研究,1989(02):109-117.

[3]李恕豪. 揚雄《方言》與方言地理學研究[M]. 成都:巴蜀書社,2003.

① 林語堂(1933:14-41)將宋衛及魏之一部爲一系。羅常培、周祖謨(1958)將周韓鄭,趙魏,宋衛劃爲一個分區。李恕豪(2003)將衛宋定爲衛宋方言區,爲七個方言分區之一。

② “狶”爲楚方言詞前賢業已有考證。嚴學宭(1990:378-403)《論楚族和楚語》考證“狶”爲楚方言詞:《方言》八:“豬,南楚謂之狶。”《漢書・揚雄傳》《校獵賦》:“抧蒼狶。”《御覽》卷九百四引何承天《纂文》:“梁州以豕爲豬,吴楚謂之狶。”

邵則遂(2011)認爲“狶”爲楚方言詞,並留存於今語中。

③ 易祖洛(1985:65-92)《〈楚辭〉方言今證》。考證“憑”爲楚方言詞,引王逸注:“憑,滿也。楚人名滿曰憑。”並提出“吾湘今猶謂滿曰憑,音如彭。如謂容器盛物已滿曰憑。”華學誠(2002:234-243)《論王逸的楚方言研究》認爲“憑”爲楚語音變字,引向夏觀點,“憑”爲“畐”的假借,又作“偪”。

④ “嫷”爲楚方言詞前賢業已有考證。嚴學宭(1990:378-403)《論楚族和楚語》考證“嫷”爲楚方言詞:《説文》女部:“南楚之外謂好曰嫷。”《方言》二:“媠,美也。南楚之外曰媠。”宋玉《神女賦》:“媠輕服”。《文選・曹植〈七啟〉》:“妝亂髮兮拂蘭澤,形媠服兮揚幽若。”李善注曰:“《説文》曰,媠,南楚之外謂好也。”按媠即嫷之省。

⑤ 華學誠(2002:234-243)《論王逸的楚方言研究》認爲“爽”爲無對應通語詞的楚方言詞,意爲羹湯壞了。《老子》第二章“五味令人口爽”句中“爽”與楚語接近。

⑥ 馬敘倫(2012)認爲《列子》藏於王氏,是王弼之徒僞造。

[4]李恕豪. 揚雄《方言》中僅見於楚地的方言詞語研究[M]//語言歷史論叢(第2輯). 成都:巴蜀书社,2008:13-45.

[5]李小璠.《列子》楚方言詞舉證[J]. 科海故事博覽·科技探索,2012(05):78,95.

[6]李小璠. 楚簡帛文獻中的楚方言詞研究[D]. 武漢:中南民族大學,2013.

[7]梁啟超. 古書真僞及其年代[M]//楊伯峻. 列子集釋. 北京:中華書局,2012:287-288.

[8]林語堂. 前漢方音區域考[M]//林語堂. 語言學論叢. 上海:開明書店,1933:14-41.

[9]劉信芳. 楚簡釋讀與《方言》補例試説[J]. 文獻,2010 (03):83-95.

[10]羅常培,周祖謨. 漢魏晉南北朝韻部演變研究(第一分册)[M]. 北京:科學出版社,1958.

[11]馬敘倫. 列子僞書考[M]//楊伯峻. 列子集釋. 北京:中華書局,2012:288.

[12]邵則遂.《楚辭》楚語今證[J]. 古漢語研究,1994 (01):62-64.

[13]邵則遂. 古楚方言詞歷時研究[D]. 武漢:武漢大學,2011.

[14]譚步雲. 先秦楚語詞彙研究[D]. 廣州:中山大學,1998.

[15]王穎. 楚簡辭彙研究[D]. 廈門:廈門大學,2004.

[16]魏培泉.《列子》的語言與編著年代[M]. 臺北:臺灣"中研院"語言學研究所,2017.

[17]許寶華,[日]宮田一郎. 漢語方言大詞典[M]. 北京:中華書局,1994.

[18]嚴學宭. 嚴學宭民族研究文集[M]. 北京:民族出版社,1997.

[19]楊伯峻. 列子集釋[M]. 北京:中華書局,2012.

[20]易祖洛.《楚辭》方言新證[M]//易祖洛. 易祖洛文集. 海口:海南出版社,2001:65-92.

[21]袁慶述.《楚辭》楚語札釋十例[J]. 求索,1983 (01):85-91.

[22]張永言. 從詞彙史看《列子》的撰寫時代(修訂稿)[M]//漢語史學報(第6輯). 上海:上海教育出版社,2006:1-18.

[23]周璐. 魏晉南北朝楚語研究[D]. 成都:西南交通大學,2010.

The Study of *Liezi*(列子)Dialect Features, Centering on Chu Dialect

Ji Huaye

Abstract: There is a controversy that when "*Liezi*"(列子)was written and who wrote it. The paper researches the dialect features of"*Liezi*"(列子)by centering on Chu dialect. The method of defining the Chu dialect words is mainly based on the literature research. If one word exists in the literature with Chu dialect features in Han and Wei dynasties, then we think the word is Chu dialect word. On the whole, we think that the author of "*Liezi*"(列子)should have the language background of Chu dialect. In the past, it was presumed that the author of "*Liezi*"(列子)is Wang Bi, which is unlikely.

Key words: "*Liezi*"(列子), Chu dialect, region

通信地址:浙江省杭州市西湖區天目山路148號浙江大學漢語史中心
郵　編:310028
E-mail:11704036@zju. edu. cn

漢法運動事件詞化類型演變比較研究*
——基於古今對譯語料語用傾向的調查

史文磊

内容提要　本文在既有研究的基礎上，對漢語和法語運動事件詞化類型的歷時演變作了進一步的比較和評估。調查建立在古今對譯語料統計分析的基礎上，從語言結構使用傾向和概念要素分布傾向兩方面進行。調查結果顯示：第一，漢語和法語詞化類型的演變，在V型、S型、雙路徑型（double path pattern）、綜合型（hybrid pattern）等結構的使用傾向上，都呈平行反向發展的趨勢。從分析性（analyticity）來看，詞化結構的演變體現了漢語分析性增强，法語綜合性增强。第二，從語言結構的使用傾向來看，現代漢語和古代法語都不是以往認爲的S型語言，而是並用型（parallel conflation）語言；從概念要素的分布傾向來看，漢語的方式顯著度呈不斷增强的趨勢，法語則呈不斷減弱的趨勢。但現代漢語和古代法語都不是方式顯著（manner salient）的語言，其路徑的編碼相對更爲顯著（path salient）。文末列出了詞化類型與概念要素分布傾向對應表，並提出了幾個值得進一步思考的問題。

關鍵詞　運動事件詞化類型　歷時演變　漢語　法語　語用傾向

一　引言

目前學界普遍的看法是，漢語和法語運動事件詞化類型（lexicalization pattern of motion events）（Talmy 2000）在歷史上經歷了反向的類型學轉變。漢語是從動詞構架（verb-framed/V型）轉變爲附加語構架（satellite-framed/S型）（Li 1993；Peyraube 2006；史文磊 2011），法語則是從附加語構架轉變爲動詞構架（Talmy 2000；Stolova，2008、2015；Kopecka 2006、2009；Iacobini 2012；Acedo-Matellán and Mateu 2013；Acedo-Matellán 2016）。這兩種路向的演變如下所示：

(1) 法語：S型→V型

漢語：V型→S型

近年的研究發現，詞化類型的差異在語義要素的語篇分布上表現出顯著的效應（Slobin 2000、2004、2006、2014）。如果上述類型轉變符合事實，兩種語言中相關語義要素的語篇分布傾向在歷史上是否有所體現？目前這方面的研究少之又少，我們對二者語用傾向演變的了解很不深入。有鑒於此，本文擬從語用傾向的角度，對這兩種語言詞化類型的歷史演變作出進一步的對比和分析，着重回答以下問題：

* 基金項目：國家社科基金重大項目“漢語詞彙通史”（14ZDB093）、教育部重點研究基地重大項目“漢語基本詞彙歷史演變研究”（16JJD740015）。柯理思（Christine Lamarre）、吴桐等先生曾對本文初稿提出中肯建議。謹此致謝！

第一，兩種語言詞化類型的演變，在語用傾向上是如何體現的？

第二，從語用傾向來衡量，(1)所刻畫的類型轉變是否成立？

正文分以下幾部分：第2節介紹調查方法；第3節是詞化結構使用傾向的比較，分兩方面進行，一是總體上的使用傾向，二是同時編碼方式與路徑結構的使用傾向；第4節是概念要素分布傾向的比較；第5-6節對相關問題作出討論和總結。

二 調查方法

(一)調查思路

本文説的語用傾向，包括兩方面。一是詞化結構的使用傾向。Talmy(1985、1991、2000)創設運動事件詞化類型時，側重於鑒别概念要素和語言形式的匹配，也就是詞化結構(talmian typology)。Talmy(2000:27)説，大多數情況下，一種語言的動詞，在最典型的(characteristic)表達中往往只採用一種詞化模式。這裏的典型是指口語性强、高頻使用和應用面廣的表達。據此來説，判斷一種語言的詞化類型，其詞化結構的使用傾向是重要的指標。二是概念要素在語篇中的分布傾向。如Slobin(2006)對方式顯著度(manner saliency)的調查，Ibarretxe-Antuñano(2009)對路徑顯著度(path saliency)的調查。這是Slobin(2004、2006)、Slobin et al(2014)等在Talmy類型學的基礎上提出來的(Slobinian typology)。本文的調查兼顧以上兩方面。

(二)語料選取

本項研究既作漢語和法語各自古今變化的比較，也作二者的演變之間的比較。要完成這項任務，古今對譯平行語料有着無與倫比的優勢。因爲通過這樣的語料，我們可以較爲直觀地呈現出，一種語言古今兩個階段的使用者，在面對相似事件時所採用的編碼結構有何異同。因此，我們分别選取了漢語和法語各自的古今對譯語料數據，作爲比較的基本材料。

漢語的語料樣本與Shi et al. (2018)中選取的語料基本一致。我們遵循口語性强和敘述性强的原則，閲讀了上古漢語(公元1世紀以前)中後期的6部文獻，並從中隨機擇取了180個情節(episode)的自移運動事件(autonomous motion)①，作爲上古的語料樣本。一個情節是指這樣的敘述片段：位移動體(figure)從一個定點開始並持續移動，經過若干介質性背景(ground)以後，直到另一預期達到的定點、新的情節開始爲止(plot-advancing event occurs)(Özçalışkan and Slobin 2003:206)。這些文本大致分布在公元前5—前3世紀中期這200年間。確定了上古漢語語料樣本以後，我們擇取了與之對應的現代漢語譯文作爲現代語料樣本。大致做法是：查閲與上古文獻相對應的現代漢語今譯文本，找出相應的運動事件情節的

---

① 由於運動事件的詞化類型在不同的子域(sub-domain)表現出的傾向差異較大(Lamarre 2003; Shi et al. 2018)，所以本文暫時只針對自移事件作出考察，致使(caused)等其他類型的事件，我們將另文專論。感謝審稿專家提出這條建議。

編碼形式。今譯文本儘量挑選那些讀起來比較符合現代漢語口語語感的本子①。語料版本的詳細信息見下表。

表 1 上古漢語語料及其今譯文本信息表

上古文本	今譯版本	情節數	大致時段
《論語》	錢遜《論語讀本》,中華書局 2007	6	
《左傳》	馮作民《白話左傳》,岳麓書社 1989	76	
《孟子》	楊伯峻《孟子譯注》,中華書局 1962	7	
《韓非子》	陳明、王青《韓非子全譯》,巴蜀書社 2008	33	
《吕氏春秋》	廖名春、陳興安《〈吕氏春秋〉全譯》,巴蜀書社 2004	34	
《晏子春秋》	薛安勤《晏子春秋注譯》,許嘉璐主編《文白對照諸子集成》,廣東教育出版社 1995	24	
		180	450 B. C. —250 B. C.

法語的語料樣本,我們採用了 Kopecka(2009)調查數據。作者選取了 4 種通俗故事詩 *fabliaux*(12—14 世紀)作爲古代法語的代表語料,這些故事詩記敘了當時的一些幽默故事和下層人的生活,口語性和敘事性都比較强,能夠較好地體現當時的口語面貌。作者從文本中摘取了自移運動事件表達的語段,共計 144 個句子,183 個動詞簡單句(verbal clause),形成古代語料。然後,作者又選擇了以上故事片段的現代法語譯文(Leclanche 2003)作爲現代語料,製成了法語古今對譯的語料樣本。

三 運動事件詞化結構類型比較

(一)總體詞化結構類型比較

我們對上古漢語語料和現代漢語譯文所採用的全部詞化結構分别進行了統計,得到了古今漢語運動事件編碼結構的基本使用情況,如下表所列。

① 我們爲每一部上古文獻找了四至六種現代譯文進行比較,挑選了其中讀起來最符合口語語感的一部譯著,作爲調查樣本。關於所選擇樣本之間的同質性與可比性有必要做簡要説明。不同譯者之間的語言使用會表現出個人風格特點。但是我們認爲這並不會影響整體結論。因爲:第一,古代原文和現代譯文是基本對應的,古今作者面對的是基本一致的事件情節。第二,每個時代有其整體語言使用習慣,這是由語言的群體規約決定的,這種習慣決定了使用該語言的人必須遵守並體現共有的語言規範。在對一些基本、常用概念域的表達上,一般人都會遵守這一規範。運動事件就是這樣的基本概念域。而我們所要調查的,正是這種語言規範的基本面貌。

表 2 上古漢語與現代譯文運動事件編碼結構類型綜合統計表

上古	現代							總數
	V 型	S 型	DPP 型	綜合型	E 型	其他	無	
V 型	98	44	71	4	0	7	2	226+6=232(69.05%)
E 型	7	41	4	1	8	1	0	62-4=58(17.26%)
S 型	0	1	0	0	0	0	0	1(0.3%)
綜合型	1	13	0	2	0	3	1	20-1=19(5.66%)
其他	1	9	1	1	0	17	0	29-3=26(7.73%)
	107 31.94%	108 32.24%	76 22.69%	8 2.39%	8 2.39%	28 8.35%	3	上古總數=336 現代總數=335

説明：本表數據的編排參考了 Kopecka(2009)，以便於漢法比較。雙路徑型(double Path pattern/DPP 型)對應 Kopecka(2009)的 mixed pattern，指主要動詞和附加語都編碼路徑，如"回到、前往、離開、來到、出來"。綜合型對應 Kopecka(2009)的 hybrid pattern，指動詞同時編碼方式和路徑，如上古漢語"濟、奔(逃離)、亡、登、逾、走(逃離)"，現代譯文"撤退、出動、進伐"。"其他"指難以歸類的結構，如上古漢語"涉江、追楚師、挾輈以走、越於車下"，現代譯文"長驅疾馳、四上四下、投水自殺、轉身"。E 型(Equipollently-framed/對等構架)是指編碼方式和路徑的形式語法地位對等，均是主要動詞(Slobin 2004)，如上古漢語的"驅入""突出"。下同。

上表横欄從左向右是上古漢語各種結構類型在現代譯文中對應的結構類型的數目。例如，上古的 V 型在現代譯文中依然使用 V 型結構的有 98 例。最右側竪欄是上古各類結構的總數，下側横排是現代譯文各類結構的總數。現代譯文與上古原文在事件的概念單位的切分上有少數不是一一對應的，例如：

(2){入自皇門}，{至於逵路}→{從皇門攻入大路上}(《左傳·宣公十二年》馮譯)

上古原文用{}括起來的前後兩段表述，句法上相互獨立，時間上有比較明顯的先後順序和邊界，參照點也不一致。我們將其界定爲兩個不同的概念事件。該結構在現代譯文中改用了動趨式，整合爲一個概念事件。另有少數古代一個動詞結構到現代譯文分爲兩個的情況，例如：

(3)入→{走在前面}{先進去}(《左傳·僖公三十年》馮譯)

語料中，上古 1 個 V 型結構在現代改用 2 個結構的有 1 次，上古 2 個 V 型結構到現代改用 1 個的 7 次，因此上古 V 型結構的數目應在現代譯文的數目上減 1 加 7。上古 1 個 E 型結構在現代改用 2 個結構的情況有 4 次，因此上古 E 型結構數目應減 4。上古 1 個綜合型結構在現代改用 2 個結構的情況 1 次，因此上古綜合型結構數目應減 1。上古 1 個"其他"結構在現代改用 2 個結構的情況 3 次，因此上古其他型結構數目應減 3。另，上古有 3 例運動事件編碼結構在現代譯文中没用相應的運動事件編碼結構，即上表"無"類，現代譯文結構總數不計"無"類。

古代法語語料及其現代法語譯文所用運動事件編碼結構的基本情況，Kopecka(2009)作了詳細的調查和統計，如下表所列：

表 3　古代法語與現代法語運動事件編碼結構類型統計表(修改自 Kopecka 2009:418 Table 31.1)

古代法語	現代法語						總數
	V 型	DPP 型	S 型	V+PP背景	綜合型	其他	
V 型	60	0	1	2	4	0	67(36.61%)
DPP 型	23	1	0	0	0	0	24(13.11%)
S 型	46	0	13	0	3	0	62(33.88%)
V+PP背景	11	0	1	14	2	0	28(15.30%)
其他	0	0	0	0	0	2	2(1.09%)
總數	140 (76.50%)	1 (0.55%)	15 (8.20%)	16 (8.74%)	9 (4.92%)	2 (1.09%)	

説明:"V+PP背景"指介詞編碼路徑,介詞的賓語編碼參照背景(Ground)的情況,如 *a cort ala* 'went at the court'。

根據表 2 和表 3,兩種語言詞化結構的古今變化,主要可以從下表這幾個方面來作比較:

表 4　漢語和法語詞化結構古今變化對比表

	古代漢語	現代漢語	古代法語	現代法語
V 型結構	69.05%	31.94%	36.61%	76.5%
S 型結構	0.3%	32.24%	33.88%	8.2%
DPP 型結構	0	22.69%	13.11%	0.55%
綜合型結構	5.66%	2.39%	0	4.92%

第一,從 V 型結構的使用頻率來看,漢語是鋭減,法語則是劇增,呈反向演變。

第二,從 S 型結構的使用頻率來看,漢語是增加,法語則是減少。增減的幅度也都很大。

以上類型使用傾向的消長,跟路徑這一核心要素(core schema)的編碼結構密切相關。漢語路徑的編碼策略,從古到今發生的顯著變化,可以從以下諸例看出來:

(4)a. 有蛇自泉宫出。(《左傳·文公十六年》)→有大蛇從泉宫爬出來。(馮譯)

b. 象往入舜宫。(《孟子·萬章上》)→象便走向舜的住房。(楊譯)

c. 遂奔齊。(《左傳·宣公十八年》)→逃到齊國去。(馮譯)

d. 鯉趨而過庭。(《論語·季氏》)→我快步從庭中走過。(錢譯)

上例(a)-(d)中,原文編碼路徑的形式分别是路徑動詞、兩個連用的路徑動詞、綜合性動詞、跟方式動詞連用的路徑動詞,現代譯文全都改用了附加語。法語則跟漢語相反,其路徑信息越來越多地由主要動詞來編碼。如下諸例所示:

(5)a. *s'entourne* 'away-turn' →*retourner* 'return'

b. *re tourne* 'back-turn' →*retourner* 'return'

c. *s'enretourne* 'away-back-turn' →*retourne* 'return'

d. *s'enretourne…arriere* 'away-back-turn…backward'→*retourne* 'return'

e. *vont aval* 'go-down' →*descendent* 'descend'

(古今法語路徑編碼形式—引自 Kopecka 2009:419-421(4)-(7))

上引(a)-(b)例中的路徑信息分别由附屬於方式動詞 *tourne* 'turn'的小詞(particle)*en*

'away'和前綴(prefix)*re* 'back'編碼,(c)是這兩類成分的累加(accumulation),(d)則是在(c)的基礎上又累加了編碼路徑的小詞 *arriere*'backward/向後'。這些結構到了現代法語譯文中全都被譯成了編碼路徑的主要動詞 *retourner* 'return/返回',方式信息則被删略了。(e)也是如此,古代法語路徑由小詞 *aval* 編碼,而到現代譯文則改用了主要動詞 *descendre* 編碼。

第三,從雙路徑型結構的使用頻率來看,上古漢語幾乎見不到,到現代漢語譯文中則出現了 22.69%(76 例),比例較高。如下例中,上古用路徑動詞"還""去""之",而現代則用"回到""離開""來到"這類雙路徑型結構對譯。

(6)諸侯之師還鄭而南。(《左傳·襄公十年》)
諸侯聯軍回到鄭國。(馮譯)

(7)遂去之秦。(《韓非子·十過》)
便離開戎國來到秦國。(陳、王譯)

現代漢語譯文的這 76 例雙路徑型結構中,有 71 例是對譯上古 V 型結構的。也就是説,上古的 V 型結構有 30%(71/232)轉變成了雙路徑型的,而非 S 型的。法語的歷史則恰恰相反,古代用例 13.11%(24 例),到現代只剩 0.55%(1 例),基本上都被 V 型結構取代了。例如,*trespassee la charier* 'across-passed the path'這種雙路徑型結構,在古代法語中很常用,但在現代法語中已經逐漸消失,代之以 V 型結構(Kopecka 2009:418-419;本文表 3)。

第四,從綜合型結構的使用頻率來看,上古漢語有 5.66%(19 例),到現代減至 2.39%(8 例),從古至今表現出降低趨勢。上古漢語的綜合型結構到了現代漢語中大部分被 S 型結構替代了(13/19)。如下例所示,上古漢語中"奔"兼表方式(逃;跑)和路徑(往;離),現代譯文的對應結構有兩類,a 類是典型的 S 型結構,b 類略微不同,其前位動詞是雙音節的,後位成分則是典型的路徑附加語。

(8)上古漢語原文　　現代漢語譯文
奔　→　a. 逃往;逃來;逃到…去
b. 出逃到;亡命到

法語則相反,從古代未見使用到現代出現了 4.92%(9 例)。Kopecka(2009)没有給出古今對譯的用例,但舉了下面這個例子,比較典型(Kopecka 2009:417(2))。可以看出,古代法語是 S 型結構,現代法語凝合爲綜合型結構。另外值得關注的是,現代法語中已經不用 *fluer* 和 *ferler* 這兩個獨立動詞,而只有帶詞頭的形式了①。

(9)古代法語　　現代法語
a. *a-fluer*　　*affluer*
toward-flow　　to flow toward
b. *dé-ferler*　　*déferler*
off-spread　　to spread out

從以上各類結構的使用傾向來看,古代漢語和現代法語的主導結構類型都是 V 型,這比較明顯,但是現代漢語和古代法語 V 型結構和 S 型結構的使用比例差别不多,很難説誰占主導。據此衡量,(1)所列的演變路徑不夠準確。

① 感謝柯理思(Christine Lamarre)先生爲筆者指出這一點。

（二）方式和路徑共現編碼結構類型比較

上節的調查分析，主要是針對漢語和法語各自詞化類型總體上的演變狀況，這可以顯示出一種語言整體的類型偏好。古代漢語和現代法語這樣的語言，往往只編碼路徑，忽略方式。那麽，當需要同時編碼方式和路徑時，漢語和法語會表現出怎樣的古今差異呢？下文重點討論這個問題。首先分析漢語，然後跟法語進行比較。

首先，我們對上古漢語同時提及方式和路徑時所用的結構類型以及現代譯文的對應結構類型做了統計，基本情況如下表所示：

表 5　上古漢語同時提及方式和路徑的結構及其在現代譯文中的對應結構統計表

上古漢語	現代漢語							總數
	V型 $(V_{\text{中立B}}+\text{着}+)V_{\text{路徑}}$	S型 $V_{\text{方式}}+Sat_{\text{路徑}}$	E型 $V_{\text{方式}}/V_{\text{中立B}}+V_{\text{路徑}}$	綜合型 $V_{\text{方式}+\text{路徑}}$	DPP型 $V_{\text{路徑}}+Sat_{\text{路徑}}$	序列句 {S1}{S2}	其他	
V型 $Adv_{\text{方式}}+V_{\text{路徑}}$ 1	1	0	0	0	0	0	2	
S型 $Adv_{\text{路徑}}+V_{\text{方式}}$	0	1	0	0	0	0	0	1
E型 $V_{\text{方式}}/V_{\text{中立B}}(+\text{連詞})+Sat_{\text{路徑}}$	8	34	5	0	3	3	3	56
綜合型 $V_{\text{方式}+\text{路徑}}$	1	7	0	1	0	0	3	12
序列句 {S1}{S2}	0	1	0	0	0	1	0	2
總數	10	44	5	1	3	4	6	73

説明：$V_{\text{中立B}}$指這樣的中立動詞（neutral verb）：單用時没有位移義，但用在特定格式中時就有位移義，例如“負書而行”中的“負”。還有一類中立動詞，指既不表達方式也不表達路徑信息的運動動詞（$V_{\text{中立A}}$），像英語中的 go/move、土耳其語中的 *git/hareketet*（Özçalışkan and Slobin 2003：261）、上古漢語的“行”，古代法語中的 *aler* ‘to go’。Beavers et al（2010：362）稱之爲純粹運動動詞（pure motion verbs）。

從上表的調查結果來看，古今漢語在同時提及方式和路徑信息時採用的結構表現出明顯不同的傾向。上古漢語傾向於用 E 型結構來編碼（77%，56 例），即方式和路徑的編碼形式均是主要動詞，其他類型只有個别用例。現代譯文則主要用 S 型結構來對譯（60%，44 例）。如下例所示，“歌而過”“突出”這樣的對等型結構，現代譯文都改用了“（唱着歌）走過”“竄出來”等 S 型結構。

（10）楚狂接輿歌而過孔子（《論語・微子》）

楚國的狂人接輿唱着歌走過孔子的車旁。（錢譯）

（11）彘突出於溝中。（《韓非子・外儲説右下》）

豬突然從溝中竄出來。（陳、王譯）

我們又對現代漢語譯文中同時提及方式和路徑信息時所用的結構類型及其在上古原文中的對應結構進行了統計，基本情況如下表所列：

表 6 現代漢語同時提及方式和路徑的結構及其在上古原文中的對應結構統計表

現代漢語	上古漢語						總數
	V 型 (Adv方式+)V路徑	S 型 Adv路徑+V方式	E 型 V方式/V中立B(+連詞)+Sat路徑	綜合型 V路徑+方式	序列句 {S1}{S2}	其他	
V 型 V中立B+着+V路徑	6	0	4	0	0	1	11
S 型 V方式+Sat路徑	37	1	35	7	3	10	93
E 型 V方式/V中立B+V路徑	2	0	7	0	0	0	9
DPP 型 V中立B+着+V路徑+Sat路徑/指向	1	0	2	0	0	0	3
綜合型 V路徑+方式	3	0	0	1	0	1	5
序列句 {S1}{S2}	1	0	5	0	1	1	8
其他	0	0	1	0	0	0	1
總數	50	1	54	8	4	13	130

從上表數據我們可以明顯地看出,現代漢語在同時提及方式和路徑信息時所用的結構類型主要是 S 型結構(占 72%,93 例);而現代譯文同時編碼方式和路徑信息的結構在上古漢語的來源主要有兩類,即 V 型結構(占 38%,50 例)和 E 型結構(占 42%,54 例)。

下面看法語的情況。Kopecka(2009)對古代法語同時編碼方式和路徑的結構及其在現代法語譯文中對應結構類型做了統計分析,基本的分布情況如下表所列:

表 7 古代法語同時提及方式和路徑的結構在現代譯文的對應結構統計表(Kopecka 2009:423 Table 31.2)

古代法語	現代法語					總數
	V 型		S 型		綜合型	
S 型 V方式+Sat路徑	V路徑 18	V路徑+Adv方式 3	V方式+Sat路徑 8	Vgo+Sat路徑 1	V路徑+方式 2	32
總數	21		9		2	

根據 Kopecka(2009:422)給出的數據,古代法語語料編碼方式信息,採用 S 型結構 36 例,其中 32 例是方式動詞和路徑附加語結合,4 例是方式動詞和另一中立動詞(general verb of motion)*aler* ‘to go’的結合;另外採用 V 型結構 12 例,即主要動詞編碼路徑,其他修飾性成分編碼方式。據此,古代法語同時編碼方式和路徑,主要是採用 S 型結構(占 66.67%,32/48)。從上表數據來看,到現代法語譯文,這 32 例 S 型結構多數改用了 V 型結構(65.62%,21 例)。如下例所示:

(12)a. *Fuiez de ci*, *alez la fors*!

Flee from here, go outside!

趕緊從這裏逃開,到外面去!(古代法語原文——引自 Kopecka 2009:423(12))

b. *Partez d'ici*! *Dehors*!

Leave! Outside!

離開! 外面去!(現代法語譯文——引自 Kopecka 2009:424(12'))

古代法語原文(a)用了主要動詞 *fuiez*'flee'編碼方式,附加語 *de*'from'編碼路徑;而現代法語譯文(b)則改用了 V 型結構,只用路徑動詞 *partez* 'leave'。

綜上,在同時編碼方式和路徑時,現代漢語和古代法語採取的策略類似,都以 S 型結構爲主;古代漢語和現代法語情況不同,古代漢語主要用 E 型結構,現代法語則主要用 V 型結構①。據此衡量,(1)所列演變也不夠準確。

四 概念要素分布傾向比較

先看方式編碼顯著度的古今變化。我們調查了上古漢語原文和現代譯文,統計出各種動詞的數量和占比,列表如下:

表 8 漢語運動動詞例數比例古今變化統計表

	方式動	路徑動詞	中立動詞	總數
上古漢語	20.37%(77)	72.75%(275)	6.88%(26)	378
現代漢語	30.26%(138)	67.76%(309)	1.97%(9)	456

從上表數據來看,編碼方式的動詞形式,使用頻率從古到今呈升高趨勢。如下例所示,原文是兩個動詞"去""之"連用,只有路徑信息,譯文則增添了兩個方式動詞"避""搬"。

(13)去之岐山之下居焉。(《孟子·梁惠王下》)

他便避開,搬到岐山之下定居。(楊譯)

此外,漢語還用副詞性成分編碼方式信息。我們又統計了副詞性方式編碼成分的古今變化,如下表所列:

表 9 漢語副詞性方式編碼成分統計表

	修飾方式動詞	修飾路徑動詞
上古漢語	4	4
現代漢語	27	1

從上表數據來看,有兩點變化值得關注。第一,編碼方式的副詞性形式,從古到今也表現出很大幅度的增長,古代只用 8 次,現代譯文則是 28 次。第二,現代譯文的這些副詞性形式,絕大多數是用來修飾方式動詞的。如下例所示,譯文添加了"偷偷地",用來修飾方式動詞"跑"。

(14)遂逃歸。(《左傳·僖公二十二年》)

就偷偷地從秦國跑回晉國。(馮譯)

Özçalıskan and Slobin(2003:266)調查發現,副詞性方式成分在 S 型語言(英語)和 V 型語言(土耳其語)中的分布傾向不同,在 S 型語言中多修飾方式動詞,在 V 型語言中多修飾其他動詞(如中立動詞或路徑動詞)。副詞性方式成分再搭配方式動詞,就會進一步提高方式信息的表達性和多樣性,强化人們對運動方式的關注,直接搭配路徑動詞,則是爲了補償方

① Kopecka(2009)没有具體統計現代法語譯文中同時編碼方式和路徑的結構,但是從其文中表 31.1(即本文表 3)的數據來看,現代法語應該是以 V 型結構爲主。

式信息表達的不足。古今對比顯示，現代漢語的副詞性方式成分的分布傾向，跟S型語言更接近一些。

下面看法語的情況。法語的變化則是删減方式信息的編碼形式。根據 Kopecka(2009：422)的統計(本文表7)，古代32例S型結構，到現代譯文中，改用V型結構的有21例，只有3例保留了方式信息，繼承下來的S型結構9例，8例保留了方式，另有2例綜合型結構也保留了方式。保留方式的形式加起來共13例，跟古代比起來，方式編碼的次數大大減少了。如下例中，(a)古代法語原文用主要動詞 *sailli*"跳"編碼方式，附加語 *fors*"向外"編碼路徑，同時還用了副詞性成分 *lués*"急速地"來進一步凸顯方式信息，而到了現代法語譯文(b)中，只用了一個路徑動詞 *sortir*"出"來對譯，兩類方式信息全部删掉了。

(15)a. *de la cuvesaillilués fors*.

he jumped right out of the bath.

他從浴缸中急速地跳了出來。(古代法語原文——摘自 Kopecka 2009:424(13))

b. *ilsortit de la cuve*.

he got out of the bath.

他出了浴缸。(現代法語譯文——摘自 Kopecka 2009:424(13'))

綜上，漢語方式編碼的顯著度，從古到今表現出增强的趨勢，法語則表現出明顯減弱的趨勢。

關於路徑信息分布傾向的古今差異，根據 Kopecka(2009:421-422)，法語有兩個方面的變化。一是古代的各類路徑信息可以通過介詞、詞綴等累加在一個方式動詞上，現代改用了單個的路徑動詞；二是原先一個複合路程，現代通過不同的路徑動詞切分成了不同的片段(segment the path into further sub-events)。這兩點變化符合V型語言的語用傾向特徵(Slobin 2004)，支持法語表現出向V型語言轉變的傾向。但是，類似的或反向的演變，我們在漢語古今對譯的語料中没有發現。從上表8的統計數據來看，從古到今漢語路徑動詞(包括用作主要動詞和附加語的路徑動詞形式)的使用比例略有下降，路徑顯著度有所減弱，但也不太明顯。

五　討論

Talmy(2000:118-119)基於 Li(1993)認爲，漢語的運動事件詞化類型經歷了從V型到S型的轉變。Peyraube(2006:133)説，到公元10世紀前後，這個類型轉變就已經完成(achieved)了。Shi and Wu(2014)則指出，漢語至今也不是典型的S型語言，不過偏向S型。根據本文對古今對譯語料的調查，在自移運動事件的編碼上，上古漢語以V型結構爲主，説是V型語言，當無問題。但現代漢語不是S型，宜歸入並用型(parallel system of conflation)(Talmy 2000:66)，因爲：第一，S型結構的使用比例並不占主導地位，跟V型結構基本持平(31.94%:32.24%)；第二，用S型結構還是用V型結構，找不出位移類型上的分工。當方式和路徑需要共現時，現代漢語的編碼結構以S型爲主，上古漢語則以E型爲主。從這個角度來説，不同語義類型的運動事件，採取的主導詞化類型可能並不一致。

根據以往的觀點，包括法語在内的羅曼語族，歷史上經歷了從S型到V型的轉變

(Talmy 2000;Herslund 2005;Stolova 2008、2015;Acedo-Matellán and Mateu 2013)。然而,本文通過漢法對比發現,古代法語跟現代漢語有頗多相似之處,其 S 型特徵也不典型,歸入並用型更符合事實。古代法語語料中,S 型結構和 V 型結構的使用比例差距不大(33.88%:36.61%),在功能上似乎也看不出明顯的分工。儘管 Kopecka(2009:419)也承認,古代法語的 V 型結構和 S 型結構在比重上旗鼓相當,但她不太願意接受這個事實,又説:“然而,儘管兩種類型的結構在分布傾向上没有顯著的差距,不過我們注意到,路徑附加語有着多樣化的分布,它們既可以跟方式動詞和中立動詞 *aler*‘to go’搭配,也常跟路徑動詞搭配。”但是,從語用傾向的立場來看,路徑附加語跟中立動詞、路徑動詞搭配這兩類結構,只編碼了路徑,並没有編碼方式。這類結構的使用,無疑是增强了古代法語路徑編碼的顯著度。路徑編碼顯著,是 V 型語言的典型特徵。這就更有力地證明,古代法語的 S 型特徵並没有那麽强烈。

現代漢語和古代法語都有一定比例的雙路徑型結構,現代漢語有 22.69%,古代法語有 13.11%。雙路徑型結構中,主要動詞和附加語分别編碼路徑信息。在 S 型結構和 V 型結構使用頻率差别不大的前提下,雙路徑型結構的廣泛使用,無疑是提高了路徑信息編碼的頻率。從語篇認知組織的立場來説(Slobin 2004),這種分布格局支持現代漢語和古代法語的路徑顯著度較高,而方式顯著度則相對較低。而一般來説,路徑編碼顯著是 V 型語言的典型表現,方式編碼顯著是 S 型語言的典型表現。因此,從概念要素顯著度的角度衡量,現代漢語和古代法語反倒是更靠近 V 型語言的特徵。

六　結論

人類語言編碼運動事件的詞化類型跟路徑、方式的顯著度有一定的對應關係,根據這些參數,可以製成一個對應連續統,如下表所示:

表 10　運動事件詞化類型與概念分布傾向對應表①

詞化類型	S 型	並用型	V 型
路徑顯著度	低	<<<	高
方式顯著度	高	>>>	低
語言	現代英語、現代德語	古代法語、現代漢語	現代法語、古代漢語

漢語和法語可以在表中找到各自的位置。古代漢語和現代法語是比較典型的 V 型語言,現代英語和現代德語是比較典型的 S 型語言,現代漢語和古代法語則處在連續統的中間,V 型結構和 S 型結構使用比例差别不大,且無功能分工,因此是並用型語言。因此,前文(1)刻畫的類型演變應修正爲:

(16)法語:並用型→V 型

① 表中只列出了 S 型、並用型和 V 型,有些學者還提出了其他一些類型,較有影響的是 Slobin(2004)提出的 E 型(equipollently-framed)語言,即路徑和方式由語法地位(grammatical weight)對等的成分編碼。Chen and Guo(2009)等曾主張現代漢語就是這種類型。但是,新近的研究發現,這是一種極不穩定的結構,以這種結構作爲主導的語言幾乎不存在(Talmy 2009)。現代漢語也不應視爲 E 型語言(Shi and Wu 2014)。因此,這裏暫時不列。

漢語:V 型→並用型

兩種語言詞化類型的演變,不但表現在 V 型和 S 型結構的使用傾向上,還表現在雙路徑型和綜合型結構的使用傾向上。從概念要素分布傾向來看,漢語從古到今方式顯著度有所提高;路徑顯著度有所降低,但還是比較凸顯。法語方式顯著度有所降低;路徑顯著度由較高變爲很高。

從句法分析性(syntactic analyticity)程度高低來看(Huang 2015),兩種語言的演變也反映出反向的趨勢。漢語相關結構的演變反映了分析性增强的趨勢,如 V 型→S 型("入→走進")、V 型→雙路徑型("還→回到")、綜合型→S 型("奔→逃往")等,而法語相關結構的演變則反映了綜合性(synthetic)增强的趨勢,如 S 型→V 型(s'*entourne* 'away-turn'→retourner 'return')、雙路徑型→V 型、S 型→綜合型(*a-fluer*→*affluer*)等。就演變的動因而言,這跟各自的形態句法系統應該密切相關,例如漢語的雙音化和動趨式的歷時演變等(史文磊 2014a),但這已經超出了本文的討論範圍。

本文的調查,在回答引言所列問題的同時,也引出了一系列值得思考的新問題。首先,語體問題。按照 Talmy(2000)的主張,調查應選擇最典型的表達,即口語性强、高頻使用和應用面廣的表達。但是,口語性强弱是個連續統,不同語體的成分往往是混在一起的。如電視媒體的新聞報道,儘管是説出來的,但不一定都是最口語性的(colloquial)。寫下來的文本,如本文選用的古今對譯語料,有些成分也是互相滲透在一起的。筆者認爲,這才是真實語言的全貌。我們很有必要擴大調查範圍,從而觀察不同語體傾向的形式是如何各有分工而又協同合作的。其次,演變時長問題。漢語從上古後期(按公元前 5 世紀算)至今,大約有 2500 年,法語從古(按 12 世紀算)至今,不到 1000 年,但我們看到的却是兩段反向演變過程。那麽,一種語言運動事件詞化類型的轉變需要多少時間?時長上爲什麽會存在跨語言的差異?另外,本文提出的一些論斷,需要更多跨語言的證據來證明或修正。因此,本文的調查只能算是抛磚引玉,期望有志同好作出更加深入的研究。

參考文獻

[1]柯理思(Lamarre,Christine). 漢語空間位移事件的語言表達——兼論述趨式的幾個問題[J]. 現代中國語研究,2003(5).

[2]史文磊. 漢語運動事件詞化類型的歷時轉移[J]. 中國語文,2011(6).

[3]史文磊. 語言庫藏顯赫性之歷時擴張及其效應——動趨式在漢語史上的發展[J]. *International Journal of Chinese Linguistics*,2014a(2).

[4]史文磊. 漢語運動事件詞化類型的歷時考察[M]. 北京:商務印書館,2014b.

[5]Beavers,J. ,B. Levin & S. Tham. The typology of motion expressions revisited[J]. *Journal of Linguistics*,2010,46 (3):331-377.

[6]Herslund,M. Lingue endocentriche e lingue esocentriche:Aspetti storici del lessico[J]. In I. Korzen & P. D'Achille(eds.)*Tipologia linguistica e società*,19-30. Firenze:Franco Cesati Editore.

[7]Huang,C-T. J. 2015. On syntactic analyticity and parametric theory[A]. In A. Li,A. Simpson,W-T D. Tsai (eds.). *Chinese syntax in a cross-linguistic perspective*[C]. New York:Oxford University Press,2005:1-48.

[8]Ibarretxe-Antuñano,I. Motion events in Basque narratives[A]. In S. Strömqvist & L. Verhoeven

(eds.). *Relating events in narrative: Typological and contextual perspectives*[C]. Mahwah, NJ: Lawrence Erlbaum Associates, 2004: 89-112.

[9]Iacobini, C. Grammaticalization and innovationin the encoding of motion events[J]. *Folia Linguistica*, 2012, 46(2): 359-385.

[10]Kopecka, A. The semantic structure of motion verbs in French: Typological perspective[A]. In M. Hickmann, S. Robert(eds.), *Space in Languages: Linguistic Systems and Cognitive Categories*[C]. John Benjamins, 2006: 83-101.

[11]Kopecka, Anetta. Continuity and change in the representation of motion events in French[A]. In J. Guo, E. Lieven, N. Budwig, S. Ervin-Tripp, K. Nakamura, Ş. Özçalışkan(eds.), *Crosslinguistic Approaches to the Psychology of Language: Research in the Tradition of Dan Isaac Slobin*[C]. Mahwah, NJ: Lawrence Erlbaum Associates, 2009: 415-425.

[12]Leclanche, Jean-Luc (ed.). *Chevalerie et grivoiserie: fabliaux de chevalerie*[M]. Published, translated, presented, and annotated by Jean-Luc Leclanche. Paris: Champion Classiques, 2003.

[13]Li, Fengxiang. A diachronic study of V-V Compound in Chinese[D]. Buffalo, NY: SUNY at Buffalo dissertation, 1993.

[14]Li, Fengxiang. Cross-linguistic lexicalization patterns: Diachronic evidence from verb-complement compounds in Chinese[J]. *Sprachtypologie und Unversalienforschung*, 1997(3): 229-252.

[15]Peyraube, A. Motion events in Chinese: A diachronic study of directional complements[A]. In M. Hickmann & S. Robert (eds.), 2006: 121-138.

[16]Özçalışkan, Ş. & D. I. Slobin. Codability effects of the expressions of manner of motion in Turkish and English[A]. In A. Sumru Özsoy, D. Akar, M. Nakipoğlu-Demiralp, E. Erguvanlı-Taylan, & A. Aksu-Koç (eds.), *Studies in Turkish Linguistics*[C]. Istanbul: Bogaziçi University Press, 2003: 259-270.

[17]Shi, W. and Y. Wu. Which way to move: The evolution of motion expressions in Chinese[J]. *Linguistics*, 2014, 52(5): 1237-1292.

[18]Shi, Wenlei, Wanglong Yang, and Henghua Su. The typological change of motion expressions in Chinese revisited: Motion events in Old Chinese and its translation into Modern Chinese[J]. *Studies in Language* 2018 42(4): 847-885.

[19]Slobin, D. I. Mind, code, and text[A]. In Joan Bybee, John Haiman& Sandra A. Thompson (eds.), *Essays of language function and language type*[C]. Amsterdam: John Benjamins, 1997: 437-467.

[20]Slobin, D. I. Verbalized events: A dynamic approach to linguistic relativity and determinism[A]. In S. Niemeier& R. Dirven (eds.), *Evidence for Linguistic Relativity*[C]. Amsterdam: John Benjamins, 2000: 107-138.

[21]Slobin, D. I. The many ways to search for a frog[A]. In Strömqvist&Verhoeven (eds.), *Relating Events in Narrative. Vol 2: Typological and Contextual Perspectives*[C]. Lawrence Erlbaum Associates, 2004: 219-257.

[22]Slobin, Dan Isaac. What makes Manner of motion salient: Explorations in linguistic typology, discourse, and cognition[A]. In Maya Hickmann & Stéphane Robert (eds.), *Space in Languages: Linguistics systems and cognitive categories*[C]. Amsterdam & Philadelphia: John Benjamins, 2006: 59-81.

[23]Slobin, D. I., IraideIbarretxe-Antuñano, Anetta Kopecka, and Asifa Majid. Manners of human gait: A crosslinguistic event-naming study[J]. *Cognitive Linguistics*, 2014, 25(4): 701-741.

[24]Stolova, N. I. From satellite-framed Latin to verb-framed Romance: Late Latin as an intermediate

stage[J]. In Wright, R. (ed.), *Latin vulgaire-latintardif* VIII[J]. Hildesheim/Zürich/New York: Olms-Weidmann, 2008: 253-262.

[25]Stolova, N. I. *Cognitive linguistics and lexical change: Motion verbs from Latin to Romance*[M]. John Benjamins, 2015.

[26]Talmy, L. Lexicalization patterns: Semantic structure in lexical form[A]. In T. Shopen (ed.), *Language typology and syntactic description*, *Vol*. 3[C]. Cambridge: Cambridge University Press, 1985: 36-149.

[27]Talmy, L. Path to realization: A typology of event conflation[J]. *Proceedings of the BLS* 17, 1991: 480-520.

[28]Talmy, L. *Toward a cognitive semantics*[M]. *Vol. II*. Cambridge, MA: MIT Press. 2000.

[29]Talmy, L. Main verb properties and equipollent framing[A]. In J. Guo, E. Lieven, N. Budwig, S. Ervin-Tripp, K. Nakamura & Ş. Özçalışkan (eds.), *Crosslinguistic approaches to the psychology of language: Research in the tradition of Dan Isaac Slobin*. New York & London: Psychology Press, 2009: 389-402.

Typological Change of Motion Expressions in Chinese and French: A Usage-based Study on Old-to-Modern Translations

Shi Wenlei

Abstract: This paper reexamines the reverse evolution of Chinese and French in terms of the typology of motion encodings (Talmy 2000; Slobin 2004), drawing on Old-into-Modern translations consisting of autonomous motion expressions, from two usage-based perspectives, i. e., preference of lexicalization structures (Talmian typology) and that of the distribution of conceptual components (Slobinian typology). The results show (1) the typological change of lexicalization patterns in the two languages has a wide range of effects in language use, i. e., preference of verb-framed pattern, satellite-framed pattern, mixed pattern, and hybrid pattern, which reflects the diachrony of Chinese moves towards the analytic side, but that of French moves towards the synthetic side; (2) in the sense of Talmian typology, neither Modern Chinese nor Old French is a satellite-framed language, but a parallel system of conflation; in the sense of Slobinian typology, the encoding of Manner gets more and more salient in the history of Chinese, but less and less salient in that of French; however, neither Modern Chinese and Old French is a typical manner salient language, but a path-salient language, giving more weight to the expression of path information.

Key words: lexicalization of motion event, Diachronic change, Chinese, French, Language use

通信地址:浙江省杭州市西湖區天目山路 148 號浙江大學漢語史研究中心
郵　編:310028
E-mail: wenleishi@zju. edu. cn

範圍、程度、頻率、語氣*
——副詞之間的語義關聯

李小軍

内容提要　範圍、程度、頻率、語氣之間具有語義上的緊密聯繫，不過範圍、程度、頻率屬於客觀量，而語氣屬於主觀量，因此範圍、程度、頻率與語氣之間是一種單向的衍生關係。範圍、程度、頻率雖都爲客觀量，但語義上也存在虚實之别。相對來説範圍的語義更實，程度與頻率之間語義虚實相當，故而範圍與程度、頻率之間也是一種單向的衍生關係，頻率與程度則是雙向衍生關係。

關鍵詞　範圍　程度　頻率　語氣　語義演變

〇　引言

漢語史上很多副詞兼具有範圍、程度、頻率、語氣等用法，或者具有其中的兩種或三種，如“全”“略”“盡”“總”“偏”“頗”“浄”“常”“了”等。有些副詞曾引起學界的熱烈討論，如“都”“總”“了”等。本文嘗試梳理這幾個語義範疇之間的聯繫，及它們彼此之間的演變關係。這種梳理，一方面有助於加深我們對語義演變規律的認識，另一方面也有助於現代漢語學界對某些詞的研究。我們發現，這幾個範疇之間之所以具有演化關係，關鍵在於它們都屬於廣義上的量範疇。具體而言，範圍副詞多修飾事物數量(名詞)，程度副詞多修飾性狀(形容詞)，頻率副詞多修飾動量(動詞)，語氣副詞則表達主觀量。

本文重在探討這幾種範疇之間的語義關係，而不以對某個詞做深入細緻刻畫爲目的。屬於這幾個語義範疇的詞最初的來源較複雜，或者演變爲副詞後也不僅僅限於這四種功能。爲使討論更集中深入，本文所及只限定在這四種語義範疇之間，其他相關問題暫不討論。

一　範圍>程度：總括——高程度

範圍轉化爲程度，從結果來看，屬於隱喻，因而語義方面存在整齊的對應規律，即“總括——高程度”。不過從過程來看，則屬於轉喻，即從凸顯範圍轉而凸顯程度。如：

全：

(1)夜來枝半紅，雨後洲全緑。(唐張説《岳陽早霽南樓》)——範圍，皆

(2)錦里先生烏角巾，園收芋栗不全貧。(唐杜甫《南鄰》)——程度，甚、非常

*　本文爲國家社科基金重點項目“漢語語法化詞庫編撰及語法化模式研究”(編號：15AYY010)、國家社科基金重大項目“中國境内語言語法化詞庫建設”(項目編號：15ZDB100)子課題“漢語語法化詞庫”的階段性成果。審稿人及編輯部提出了很好的修改意見，在此一併致謝。

"全"本爲形容詞,意爲"完美、齊全、完整",範圍副詞"全"源於其形容詞用法。如:

(3)秦趙相弊,而王以全燕制其後。(《戰國策·燕策一》)

"全燕"可以理解爲"齊全/完整的燕國",亦可理解爲"整個燕國"。典型的範圍副詞如武振玉(2005)所説出現於漢代。而"全"的程度用法始見於唐代,有些例證可以進行重新分析。如:

(4)全凋蕣花折,半死梧桐秃。(唐白居易《和夢遊春詩一百韻》)

"全"與"半"相對,可理解爲範圍,即蕣花整個兒都凋謝了;不過"全凋蕣花折"重在凸顯凋謝的程度之深,因凋而折,故亦可理解爲程度。下例則是典型的程度副詞,指身體很老,而非身體各個部分都老了,故而才有後兩句感慨。

(5)畏老身全老,逢春解惜春。今年看花伴,已少去年人。(唐李益《惜春傷同幕故人孟郎中兼呈去年看花友》)

備:

(6)百神翳其備降兮,九疑繽其並迎。(《楚辭·離騷》)——範圍,皆

(7)上遣元嗣下都奉表於劭,既而上舉義兵,劭詔責元嗣,元嗣答云:"始下未有反謀。"劭不信,備加考掠,不服遂死。(《南史》卷七七)——範圍/程度

(8)獨行備艱險,所見窮善惡。(唐高適《淇上酬薛三據,兼寄郭少府微》)——程度,極、非常

例(7)"備加考掠"的"備"可以理解爲範圍,即"各種手段加以考掠",亦可理解爲程度,即"極加考掠";例(8)"備"修飾形容詞表程度。高文成(1998)認爲現代漢語中"備"的程度用法是"倍"之誤,實則自唐以降"備"就有程度用法。

渾:

(9)不那弓刀渾用盡,遂搦空身左右遮。(《敦煌變文集·李陵變文》)——範圍,全、皆

(10)葉公好尚渾疏闊,忽見真龍幾喪明。(唐鄭谷《兵部盧郎中光濟借示詩集,以四韻謝之》,轉引自江藍生、曹廣順 1997:170)——程度,甚、極

(11)客舍早知渾寂寞,交情豈謂更蕭條。(唐戎昱《成都元十八侍御》)——程度

《説文·水部》:"渾,溷流聲也。"後有動詞用法表"混同、混合",並在此基礎上發展出範圍副詞用法(具體可參李小軍 2018)。"葉公"爲專名,"疏闊"爲形容詞,兩者皆没有範圍之别,故"渾"只能表程度,例(11)類此。

盡:

(12)天大雷電以風,禾盡偃,大木斯拔。(《尚書·金縢》)——範圍,全、皆

(13)盡醉茅簷下,一生豈在多。(唐韋應物《效陶彭澤》)——程度,甚、極

(14)今日送君須盡醉,明朝相憶路漫漫。(唐賈至《送李侍郎赴常州》)——程度,甚、極

(15)盡鹹‖盡淡‖盡寬‖盡緊(浙江盤安,轉引自黄伯榮 1999:407)——程度,甚、極

"盡"本爲"完結"義動詞,董正存(2011)在討論"盡"從完結到總括的演變時,認爲具有兩種認知圖式,一種强調個體性,一種强調整體性。前者源於隱喻,對應於"叠加性圖式",後者源於轉喻,對應於"渾然圖式"。演變爲程度副詞的,應當是那類强調整體性的"盡"。"盡醉"

顯然不是都要醉，而是大醉，表程度，現代漢語一些方言點仍有程度副詞用法。

通：

(16)《南州異物志》曰："椰樹，大三四圍，長十丈，通身無枝。"(《齊民要術》卷十)

椰樹"通身無枝"，很明顯椰樹是一個有機整體。不過漢語史上"通"表程度只限於"通紅"。如：

(17)内中一個女子正色道："法師做醮，如何却説恁地話？"拉了同伴轉身便走。道元又笑道："既來看法事，便與高功法師結個緣何妨？"兩女耳根通紅，口裏喃喃微罵而去。(《初刻拍案驚奇》卷一七)

無論是漢語史還是現代漢語普通話中，"通紅"的"通"没有能産性，故而不能算是程度副詞。不過"通"在一些方言中却有典型的程度用法。如廈門方言(引自李榮 2002：3490)：

(18)通天骹下全天下 | 通間無半人整間都没人——範圍

(19)通好 | 通多 | 通勢很能幹——程度，甚、很

此外如河南魯山方言"通"亦有程度用法(參孫紅舉 2012)。

屬於這一路徑的詞，在表範圍時都有凸顯整體性這一語義特徵，這與它們的源義有關。"全"和"渾"本就是從表整體進而表總括；"通"本爲"通行、連通、通暢"，表範圍時也是强調整體性；"備"起初爲"齊全、完備"義，故而表範圍時也凸顯整體性；"盡"則如董正存(2011)所説存在兩種認知圖式，一種强調個體性，一種强調整體性，與程度副詞相關的顯然也是强調整體性的那類"盡"。這類範圍副詞可以稱爲"全"類範圍副詞，而像"皆""都"這類範圍副詞是强調個體性的。如：

(20)諸將皆喜，人人各自以爲得大將。至拜大將，乃韓信也。(《史記·淮陰侯列傳》)

"諸將皆喜"凸顯的是個體(每個將領)，故而後面有"人人各自以爲得大將"，而非認爲整體將一起被封爲大將。正是因爲範圍副詞存在凸顯整體性和凸顯個體性這兩類差異，故而可以説"同學們一個個都來了"(凸顯個體)，不可以説"＊同學們一個個全來了"，但是可以説"同學們全來了"(凸顯整體)。

程度副詞修飾形容詞時也是凸顯整體性的，比如説"桌子很高"，即是將桌子視爲一個整體，而不是凸顯部分如桌脚、桌面等。簡而言之，"全"類副詞表範圍時凸顯整體性，與程度副詞凸顯整體性存在語義適應性，故而在使用過程中經過重新分析就可能獲得程度義。此外，這一路徑還有一個很值得注意的特點：都是在動詞性成分前演變爲程度副詞，故而最初都是修飾動詞性成分，而後才擴展到修飾形容詞。

二　範圍＞頻率：總括——高頻

從範圍到頻率，也即從計算事物的數量進入計算動作的動量，語義上也存在對應關係，即"總括——高頻"。與"範圍＞程度"的演變一樣，"範圍＞頻率"從結果來看屬於隱喻，從演變過程來看則屬於轉喻。演變前，範圍副詞語義指向名詞性成分，演變後，該詞語義指向動詞性成分。句法上，很多總括副詞後面不帶名詞，而接動詞性短語，這正是語義演變的句法基礎。如：

總：

(1)時。彼天神復説偈言：不指其名姓。不非稱其人。而總向彼衆。説其不善者。疏漏相現者。方便説其過。(劉宋天竺三藏求那跋陀羅譯《雜阿含經》卷五十)——範圍，皆

(2)巨細或殊，情理同致，總歸詩囿，故不繁云。(《文心雕龍·明詩》)——範圍，皆

(3)醉後樂無極，彌勝未醉時。動容皆是舞，出語總成詩。(唐張説《醉中作》)——頻率，常

(4)醜陋世間人總有，未見今朝惡相儀。(《敦煌變文集·鬼女因緣》)——頻率，常

(5)他家若是孝順兒，解向家中親侍奉，若是心中不孝順，逃走他鄉總不歸。(《敦煌變文集·盂蘭盆經講經文》)——時間，一直

"總"本義爲"聚集"，《説文》："總，聚束也。"是從"聚集"義動詞演變爲總括副詞的，大致在唐代出現了典型的頻率和時間副詞用法。表總括的"總"有兩個語義特徵。一、語義可以指向前面的名詞性成分，也可以指向後面的動詞性成分，如果句中有數量詞，則直接指向數量詞。如下一例：

(6)凡人家營田，須量己力，寧可少好，不可多惡。假如一具牛，總營得小畝三頃——據齊地大畝，一頃三十五畝也。(《齊民要術·雜説》)

上例"總"語義指向"小畝三頃"，即"牛總計/總共營得小畝三頃"；如果把句子換成"牛皆/都營得小畝三頃"，那麽"皆/都"語義指向的是"牛"，即每頭牛營得小畝三頃。很顯然，"總"的語義指向與"皆/都"等存在差異，並非一直指向前面的名詞性成分。二、表總括時，"總"也具有强調整體性這一特徵。如：

(7)(蕎麥)立秋前後，皆十日内種之。假如耕地三遍，即三重著子。下兩重子黑，上頭一重子白，皆是白汁，滿似如濃，即須收刈之。但對梢相答鋪之，其白者日漸盡變爲黑，如此乃爲得所。若待上頭總黑，半已下黑，盡總落矣。(《齊民要術·雜説》)

前面先説"其白者日漸盡變爲黑"，很明顯此處的"盡"是强調個體性的，即將白的部分又看作是很多小部分的組合，故而日漸變黑。而"若待上頭總黑"的"總"則是强調整體性的，即把上頭看作是一個整體。"總"的這兩個語義特徵爲它後續演變爲頻率副詞提供了語義基礎。跟動詞的關係緊密，語義可能指向動詞性成分，一旦前面的名詞爲單數，或者交際雙方把它看作是一個整體(類似於單數)，且"總"後面的行爲動作、狀態等非一時發生(或者時間可以延續)，那麽"總"就有可能被重新分析爲是對不同時間點行爲動作的總括，即通常所説的頻率副詞。如：

(8)我見出家人，總愛吃酒肉。此合上天堂，却沉歸地獄。(王梵志詩，39)

"我見出家人，總愛吃酒肉"的"總"本是對"出家人"的總括，意即"我見出家人，皆愛吃酒肉"。不過作者之所以説這句話，乃是因爲眼中所見經常有和尚吃酒肉，不可能只看見一次和尚吃狗肉就發出"出家人都愛吃酒肉"這一感慨。因此，"總"亦可理解爲是對不同時間點同一行爲動作的總括(頻率)：前天A和尚吃狗肉、昨天B和尚吃狗肉、今天C和尚吃狗肉……合在一起就是"我見出家人，常愛吃酒肉"。其他總括副詞如"皆""都"等雖然後面的行爲動作也可能不一定同時，或者動作也可以反復、狀態可以持續，但是它們都只是對前面名詞性成分總括，跟後面動詞性成分的語義特徵没有關係。不同的語義特徵決定了不同的演變道路。

無論範圍還是頻率，都屬於量範疇，總括與高頻存在量度上的相似性和平行性，因而從演變的結果來看，這屬於語法隱喻。不過從演變過程來看，“總”語義本指向名詞性成分表範圍，隨着重新分析的進行，“總”語義指向動詞性成分表頻率，即經歷了一個語法轉喻的過程。

盡：

演變爲頻率副詞的，應當也是那類强調整體性的“盡”。如：

(9)王大將軍執司馬湣王，夜遣世將載王於車而殺之，當時不盡知也。(《世説新語·仇隙》)——範圍，全部

(10)陽彩皆陰翳，親友盡睽違。登山望不見，涕泣久漣洏。(唐陳子昂《感遇詩》)——範圍/頻率

(11)回樂峰前沙似雪，受降城下月如霜。不知何處吹蘆管，一夜征人盡望鄉。(唐李益《夜上受降城聞笛》)——範圍/頻率

例(10)“親友盡睽違”的“盡”可以理解爲範圍，即“所有親友都分離了”；但詩人發出這一感慨，著眼的是親友的經常分離或長時間分離，而非某一時間點親友都分離。加上“盡”跟動詞關係密切，故而句子可以重新分析爲“親友常睽違”。例(11)也可重新分析。下兩例“盡”就是典型的頻率副詞了：

(12)當初不合盡饒伊，贏得如今長恨别。(唐許岷《木蘭花》，轉引自江藍生、曹廣順1997：193)

(13)巧裁蟬鬢畏風吹，盡作蛾眉恐人妒。(唐樊晃《句》)

例(12)夫妻分離，女子非常憂愁，“盡饒伊”的“盡”似乎可以理解爲“都”，但詩句表達的就是“每次(都)饒讓你”，理解爲高頻副詞更妥。例(13)是一聯斷句，“盡作蛾眉恐人妒”很顯然不是指所有的人都畫蛾眉，而是指某位女子害怕經常畫蛾眉被别的女子妒忌。

浄：

(14)安得壯士挽天河，浄洗甲兵長不用。(唐杜甫《洗兵馬(收京後作)》)——範圍，全部

(15)如今仇是報了，咱們正該心裹痛快痛快，再完了老太太的事，咱們就該着浄找樂兒了，怎麽倒添了想不開了呢?”(《兒女英雄傳》第十九回)——頻率，總是

“浄”的演變與“盡”相似。像現代漢語“他浄想些餿主意”，“浄”既可以理解爲範圍(即“他想的全部都是餿主意”)，也可以理解爲頻率(即“他總是想些餿主意”)，理解爲範圍時語義指向“餿主意”，理解爲頻率時語義指向“想”。

每：

(9)君子平其政，行辟人可也，焉得人人而濟之？故爲政者，每人而悦之，日亦不足矣。(《孟子·離婁下》)——範圍，全部

(10)齊侯免，求丑父三入三出。每出，齊師以帥退。(《左傳·成公二年》)——每次

(11)觀從謂子干曰：“不殺棄疾，雖得國，猶受禍也。”子干曰：“余不忍也。”子玉曰：“人將忍子，吾不忍俟也。”乃行。國每夜駭曰：“王入矣!”(《左傳·昭公十三年》)——頻率，常常

“每”是從“逐一”義演變爲“全部”義的，與其他總括副詞不同的是，“每”更像是表任指，即可指全體中的任何一個。董正存(2015)曾對序列義到量化義進行過具體探討，可以參看。“國每夜駭曰”意即“國人常常夜晚驚駭道”。

三　範圍＞語氣：客觀大量——主觀大量

範圍屬於客觀量範疇，語氣屬於主觀量範疇，凡屬於“總括＞語氣”這一路徑的詞，都表强調，强調是一種主觀大量。如：

都：

(1)儒不能都曉古今，欲各别説其經；經事義類，乃以不知爲貴也？（《論衡·程材》）——範圍，皆

(2)提婆講竟，東亭問法岡道人曰：“弟子都未解，阿彌那得已解？所得云何？”（《世説新語·方正》）——範圍/語氣

(3)邵不懼，厲聲叱之，乃問數聲，都不酬答。（《太平廣記》卷三五三引《玉堂閒話》）——語氣，强調

關於語氣副詞“都”的演變過程及時間，有諸多討論，如吴福祥（1996）、陳寶勤（1998）、楊榮祥（2005）、張誼生（2005）、沈家煊（2015）、谷峰（2015）等，在語氣副詞形成的具體時間及某些例句的認定上，學界有一定分歧，但對於來源及演變過程的分析，却大同小異。對某些例句的理解存在争議，源於很多語氣副詞“都”仍帶有些許範圍義，不同學者所持判定標準不同所致。上例（2）“弟子都未解”即可理解爲範圍：“弟子皆未解”，亦可理解爲强調語氣副詞，强調後面的行爲“未解”；例（3）“都”已經不能理解爲範圍副詞了。近些年學界將“都”稱之爲“全稱量化詞”，從主客觀的角度來説，表强調的“都”無疑是主觀大量。

其實很多“全”也帶有强調意味，不過範圍義仍比較明顯，這屬於語法化演變中常見的語義滯留現象。如：

(4)羸坐全非舊日容，扶行半是他人力。（唐白居易《寒食卧病》）

(5)雨前初見花間蕊，雨後全無葉底花。（南宋話本《碾玉觀音》）

了：

(6)問：“汝何以愁？”曰：“我財物了盡。”（三國康僧會譯《舊雜譬喻經》）——範圍，皆

(7)觀者無不避易顛僕；戎湛然不動，了無恐色。（《世説新語·雅量》）——語氣，强調

“了”的演變過程，康振棟（2003）有具體討論，如康文所説，“了”本表範圍，但一旦總括的物事抽象化，而其後面爲否定詞，這樣“了”就虚化爲强調否定的語氣副詞。

並：

(8)自後，仙鶴觀中即漸無道士。今並休廢，爲守陵使所居也。（唐鄭還古《博異志》）——範圍，皆

(9)净能曰：“我要歸大羅宫去……若欲得與臣再相見，須待海竭河枯，山移地没。”言訖，傾（頃）刻之間，並不相見。（《敦煌變文集·葉净能詩》）——語氣，强調

“並”的語氣副詞用法出現于唐代，胡勇（2009）、邱峰（2013）有具體的討論。值得注意的是，語氣副詞“並”具有反預期這一語用功能，不過我們認爲這是沾染的句式義。表範圍的“並”其後多是否定格式（表程度時也是如此），且所指事件都是當事人不期望發生和實現的事，慢慢地，表强調的“並”沾染了這一句式義，進而凝固爲自身的語用義。

這一路徑關鍵在於範圍義詞的語義虛化，跟名詞的語義關聯逐漸弱化，並進而作用於整個謂詞性成分，最後被重新分析爲語氣副詞。屬於"範圍＞語氣"這一演變路徑的還有一些詞，此處不一一列舉。

四　程度＞頻率：高程度——高頻；低程度——低頻

程度與頻率語義虛實程度大致相當，故而漢語史上既有程度副詞演變爲頻率副詞的現象，也有頻率副詞演變爲程度副詞的現象。從句法角度來看，"程度＋形容詞"與"頻率＋動詞"都是謂詞性結構，區別只在能否帶賓語上。本節以"頗""略"爲例討論"程度＞頻率"的演變。

頗：

(1)黄帝曰："余聞九針九篇。余親受其調，頗得其意。"(《黄帝内經·靈樞·外揣》)——低程度，略微、稍微

(2)至今餘巫，頗脱不止，陰賊侵身，遠近爲蠱，朕愧之甚，何壽之有？(《漢書》卷六六)——低頻：偶爾

(3)草木之中，有巴豆、野葛，食之湊懑，頗多殺人。(《論衡·言毒》)——程度，甚

(4)時帝頗出遊獵，或昏夜還宫。(《三國志》卷一三)——高頻：經常

"頗"東漢以來經歷了從低程度到高程度的變化，具體原因可參李小軍(2017)。值得注意的是，"頗"的程度用法與頻率用法呈現出一種整齊的語義對應性：低程度——低頻、高程度——高頻。這一語義對應性皆有可重新分析的例證。如：

(5)上曰："吾於臨朝統政施號令何如？"(劉)向未及對，上謂向："校尉帝師傅，耆舊洽聞，親事先帝，歷見三世得失。事無善惡，如聞知之，其言勿有所隱。"向曰："文帝時政頗遺失，皆所謂悔吝小疵耶……"(東漢應劭《風俗通義》卷二)

"頗"可理解爲低程度副詞，"文帝時政頗遺失"即"文帝時政稍遺失"，如此理解源於上下文意，皇帝問臣子自身朝政得失，臣子自是不敢過於放肆，故而後面接着説"皆所謂悔吝小疵耶"。不過"政頗遺失"不是指每項政策都略有不足，而是指某些政策偶爾有不足，這正是"頗"頻率用法的來源，即：低程度——低頻。

(6)道家或以服食藥物，輕身益氣，延年度世。此又虚也。夫服食藥物，輕身益氣，頗有其驗。若夫延年度世，世無其效。(《論衡·道虚》)

上例全句是作者王充在駁斥道家"服食藥物輕身益氣且延年度世"的觀點，認爲"服食藥物輕身益氣頗有靈驗，但延年度世却無其效"，原因在於服食藥物可以除百病，身輕氣長，但有生即有死，這是自然規律無法改變。"頗有其驗"可理解爲"極有其驗"，"頗"爲程度副詞；不過"極有其驗"指的不是某次效果的程度很深，而是指常常有效果，即：高程度——高頻。換言之，"頗"表程度淺時，如果轉而凸顯時間，即有"偶爾；間或"之意；同樣，表程度深時，如果轉而凸顯時間，即有"經常"之意。

孟蓬生(2015)認爲"頗"的頻率用法源於其範圍用法，而範圍用法又源於其形容詞用法。此亦爲一説，本文前面就討論了"範圍＞頻率"的演變。不過考慮到漢語史上"頗"範圍副詞用法甚少，且"頗"之"範圍＞頻率"的演變過程不詳，因此"程度＞頻率"的用法更有説服力。

略：

(7)其先至者，各以發憤吐懣，略聞子大夫之志矣，皆欲置於左右，顧問省納。(《後漢書》卷三)——程度，稍微

(8)無端略入後園看，羞殺庭中數樹花。(敦煌曲子詞《雲謠集·抛球樂》)——頻率，偶爾

"略"演變的句法環境及機制與"頗"相同，故不詳細討論，只是"略"只有低程度用法，故而相應地也只有低頻用法。附帶要説到的是，"略"還有"短暫"義時間副詞用法，也源於其程度用法。如：

(9)愛河浪闊，洪波風緊，舟船難渡。略稱仙郎語，到彼岸、只消一句。(《唐吕巖《水龍吟》)——時間，暫且

五　頻率>程度：高頻——高程度

本節討論"頻率>程度"的語義演變，以"常""長""老"爲例。

老：

(1)漢運初中興，生平老耽酒。(唐杜甫《述懷》)——頻率，經常

(2)(陳世英云)既蒙仙子相許，小生怎敢負了此心？但仙子雖同織女，小生非比牽牛，怎麽也要一年一會？做這般老遠的期約也。(元吴昌齡《張天師》第一折)——程度，甚/極

盧惠惠(2009)認爲程度副詞"老"源於同義複合詞"老大"的重新分析，即"老"和"大"本都指"年齡大；時間長久"，後因在人們的認知中，"大"更接近實義形容詞，最後"老"就被重新分析爲程度副詞(修飾"大")。舉例如：

(3)若有此事，天不蓋，地不載，害老大小疔瘡！(元王實甫《西廂記》第五本第四折)

(4)我待揪扯著他，學一句燕京廝罵，入没娘老大小西瓜。(元楊顯之《鄭孔目風雪酷寒亭》第一折)

不過這種重新分析值得商榷，一是所舉兩例都不是"老大"而是"老大小"，二是句中的"老"只能理解爲程度副詞，不能理解爲形容詞，故而不屬於重新分析的例證，自然也不能解釋程度副詞"老"是如何來的。盧文的這種分析思路可以説源自李晉霞(2005)對"好"的分析，李文認爲程度副詞"好"源於"好大"這類並列結構的重新分析，李小軍(2020)對形容詞演變爲程度副詞的路徑和機制進行了系統探討，認爲這類詞都是從修飾動詞性成分表情狀進而被重新分析爲程度副詞，後來擴展到修飾形容詞成分。

此外，近代漢語中"老大"整體亦可做程度副詞。如：

(5)大聖怒道："這潑毛神，老大無禮！本來不與他計較，如何上門來欺我？"(《西遊記》第五回)

盧文的觀點還難以解釋爲何在"老＋大"重新分析的過程中，"老大"亦可以整體做程度副詞。我們認爲程度副詞"老"源於其頻率用法，而"老大"則是兩個程度副詞"老"和"大"複合而成。現代漢語中"老"的頻率用法非常普遍，但程度用法却主要見於東北方言。

常：

(6)匈奴數和親,而常先犯約,貪侵盜驅,長詐之國也。(《鹽鐵論》卷八)——頻率,經常

(7)感時念父母,哀歎無窮已。有客從外來,聞之常歡喜。迎問其消息,輒復非鄉里。(漢蔡琰《悲憤詩》)——程度,甚/極

念父母而悲傷,突然有客人從外來,此處"常歡喜"顯然非經常歡喜,而是特別歡喜。更多例證可參看鞠彩萍(2005),不過在程度用法的來源上,鞠文認爲是從"長久"義時間詞引申而來,但引申機制及過程却又語焉不詳。我們認爲,"常"的頻率與程度用法關係非常密切。如下一例:

(8)寒夜立清庭,仰瞻天漢湄。寒風吹我骨,嚴霜切我肌。憂心常慘戚,晨風爲我悲。(漢李陵《録别詩》)

"常慘戚"鞠文解作"甚慘戚"自無不可,不過聯繫到李陵的經歷,解作"經常慘戚"亦可通。從認知角度來看,一是凸顯慘戚次數之多(時間之長),一是凸顯慘戚程度之深,而VP次數多時間長,往往蘊涵着程度之深,這正是高頻與高程度之間的語義聯繫。

六 程度>語氣:高程度——强調;低程度——委婉

漢語史上路徑"程度>語氣"並不鮮見,語義上的對應性爲:高程度——强調、確認,低程度——委婉、不確定。從語義演變的角度來看,與"範圍>語氣"的演變相似,都是客觀量弱化,進而作用於整個謂詞性成分,最後被重新分析爲語氣副詞。下面舉例討論。

煞:

(1)桂老猶全在,蟾深未煞忙。(唐盧延讓《八月十六夜月》)——程度,甚、極

(2)煞也古怪,珍哥的頭也就漸漸不疼了。(《醒世姻緣傳》第三回)——程度/語氣

(3)可煞作怪,這兒件物事没有一個人曉得的。(《醒世姻緣傳》第一七回)——語氣,的確

"煞忙"即"甚忙","煞"表程度;"煞也古怪"則可以重新分析,理解爲"甚古怪"或"的確古怪"皆可;"可煞作怪"的"煞"則無法理解爲程度了。"煞"的程度及語氣用法多見於山東方言,《醒世姻緣傳》即帶有山東方言特色,具體可見王群(2006:158),不過程度補語的分布範圍要廣於其做狀語的。

漫:

(4)這人眼也漫俗,他坐監的時節,人都説方娘子俊的忒也嫩,没厚福;到了此時,人都説方太太又齊正,又福相。(《聊齋俚曲·磨難曲》)——程度,甚

(5)好眉好眼全不知羞,他漫不覺可叫人怎麽抬頭!(《聊齋俚曲·禳妒咒》)——語氣,確實

"漫"亦是一個典型的方言詞,"漫俗"即"甚俗",不過"漫不覺"只能理解爲"確實不覺"。魏紅(2007:36)探討了副詞"漫"的形成過程,可具體參看。

精:

(6)我買將你來伏侍我,你不憤氣,教你做口子湯,不是精淡,就是苦鹹。(《金瓶梅詞話》第九四回)——程度,甚

(7)精扯淡！那怕你五千兩買轎！累著我腿疼，却叫我去看看！你只不動我的這頂破轎，就是五萬兩也不干我事！(《醒世姻緣傳》第六回)——語氣，的確、純粹

"扯淡"本身並無量級，故而"精"不表程度而轉表强調"的確"，與其程度用法一樣，"精"的語氣副詞用法也主要見於北方方言。

略：

(8)鬼唯知愛深松茂柏，寧知子弟毀譽事！因汝有感，故略敘胸懷。(《南齊書・王僧虔傳》)——程度，稍微

(9)與吐蕃合戰，勝負略相當。(《新唐書・韋待價傳》)——推測，大致

在演變機制上，"略"與"煞""漫"等詞並無區別，只是"略"爲低量級程度副詞，故而演變爲語氣副詞後不表强調，而表委婉語氣。這正是語義對應規律的體現：低程度——委婉。"略"之"程度>語氣"的演變不乏可重新分析的例證。如：

(10)俗多游蕩，而喜謳歌，略與牂柯相類。(《後漢書・西南夷列傳》)

"略與牂柯相類"即可理解爲"稍微與牂柯相類"，亦可理解爲"大致與牂柯相類"。

值得注意的是，有些詞兼有程度及語氣用法，但其語氣義不是表强調或委婉，而表反預期。如"偏"和"殊"：

偏：

(11)蜉蝣曉潛泉之地，白狼知殷家之興，鸑鷟見周家之盛，龜鶴偏解導養，不足怪也。(《抱朴子・對俗》)——程度，稍微

(12)自古至今，有高才明達而不信有仙者，有平平許人學而得仙者，甲雖多所鑒識而或蔽於仙，乙則多所不通而偏達其理。此豈非天命之所使然乎！(《抱朴子・辯問》)——語氣，偏偏

(13)偏偏的這兩日又熱，我與你賒了這副板來，尋的匠人做了，這那見得我與你主壞了事。(《醒世姻緣傳》第四一回)——語氣

殊：

(14)良業爲取履，因長跪履之。父以足受，笑而去。良殊大驚，隨目之。(《史記・留侯世家》)——程度，甚、極

(15)君行殊不返，我飾爲誰榮。(東漢徐幹《情思》)——語氣，竟然

何以"偏"和"殊"的語氣義異於前面諸詞呢？關鍵原因在於演化路徑不同。"偏"和"殊"的語氣義不是從程度義演化而來，而是從其形容詞用法直接而來。下面以"偏"爲例略作討論。

"偏"本義爲"傾斜；偏向"，如《尚書・洪范》："無偏無陂，遵王之義。"東漢以來虚化爲程度副詞，先表程度淺，如例(11)"偏解導養"；後表程度深，如《齊民要術》卷9："偏宜豬肉，肥羊肉亦佳；肉須别煮令熟，薄切。"學界常舉《莊子・庚桑楚》中的"老聃之役有庚桑楚者，偏得老聃之道"爲例，認爲先秦時即有高程度用法，實則有誤(參李小軍2017)。

"偏"從形容詞"偏斜"義進而引申出"不公正、不好、片面"義，並且後接成分多爲説話人主觀上不希望發生或不願見到的事情。如：

(16)顧悦與簡文同年，而髮蚤白。簡文曰："卿何以先白？"對曰："蒲柳之姿，望秋而落；松柏之質，經霜彌茂。"(《世説新語・言語》)——劉孝標注引顧凱之爲父傳曰："君以直道陵遲於世。入見王，王發無二毛，而君已斑白，問君年，乃曰：'卿何偏蚤白？'君

曰:'松柏之姿,經霜猶茂;臣蒲柳之質,望秋先零。受命之異也。'王稱善久之。"

頭髮早白不是一件好事,上例《世説新語》作"卿何以先白",但是顧凱之爲父作傳則爲"卿何偏蚤白"。前句重在詢問,後句不僅僅是詢問,還有驚訝於事實的意味。

從語義演變的角度來看,"偏"之語氣功能"表示事實與希望相反;表示故意違反客觀要求"應是沾染了句子的句式義,這與"並"類似。即"偏"本身不帶有反預期功能,但是"偏"後接小句却具有反預期這一特點,這樣"偏"在語義虚化的同時沾染上句式義,就成了表反預期的語氣副詞。李明(2014)提到"偏"的程度與語氣有時難以區分,確實如此,從語源上看,兩者並没有直接的關係,分别源於"偏"的實義用法,語法化過程中常常伴隨着語義滯留現象,因而二者有時難以區分也就不奇怪了。

七 頻率＞語氣:高頻——强調;低頻——委婉

"頻率＞語氣"的演變,其實也是詞彙從客觀量到主觀量的過程,這與"範圍＞語氣""程度＞語氣"的演變並無區别。下面以"總""暫""略"爲例略作探討。

總:

(1)年少總看燈,老來猶故情。便無燈、也自盈盈。(宋劉辰翁《唐多令·癸未上元午晴》)——頻率,總是、經常

(2)今但逼勒二盗,要他自認做殺李乙的,則二盗總是一死,未嘗加罪,舍親王某已沐再生之恩了。(明淩濛初《初刻拍案驚奇》卷一一)——語氣,的確、反正

"總看燈"即"總是/一次次看燈","總是一死"的"總"則無法理解爲頻率,因爲死無法反復,此處"總"表强調,相當於現代漢語的"的確/必定/反正"。關於"總"的語氣功能,張誼生等(2005)認爲表客觀判斷,鄧川林(2010)認爲表達對命題真實性的强調,可以參看。值得注意的是,"總"和"都"的範圍用法都源於其動詞義"聚集",且兩者都有表强調的語氣副詞用法。不過"都"没有頻率用法,其語氣義源於範圍義;而"總"的語氣義源於其頻率義。以下是"總"的重新分析例:

(3)總因風伯大無情,以致篙師多失色。(《初刻拍案驚奇》卷一)

(4)這光棍牙婆見了銀子,如蒼蠅見血,怎還肯人心天理分這一半與他?看官,有個緣故。他一者要在滴珠面前誇耀富貴,買下他心。二者總是在他家裏,東西不怕他走趲那裏去了,少不得逐漸哄的出來,仍舊還在。(《初刻拍案驚奇》卷二)

例(3)"總"如果理解爲頻率副詞,則句意爲"一次次/經常因風伯大無情,以致篙師多失色";"總"如果理解爲確信義語氣副詞,則句意爲"的確因風伯大無情,以致篙師多失色"。例(4)"二者總是在他家裏"理解爲表時間,則意即"(銀子)一直在他家裏",理解爲表强調、確信,則是"(銀子)反正在他家裏"。

"總"這一路徑其實是藴涵義凸顯的結果。如上例"(銀子)總是在他家裏","總"本表"一直",但當事人關注的不是銀子在他家時間之久,而是銀子是否在他家裏,换言之,句子凸顯的是"銀子在他家裏",這就帶有確認、强調的意味了,而"總"經過重新分析,也就從客觀的量範疇進入到主觀的量範疇:"(銀子)的確/反正在他家裏"。語氣副詞"總"所在句子語氣强度可能存在一定差異,一些人認爲"總"的語氣也存在量級差異,甚至認爲"他總會來的"這類句

子中的“總”表委婉、不確信,其實是混淆了句式義與詞彙義。“總”就是一個表確信、强調的語氣副詞。

暫:

(5)僕斂容而答曰:“下官望屬南陽,住居西鄂……非吏非俗,出入是非之境。暫因驅使,至於此間。”(唐張鷟《遊仙窟》)——時間,暫時

(6)十娘見五嫂頻弄,佯嗔不笑。余詠曰:“千金此處有,一笑待渠爲;不望全露齒,請爲暫顰眉。”(同上)——頻率,偶爾

(7)仰賜黄金二兩,亂採一束,暫請娘子片時在於懷抱,未委娘子賜許以不?(《敦煌變文集·秋胡變文》)——語氣,暫且、姑且

“暫”的語氣用法源於其低頻用法,而低頻用法源於其“時間短暫”義。“不望全露齒,請爲暫顰眉”上下句相對,“暫顰眉”即“偶爾顰眉”。“暫請娘子片時在於懷抱”的“暫”無法理解爲表頻率的“偶爾”,理解爲“暫時”亦不妥,因爲句中還有時間詞“片時”,此處應理解爲“暫且/姑且”,即“暫”已經是語氣副詞了。

略:

(8)無端略入後園看,羞殺庭中數樹花。(敦煌曲子詞《雲謡集·拋球樂》)——頻率,偶爾

(9)童子天然悟志真,起居父母便辭陳,我今暫擬離甘旨,略入伽藍聽法輪。(《敦煌變文集·維摩詰經講經文〈四〉》)——語氣,姑且

“略”的頻率用法源於其程度用法,具體見“程度>頻率”一節。“略入後園”即“偶爾入後園”,“略入伽藍聽法輪”的“略”已經無法理解爲客觀的量度,只能理解爲表委婉的語氣副詞。“暫”和“略”本都是表“偶爾”的頻率詞,屬於客觀小量(低頻),故而演變爲語氣副詞後也是主觀小量(委婉、不確信),這與“總”從客觀大量(高頻)演變爲主觀大量(强調、確信)正好存在語義對應性。

八　小結

本文共討論了八種語義演變路徑,可簡單圖示如下:(→表示單向演變,↔表示雙向演變)

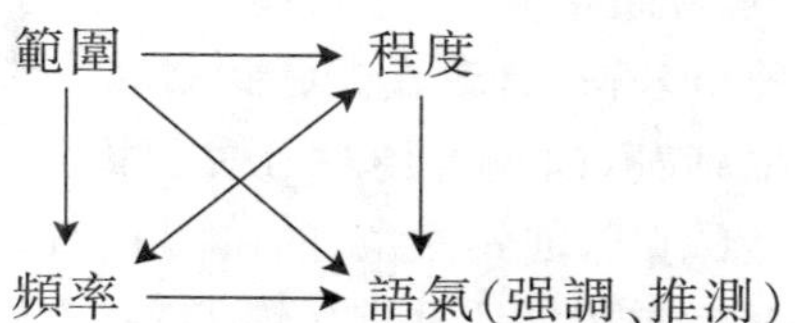

這幾個語義範疇之所以具有這種演變關係,關鍵在於它們都屬於廣義上的量範疇。不過範圍、程度、頻率屬於客觀量,而語氣是主觀量(强調爲主觀大量;委婉、不確信爲主觀小量),因此範圍、程度、頻率與强調、不確信之間是一種單向的衍生關係。範圍、程度、頻率雖都爲客觀量,但語義上也存在虚實之别。相對來説範圍的語義更實,程度與頻率之間語義虚實相當,如表範圍的“全部”語義就要實於表程度的“很”和表頻率的“總是”,故而範圍與程度、頻率之間也是一直單向的衍生關係。

限於篇幅,本文只討論了範圍、程度、頻率、語氣(强調、委婉)這四個範疇彼此之間的語義關係,語氣的很多小類本文還没有涉及,與它們四個相關的語義範疇還有很多,如時間、情狀方式等等,此外屬於這四個範疇的其他一些詞來源也很複雜,這些本文也没有一一討論,唯拋磚引玉,以就正於方家。

參考文獻

[1]陳寶勤. 副詞“都”的産生與發展[J]. 遼寧大學學報,1998(2).
[2]鄧川林. “總”和“老”的主觀性研究[J]. 漢語學習,2010(2).
[3]鄧永紅. 桂陽土話語法研究[D]. 長沙:湖南師範大學,2007.
[4]董正存. “完結”義動詞表周遍義的演變過程[J]. 語文研究,2011(2).
[5]董正存. 漢語中序列到量化的語義演變模式[J]. 中國語文,2015(3).
[6]付玉萍. “老大”從形容詞到副詞的語法化歷程及其句法表現[J]. 首都師範大學學報,2006(5).
[7]高文成. 副詞“倍”“備”解[J]. 語文建設,1998(7).
[8]谷峰. 古漢語副詞“方”的多義性及其語義演變[J]. 語言科學,2008(6).
[9]谷峰. “都”在東漢有没有語氣副詞的用法?[J]. 中國語文,2015(3).
[10]胡勇. 語氣副詞“並”的語法化[M]//語法化與語法研究(四). 北京:商務印書館,2009.
[11]黄伯榮主編. 漢語方言語法類編[M]. 青島:青島出版社,1996.
[12]江藍生,曹廣順. 唐五代語言詞典[M]. 上海:上海教育出版社,1997.
[13]鞠彩萍. 試説“常”有“甚”義[J]. 古漢語研究,2005(4).
[14]康振棟. 中古漢語裏否定詞前的“了”字[J]. 中國語文,2003(4).
[15]李冬梅. 時間副詞“剛”的語義演變[J]. 學術交流,2012(1).
[16]李晉霞. “好”的語法化與主觀性[J]. 世界漢語教學,2005(1).
[17]李明. 唐五代的副詞[M]//歷史語言學研究(六). 北京:商務印書館,2013.
[18]李明. 小議近代漢語副詞的研究[M]//歷史語言學研究(八). 北京:商務印書館,2014.
[19]李榮主編. 現代漢語方言大詞典[M]. 南京:江蘇教育出版社,2002.
[20]李小軍. 多功能副詞“偏”“頗”探析[M]//語法化與語法研究(八). 北京:商務印書館,2017.
[21]李小軍. 試論總括向高程度的演變[J]. 語言科學,2018(5).
[22]李小軍. 形容詞演變爲程度副詞的路徑和機制[J]. 南開語言學刊,2020(待刊).
[23]李小軍,徐静. “總”的語義演變及相關問題[J]. 語文研究,2017(1).
[24]盧惠惠. 近代漢語程度副詞“老”的語法化[J]. 語言研究,2009(4).
[25]孟蓬生. 副詞“頗”的來源及其發展[J]. 中國語文,2015(4).
[26]邱峰. 副詞“並”的形成機制[J]. 蘭州學刊,2013(8).
[27]屈承熹,紀宗仁. 漢語認知功能語法[M]. 哈爾濱:黑龍江人民出版社,2005.
[28]沈家煊. 走出“都”的量化迷途:向右不向左[J]. 中國語文,2015(1).
[29]孫紅舉. 河南魯山方言的相對程度副詞“通”[J]. 方言,2012(4).
[30]王繼紅,陳前瑞. 副詞“方”多種時體用法的關係[J]. 中國語文,2012(6).
[31]王群. 明清山東方言副詞研究[D]. 濟南:山東大學,2006.
[32]魏紅. 明清山東方言特殊語法詞研究[D]. 濟南:山東大學,2007.
[33]吴福祥. 敦煌變文語法研究[M]. 長沙:嶽麓書社,1996.
[34]武振玉. 試論副詞“全”的産生與發展[J]. 貴州大學學報,2005(3).
[35]楊榮祥. 近代漢語副詞研究[M]. 北京:商務印書館,2005.

[36]張相. 詩詞曲語詞匯釋[M]. 北京:中華書局,1955.
[37]張誼生. 副詞"都"的語法化與主觀化[J]. 徐州師範大學學報,2005(1).
[38]張誼生,鄒海清,楊斌. "總(是)"與"老(是)"的語用功能及選擇差異[J]. 語言科學,2005(1).
[38]鄭娟曼. 從貶抑性習語構式看構式化的機制[J]. 世界漢語教學,2012(4).
[40]太田辰夫. 中國語歷史文法[M]. 蔣紹愚,徐昌華,譯,修訂譯本. 北京:北京大學出版社,2003.

Range, Degree, Frequency and Mood

Li Xiaojun

Abstract: Range, degree, frequency and modality (stress or uncertain) have a close semantic relationship, but the range, degree and frequency are the objective quantity, and modality is subjective, so the range, degree, frequency evolved to modality is a kind of unilateral derivative relationship. Though the range, the degree and the frequency are all objective, there are some differences between the meaning and the semantic level. The semantic of range is more real, but the degree and frequency are roughly the same, so the range evolved to degree and frequency is also a kind of derivative relationship, with the frequency to the degree a bidirectional derivative relationship. The words that expressed just right of spatial orientation, time, quantity evolved to limited adverbs, which was a metaphor conversion.

Key words: range, degree, frequency, mood, semantic evolution

通信地址:江西南昌江西師範大學文學院
郵　　編:330022
E-mail:lixiaojun00@aliyun. com

“罪過”向會話程式語的語用化 [*]

張愛玲

内容提要 “罪過”在現代漢語方言中的用法較爲複雜。本文考察“罪過”的請求語、感謝語、道歉語、自謙語這四種用法的歷史形成。考察發現,“罪過”經歷了如下演變:名詞“罪過”→形容詞“罪過”→[道歉語]猶“對不起”→[請求語]猶“勞駕/拜托”;名詞“罪過”→[自責語]猶“有罪/該死”→[謙辭]猶“愧不敢當”→[感謝語]猶“謝謝”。“罪過”這四種用法形成的動因、機制是概念轉喻[以手段代目的]。

關鍵詞 罪過 語用功能 概念轉喻

一 引言

根據《現代漢語詞典》(第 6 版),“罪過”在現代漢語普通話中只用作名詞,有兩種用法:❶表示“過失”義,如:“他有什麽罪過,你這樣訓斥他?”❷用作謙辭,表示“愧不敢當”義,如:“爲我的事讓您老特地跑一趟,真是罪過。”但在現代漢語方言(尤其是吴語)中,“罪過”的用法較爲複雜。綜合考慮許寶華和宫田一郎主編《漢語方言大詞典》(1999:6571-6572)、閔家驥等主編《簡明吴方言詞典》(1986:332)和施蟄存(2012:383)對方言中“罪過”的意義和用法的解釋,我們把現代漢語方言中謂詞“罪過”的意義和用法列舉如下:①

①〈形〉可憐;可惜,見於吴語、客語、閩語。

②〈動〉對别人的好意表示感謝,見於吴語。

③〈動〉對不住,對别人道歉,見於吴語。

④〈動〉勞駕(客套話),用於請求别人做某事,見於吴語。

現爲以上四種用法各舉一兩個例子(中括弧中標注的是“罪過”的詞義,下同):

(1)迭個人真罪過相。【可憐】| 糟蹋糧食阿罪過。【可惜】

(2)儂撥我介多東西,罪過!罪過!【謝謝】

(3)罪過,交關謝謝。【對不住】

(4)罪過儂幫我一下忙。【勞駕】

《漢語方言大詞典》(第 6571—6572 頁)還列出了“罪過”的第⑤種用法:

⑤〈動〉責備;責難,見於官話。

但該辭書舉的示例是古代漢語中的示例,即:

---

* 本文爲江蘇省高校哲學社會科學研究基金項目“漢語致謝詞的共時變異與歷時演變研究”(項目編號:2018SJA0945)的階段性成果。

① 《簡明吴方言詞典》僅列舉了其第①②④三種用法。施蟄存(2012:383)則只關注其第②種用法,指出“松江方言,凡同人道謝,輒曰‘罪過罪過’,此言他處未聞也”。

(5)老拙兩個薄薄罪過他兩句言語，不想女兒性重，頓然悒快，不吃飯食，數日而死。(明馮夢龍《警世通言》第30卷)【責備】

所以，我們認爲“責備”義“罪過”主要見於古代漢語（方言）。郭建花(2008:154)説：“‘罪過’在明代文言小説‘三言’中是及物動詞，而在現代漢語中是不及物動詞。”例(4)表明，“罪過”在現代漢語方言中也可以用作及物動詞，只是及物動詞“罪過”在現代漢語方言中不能表示“責備”義。

綜上所述，現代漢語（方言）中“罪過”除用作“過失”義名詞或“可憐，可惜”義形容詞外，還有自謙、請求、感謝、道歉用法。在呈現後四種用法時，“罪過”是禮貌性會話程式語。那麽，不同用法的會話程式語“罪過”是如何産生的？换言之，其語用化①歷程如何？語用化的機制和動因又是什麽？這些是本文試圖回答解決的問題。本研究所用語料主要來自北京大學中國語言學研究中心(CCL)語料庫。

二 “罪過”向會話程式語的語用化

(一)自謙語“罪過”的語用化

語料調查表明，“罪過”始見於先秦。在先秦語料中，“罪過”凡10見，都是名詞，由並列短語詞彙化而來，表示“罪行/過失”義。在這一時期，“罪過”多作主賓語。作賓語時，支配它的述語多爲“得、有/無、審/驗”等。例如：

(6)凡萬民之有罪過而未麗於法，而害於州里者，桎梏而坐諸嘉石，役諸司空。(《周禮·秋官·大司寇》)

(7)不以功伐決智行，不以参伍審罪過，而聽左右近習之言，則無能之士在廷，而愚汙之吏處官矣。(《韓非子·孤憤》)

(8)願陳情以白行兮，得罪過之不意。情冤見之日明兮，如列宿之錯置。(《楚辭·九章》)

到了兩漢，“罪過”的名詞用法更常見，僅東漢王逸《楚辭章句》一書就有10見。例如：

(9)臣不度君賢愚，竭其忠信，則被罪過，而身殆也。(漢王逸《楚辭章句》第1卷)

(10)言己執履忠信，雖獲罪過，不敢怨恨於衆人也。(同上，第2卷)

在西漢，“罪過”開始從自責語向自謙語(“有罪/該死”義>“愧不敢當”義)演變。例如：

(11)趙王埽除自迎，執主人之禮，引公子就西階。公子側行辭讓，從東階上。自言罪過，以負於魏，無功於趙。(漢司馬遷《史記·魏公子列傳》)

上例寫魏公子無忌(信陵君)竊符救趙後受到趙王禮遇，他表現得很謙遜，堅持不從更尊的西階入殿，而從更卑的東階入殿，且堅持側行。所以，我們認爲這時魏公子所説的“罪過”當是謙辭，意即“愧不敢當”。朱帆(1986:119)認爲該例中“罪過”意在自責，因爲信陵君竊取了母

① 語用化指語言表達式(包括詞、短語、小句、跨層組合)演變爲主要起話語組織或人際互動作用的語用標記(含話語標記)的過程。比如程式性的致謝語、致歉語、問候語、分别語、感歎語的形成，以及話語標記(如話題開啟/轉换/結束標記、話輪開啟/維持/轉换/結束標記、插話標記)的歷史形成就是語用化。(詳見Diewald 2011)

國(魏國)的兵符,背叛了魏國(違背魏王指令而强行助趙退秦),因而感到自己有罪。但是,信陵君是在趙王而非魏王面前自言"罪過"的,可見例中"罪過"主表自謙,自責色彩已經淡化。

自隋唐起,"罪過"頻繁用於受益語境(在漢代僅例(11)一例)。這種語境能滿足使用"罪過"實施自謙的如下合適條件:

預備條件:説話人(一方)S從聽話人(一方)H那裏受益(如受恩遇、受饋贈、受關照等),且S的地位比H卑下。

真誠條件:S認爲己方不該從對方H那裏受益,即己方心裏有愧/不安。

在上述語用背景下,説話人通過自言"罪過"來表達内心不安和對對方的尊敬。這樣,"罪過"就成了謙辭,有謙敬功能,義爲"愧不敢當"。例如:

(12)神功曰:"神功比來受判官拜,大是罪過,公何不早説?"遂令屈請諸判官,謝之曰:"神功武將,起自行伍,不知朝廷禮數。比來錯受判官拜,判官又不言,成神功之過。今還判官拜。"(唐封演《封氏見聞記》第9卷)

(13)至旦,孟秉以甲騎迎化及。化及未知事果,戰慄不能言,人有來謁之者,但低頭據鞍,答云"罪過"。(唐魏徵《隋書·宇文化及傳》第85卷)

例(12)中,神功因不知對方身份尊貴而誤受判官禮拜,自覺有罪,所以有向判官謝罪和還拜之舉。該例中"罪過"的意義較實,重在表示"有罪/該死"。但已表現出了向"愧不敢當"義演變的傾向,一如例(11)。例(13)中"罪過"則是"表示不安的謙詞,猶言'愧不敢當'"(《辭海》1999:4788)。

"罪過"的謙辭用法來源於自責用法,語義經歷了從"有罪/該死"到"愧不敢當"的演變。再如:

(14)未久,韓供奉景佑至,具言懷琪未死間,頭髻如壯夫向後折之狀,頤頷上指,而髻在項上,喘息甚粗,須得三兩人用力從後推其首,才能舉之,口中唯云:"罪過,罪過。"湯飲至口,如有人揮掣之狀,悉覆於地,雖甚饑渴,但虚器而退。除稱罪之外,至死無他言。(宋張齊賢《洛陽縉紳舊聞記》第2卷)

上例上文寫同巡檢殿直康懷琪與知州密謀處死了已被轉運使招降的盜賊劉法定兄弟八人,爲後者的冤魂纏身而生病。該例中劃綫句的後文還有"稱罪"。可見,該例中"罪過"側重表示自責,猶言"有罪/該死"。但也可理解爲"愧不敢當",意謂自己是有罪之人,不敢煩勞那麼多人來伺候自己。"罪過"的"愧不敢當"義謙辭用法後世一直在沿用,儘管相對於其他用法來説用例較少。

(二)致謝語"罪過"的語用化

語料調查顯示,隨着謙辭"罪過"的廣泛使用,其"愧不敢當"義出現了變異。在有些語境中其"慚愧"義面凸顯,而"不敢當"義面被抑制,即後者從語境中淡出。例如:

(15)五祖遂喚秀上座於堂内,問:"是汝作偈否?若是汝作,應得我法。"秀上座言:"罪過!實是神秀作,不敢求祖,原和尚慈悲,看弟子有小智惠,識大意否?"(《六祖壇

經》,T48p0337c03①)

(16)施復把來推在袖裏道:"我這饅頭餡好,比你鋪中滋味不同。將回去吃,便曉得。"那老兒見其意殷勤,不好固辭,乃道:"没甚事到此,又吃又袖,罪過,罪過!"(明馮夢龍《醒世恒言》第18卷)

上兩例中,"罪過"主要表示"慚愧"義,起表情作用。言者是在通過表情(表達内心的慚愧不安)來表示謙虚或間接向對方表示感謝。所以,謙辭"罪過"可以起到間接致謝作用。

"罪過"作爲直接致謝的言語行爲動詞,始見於宋代②。例如:

(17)罪過渠儂商略秋,從朝至暮不曾休。(宋楊萬里《聽蟬》)

(18)有個尖新底,説底話非名即利。説得口乾罪過你,且不罪,俺略起,去洗耳。(宋辛棄疾《夜遊宫・苦俗客》)

據張相(2001:775)、廖珣英(2007:810),上兩例中"罪過"都表示"多謝"義。例(17)意謂"感謝蟬兒她爲大自然營造出秋的意境,從早到晚叫個不停";例(18)中"説的口幹罪過你"意謂"感謝你講到口都幹了",這裏是反語用法,諷刺對方話多。

致謝動詞"罪過"在元明清時期習見。例如:

(19)張屠道:"罪過莊主辦酒相待,我們實不知這瘸師是莊主孩兒,奈他不近道理。若不看莊主面時,打教他粉骨碎身。"(明羅貫中、馮夢龍《三遂平妖傳》第10回)

(20)店小二道:"今日前巷張員外散貧,你可討些湯洗了頭臉,胡亂討得些錢來,且做盤纏……"那人道:"罪過你!"(明馮夢龍《醒世恒言》第31卷)

那麽,致謝動詞"罪過"的語源是什麽呢? 是謙辭"罪過"的變化形式——"慚愧"義"罪過"。上文的論述表明,"愧不敢當"義"罪過"往往用在地位卑下者受益於地位尊上者的語境中。在這種語境中,受益方可以通過表達内心的慚愧不安來向施惠方間接表示感激。當施惠方的社會地位並不比受益方高多少時,受益方内心的慚愧不安可能會有所減輕(不再感到"不敢當",而只是因欠人情而有些慚愧不安),而感激程度可能會有所上升。換言之,隨着"罪過"句的意義發生核心意義和邊緣意義的對换/交替,"罪過"原來的核心意義——"不敢當"——逐漸退化消失,而原來附帶表達的邊緣意義("慚愧"義)逐漸向"謝謝"義過渡,最終"謝謝"義上升爲"罪過"的核心意義。這樣,"罪過"就完成了從"慚愧"義向"謝謝"義的演變。相應地,"罪過"句完成了從間接致謝到直接致謝的轉變。例如:

(21)(浄出唱)……且説張郎作狀元,特也特來拜賀喜,拜賀喜。(旦白合掌)慚愧,罪過婆婆!(宋九山書會才人《張協狀元》第30出)

(22)宋四公道:"作成你趁一千貫錢養家則個。"那捉笊籬的倒吃一驚,叫道:"罪過!小人没福消受。"宋四公道:"你只依我,自有好處。"(明馮夢龍《喻世明言》第36卷)

(23)那老兒見其意殷勤,不好固辭,乃道:"没甚事到此,又吃又袖,罪過,罪過!"拱拱手道:"多謝了!"往外就走。(明馮夢龍《醒世恒言》第18卷)

例(21)中"罪過"前已有"慚愧"一詞,因此該例中"罪過"只能釋爲"謝謝"義。但例(22)(23)中"罪過"既可釋爲"謝謝",又可釋爲"慚愧"。例(22)中言者感到慚愧,是因爲社會地位比宋

① 此出處依照册數、頁數、欄數、行數順序排列。

② 王鍈(2013:5)也認爲"多謝"義"罪過"最早應見於宋代。施蟄存(2012:383)説:"'罪過',松江方言,凡同人道謝,輒曰'罪過罪過',……然亦宋人語也。"

四公低，他只是個捉笊籬的，宋四公是他的恩人，又要施惠於他。例(23)中言者感到慚愧，是因爲没事却去叨擾别人，且又吃又帶。該例中"罪過"本是間接致謝語，但如果把該例中後續小句改爲"那老兒拱拱手，往外就走"，那麽，"罪過"句就成了唯一的致謝語。"罪過"就有可能通過語境吸收而獲得"謝謝"義。總之，例(22)(23)這兩個後世用例展示了"罪過"從"慚愧"義向"謝謝"義演變的過渡狀態。在宋代語料中未見這樣的過渡用例可能是語料缺失所致。朴在淵(2002:1030)將例(22)中"罪過"釋爲"不敢當，多謝"。這表明他傾向於認爲"罪過"的致謝動詞用法是從"不敢當"義謙辭用法(而不是"慚愧"義形容詞用法)直接演變而來。從例(22)這個孤例來看，這種觀點似乎也説得通。但考察例(23)等更多用例則會發現此説不能成立。再如：

(24)婆婆道："我適間好意辦酒食相待，如何見了我孩兒却要打他？你們好没道理！"張屠道："罪過莊主辦酒相待，我們實不知這瘸師是莊主孩兒，奈他不近道理。"(明羅貫中、馮夢龍《三遂平妖傳》第10回)

上例中，"罪過"表示"謝謝"義，但其源義("慚愧"義)還依稀可辨。該例中婆婆好意辦酒食招待任、吴、張三位，但這三位却要打其孩兒。所以，在得知真情後感到慚愧是情理之中的事。

當然，"罪過"從"慚愧"義形容詞演變爲"謝謝"義動詞，除了要具備進行語義重新分析的可能①外，還要具備進行句法重新分析的可能，即"罪過"構成獨立成句(如上文例(15)(16))或帶對象賓語(如上文例(17)(18))②。

"謝謝"義"罪過"到了明代發展出了表示慶幸語氣的副詞用法③，表達言者因偶然出現的有利條件而避免了某不希望出現的不利結果時的僥倖口氣，猶"幸虧/多虧"。例如：

(25)如今趕出寺來，没討飯吃處，罪過這大相國寺裏知事廝認，留苦行在此間打化香油錢。(明洪楩《清平山堂話本》第1卷)

(26)只見林子裏走出胡永兒來，看着那廝道："哥哥，昨夜罪過你帶挈我客店裏歇了一夜，你却如何道我是鬼?"(明羅貫中、馮夢龍《三遂平妖傳》第6回)

(27)自從老底死後，罪過員外收留養得大，却也有十四五年。(明馮夢龍《警世通言》第37卷)

(28)開學堂後，也有一年之上。也罪過那街上人家，都把孩兒們來與他教訓，頗自有些趲足。(同上，第14卷)

"罪過"表示慶幸語氣的用法和表示感謝的用法之間界限模糊，常引發釋義上的争論。例如：

(29)一盤宵夜江南果。吃果看書只清坐。罪過梅花料理我。一年心事，半生牢落，

---

① 這種可能是由語境擴展(contextual expansion，即從致謝方社會地位明顯低於施惠方到雙方地位差别不大，甚至致謝方地位更高)提供的。

② 感謝匿名審稿人提醒筆者注意"罪過"從"慚愧"義形容詞向"謝謝"義動詞演變的句法條件。當然，語義條件和句法條件必須同時具備，"罪過"才可能發生向"謝謝"義動詞的演變。審稿人認爲漢代可見"鬼神罪過人，猶縣官謫罰民也"(《論衡》)，這種述賓短語的出現爲"罪過"的"感謝/多謝"義的産生提供了句法基礎。我們認爲，審稿人所提供的《論衡》用例固然是"罪過"用在述賓結構中的示例，但是其中"罪過"是名詞臨時活用爲動詞，表示"降罪過於"義，而非"慚愧"義，不具備被重新分析爲表示"謝謝"義的語義基礎。

③ 下面這個用例似乎是反例：(1)忽看花漸稀，罪過酒醒遲。(唐王建《山中惜花》)
朱帆(1986:118)把上例中"罪過"看作慶幸語氣副詞，説"全句意謂'幸虧酒醒遲，才讓我免見花之夜落也'"。王鍈(2013:5)認爲它表示"責怪"義，全句意謂"責怪自己酒醒得太晚，以致錯過了花盛時"。由於我們在CCL語料庫唐宋語料中僅檢到上面這一個"反例"，所以，即使它確實表示慶幸語氣，孤例也不足爲憑。

盡向今宵過。（宋薛泳《青玉案》）

(30)我便是對門趙知縣，歸到峰頭驛安歇，到曉起來，人從，擔仗都不見一個，罪過村間一老兒，與我衣服盤費。（明馮夢龍《警世通言》第36卷）

上兩例中“罪過”到底表示慶幸語氣還是表示感謝？這是有争議的。例(29)中“罪過”，廖珣英(2007:810)釋作“多謝”，張相(2001:775)釋作“幸虧”，俞朝剛和周航(1995:6)釋作“幸虧，多謝”。例(30)中“罪過”，王貴元和葉桂剛(1993:758)釋作“多謝”，吴士勳和王東明(1992:1345)釋作“多虧，幸虧”。

“罪過”從“謝謝”義動詞演變爲慶幸語氣副詞，其實是它所在句子經歷從省略主語的兼語句到普通主謂句這種句法結構上的重新分析所致。重新分析前，“罪過 NP VP”是兼語句，兼語 NP 既是“罪過”的對象賓語(即 NP 的所指是言者感謝的對象)，又是 VP 的施事主語(即 NP 的所指是 VP 所示動作的發出者)。重新分析後，“罪過”作句首狀語，修飾小句“NP VP”。比如在例(30)中，“罪過村間一老兒，與我衣服盤費”起初是省略了言者主語“我”的兼語句(其中，“我”是致謝者)。“村間老兒”既是“罪過”的對象賓語，又是“與我盤費”的施事主語。而後隨着兼語與其續段之間的停頓的縮短以至消失，“罪過村間老兒與我衣服盤費”被重新分析成帶句首狀語“罪過”的主動賓小句。這時，作爲致謝者的言者“我”退隱，“罪過”的“感謝”義淡化，而它蘊含的“幸虧”義浮現。這種重新分析過程可以表示爲：言者。罪过 NP VP → [罪过] NP VP①。如果表示感謝的“罪過”進一步發生語境擴展，開始用於兼語 NP 並不指人的場合時，“罪過”的“謝謝”義就有可能會完全消失(動物和無生物通常不能接受謝意，除非使用擬人辭格時)，而其“幸虧”義可能會固化爲它的新義位。比如例(29)，如果作者在把梅花擬作人來寫，那麽該句中的“罪過”可以釋作“謝謝”。如果作者没有運用擬人辭格，那麽句中的“罪過”宜釋作“幸虧/多虧”。

説“罪過”表示慶幸語氣的用法源於表示感謝的用法，除了出現時間上的證據外，還在於表示慶幸語氣的“罪過”比表示感謝的“罪過”意義更虚靈。就語類地位來説，前者是語氣副詞，後者是動詞。而且，近代漢語中的“慚愧、謝天謝地”和英語中的“thank to”等都從表感謝的用法發展出了表慶幸語氣的用法②。從表示感謝向表示慶幸語氣的演變是一種語用化，因爲慶幸語氣副詞重在表示言者的主觀情態，是語用標記。

(三)致歉語“罪過”的語用化

衆所周知，在漢文化背景下，人們常通過認錯/自責來間接道歉。比如古代君王犯錯時往往通過自言“此孤之過也”“此孤之罪也”來間接地向對方道歉③。請看：

(31)秦伯素服郊次，鄉師而哭，曰：“孤違蹇叔，以辱二三子，孤之罪也。”不替孟明，曰：“孤之過也，大夫何罪？且吾不以一眚掩大德。”(《左傳·僖公三十三年》)

---

① 當然，上述演變要得以發生，還必須具備一個條件，即言者就是相關施惠事件的受益者(也是僥幸避過某不利事件的當事人)。

② 張相(2001：773)對“慚愧”的解釋爲“感幸之詞，猶云‘多謝’，‘僥幸’，‘難得’也”。在英語中“thank to”既可表示“向(某人)表示感謝”，又可表示“多虧”義。限於篇幅，例不贅舉。

③ 古代君父等尊長者向臣子等卑下者道歉時，往往採用認罪型，而很少採用求諒型(例：請見諒！/望乞恕罪！)。更不會採用述事型表達來道歉(例如：冒犯了！)。

(32)晉既定,興師攻鄭,求被瞻。被瞻謂鄭君曰:"不若以臣與之。"鄭君曰:"此孤之過也。"被瞻曰:"殺臣以免國,臣願之。"(《吕氏春秋·上德》)

(33)孤不天,不能事君,使君懷怒以及敝邑,孤之罪也,敢不惟命是聽。(《左傳·宣公十二年》)

(34)公曰:"若是,孤之罪也。夫子就席,寡人聞命矣。"(《晏子春秋·景公飲酒酣願諸大夫無爲禮晏子諫第二》)

到了唐代,"NP 罪過"作爲"Dem+Cop+NP(之)罪過"①之類認錯/自責句(如"此即 NP(之)罪過")的省略句,開始頻繁出現。言者通過坦承己方有罪/有過來向他人間接道歉。例如:

(35)晟曰:"天子行幸所在,諸侯躬親灑掃,耘除御路,以表至敬之心。今牙中蕪穢,謂是留香草耳。"染干乃悟曰:"奴罪過。奴之骨肉,皆天子賜也。得效筋力,豈敢有辭?特以旁人不知法耳,賴將軍恩澤而教導之。將軍之惠,奴之幸也。"(唐魏徵《隋書》第 85 卷)

上例中,啟民可汗因爲没有把帳中雜草除掉而向長孫晟道歉②。"奴罪過"作爲"此(即)奴之罪過"的省略形式,本是偏正短語,因主語和係詞省略而被重新分析爲主謂短語。重新分析後,"奴罪過"意即"奴有罪/該死"。這樣,"罪過"就在唐代獲得了"有罪/該死"義形容詞用法。能證明形容詞"罪過"是從判斷句中作係詞賓語的名詞"罪過"演變而來的證據是,在同一文獻中"(此)即/是 NP 罪過"和"NP 罪過"交替使用,表義基本相同。請看:

(36)a. 師與泉守在室中説話,有一沙彌揭簾入見,却退步而出。師曰:"那沙彌好與二十拄杖。"守曰:"恁麽即某甲罪過。"(宋普濟《五燈會元》第 7 卷)

b. 書禮拜曰:"某甲罪過。"(同上,第 15 卷)

(37)a. 師曰:"却是老僧罪過。"(宋普濟《五燈會元》第 20 卷)

b. 師聞曰:"這老漢著甚麽死急!"峰聞曰:"老僧罪過。"(同上,第 5 卷)

形容詞"罪過"在唐宋時期就已經很常見。例如:

(38)錢財如糞土,人義重於山,燕今實罪過,雀兒莫生嗔。(《敦煌變文·燕子賦》)

(39)小輩非常罪過,不合望(妄)申彼我。爲對國王大臣,不免便升高座。客主也合相饒,不合望外折挫。(《敦煌變文·佛説阿彌陀佛經講經文》)

(40)上曰:"若死者不活,便是妖妄。若死者得生,更是罪過。不可容也。"竟依仁會所奏。(宋李昉等《太平御覽》第 735 卷)

上三例中,"罪過"前有程度狀語"實、非常、更"。"實罪過"意即"實在造孽,實在對不起"。"非常罪過"意即"非常該死,非常對不起"。"更是罪過"猶言"更加造孽,更加該死"。可見,上三例中的"罪過"是形容詞。

形容詞"罪過"在唐宋佛教文獻(如漢譯佛經、禪宗語録)中使用頻率很高。考察發現,在

① 其中,Dem 和 Cop 分别表示指示代詞(demonstrative)和判斷動詞/係詞(copula)。前者如"這、此"等,後者如"是、即"等。NP 表示自指名詞(短語)。

② 上例大意是:長孫晟説:"天子巡幸所到之地,諸侯都要親自灑掃,修整御道,以表示對天子的至誠崇敬之心。現在你牙帳内雜草叢生,我只説是留着香草罷了!"啟民可汗才醒悟過來,説:"我的錯/我有罪!我的骨肉都是天子賜給的,得到爲天子效力的機會,怎麽敢推辭呢?只是因爲邊遠地區的人不知道法度,全靠將軍教誨我們了,將軍的恩惠是我的幸運。"

五代和宋代禪宗語録裏,形容詞"罪過"是個高頻詞,經常獨立成句,例不贅舉。在明代,獨立成句的"罪過"通過語境吸收獲得"抱歉/對不起"義,從而演變爲致歉語①。例如:

(41)肖月乃道:"……適聞捉拿狄公,貧僧知他素抱幹國之忠,故前來相救。不料開殺戒,罪過,罪過!"(明吴炳《緑牡丹》第61回)

上例中"罪過"意即"抱歉"。肖月和尚用"罪過,罪過"爲自己大開殺戒的行爲而實施道歉。可見,通過[手段代目的]轉喻,本來作爲間接道歉手段的認錯所訴諸的"罪過"小句獲得了表示道歉的用法,其"抱歉/對不起"義最終凝縮到其中的關鍵詞"罪過"身上。"罪過"的道歉語用法在清代有了進一步發展,即"抱歉/對不起"義"罪過"開始後續補語。例如:

(42)申公要聽箜篌,所以有勞兩位芳駕。攪破清睡,罪過得很!(清劉鶚《老殘遊記》第10回)

(四)請求語"罪過"的語用化

在早期現代漢語中,"罪過"又從表示道歉的用法發展出表示請求的用法。比如,在吴語(上海話)中,"罪過"可以用在請求别人幫忙的場合,猶"勞駕/拜託"。例如:

(43)罪過,儂幫我一下忙。(上海話)

(44)罪過,儂把迭塊大石頭搬搬開。(上海話)

這種用法的"罪過"跟英語"Excuse me(不好意思/打擾了)"有些相似,都是請求前導語,且都從致歉語發展而來。在請别人幫忙之前先爲自己即將發出的冒失的求助行爲向對方表示道歉。在這種先致歉、後求助的語境中,"罪過"通過語境吸收和重新分析獲得了"勞駕,拜託"義。

三 "罪過"語用化的歷程和路徑、機制和動因

(一)"罪過"語用化的歷程和路徑

"罪過"的語用化既包括其言語行爲動詞用法的歷史形成,又包括其會話程式語(如自謙語、致謝語、致歉語、請求語)用法和語用標記(如慶幸語氣副詞)用法的歷史形成。雖然在理論上言語行爲動詞用法和會話程式語用法時有交叉,但本文爲了論述的方便,將兩者並列。

上文的考察表明,"罪過"的自謙語、致謝語、致歉語、請求語用法分别始見於漢代、宋代、明代和早期現漢。其語用標記(慶幸語氣副詞)用法始見於明代,是從致謝用法發展而來。"罪過"的語用化歷程可以表示如下:

---

① 跟"罪過"相似的是,"死罪"也從自責用法演變出了道歉用法。《漢語大詞典》(2002:153)指出,"死罪"是舊時請罪或道歉時用的套語,表示罪過很重。例如:

(1)上問曰:"吾爲太子時召君,君不肯來,何也?"對曰:"死罪,病。"(漢班固《漢書·衛綰傳》)

(2)(樓氏)白其姑曰:"奴死罪,不應著此下見先舅。"(宋葉適《趙孺人墓銘》)

上兩例中的"死罪"若换成"抱歉",只是表示的歉意淺了,但句子基本可以成立。

表 1 致謝語"罪過"的語用化歷程

"罪過"的句法演變	獨詞句→謂語中心
"罪過"的語義演變	"愧(不敢當)"→"謝謝"
"罪過"的語用演變	表自謙的會話程式語(謙辭)→表感謝的言語行爲動詞

表 2 語用標記"罪過"的語用化歷程

"罪過"的句法演變	兼語句第一謂語中心→普通主謂句句首狀語
"罪過"的語義演變	謝謝 → 幸虧/多虧
"罪過"的語用演變	表感謝的言語行爲動詞→慶幸語氣副詞/語用標記

表 3 致歉語"罪過"的語用化歷程

"罪過"的句法演變	判斷句係詞賓語(如"此(即)NP 罪過。")—成分省略→獨詞句"罪過。"
"罪過"的語義演變	罪行/過失 → 抱歉/對不起
"罪過"的語用演變	認錯→道歉

表 4 請求語"罪過"的語用化歷程

"罪過"的句法演變	
"罪過"的語義演變	抱歉/對不起 → 勞駕/拜託
"罪過"的語用演變	道歉→請求

把上面幾個表格中所反映的"罪過"的語用演變串聯在一起,可形成如下兩條語用化路徑:

"罪過"的語用化路徑之一:謙辭→致謝→語用標記(慶幸語氣副詞)

"罪過"的語用化路徑之二:認錯→道歉→請求

(二)"罪過"語用化的機制和動因

1."罪過"語用化的認知機制

致謝動詞"罪過"是從凸顯"慚愧"義面的謙辭"罪過"演變而來,演變背後的認知機制是概念轉喻[手段代目的](表示心裏不安是間接致謝的手段)。在言者社會地位明顯比作爲施惠方的聽者低的受益(尤其受敬)語境中,言者自言"罪過"以自責,這其實是一種尊敬聽者和自我謙虛的手段。所以,"罪過"通過[手段代目的]轉喻實現了從自責語向"不敢當"義謙辭的演變。謙辭"罪過"用於受益語境時,受益方可通過表達内心的慚愧不安來間接向施惠方表示感激。這樣,"罪過"又通過[手段代目的]轉喻實現了從謙辭"不敢當"向"謝謝"義言語行爲動詞的演變。致歉語"罪過"是從"這是 NP 的罪過"之類的認錯/擔責句蜕縮而來。其間,經歷了主語、係詞和自指 NP 的省略。在明代,"罪過"從"有罪/該死"義名詞演變成了"抱歉/對不起"義致歉語。其語義演變的認知機制是概念轉喻[手段代目的](認錯是間接致歉的手段)。一言以蔽之,從自責語經謙辭到言語行爲動詞,"罪過"的歷時演變遵循的認知機制都是[手段代目的]概念轉喻。手段和目的處在同一認知框架([有意活動]框架)中,在時間上存在鄰接關係。目的是抽象的,隱於活動者内心,手段是具體的,顯現於外。所以,手段的顯著度比目的高。在認知上,自然會出現[手段代目的]轉喻。

在早期現代漢語中,“罪過”在先致歉後求助的語境中又從致歉語用法發展出了請求語用法。這種演變背後的認知機制仍然是概念轉喻,但具體内容不同。它是[借致歉語A代指常跟A共現的請求語B]。

2.“罪過”語用化的交際動因

“罪過”語用化的交際動因是,通過抒情或認錯來間接致歉、通過致謝來慶幸等交際手段的頻繁使用,以及請求之前先致歉這種交際模式的頻繁(即語用法的固化)出現。這導致含“罪過”的自由語向言語行爲動詞、會話程式語、語用標記演變。通過抒情來間接致謝,通常是指通過抒發己方因受惠而慚愧不安或喜悦興奮的心情來間接致謝。在漢語中一般是通過抒發慚愧不安之情來間接致謝。

參考文獻

[1]辭海編纂委員會. 辭海[M]. 上海:上海辭書出版社,1999:4788.
[2]郭建花. 漢語音韻詞彙研究論集[M]. 廈門:廈門大學出版社,2008:154.
[3]羅竹風主編. 漢語大詞典(第五卷)[M]. 上海:漢語大詞典出版社,2002:153.
[4]廖珣英.《全宋詞》語言詞典[M]. 北京:中華書局,2007:810.
[5]閔家驥,范曉,朱川,張嵩嶽. 簡明吴方言詞典[M]. 上海:上海辭書出版社,1986:332.
[6]朴在淵. 中朝大辭典[M]. 牙山:鮮文大學校中韓翻譯文獻研究所,2002:1030.
[7]施蟄存. 北山樓夜話[M]. 上海:華東師範大學出版社,2012:383.
[8]王貴元,葉桂剛. 詩詞曲小説語辭大典[M]. 北京:群言出版社,1993:758.
[9]王鍈. 語文叢稿續編[M]. 濟南:齊魯書社,2013:5.
[10]吴士勳,王東明. 宋元明清百部小説語言大辭典[M]. 西安:陝西人民教育出版社,1992:1345.
[11]許寶華,宫田一郎. 漢語方言大詞典[M]. 北京:中華書局,1999:6571-6572.
[12]俞朝剛,周航. 宋詞精華(五)[M]. 瀋陽:遼寧古籍出版社,1995:6.
[13]張相. 詩詞曲語詞匯釋[M]. 北京:中華書局,2001:773,775.
[14]朱帆. 古今詞趣[M]. 廣州:廣東人民出版社,1986:118,119.
[15]朱琳娜,馬貝加. 温州話致謝語“罪過”的來源[J]. 開封教育學院學報,2014 (8):29-30.
[16]Diewald, Gabriele. Pragmaticalization (defined) as grammaticalization of discourse functions. *Linguistics*, 2011(2):365-390.

The Pragmaticalization of "*Zuiguo*(罪過)" to a Conversational Routine

Zhang Ailing

Abstract: In modern Chinese dialect, the usage of "*Zuiguo*(罪過)" is very complicated. This paper addresses the development of its use as a conversational routine to perform requesting, thanking, apology or self-depreciating. The result of investigation concerned shows that "*Zuiguo*(罪過)" experienced the following grammatical and semantic change: Noun meaning 'sin or fault' → Adjective meaning 'guilty' → Apology expression meaning '(I am) sorry' → Requesting expression meaning 'Excuse me' or 'Please'; Noun meaning 'sin or fault' → Self-blaming expression meaning 'it is all my fault' → self-depreciating meaning'I really don't deserve such an honour(or benefit)'→ thanking expression meaning 'thanks'. The emergence of the four uses of "*Zuiguo*(罪過)", i. e. to constitute a request expression, apology expression, thanking expression and self—depreciating, is motivated by the conceptual metonymy [(Seeing) PURPOSE AS A MEANS].

Key words: *Zuiguo*(罪過), pragmatic function, conceptual metonymy

通信地址:江蘇師範大學文學院
郵　　編:221116
E-mail:yunying0914@sohu. com

吴語瑞安話的兩類定指“量名”結構及其關聯*

吴　越

内容提要　本文主要從語音形式、句法表現和語用功能三方面考察吴語瑞安話的定指“量名”結構，提出了不同於以往研究中温州(瑞安)方言僅有一種定指“量名”結構的觀點，認爲瑞安(城區)話中確實存在準指示詞型和準冠詞型兩種定指“量名”結構，且準冠詞型“量名”結構應由準指示詞型“量名”結構發展而來。

關鍵詞　瑞安話　定指“量名”結構　準冠詞型　準指示詞型

定指“量名”結構常見於南方方言，已有討論如石汝傑、劉丹青(1985)、潘悟雲、陶寰(1999)、Cheng & Sybesma(1999、2005)、陳玉潔(2007)、Li(2013)、王健(2013b)、盛益民(2014)、盛益民等(2016)、盛益民(2017)等。盛益民等(2016)主張對定指“量名”結構進行二分：一種類似“定冠詞＋名詞”，不表距離遠近，稱準冠詞型；一種類似“指量名”，表距離遠近，稱準指示詞型。

潘悟雲、陶寰(1999)指出，温州話中有一種①表定指的量詞②，省略自“近指指代詞＋量詞”。盛益民等(2016)、盛益民(2017)將其歸入準指示詞型。

而據我們觀察，瑞安(城區)話(以下簡稱“瑞安話”)中實際上有兩種不同的定指“量名”結構。我們以往的分析(吴越 2016)尚未徹底區别二者。下文具體討論兩種定指“量名”結構，分别稱爲 A 式和 B 式。另外，爲呈現瑞安話“量名”結構的整體面貌以使討論清晰，我們也將對瑞安話非定指的“量名”結構進行簡要説明。

一　瑞安話的三種“量名”結構

(一) AB 兩式的語音表現及 A 式與“指量名”結構的關聯

1. 瑞安話的“指量名”結構

瑞安話近指詞“居[kei^{323}]”和遠指詞“許[hei^{35}]”均可進入“指量名”結構。“近指量名”和“遠指量名”可用於遠近對舉，如：

---

*　基金項目：國家社會科學基金項目“區域類型學視野下中國境内語言的量詞及其對指稱系統的作用研究”(16BYY002)。初稿曾在復旦大學定指“量名”結構工作坊(2017.11)報告，得與會學者批評指正，發表時有較大改動。寫作過程中得到陳玉潔副教授、盛益民副教授、盧笑予博士指教，匿名審稿專家給出了寶貴意見，一併致謝。疏漏之處，文責自負。

①　原文意爲“有且僅有”一種。

②　潘悟雲、陶寰(1999)指出，這種定指量詞有近指意義，讀入聲，與“近指指代詞＋量詞”中量詞變作入聲一致。

(1)居本書厚倈,許本書薄倈。(這本書厚一點,那本書薄一點。)

2. AB 兩式的語音表現

A 式量詞變讀入聲,應爲“指量名”結構中量詞與入聲調近指詞“居[kei^{323}]”的合音:近指詞省略,聲調保留,量詞變讀入聲。遠指詞“許[hei^{35}]”没有這一現象,可參游汝傑(1981),潘悟雲、陶寰(1999)、鄭張尚芳(2014)、吴越(2016:26)等。B 式在語音表現上與 A 式有兩點不同。第一,A 式量詞變爲入聲,B 式量詞失去本調,呈現“中性化”。第二,A 式量詞重讀,B 式名詞重讀。例見表 1。

表 1 AB 兩式量詞語音表現例字表

量詞①	本調	A 式變調	B 式變調
個	kai^{42}	kai^{323}	kai^{0}
張	tɕiɛ^{44}	tɕiɛ^{323}	tɕiɛ^{0}
本	paŋ^{35}	paŋ^{323}	paŋ^{0}
倈	lei^{24}	lei^{212}	lei^{0}

爲方便呈現,下文我們在量詞上以上標“7/8”表 A 式量詞②,以上標“0”表 B 式量詞。

需要説明,通用量詞“個”情況特殊,一些研究認爲吴語的“個”并非單純的量詞,而已有其他功能(如指示)(古敬恒 1985、錢乃榮 1998、李小軍 2016 等)③。我們認爲瑞安話量詞“個[kai^{42}]”没有指示功能,與易混淆的近指詞“居”④、變讀入聲的“個[kai^{323}]”屬不同成分,有句法語義和語音證據。

第一,數量名結構中,只有“個[kai^{42}]”用於計量,“居”和“個[kai^{323}]”不可以:

(2)蘋果買五個[kai^{42}]/ *居/ *個[kai^{323}]。(買五個蘋果。)[計量]

第二,“指量名”和“指一量名”⑤結構中,“個[kai^{42}]”和“居”各居其位,均不可替换爲“個[kai^{323}]”,如:

(3)居/ *個[kai^{323}](一)個[kai^{42}] / *居/ *個[kai^{323}]蘋果是渠帶來國。(這個蘋果是他帶來的。)[指(一)量名結構]

第三,指示功能上,“個[kai^{42}]”和“居”不單獨用於指示⑥,必須先組成指量結構,如(4)。“個[kai^{323}]”可單獨用於指示,也允許省略所指對象名詞,如(5)。

(4)a. 爾代 *個[kai^{42}]/ *居/居個[kai^{42}](西瓜)帶去爻。(你把這個西瓜帶走。)[直指]

b. 渠有個西瓜買來,自倈可以代 *個[kai^{42}] / *居/居個[kai^{42}](西瓜)吃爻。(他買了個西瓜,我們可以吃了它。)[回指]

---

① 本文僅討論個體名量詞與不定量詞“倈”,暫不涉及容器量詞、度量衡、動量詞等。

② 7 和 8 分别爲陰入、陽入調號。不逐字標明具體調值而是相對含糊地記作“7/8”,主要有兩個原因。第一,爲簡便考慮,可避免逐一區别每個量詞的語音形式。第二,瑞安話這類定指“量名”結構中,指示詞和量詞的合音過程實際上還伴隨量詞聲母濁化(原本就爲濁音的則直接保留),有時難以明晰。加之這一問題並非本文討論重點,因此統一表示。

③ 這種不明晰與文字記録的不統一密切相關。

④ 遠指詞“許”不易混淆,對比時不再涉及。

⑤ 瑞安話是否有真正的“指一量名”結構,是否確實存在句法語義特殊表現,仍待討論。

⑥ 瑞安話指示詞“只指不代”,不直接與名詞同現,相關討論詳見吴越(2016:28)。

(5)a. 爾代個[kai³²³](西瓜)帶去爻。[直指]

b. 渠有個西瓜買來,自俫可以代個[kai³²³](西瓜)吃爻。[回指]

第四,語音形式可作爲輔證。近指詞"居[kei³²³]"與量詞"個[kai⁴²]"聲韻調相去較遠,不易混淆。進入A式的量詞"個[kai⁴²]"變讀入聲([kai³²³]),應爲合音①。

綜上,瑞安話的通用量詞"個"、近指詞"居"與定指"量名"結構中的個[kai³²³]是共時層面上密切相關但不同的成分②。當然,入聲"個"源於近指詞與量詞的結合,自然帶有指示功能。且"個"作爲通用量詞更易進一步語法化(可參吴越2016:41-42)。然而,語法化進行中,若干發展階段可能呈現於同一共時層面,本文討論正基於這一階段的狀況。具體到"個"的發展過程,至少在與近指詞合音這一階段,"個"在句法上并不比其他普通量詞特殊。基於此,且爲討論方便,我們將量詞"個[kai⁴²]"及定指"量名"結構中的"個[kai³²³]"統稱"量詞",必要時稱後者爲"定指(入聲)量詞"。同時,爲免"個"的特殊性造成困惑,例句儘量以其他普通量詞呈現。另外,"個"也常用於記録吴語泛用定語標記、表肯定的語氣詞等(瑞安話中,二者均讀作[gi⁰]),下文用"國"字記録,僅作區別。

(二)"量名"C式的解讀及語音表現

瑞安話還有由"一量名"結構省略"一"形成的量名C式。陳玉潔(2010:217)指出,數詞"一"省略可表數量、周遍、無定等意義。表數量時,强調數量爲"一",如(6)。

(6)我就只買件衣裳。(我就只買了一件衣服。)

表周遍時,常現於否定句主語話題位置,如(7)。偶現於肯定句,如(8)。

(7)件衣裳也尋不着。(連一件衣服都找不到。)

(8)粒米也吃底爻。(連一粒米都吃了(一粒都不剩)。)

表數量和周遍時,量詞不變調,甚至需要重讀以强調,名詞亦不變調,記爲語音III式。表無定時量詞爲輕聲③(調值記爲"0"),名詞讀本調,如:

(9)買件衣裳着着。(買件衣服穿穿。)

本文不涉及C式的數量和周遍解讀,下文遇無定解讀時直接稱"無定式"。

(三)小結

三種"量名"結構與兩種語音形式形成對應關係,小結見表2:

---

① 潘悟雲、陶寰(1999)指出,温州話指量結構"居個"中,"個"與近指詞"居"基本不同形,因此較易區分二者。

② 個[kai⁴²]是没有指示功能的量詞,還有間接證據。瑞安話中,表程度和方式的"能",表方位的"面、頭",表時間、狀態的"界"等,只有發生與A式相同的音變才可用於指示。

③ 鄭張尚芳(2007、2014)稱"自變輕聲"。

表 2　瑞安話三種"量名"結構及語音形式

"量名"結構	A式	B式	C式	
語義解讀	有定		無定	數量、周遍
語音形式	I式：量詞$^{7/8}$	II式：量詞^{0}	II式：量詞^{0}	III式：量詞^{本調}

二　A式和B式的句法表現

本節比較AB兩式的句法表現。觀察框架主要來自盛益民等(2016)和盛益民(2017)。AB兩式的句法表現差異可支持對兩種"量名"結構的分類。

(一)"量名"結構獨用

1. 句法位置的限制：謂前/謂後限制

A式對句法位置相對不敏感,可出現在謂前主語、定語以及謂後賓語位置。一般能與"居(近指)量名"替換,有"區別"意味,如:

(10)碗$^{7/8}$麵爾吃兩吃底爻快。(你快把這碗麵吃了。)[話題]

(11)我搗爻國是個$^{7/8}$杯,不是許個。(我摔碎的是這個杯子,不是那個。)[謂詞賓語]

(12)渠代頭$^{7/8}$雞刣爻罷。(他把這隻雞殺了。)[介詞賓語]

B式可現於謂前位置,如(13)—(16),而不現於賓語位置,如(17)(18)。

(13)碗^{0} 麵爾吃兩吃底爻快。(你快把那碗麵吃了。)[話題]

(14)頭^{0} 狗是□ɦau^{0} 喝水。(那條狗在喝水。)[主語]

(15)我只當[個^{0} 杯是渠搗爻國。](我還以爲那個杯子是他打破的。)[賓語從句主語]

(16)我昨夜病昏爻粒^{0} 藥也宿乜□ɦau^{0} 爻。(我昨天昏了頭連那顆藥都弄丢了。)[補語從句話題]

(17)#脚丐雙^{0} 鞋水泡磨出。(脚被*這雙/一雙鞋磨出水泡。)①

(18)*渠到老代頭^{0} 雞刣爻。(他還是把那隻雞給殺了。)

可見,"量名"結構在賓語位置基本不解作B式。但若"量名"結構作對比焦點或用於關聯回指,B式可現於賓語位置。因爲對比結構自含"區別性",如(19):

(19)老張條^{0} 黄魚吃爻亦想吃條^{0} 鯽魚罷。(老張吃了那條黄魚,又要吃那條鯽魚了。)[對比焦點]

關聯回指的概念關聯帶來可辨識度,均無需其本身蘊涵"區別性",例見下文。

2. 量詞獨用是否受限

A式量詞能獨立作主語或定語,B式量詞不可獨用,更不可充當定語,如:

① (17)標"#",表示無法解讀爲B式,實際可作無定解讀,另可參考普通話對譯。

(20)張$^{7/8}$/*張^{0} 丏我。(這張給我。)

(21)件$^{7/8}$/*件^{0} 國衫袖上國紐珠(這件(衣服)袖子上的紐扣)

量詞獨用的情況差異是瑞安話確實存在兩類定指"量名"結構最重要的指標。

(二)"量名"結構受限定修飾

瑞安話兩種定指"量名"均能受限定修飾,構成"X+量名"。根據X和"量名"的關係,至少區分兩種情況:①"X+量名"爲定中關係;②"X+量名"爲同位關係。

對定中關係,需細分定語類型:①外延性定語;②内涵性定語。

外延性定語用於確定外延,與内涵無關①,領屬語也屬外延性定語(劉丹青 2017:124)。瑞安話AB兩式均可受人稱代詞、名詞短語修飾,構成領屬結構,如:

(22)爾間$^{7/8}$/間^{0} 屋(你那間房子)、我本$^{7/8}$/本^{0} 書(我那本書)

(23)張老闆部$^{7/8}$/部^{0} 車(張老闆那輛車)、爾拉哥件$^{7/8}$/件^{0} 褲(你哥哥那條褲子)

受人稱代詞强調式②修飾時一般只用A式。因爲强調式體現某種"區别性":

(24)爾自間$^{7/8}$/*間^{0} 屋(你那間房)、我自本$^{7/8}$/*本^{0} 書(我那本書)

内涵性定語揭示核心内涵③(劉丹青 2017:124),如狀態形容詞、關係從句等。瑞安話AB兩式均可受内涵性定語修飾,如:

(25)藍幽幽粒$^{7/8}$/粒^{0} 布(藍色的那塊布)、稀薄件$^{7/8}$/件^{0} 衣裳(很薄的那件衣服)

(26)渠端來碗$^{7/8}$/碗^{0} 飯(他端來的那碗飯)、我讀書間$^{7/8}$/間^{0} 學堂(我讀書的那所學校)

同時,内涵性定語在"區别性"上存在差異:①定語具有"級"含義的,具有"區别性",一般僅用A式,如(27);②定語不具有"級"含義的,不具有"區别性",一般僅用B式,如(28)。

(27)大倈件$^{7/8}$/*件^{0} 褲(大一點的這/那條褲子)

(28)鄉下*間^{8}/間^{0} 屋(鄉下的這/那間房子)

對同位關係的情況,需區分同位語的類型。同位語是名詞性成分時,一般用A式,如(29);同位語是小句時,一般用B式,如(30)。兩種情況的中心語都不可省略。但在解説、對舉情況中,A式可用於小句,也允許省略中心語,如(31)。

(29)《水滸》本$^{7/8}$*(書)(《水滸》這本書)

(30)渠調杭州起^{0}*(事幹)(他調去杭州這件事)

(31)你講國渠國兩起事幹,調杭州起$^{7/8}$我曉得,結婚起$^{7/8}$我不曉得。(你説的他的兩件事,調到杭州去這件我知道,結婚這件我不知道。)

"量名"結構受修飾的情況較複雜,影響因素較多,還有待另文探討。

---

① 劉丹青(2017:124)指出,外延性定語用於表指稱、量化,離核心較遠,領屬語也屬外延性定語:雖然可能由名詞充當,但它起的作用是外延而非内涵方面的。

② "人稱代詞强調式"(强調代詞)是指用於加强名詞性成分信息强度的代詞性詞語,如"小張自己走了"中的"自己",參劉丹青(2017:122)。瑞安話的人稱代詞强調式是在代詞後加"自":我自、爾自、渠自。

③ 内涵性定語是指由形容詞、名詞充當的性質定語,一般靠近核心。

三　兩種定指"量名"結構的語用功能

(一)A 式和 B 式的語用功能分工

我們根據 Himmelmann(2001),將語用功能分爲直指、回指、關聯回指、認同指、大情景指。瑞安話 AB 兩式對這五種功能有較明確的分工,这也是瑞安話確實存在兩類定指"量名"的重要證據。

1. 直指

我們沿用陳玉潔(2010:76、2011)等,區別距離指示和中性指示,前者在表指示外還附加距離遠近區别,後者不附加。又,中性指示可細分爲"區别性"與"非區别性"。"區别性"是指中性環境中多個同類事物需由身勢手段區别,"非區别性"無需身勢手段區别①。只有 A 式可用於距離指示(屬"區别性"指示),且 A 式只表近指,這由其來源決定:由"居(近指)量名"省略近指詞得到,如(32)。

(32)粒$^{7/8}$(肉)太肥,許粒(肉)好倈。(這塊肉太肥,那塊肉好些。)

中性指示中,A 式用於"區别性"的情形,可與"居(近指)量名"换用,如:

(33)間$^{7/8}$(屋)/居間(屋)是大伯個,間$^{7/8}$(屋)/居間(屋)是二伯個。(這個房子是大伯的,這個房子是二伯的。)[區别性]

B 式用於"非區别性的"情形,也可由"指(近遠指均可)量名"結構表示,如:

(34)間^{0} 屋/居間(屋)/許間(屋)是我拉阿太早日起起國。(這間房子/那間房子是我太爺爺早年建造的。)[非區别性]

需要説明,(34)顯示"近指量名"可同時現於"區别性"和"非區别性"中性指示場景。我們認爲這與方言本身的語法庫藏手段有關②。

另外,感歎句傾向使用 A 式。因爲此時所談論的事物實際上是有區别性的(盛益民等 2016),(35)的 B 式"本^{0}"只是失去區别性(因此標#)。

(35)本$^{7/8}$/#本^{0} 書忒重啱!(這本書太重了!)

綜上,[+區别性]的情況只能使用 A 式,[-區别性]的情況只能使用 B 式。

2. 認同指

"認同指"是説話人指稱與聽話人共同經歷中的事物。瑞安話表認同指可用 B 式,也用"許(遠指)量名"和光杆名詞,但絶不用 A 式,如:

(36)個^{0} 西瓜/許個西瓜/西瓜/*個$^{7/8}$西瓜吃得罷。(西瓜能吃了。)

---

① 所指事物爲言談現場同類事物中唯一一個(一些),無需與其他同類事物區别。

② 匿名審稿人指出,B 式是專職的中性表達手段,既有此庫藏,爲何"指量名"結構可用於中性指示。下文我們將提出,瑞安話準冠詞型"量名"(即 B 式)可能由準指示詞型(即 A 式)發展而來。準指示詞型"量名"(即 A 式)又與"(近)指量名"結構密切相關。我們認爲"指量名"結構的中性指示功能産生於準冠詞型"量名"結構尚未發展完善的階段。彼時,中性指示是由不專門用於中性指示的形式表達的,因此在中性指示時也被迫對遠近距離表態,可詳參陳玉潔(2011)。簡而言之,這是歷時的發展變化情況在共時層面的部分遺留。

3. 回指

“回指”有廣義和狹義兩解。前者包括回指名詞性成分和小句兩種情況①,後者僅指回指名詞性成分的情況。我們取廣義的“回指”定義。

回指小句時,只用A式而不用B式,如:

(37)A:渠有調杭州爻。(他没有調到杭州去。)

B:起$^{7/8}$事幹/*起^{0}事幹我早曉得罷。(這件事我早就知道了。)

潘悟雲、陶寰(1999)已經討論過温州方言中A式②的回指功能,但提供的例子僅涉及回指小句的情況,而不涉及回指名詞性成分的情況③。

回指名詞性成分時,只用B式而不用A式。(38)中,言談現場首次出現的名詞“車”由A式引入,因爲指稱屬性不明確的普通光杆名詞在首次進入話語時常藉助指量短語,A式恰有指量短語的性質。“車”第二次出現且用於回指時,只使用B式;相似地,(39)中,“書”首次出現,由無定式引入,作無定解讀。第二次出現用於回指時,必須使用B式。這也解釋了回指小句時只用A式的理由:用於回指先行成分的名詞性成分必定在回指時才首次出現,符合A式而非B式的使用條件。

(38)A:爾可以代部$^{7/8}$車賣爻罷。(你現在可以賣了這輛車了。)

B:我拉伯眙牢部^{0}車顯,不賣。(我爸很喜歡這輛車,不願意賣。)

(39)渠有本書送丐我,本^{0}書顯厚。(他送我一本書,那本書很厚。)

4. 關聯回指

表關聯回指的名詞性成分是話語中首次出現的新信息④,没有顯性先行詞。瑞安話表關聯回指使用B式,也可用光杆名詞和“許(遠指)量名”結構,但不用A式與“居(近指)量名”結構。

(40)我走屋眙爻罷,個^{0}客廳/許個客廳/客廳/*個$^{7/8}$客廳/*居個客廳蠻大。(我去看了房子,客廳蠻大的。)

5. 大情景指

大情景指用於指稱對聽説雙方來説“獨一無二”、能被普遍辨認的事物。瑞安話中,目前僅“(通用量詞)個+名”B式有此用法⑤,如:

(41)我眙個^{0}天會落雨罷。(我看天要下雨了。)

(42)個^{0}太陽訾那還不矖出?(太陽怎麼還不出來?)

---

① Lyons(1977)將“回指”作狹義解,把指示上文提到的命題、事件或言語行爲的情形命名爲“篇章直指”(Text deixis),同時區别“篇章直指”與“直指”:直指指示言談現場中的事物。“篇章直指”介於“直指”和狹義“回指”之間。Dixon(2003)也將回指作此二分。

② 他們認爲温州方言中只有一種定指“量名”結構,這是我們給出的區分和總結。

③ 潘悟雲、陶寰(1999)指出,温州方言“居個”常複指前文,此時它失去近指的距離意義,用例爲:—你明朝三點鐘爬起。(你明天三點鐘起床。)—居個我做不到。(這我做不到。)

④ 但可由已知信息語用推理得到。關聯回指與狹義回指的區别就在於此。

⑤ 一些方言(績溪嶺北、桂陽六合等)也僅通用量词有此用法(王健 2013b;鄧永紅 2016)。盛益民等(2016)指出,紹興話某些具體量詞也有此用法,如“爿天(天)”或“個太陽(太陽)”。

（二）小結

我們小結瑞安話兩種定指“量名”結構的語用功能，見表 3。

A 式在直指情境中表距離指示和區别性中性指示，偶用於非區别性中性指示，也用於回指（小句）；B 式在直指情境中表非區别性中性指示，這表示瑞安話 B 式逐漸産生類似於定冠詞的“唯一性”語義①；也用於認同指和關聯回指，這也説明其産生了定冠詞性②；也用於回指（名詞性成分）；用於大情景指（目前僅限通用量詞“個”）。總的來看，具有唯一性、高可辨識度、“非區别性”的場景傾向使用 B 式。相對地，具有非唯一性、低可辨識度、“區别性”的場景傾向使用 A 式③。

表 3　瑞安話 A 式和 B 式語用功能分工

	直指			認同指	回指		關聯回指	大情景指
	距離意義	中性指示						
		［－區别性］	［＋區别性］		名詞性成分	小句		
近指量名	＋		＋			＋		
遠指量名	＋	＋	（＋）	＋	＋		＋	
A 式	＋		＋			＋		
B 式		＋		＋	＋		＋	＋（個）

四　從瑞安話定指“量名”結構看“量名”結構兩種類型的關聯

根據 AB 兩式的句法、語用表現，我們分析其實質。句法上，A 式句法自由度高於 B 式。一方面，量名結構獨用時，A 式適應更多句法位置；另一方面，無論受修飾與否，B 式都不允許獨用量詞，而 A 式允許，這也是二者最重要的區别之一。語用上，AB 兩式的分工接近有定冠詞的語言中指示詞和定冠詞的分工，基本符合盛益民等（2016）、盛益民（2017）的分類。綜上，我們認爲，瑞安話量名 A 式即準指示詞型“量名”結構，量名 B 式即準冠詞型“量名”結構④。這與以往研究中認爲温州方言只有一類定指“量名”結構的結論有所不同。

---

① 陳玉潔（2010：79）指出，語義上没有距離區别不説明指示功能弱化，只要指示詞仍有直指等典型功能，就仍是典型的指示詞。但表達非區别性中性指示則意味着指示功能的弱化。

② 指示詞不用於依靠概念關聯進入話語的單位，而定冠詞可以（Himmelmann1996）。

③ A 式常與“近指量名”結構互换，B 式常與“遠指量名”或光杆名詞互换。

④ 瑞安話準冠詞型“量名”具有更高典型性。“典型性”的判斷標準是：非同位性定中結構中，準冠詞型“量名”是否允許核心名詞省略。據盛益民（2017），在這一標準之下，準冠詞型“量名”結構也表現出跨方言差異。一些方言允許省略，另一些不允許。我們認爲，總不允許無核使用的準冠詞型“量名”具有更典型的類定冠詞功能。盛益民（2017）指出，“量名”結構獨用時，量詞是限定詞；受修飾後，量詞獲得一定的代詞性。我們認同這種説法：指示詞最典型、最基本的功能是直指，因此與現實世界有更密切的關聯；冠詞包含語義信息較少，受修飾時，修飾成分賦予量詞一定的代詞性。那些在非同位性定中結構中也絶不允許量詞獨用的方言，量詞只有限定詞性而無代詞性，更接近定冠詞。瑞安話準冠詞型“量名”就是如此。

兩類"量名"結構的關係尚無定論①。就瑞安話來看,準冠詞型"量名"結構應從準指示詞型定指"量名"結構發展而來。證據有三。

第一,句法上,準冠詞型的句法自由度低於準指示詞型。同時,瑞安話準冠詞型"量名"的量詞只有限定性,準指示詞型"量名"的量詞兼有代詞性和限定性,這反映某些内部連續的發展關係,可詳見第157頁脚注④。

第二,語用上,準冠詞型的功能可能是準指示詞型的延伸。瑞安話中,典型直指與回指小句②使用準指示詞型,典型(狹義)回指與認同指使用準冠詞型,此時量詞"既非指别又非替代"(方梅2002),且可在已建立的所指中再挑出(single out)特定的所指(Himmelmann 1996③),是"挑選"標記。此時,名詞所指對象可不依賴上文或言談現場,而僅存於聽説雙方的共有知識中。量詞只能在内涵性定語後出現且緊靠名詞,試比較(43)(44)。(44)僅作無定解讀(標"#")。

(43)買藍國件[0] 衣裳(買藍色的那件衣服)

(44)#買件[0] 藍國衣裳

第三,語音上,準指示詞型到準冠詞型的量詞語音弱化:從曲折的入聲調到更輕更短的音。語音弱化是進一步語法化的輔證④。

綜上,瑞安話準指示詞型由"指量名"結構省略近指詞得到(伴隨合音),準冠詞型由準指示詞型進一步發展而來⑤。當然,此結論是僅就瑞安話的情況而言的。盛益民(2017)指出,跨方言比較顯示,準冠詞型"量名"在語用功能上有更大的一致性,而準指示詞型"量名"結構語用功能差别較大,受制於本方言中表達定指的庫藏手段。因此,定指"量名"結構的内部小類以及不同定指"量名"結構的相互關係(如定指"量名"結構有不同類型)都存在跨方言差異。本文只是根據瑞安話的實際情況提供了一種可能的解釋。

五 結語

本文主要結論有三。第一,瑞安話有準指示詞型和準冠詞型兩類定指"量名"庫藏⑥,而非僅準指示詞型一種。第二,瑞安話準冠詞型"量名"應由準指示詞型"量名"發展而來。第三,兩種定指"量名"結構的關係與方言自身庫藏手段相關。

---

① 一般認爲準指示詞型"量名"由"指量名"結構省略得到,但準冠詞型的來源還有幾種不同觀點。如結構賦義説,石毓智(2002)認爲準冠詞型由不定指"量名"結構發展而來。

② 基本上屬回指功能中的"過渡地帶",可詳見上文對語用功能的討論。

③ "直指"明確特殊所指;"(狹義)回指""認同指"在已有特殊所指中挑出特定所指(Himmelmann 1996)。

④ 與之相似,北京口語中無指别作用的、冠詞化的"這(zhe)"也聲調中和,參見方梅(2002)。

⑤ 另據盛益民等(2016),紹興話"遠指量名"結構不用於關聯回指和認同指,而瑞安話允許。這説明瑞安話"遠指量名"可能正逐漸失去指示詞短語的典型功能,而獲得某些定冠詞的性質。但無論如何,其機制都與準冠詞型"量名"結構不同,二者走的是不同的發展道路。

⑥ 此外,瑞安話"兩量名"結構也有與定指"量名"相似的兩類分工,專職表概數的"幾量名"結構没有這種情況,容另文專述。

參考文獻

[1]Cheng L, Sybesma R. Bare and Not-So-Bare Nouns and the Structure of NP[J]. *Linguistic Inquiry*, 1999, 30(4):509-542.

[2]Cheng L, Sybesma R. Classifiers in four varieties of Chinese[C]// Guglielmo Cinque, Richard S. Kayne. *The Oxford Handbook of Comparative Syntax*. Oxford University Press, 2005: 259-292.

[3]Dixon, R. M. W. Demonstratives: A Cross-Linguistic Typology[J], *Studies in Language*, 2003, 27 (1): 61-112.

[4]Himmelmann, N. P. Demonstratives in narrative discourse: a taxonomy of universal uses[A]// Fox (ed.). *Studies in Anaphora*[C]. Amsterdam: John Benjamins, 1996: 205-254.

[5]Himmelmann, N. P. Articles[A]// Haspelmath et al. (eds.). *Language Typology and Language Universals: An international handbook*[C] (Vol. 1). Berlin/New York: Walter de Gruyter, 2001: 831-841.

[6]Li X. *Numeral Classifiers in Chinese: The Syntax-Semantics Interface*[M]. Berlin: Mouton de Gruyter, 2013.

[7]Lyons J. *Semantics*[M]. Cambridge: Cambridge University Press, 1977.

[8]陳玉潔. 量名結構與量詞的定語標記功能[J]. 中國語文, 2007 (6): 516-530.

[9]陳玉潔. 漢語指示詞的類型學研究[M]. 北京: 中國社會科學出版社, 2010.

[10]陳玉潔. 中性指示詞與中指指示詞[J]. 方言, 2011(2): 172-181.

[11]鄧永紅. 湖南桂陽六合土話研究[M]. 長沙: 湖南師範大學出版社, 2016.

[12]方梅. 指示詞"這"和"那"在北京話中的語法化[J]. 中國語文, 2002(4): 343-356.

[13]古敬恒. 吴語"見"系指示代詞探源[J]. 徐州師範學院學報, 1985 (4):124-125.

[14]李小軍. 漢語量詞"個"的語義演化模式[J]. 語言科學, 2016, 15(2):150-164.

[15]劉丹青. 語法調查研究手册(第二版)[M]. 上海: 上海教育出版社, 2017.

[16]潘悟雲, 陶寰. 吴語的指示詞[A]//李如龍,張雙慶主編. 代詞. 廣州: 暨南大學出版社, 1999: 25-67.

[17]錢乃榮. 吴語中的"個"和"介"[J]. 語言研究, 1998(2):78-89.

[18]盛益民. 吴語紹興柯橋話參考語法[D]. 天津:南開大學, 2014.

[19]盛益民, 陶寰, 金春華. 準冠詞型"量名"結構和準指示詞型"量名"結構[M]//語言學論叢(53). 北京: 商務印書館, 2016:30-51.

[20]盛益民. 漢語方言定指"量名"結構的類型差異與共性表現[J]. 當代語言學,2017(2): 181-206.

[21]石汝傑, 劉丹青. 蘇州方言量詞的定指用法及其變調[J]. 語言研究, 1985 (1): 160-166.

[22]石毓智. 量詞、指示代詞和結構助詞的關係[J]. 方言, 2002 (2): 117-126.

[23]汪化雲. 漢語方言指示代詞三分現象初探[J]. 語言研究, 2002 (2): 8-14.

[24]王健. 績溪嶺北方言量詞獨用現象[A]//劉丹青主編. 漢語方言語法研究的新視角. 上海: 上海教育出版社, 2013a: 318-333.

[25]王健. 類型學視野下的漢語方言"量名"結構研究[J]. 語言科學, 2013b(4): 383-393.

[26]吴越. 瑞安方言的形態音位現象[D]. 杭州: 浙江大學, 2016.

[27]游汝傑. 温州方言的語法特點及其歷史淵源[J]. 復旦學報(社會科學版), 1981 (S1): 107-123.

[28]鄭張尚芳. 温州方言的輕聲變化[J]. 方言, 2007(2): 103-115.

[29]鄭張尚芳. 浙江温州方言的四聲八調類型及連調、輕聲和語法變調[J]. 方言, 2014(3): 215-220.

Two Types of the Definite "CL+N" Constructions and Their Distinctions and Relationships in the Rui'an Dialect

Wu Yue

Abstract: This paper proposes that the definite nominal construction of"CL+N" falls into two subtypes in the Rui'an Dialect, namely, the "quasi-article" type and the "quasi-demonstrative" type, of which the differences have so far been ignored in the existing literature. This bipartite division is evidenced by the differing phonetic forms, syntactic performances and pragmatic functions of each type. The paper then argues that the "quasi-article" type is highly likely to have evolved from the "quasi-demonstrative" type.

Key words: the Rui'an Dialect, definite "CL+N" construction, quasi-article, quasi-demonstrative

通信地址:浙江大學漢語史研究中心
郵　　編:310028
E-mail:yuewulinguistics@hotmail.com

“俘囚”補説

方一新　郭作飞

内容提要　《生經·舅甥經》“俘囚酒瓶，受骨而去”之“俘囚”，解者紛如；或謂當爲“孚因”之誤。“俘”，本或作“孚”，有急速、迅疾義。“俘”“孚”以同音相通，均應讀爲麷、赹。也就是説，在表示急速、迅疾這一義位時，譯經多用“孚”，亦可作“俘”。“因”則爲介詞，用來引介對象，表示憑藉。從佛教類書、佛典注釋書及譯經對《生經》此例的摘引、編譯或改寫，可以略窺“因”字之義。

關鍵詞　《生經·舅甥經》　俘囚　孚　急速

《生經》卷二《佛説舅甥經》記載了一個情節生動、頗有趣味的故事，國王與盜賊“甥”鬥智鬥勇，國王屢設計謀，都被“甥”一一識破，屢屢受挫；其中一場兩人角力的情節是：“甥”已將“舅”的屍骨火化，國王下令“嚴伺其骨，來取骨者，則是原首”；結果“甥”用美酒誘使看守者醉酒而睡，“俘囚酒瓶，受骨而去”。對這裏的“俘囚”，黄征（1988）、太田辰夫/江藍生（1989）、方一新/王雲路（1993/2006）①、曾良（2010）等都有解釋，大致理解爲捉取、俘獲/繳得、取等義。

與上述諸家不同的另一種解釋是，“俘”（或作“孚”）當爲急速、快疾義。較早提出此説的，是辛嶋静志，他在《漢文佛典的語言研究》（下簡稱《研究》）中認爲，“俘囚酒瓶”的“俘”或“孚”也應該與西晉竺法護譯的《正法華經》幾個用例相同，是“趕快、趕緊的意思”②，徐時儀贊同其説③。此後，陳文杰《試論佛典俗語詞的推源問題》則考釋表疾速義的“俘”“孚”，其本字當爲“赹”或“麷”，推求其得義之由④。2014 年，顔洽茂、譚勤《“俘囚”辨説》（下簡稱《辨説》）一文對西晉竺法護翻譯的《生經》卷二《舅甥經》“俘囚”進行了考釋，認爲：“當爲‘孚因’之訛，‘孚因酒瓶受骨而去’意謂急忙用酒瓶裝好骨灰離開。而‘孚’表‘疾’義，當爲‘赹’之同音借用。”⑤進一步申説辛嶋静志（2009）的意見，商榷包括拙説（1996）在内的諸家説法，讀後很受啓發。筆者以爲：《研究》《辨説》等對《生經》該句的解讀思路較新，殆足備一説⑥；但《辨説》在具體的考釋方面仍有值得商補之處。玆不揆瞢昧，略述如下，請《辨説》作者及同道指正。

---

①　拙説最早見於《中古漢語讀本》（1993:28/2006:40），《辨説》引方一新（1996:71）爲例，未得其源。

②　參見辛嶋静志（2009:41）。

③　徐時儀云：“辛嶋静志先生所説亦有所據，如果《生經·舅甥經》與此詞對應的梵語亦與辛嶋静志先生所考《正法華經》原文相同，那麽‘俘’可能是‘孚’之誤，‘孚因’則意爲速取。”參見徐時儀（2005:387）。

④　參見陳文杰（2013:87）。

⑤　參見顔洽茂、譚勤（2014:282-286）。

⑥　唐玄應《一切經音義》卷十二《生經》卷一音義“俘囚”條引孔安國《尚书注》：‘俘，取也。’”唐慧琳《一切經音義》卷五五引同。五代後晉可洪《新集藏經音義隨函録》卷十三《生經》卷一音義“孚因”條：“經音義作係囚。上芳無反，囚也，取也。”（高麗藏第 35 册，45b）是玄應、慧琳《生經》版本均作“俘”，可洪所見則作“孚”，且三家佛經音義書均釋“俘”或“孚”爲“俘取”“取”，則此條舊釋似不能輕易否定。

一

《生經》卷二《佛說舅甥經》:"俘囚酒瓶,受骨而去。"(CBETA,3/78c)大正藏校記:俘囚【大】,孚因【宋】【元】【明】。

中華藏校勘記:俘因,資、磧、南、徑、清作"孚因",普作"俘因"(第34册,753页)

可作補充的是,毗盧藏作"孛因"①,"孛"當係"孚"的形近之訛。

而從日本所藏早期古寫經中,也可以找到相關證據。

《生經·舅甥經》"俘囚酒瓶,受骨而去"一句,日本金剛寺藏古寫本《生經》作"孚[illegible]",見截圖②:

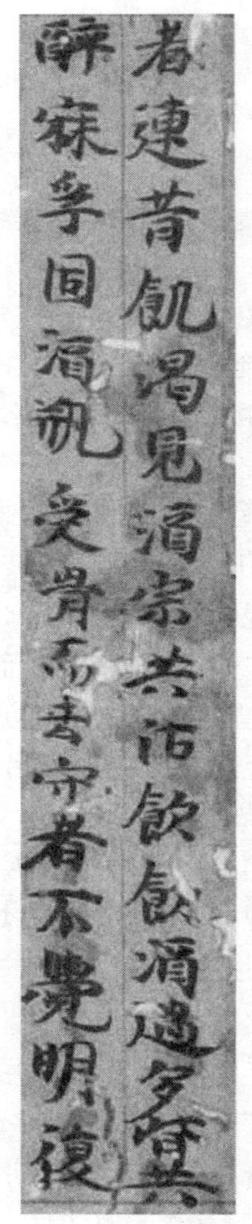

也就是說,今本大藏經"俘囚"二字,金剛寺古寫經作"孚[illegible]",其前一字與敦煌寫經(P. 2965)、資福藏、磧砂藏、永樂南藏、徑山藏、清藏等同。其後一字"[illegible]",從字形看,似乎是"固",但與"因"也相近③。

金剛寺一切經,是日本所藏古寫經之一,現藏於大阪府河內長野市天野山金剛寺。根據題記可知,其現存最古寫經抄寫於平安時代中期的11世紀(即承曆3年1079年所抄《大般若經》第四〇〇卷)。金剛寺一切經主要抄寫於1079-1237年間,其抄寫年代要早於流傳至今的諸多刻經:如資福藏(1175竣工)、磧砂藏(1216開雕)、高麗藏(1025初雕完工,1236-1251再雕),等等。金剛寺寫經作"孚",與敦煌陳寫本同,可見從南朝陳到唐宋時期,古寫經前一字的寫法是一脈相承的,值得重視。

---

① 毗盧藏文本,蒙湖南商學院文學與新聞傳播學院張國良老師惠予提供,特致謝忱。

② 日本金剛寺寫經的材料,得到日本佛教學大學院大學楊婷婷博士的幫助,謹此致謝。

③ 寫本中,"因"的字形多作"因",但也有其他寫法,試比較甘肅省博物館藏001《法句經》:"從[illegible]生善,從因墮惡。"參看黃征(2005:499)。[illegible]、[illegible]似較近。故"[illegible]"也有可能是"回"字。寫本抄經,因其出自民間,難以保證其用字的規範性,俗寫異構所在多有;當然也存在筆誤的可能性。

二

關於“孚”有疾、急速義，辛嶋静志（1998：153-154）已有揭舉，辛嶋静志（2009：41-42）再度申説；還可參看陳文杰（2013：86-90）。《辨説》亦舉兩例同經異譯之例加以補證，並是。

雖然早期版本包括古寫經作“孚因（困、固）”，但是否意味着“俘囚”二字全誤，如《辨説》所言“‘俘囚’當爲‘孚因’之訛”？則尚可斟酌。

筆者以爲：今高麗藏、中華藏、大正藏本作“俘囚”，“囚”爲“因”形近之誤；“俘”則不誤，“俘”亦即“赴”，謂急速、趕緊。

南朝宋沮渠京聲譯《佛大僧大經》：“其弟曰：‘即吾今死矣，由斯婦也。師前誡我，人與淫居，如持炬火逆風而行，捨之不早，火將燒手。……涕泣從賊：乞一歲活，令吾得道。吾常在此，相殺不晚。’賊曰：‘今欲得子頭去，何云一歲？山居道人，多得道者，恐子輕舉行神足去，勿復多云，俘取頭去。’”（大正藏，14/828b）①

這裏，是殺手（賊）與弟弟僧大的一段對話。殺手受哥哥佛大的指令，來取弟弟僧大的頭顱。僧大則請求讓他再活一年，以便在佛教方面修得正果（“令吾得道”）。而殺手並不同意，“勿復多云，俘取頭去”猶言不用多説了，我會急急割取你的頭顱離開（回去交差）；“俘”就是急速義②。

值得注意的是：這段文字，在南朝梁寶唱等集《經律異相》卷十七所引的《佛大僧大經》中有所删節，但仍然有“（弟）從賊乞一歲活。賊曰‘急取頭去’”幾句（大正藏，53/88c）。也就是説：《佛大僧大經》原用“俘”，《經律異相》則引作“急”，正好説明“俘”就有急速義，讀作赴、𥢶。

檢唐玄應《一切經音義》卷十二《生經》卷一音義“俘囚”條：“妨愚反。《尚書》：‘俘厥寶玉。’孔安國曰：‘俘，取也。’”（中華藏，56 册 999a）高麗藏及日本諸古寫經均同。《慧琳音義》卷五五引《玄應音義》同。並可證明早期《生經》版本中，或作“孚”，或作“俘”，二字通作③，未必要改“俘”爲“孚”④。

五代後晉可洪《新集藏經音義隨函録》卷五《維摩詰經》音義“未孚”條：“芳務反。疾也。正作俘也。”（高麗藏，第 34 册，793/b）也就是説，可洪認爲“未孚”的“孚”正字作“俘”。可洪音義中“正作”很多情況是指通假，本條也應如此，即可洪認爲“孚”“俘”相通。

“孚”表急速義，本當作“赴”，《辨説》已有揭明，是。還可注意的是玄應《一切經音義》以下這條材料：

卷 5《超日明三昧經》卷下音義“未孚”條：“字體作趕，同。芳務反。《禮》云：‘無趕往。’

① 本例“俘”字，高麗藏、中華藏均同。另外，日本七寺本古寫經《佛大僧大經》亦作“俘取頭去”，此蒙李乃琦博士代爲檢核，特致謝忱。

② 玄應《一切經音義》卷十三《佛大僧大經音義》“俘取”條引賈逵《國語注》“伐國取人曰俘”，以俘獲義釋此例“俘”，誤。

③ 孚、俘古今字，《辨説》已引于省吾《甲骨文字釋林》之説。清阮元《積古齋鐘鼎彝器款識》卷四《周鼎・仲偁父鼎》銘文：“唯王五月初吉丁亥，周伯邊及中偁父伐南淮，節孚金，用作寶鼎。”並釋云：“孚，讀爲‘俘’。軍獲曰俘。言就伐南淮所俘之金以鑄鼎也。”（叢書集成初編本，1546，第 2 册 207-208 頁）是阮氏已指出“孚”“俘”相通。參看王海根（2006：212）。

④ 參見徐時儀（2008）《一切經音義三種校本合刊》上册 257 頁、中册 1479 頁。

鄭玄注:‘⿺麦孚,疾也。’《廣雅》:‘⿺麦孚,行也。’”慧琳《一切經音義》卷三四引玄應《一切經音義》同①。從此條看,是否有一個“⿺麦孚”字,也表示迅疾、急速義?

《禮記·少儀》:“毋拔來,毋報往。”鄭玄注:“報,讀爲‘赴疾’之‘赴’。拔、赴皆疾也。”玄應《一切經音義》的“無⿺麦孚往”,就是《禮記·少儀》的“毋報往”,“⿺麦孚”的用法很奇怪。

檢本條玄應《一切經音義》文字,高麗藏初雕及再雕本、中華藏(金藏)均作“⿺麦孚”,其實皆爲“趕”之誤②。在玄應《一切經音義》他卷中,又引作“無趕往”,如:卷八《維摩詰經》卷下音義“未孚”條:“又作趕,同。芳務反。《禮》云:‘無趕往。’鄭玄注:‘孚,疾也。’③《廣雅》:‘趕,行也。’”(中華藏第 56 册,940b)④玄應之後,慧琳《一切經音義》卷三四轉録玄應《超日明三昧經》音義作“趕”,可洪《新集藏經音義隨函録》卷八《超日明三昧經》音義“未孚”條謂“應和尚作趕”,可證慧琳、可洪所見的玄應《一切經音義》均作“趕”。“麥”俗字作“⿺麦”,與“走”字形相近(作偏旁時尤近),故“趕”誤作“⿺麦孚”⑤。用表麥麩義的“⿺麦孚”來表示急速、趕緊,文獻未見用例,當係誤字⑥。

由此看來,在翻譯佛經中,表示快疾、急速的該詞,多數作“孚”,但也可以寫作“俘”(《生經·舅甥經》《佛大僧大經》)⑦;佛經音義或記録爲其本字“趕”。也就是説,今傳世本《生經》的“俘囚”,本或作“孚”,“孚”“俘”通作⑧,實不必是“孚”非“俘”。

三

“孚～”的第二字,有作“困”(敦煌陳寫本)、“囚”(高麗藏、中華藏、大正藏)、“固”(日本金剛寺古寫經)和“因”(資福藏、磧砂藏、普寧藏、永樂南藏、徑山藏、清藏)等字之别,我們贊同《辨説》的意見,以“因”爲是。但對“因”的解釋,略有不同。

《辨説》作者把“因”解釋爲“用”,在《生經》這例中是説得通的。但“用”既可作動詞(在現代漢語中以動詞爲主),也可作介詞;從作者所引“譬如因燧、因鑽、因手、因乾牛糞,而得生火”例看,“因”宜理解爲動詞,表示藉助、利用。故僅説“‘因’當作‘用’講”,未説明其詞性和用法,稍嫌模糊籠統。

筆者試從《生經·舅甥經》這一故事的摘引、異譯或改寫著手,看看“孚因”的“因”,到底應作何理解。

---

① 參見徐時儀(2008)《一切經音義三種校本合刊》上册 110 頁、中册 1117 頁。

② 此説蒙友生真大成提示,謹此説明並致謝。

③ 依玄應作音義體例,似當作“趕,疾也”。可參玄應《一切經音義》卷十三《五百弟子自説本起經》“孚譴”條。

④ 參見徐時儀(2008)《一切經音義三種校本合刊》上册 169 頁。

⑤ 中華電子佛典協會 CBETA 電子佛典 2014 版(2016、2018 版同)、徐時儀《一切經音義三種校本合刊》均將“⿺麦”繁化作“麥”,將該字録作表“麥麩”義的“麬”,是不明“⿺麦”乃“走”之訛所致,未可據信。

⑥ 《玉篇·麥部》:“麬,俗麩字。”“麬”屬平聲虞韻,“趕”屬去聲遇韻。兩字音、義均異。

⑦ 辛嶋静志(2009:41)説:“筆者則認爲‘俘’(或‘孚’)在這裏也是‘趕快、趕緊’的意思。”陳文杰(2013:87)贊同辛嶋静志的意見,指出:“那麽‘俘’也應該是該詞(指表示急速的‘⿱兔⿰兔兔’——引者)的一個新書寫形式。”極是。

⑧ 孚、俘《廣韻》並“芳無切”,聲韻調全同。

《生經·舅甥經》的這段故事,後代佛典類書、注釋書、譯經等多見。大致可分爲兩類:

一類是,在"酒瓶"前用"因以"或"以"連接。

南朝梁寶唱等集《經律異相》卷四四引《生經》:"見酒共飲,飲酒過多,皆共醉寐。因以酒瓶受骨而去。"①

姚秦鳩摩羅什譯、明通潤箋《法華經大竅》卷一:"又復置酒,與伺者飲;伺者大醉;復以酒瓶,盛骨而去。"(卍續藏第 31 册,682b)

另一類是,"酒瓶"前没有介詞,直接在"受骨而去"前作狀語。

隋智顗説《妙法蓮華經文句》卷一《序品》:"又行置酒,伺者大醉,酒瓶盛骨而去。"

唐道宣撰《法苑珠林》卷三一引《生經》:"遣守者連昔饑渴,見酒聚飲。飲酒過多,皆共醉寐,酒瓶盛骨而去。"

後兩例"酒瓶"前,省略了介詞"以"。從《經律異相》等書或引或述作"(因)以酒瓶受骨而去""酒瓶受骨而去"來看,"俘(孚)因酒瓶受骨而去"意謂急忙拿酒瓶裝了骨灰而離開。通過以上材料可以認定:"因"相當於"以",介詞,表示憑藉、依靠,後接對象賓語,構成介賓短語。

總之,今傳世本《生經》的"俘囚"當爲"俘因"之誤,"俘",或本作"孚",有急速、迅疾義。"俘"從"孚"得聲,在表示急速、迅疾這一義位時,譯經多用"孚",亦可作"俘",二字以同音而通用——均應讀爲𪚥、趕;改"俘"爲"孚",未爲明通之論。從佛教類書、佛典注釋書及譯經可知,"俘因"之"因"是介詞,表示憑藉,引介對象。

參考文獻

[1]陳文杰. 試論佛典俗語詞的推源問題[J]. 武漢大學學報(人文社科版). 2013(4):86-90.

[2]方一新,王雲路. 中古漢語讀本(修訂本)[M]. 上海:上海教育出版社,2019.

[3]方一新. 敦煌寫本《生經·舅甥經》語詞瑣記[J]. 浙江社會科學,1996(2).

[4]黄征. 敦煌陳寫本晉竺法護譯《佛説生經》殘卷 P.2965 校釋[A]//敦煌語言文學論文集[C]. 杭州:浙江古籍出版社,1988.

[5]黄征. 敦煌俗字典[M]. 上海:上海教育出版社. 2005.

[6]太田辰夫,江蓝生.《生經·舅甥經》詞語札記[J]. 語言研究,1989(1).

[7]王海根編. 古代漢語通假字大字典[M]. 福州:福建人民出版社,2006.

[8]辛嶋静志.《正法華經》詞典[M]. 東京:日本創價大學國際佛教學高等研究所,1998.

[9]辛嶋静志著,裘雲青譯. 漢文佛典的語言研究[A]//朱慶之編. 佛教漢語研究. 北京:商務印書館,2009:33-74.

[10]徐時儀. 一切經音義三種校本合刊[M]. 上海:上海古籍出版社,2008.

[11]徐時儀. 玄應《衆经音義》研究[M]. 北京:中華書局,2005.

[12]顔洽茂,譚勤. "俘囚"辨説[J]. 中國語文,2014(3):282-286.

[13]曾良. 敦煌佛經字詞與校勘研究[M]. 廈門:廈門大學出版社,2010.

補記:

拙文初稿寫於 2014 年,曾蒙王雲路教授、真大成副教授以及孫尊章、李妍、劉哲、李乃琦

① 受,資福藏、普寧藏、徑山藏、宫内廳本作"盛"。此例《辨説》已引。

等幾位博士是正，在此一併致謝。此次刊出前，除了補充了毗盧藏、七寺古寫經等材料外，基本仍其舊，未作大的補改。近年來，相關討論續有所見，如趙家棟、付義琴《〈生經·舅甥經〉"俘囚"詞義復議》(《語言研究》，2017 年第 4 期)一文，看來《生經》的疑難詞語屢爲同道所關注，這是好事，異日或可另文討論之。

2019 年 4 月 10 日

A Supplementary Explanation of "*Fuqiu*(俘囚)"

Fang Yixin　Guo Zuofei

Abstract: Previous scholars have many explanations for the "*Fuqiu*(俘囚)" in the sentence of "*Fuqiu Pingjiu Shougu Er Qu*(俘囚酒瓶，受骨而去)" from *Shengjing Jiushengjing*(《生經·舅甥經》). "*Fuqiu*(俘囚)" should be a wrong word of "*Fuyin*(孚因)". "*Fu*(俘)" is supposed to be "*Fu*(孚)", which means "rapid". "*Fu*(俘)" and "*Fu* (孚)" are used interchangeably, because of the same pronunciation, so they should be read as "*Fu*()" or "*Fu*(趕)". That is to say, when expressing the meaning of "fast" and "rapid, "*Fu*(孚)" and "*Fu*(俘)" are often found in the Chinese translated Buddhist scriptures. "*Yin*(因)" is a preposition, used to introduce the object, which means "depending on ". And the meaning of the word "*Yin*(因)" can be discovered from the category books and explanatory notes of the Chinese translated Buddhist scriptures, it can also be found from the quotation, compilation or rewriting of this example (in Shengjing) in the Chinese translated Buddhist scriptures.

Key words: *Shengjing Jiushengjing*, "*Fuqiu*(俘囚)", "*Fu*(孚)", rapid

通信地址：方一新　浙江大學漢語史研究中心/浙江大學紫金港校區西區人文學院中文系
郵　　編：310058
E-mail：fyxin@zju. edu. cn

通信地址：郭作飛　重慶三峽學院文學院
郵　　編：404000
E-mail：358260060@qq. com

再釋“薄相”*

王　健

内容提要　“薄相”在今吴方言中又作“孛相”或“白相”。“薄相”是偏正結構，與“～相”一組複音詞結構一致。從詞語内部看，“薄”的核心義是“相迫”，在人際關係中就表現爲距離近。近則親，而過分的近就是輕慢無禮。“薄”“狎”“蔑”“鄙”“邇”“隘”“迫”等在義項引申上都有相似的認知發展路徑。“薄相”有玩耍、開玩笑、狎昵等義。

關鍵詞　薄相　白相　孛相　核心義

吴方言有“薄相”一詞，《漢語大詞典》釋爲“玩耍，戲弄”。引例北宋蘇軾《次韻黄魯直赤目》：“天公戲人亦薄相，略遣幻翳生明珠。”南宋葛郯《水調歌頭・舟回平望久之過烏戍值雨少憩向晚復晴》詞之一：“應是陽侯薄相，催我胸中錦綉，清唱和鳴鷗。”又作“孛相”。明沈自晉《望湖亭・懷甥》：“表弟在玄真觀中讀書，不肯出來孛相。”後多作“白相”，沿用至今。明馮夢龍《雙雄記・青樓憶舊》：“我做小娘官樣，天生極會白相。”茅盾《搬的喜劇》：“搬場？又要搬場？真好白相哉，才搬來了四個月，又要搬場？”《漢語大詞典》的解釋是否全面？我們又應該如何理解“薄相（白相）”的結構與詞義？本文試從“薄相”的來源、結構、核心義、義項分析四個方面，來重新梳理“薄相”的詞義相關問題。

一　“薄相”之來源

關於“薄相”“白相”的來源，晚清况周頤《蕙風詞話》卷一：“‘薄相’，猶言游戲，吴閭里語曰‘白相’。‘白’蓋‘薄’之聲轉。一作‘孛相’。”“白”“孛”一讀與“薄”同，都是幫紐鐸部字。今“白相”由“薄相”而來，已經是比較清楚的了，但是“薄相”的結構和得義緣由如何分析？

一説認爲“相”是語助。張惠英（2001：6）討論了“孛相”“白相”“鼻相”“薄相”等關係，指出“孛相”的本字可能是“薄相”，認爲“孛相（孛相相）”一語是由“薄”的摔跤游戲的意思引申而來，“相”似乎是個助詞。殷曉傑等（2015）贊同此説法。

一説認爲“薄相”是詞組縮略。王鍈（2005：21）指出：“‘薄相’一詞可能由詞組縮略而成，《陸九淵集》卷三五《語録下》：‘人凝重闊大底好，輕薄小相底不好。’”

一説認爲“薄相”是聯綿詞，是“婆娑”等音轉而來。曾昭聰（2013/2015）引《通俗編》卷十二“孛相”條黄侃評曰：“即‘婆娑’‘嫳姍’‘嫳嫳’‘勃屑’之轉。”并進一步説明：《漢語大詞典》收録“婆娑”，有“逍遥、閑散”義，“嫳姍”，亦作“嫳跚”，有“飄動貌”，均與“嬉游”義近，表示“嬉

*　基金項目：教育部人文社會科學重點研究基地重大項目“漢語歷史詞彙語義專題研究”（19JJD740006）；浙江省哲學社會科學規劃青年課題“語言學視角下的段學研究”（20NDQN316YB）。

游”之“孛相”“白相”“薄相”實爲上述諸詞之方言變體。

此外,薛理勇(1992:26)認爲:“薄相”一般指窮相、寒酸相,引申爲“没出息”。古人提倡“唯有讀書高”,勤於苦讀的小孩講作“有出息”,頑童只能是“薄相”没有出息了。如此久之,人們就把貪玩没出息的小孩講作“薄相”。

以上説法如何取捨?我們認爲:第一,“薄相”用“婆娑”的方言變體解釋不太合適。“婆娑”是叠韻聯綿詞,其變體“媻姗”“媻娑”也是叠韻,但“白”“薄”“孛”與“相”均無聲韻上的聯繫,“薄相”“白相”不構成叠韻。第二,“薄”的搏擊義當作“博”或“搏”,“薄”本身没有游戲之義,朱駿聲《説文通訓定聲》:“薄,假借爲博。”但未見“博相”或“搏相”,認爲“薄相”是動詞“薄”加語助“相”不符合語言習慣。第三,將“薄相”看作“輕薄小相”的詞組縮略缺少證據,僅《陸九淵集》一條。第四,“薄相”表示玩耍義宋代已經出現,不單指頑劣的孩童,用“孩童貪玩没出息”解釋“薄相”恐以今律古。不過王鍈先生將“薄相”與“劣相”建立起聯繫,給了我們很大的啓示,關於“薄相”的成詞,還有可以討論的空間。本文認爲:“薄相”就是“～相”一類雙音詞的一個典型,只不過詞匯化的程度較其他詞更高而已,下文試證明之。

二　從“～相”看“薄相”的結構

我們關注“～相”一類雙音詞即可明了“薄相”的結構。

“～相”構成雙音詞,在古漢語中多表示“……的相貌(樣子)”,是偏正結構。可以形容姣好之貌:

有“貴相”,貴人之相。《宋書·徐羡之傳》:“汝有貴相,而有大厄,可以錢二十八文埋宅四角,可以免灾。”

有“福相”,有福的相貌。明唐順之《荆川先生文集》:“吾視金有福相。”

有“善相”,和善的相貌。唐李賀《馬詩二十三首·其十九》:“空知有善相,不解走章臺。”

也可以形容醜惡之貌:

有“賊相”,奸賊之相。清陳鼎《東林列傳·梅之焕傳》:“天不欲太平,宇内以梅君之賢,足以仗三尺劍削平小寇,奈何終沮於賊相,豈非氣數歟!”

有“苦相”,表示薄命。晉傅玄《豫章行·苦相篇》:“苦相身爲女,卑陋難再陳。”或表示懇切之相。南朝宋徐湛之《還郡自陳表》:“臣苦相諫譬,深加距塞。”

有“窮相”,表示貧賤的相貌或小家子氣。唐崔櫓《有酒失於虔州陸郎中肱以詩謝之》:“叵耐一雙窮相眼,不堪花卉在前頭。”

有“貧相”,猶言小家氣,寒酸相。清西周生《醒世姻緣傳》第一回:“這等一個貧相,怎當起這等大家?”

有“孽相”,猶討嫌;該死。金董解元《西厢記諸宫調》卷三:“一個孽相的蛾兒,繞定那燈兒來往。”又表示灾害之相。前蜀杜光庭《中和周天醮詞》:“果見僞王孽相,連頸殲夷;凶帥朱致,繼縱斬馘。”

有“賤相”,令人鄙薄的言談舉止。北宋王直方《直方詩話·少游和參寥詩》:“這小子又賤相發也。”清錢泳《履園叢話》:“每見人動輒言貧,或見人誇富,最爲賤相。”

現代漢語中還有“洋相”,多作“出洋相”或“洋相百出”,也有離合詞用法,如“出了洋相”

“出多少洋相”“出我的洋相”“出這份洋相”等,例略。而上引《直方詩話》中“賤相發”即“發賤相”,與“出洋相”結構一致。

“～相”在現代漢語中也一直沿用,多用來形容各種不同的醜惡之相,如“貪相”“饞相”“凶相”“寒相”“窘相”等,例略。

這一類詞語還有很多,南唐宋齊邱《玉管照神局》:“上等之人,最要有相。論相法中有富相、有貴相、有賤相、有窮相。”此外,三音節有“窩囊相”“敗家相”“寒傖相”“寒酸相”等。

在一些句子中,“～相”也可以表示某種態度或狀態,此時“相”的詞義虚化。比如“窮相”,唐代唐彦謙《見煬帝寶帳》詩:“漢文窮相作前王,慳惜明珠不斗量。”這就是表示吝嗇,不必譯爲“吝嗇的樣子”。“貧相”“孽相”等也是如此。此外,有“疑相”,猶誤會或差錯。《兒女英雄傳》第五回:“公子見那女子這光景,自己也知道這兩吊錢又弄疑相了。”

有“滅相”,輕視。元關漢卿《關張雙赴西蜀夢雜劇》第二折:“咱西蜀家威風,俺敢將東吴家滅相。”

有“嫩相”,面容顯得年輕。白先勇《玉卿嫂》:“他的嘴唇上留了一轉淡青的須毛毛……很逗人愛,嫩相得很。”

有“狂相”,狂妄放肆、驕傲輕佻的態度。王小波《謙卑學習班》:“先是老百姓看他(她)狂相不順眼,紛紛寫信或打電話到報社、電視臺貶他(她)。”

從以上可以看出,雙音詞“～相”多爲偏正結構,可以作名詞(一副饞相)、形容詞(一雙窮相眼)、動詞(將東吴家滅相),在句子中可以充當不同的語法成分。通過對比可知,“薄相”與“～相”一類雙音詞結構一致。

三　“薄”的核心義——相迫

那麽爲何“薄相”有頑劣、調皮等義呢?我們試從“薄”的核心義着手分析。

《漢語大字典》中“薄”的義項主要有:

> (1)草木密集叢生處。(2)迫近、接近。(3)急、緊迫。(4)停止;依附。(5)物體厚度小。(6)輕微、小。(7)數量少。(8)淡弱。(9)土質貧瘠。(10)粗陋。(11)命運不幸。(12)不厚道。(13)减輕、减損。(14)輕視、看不起。(15)晦暗。(16)敷,塗飾。(17)束縛。(18)努力。(19)懼怕。(20)買。(21)簾子。(22)蠶簾。

這麽多義項如何統攝?考《説文·艸部》:“薄,林薄也。”段注:

> 《吴都賦》:“傾藪薄。”劉注曰:“薄,不入之叢也。”按,林木相迫不可入曰薄。引伸凡相迫皆曰薄,如“外薄四海”“日月薄蝕”皆是。傍各、補各二切同也。相迫則無間可入,凡物之單薄不厚者,亦無間可入,故引伸爲厚薄之薄。

想要了解“薄”的核心義,段玉裁“引伸凡相迫皆曰薄”給了我們啓示。將“薄”的義項進行歸類可以發現,《漢語大字典》的義項大多數都是由事物相逼迫引申而來的。段玉裁“引伸凡相迫皆曰薄”“相迫則無間可入”這些觀點是很正確的。而“相迫”就可以看成是段氏對“薄”的詞義的總結,也就是我們今天所説的核心義。

“薄”的本義是草木密集叢生之處。《楚辭·九章·涉江》:“露申辛夷,死林薄兮。”王逸注:“叢木曰林,草木交錯曰薄。”草木之間的交錯相迫即爲“薄”。引申可以指迫近、逼近。

《左傳·僖公二十三年》:“曹共公聞其駢脅,欲觀其裸。浴,薄而觀之。”孔穎達疏:“薄者,逼近之意。”而相迫,就是没有間隙,因此可以指物體的厚度小。《詩·小雅·小旻》:“戰戰兢兢,如臨深淵,如履薄冰。”進一步引申出簡陋、輕微、淡弱、數量少等義項。

“薄”表示草木叢生没有空隙,而形容人際關係的“相迫”就是過於接近,没有距離。態度就是輕慢無禮,相狎。所以“薄”有輕視義。左思《詠史》:“主父宦不達,骨肉還相薄。”李善注:“薄,輕鄙之也。”

换句話説,距離的遠近與人際關係的親疏往往是相通的。鄭張尚芳(2001)指出漢語中有一批同源異形詞,就在其親屬語藏語中也有相當的同源異形詞。舉例“邇”＊njiq爲“近”,“昵”＊nid爲“親近”,“褻”＊snjed爲“狎近”(“衵”＊nid爲近身衣);藏nje“近”,snjen“親近”①。距離近可以表示關係親近。如“昵”有親近、距離近二義。《説文·日部》:“暱,日近也。……昵,暱或從尼。”《廣韻·質韻》:“昵,近也。”《集韻·質韻》:“昵,親也。”

但從禮節上看,人與人之間要保持一個相對恰當的距離,過分的親近往往是無禮狎昵的。考“狎”本義就是靠近。《書·太甲上》:“予弗狎于弗順,營于桐宫,密邇先王其訓,無俾世迷。”孔傳:“狎,近也。”《左傳·襄公六年》:“宋華弱與樂轡,少相狎,長相優。”杜預注:“狎,親習也。”引申有輕侮義。《左傳·昭公二十年》:“水懦弱,民狎而玩之,則多死焉。”杜預注:“狎,輕也。”漢董仲舒《春秋繁露·俞序》:“敵國不可狎,攘竊之國不可使久親,皆防患、爲民除患之意也。”

“狎”又可作“狹”。《玉篇·犬部》:“狹,同‘狎’。”唐李賀《嘲少年》:“美人狹坐飛瓊觴,貧人喚云天上郎。”王琦注:“狹坐,一作狎坐。”而“狹”的本義也是窄,距離小。《廣韻·洽韻》:“狹,隘狹。”

“蔑”同樣有微小、輕視二義。《説文·苜部》:“蔑,勞目無精也。”段注:“目勞則精光茫然,通作眛。……引伸之義爲細,如木細枝謂之蔑是也。”“蔑”的本義是因爲疲勞而目光無神,睜不開眼。“睜不開眼”就引申出了微小義,《易·剥》:“六二,剥床以辨,蔑貞凶。”孔穎達疏:“蔑謂微蔑,物之見削則微蔑也。”而小看他人就是輕視,《國語·周語中》:“狄,豺狼之德也,鄭未失周典,王而蔑之,是不明賢也。”從另一個角度來説,這種眼睛半睜半閉、眼皮下垂的神態,既可以是疲憊的樣子,也可以是輕侮的表現。

“鄙”也有狹小、低賤二義。《説文·邑部》:“鄙,五酇爲鄙。”段注:“《春秋》經傳鄙字多訓爲邊者,蓋《周禮》都鄙距國五百里,在王畿之邊,故鄙可釋爲邊。又引伸爲輕薄之稱。”《説文》中“鄙”是行政區劃名,但是“鄙”從邑啚聲,本義表示郊野之地,多爲小邑。《釋名·釋州國》:“鄙,否也,小邑不能遠通也。”由“小邑”引申,“鄙”有狹小義。《孟子·萬章下》:“聞柳下惠之風者,鄙夫寬,薄夫敦。”趙岐注:“鄙,狹。”而邊邑之地往往淺薄鄙陋。《左傳·莊公十年》:“肉食者鄙,未能遠謀。”即表示淺陋。

“邇”有距離(時間)近、言語行爲淺近二義。《爾雅·釋詁下》:“邇,近也。”也可以表示淺近,複音詞“邇言”,謂淺近之言,常人之語。《禮記·中庸》:“舜好問,而好察邇言。”

以上雖然“狎”“狹”“蔑”“鄙”“邇”的詞義是從不同角度發展的,但是都包括了“狹小”“輕視”兩個義項。此外,距離的近,也往往與窮困、窘迫相關。

“隘”有狹窄、窮困二義。《左傳·昭公三年》:“初,景公欲更晏子之宅,曰:‘子之宅近市,

① “藏”爲藏文字母轉寫,＊號後爲鄭張尚芳先生的上古漢語擬音。

湫隘囂塵，不可以居，請更諸爽塏者。’”杜預注：“隘，小。”《荀子・禮論》：“不至於隘懾傷生。”楊倞注：“隘，窮也。”

“迫”有靠近、困窘二義。《韓非子・亡徵》：“恃交援而簡近鄰，怙强大之救，而侮所迫之國者，可亡也。”表示接近。《韓非子・存韓》：“夫韓嘗一背秦而國迫地侵，兵弱至今。”表示困厄。

在他族語言中，距離遠近與關係親疏、情境逆順也往往有密切關係。黄樹先（2012：69、96）曾指出：

> 印度尼西亞語 akrab“親密的，親近的，密切的”；singkat“短；短暫的；（故事、講話等）簡短的；膚淺的”；sempit“狹窄；擁擠；（視野、見識等）狹隘”；sesak“狹窄；擁擠，（生活等）拮据，窘迫”。
>
> 德語 Enge“狹窄；狹窄的地方；困境”。
>
> 拉丁語 artum“狹窄地，困境”。法語 étroitesse“狹，窄；狹隘，平庸”。意大利語 ristrettezza“狹窄；缺乏；狹隘”。
>
> 俄語 тесный/tesnyj“狹窄的；困難的”。
>
> 土耳其語 dar“狹窄的；狹隘的；困難的”。

如此，我們建立了語言生活中“空間距離—事物情形—人際關係”之間的聯繫，如下圖：

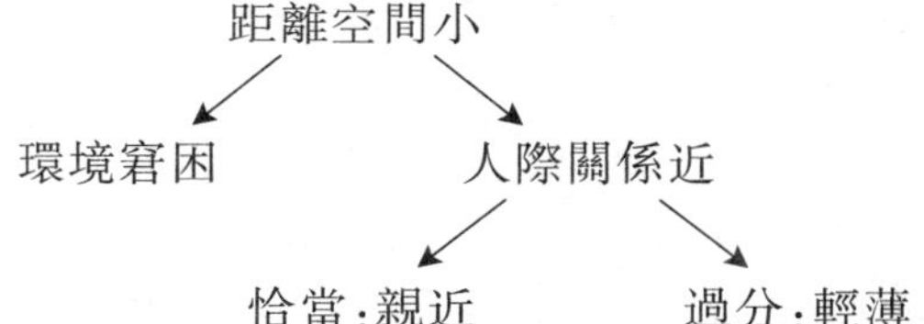

在這個詞義引申脉絡中，“薄”“狎”“迫”“昵”“鄙”“蔑”“隘”“邇”等都符合這樣的引申路徑，可以看成是認知的共識。

四　再談“薄相”的詞義

關於“薄相”的詞義，除《漢語大詞典》解釋爲“玩要、戲弄”之外①，薛理勇認爲是“窮相、寒酸相、没出息”，錢汝嵩（1992）：“‘薄相’另可釋爲‘小家子氣’。”王鍈（2005：21）：“薄相，細分有二義：一義等于説促狹、有意開玩笑。……另一義則略同‘薄劣’之引申義，猶言‘頑劣、調皮’，一般只有輕微的調侃意味而不含貶義。”諸家説法如何理解？

由“薄”的核心義“迫近”出發，我們試着統攝這些義項。“薄”是迫近，距離的親近就可以是玩要、嬉戲，至今常用。這種親昵的行爲，往往可以表示調皮活潑或開玩笑。“薄相”在宋代已經常見。如北宋李之儀《莊居值雨偶得十詩示秦處度・其九》：“問雨何薄相，偏來戲吾家。”蘇軾《泛潁》：“此豈水薄相，與我相娱嬉。”南宋楊萬里《竹林》：“那知竹性元薄相，須要穿來籬外生。”此時的主語是擬人化的自然事物，如雨、水、竹等，都體現了調皮活潑的特點。再如南宋周紫芝《劉文卿燒木犀沉爲作長句》：“聊將戲事作薄相，辦此一笑供兒童。”表示開玩

① “薄相”《漢語大詞典》另有義項 2 表示“福薄之相”，此時“薄相”是字面意義的偏正結構，不多討論。

笑。也可以形容人物，上文蘇東坡有“天公戲人亦薄相”，南宋葛立方《滿庭芳・其六・簪梅》：“吾年今老矣，佳人薄相，笑插林巾。”

而迫近的程度進一步加深，“薄相”就有了促狹、狎昵的意思。北宋晁説之《答恂闍黎乞漿》：“却喜粟漿如北客，從教薄相笑無奇。”此外，試對比“造物小兒亦薄相，浪付繁華給揮掃”（北宋沈與求《劉行簡見借詩稿以長句歸之》），與前文“天公戲人亦薄相”，同樣對造物者的描寫，可以看出由於詩人的態度不同，“薄相”在感情色彩也産生了區别，貶義就是促狹，中性義就是輕微調侃。

下例值得注意。楊萬里《臘梅》：“江梅珍重雪衣裳，薄相紅梅學杏裝。渠獨小參黄面老，額間艷艷發金光。”此例中“薄相”也是調皮義。該詩將“江梅”“紅梅”“臘梅”作對比，説明不同梅花的性格特徵。用江梅的“珍重”、紅梅的“薄相”，來對比臘梅的金光閃閃，并没有損“紅”而揚“江”“臘”的意思。楊萬里的梅花詩向來生動活潑，推崇風趣。諸家若將“薄相”釋爲“窮苦相”“不自珍重”等義，恐與詩意不合。

與此相關的雙音詞有“薄劣”。“薄劣”指低劣、拙劣。《後漢書・孔融傳》：“至於輕弱薄劣，猶昆蟲之相囓，適足還害其身，誠無所至也。”但是宋元以來，發展出了新用法，表示小兒頑皮，輕薄頑劣。蘇軾《東坡志林・塗巷小兒聽説三國語》：“塗巷中小兒薄劣，其家所厭苦，輒與錢，令聚坐，聽説古話。”王鍈（1986：15）也指出了這種意義上的區别，并指出“元明劇曲中多承此用法（輕薄頑劣，輕度的詈詞）而語意加重”。“薄劣”由低劣義到頑皮義的發展，與“薄相”的詞義發展也是相通的。

總結如下：

（1）“薄相”是偏正結構複音詞“～相”的一個典型；

（2）“薄”的核心義是“相迫”，人際關係的相迫就是距離過分接近，就是狎昵，因此“薄”有輕視、看不起之義；

（3）通過對“薄”“狎”“迫”“昵”“鄙”“蔑”“隘”“邇”等的義項分析，可以看出在人類認知中，“空間距離小—情形窘困—人際關係近密”是密切相關的；

（4）“薄相”的義項由“相迫”統攝，距離恰當表示玩耍義；距離親昵表示調皮開玩笑義；距離過近表示狎促義。

徵引書目

東漢・班固《漢書》，中華書局，1962。

東漢・劉熙《釋名》，中華書局，1985。

南朝宋・范曄《後漢書》，中華書局，1965。

南朝梁・沈約《宋書》，中華書局，1997。

南朝梁・顧野王《大廣益會玉篇》，中華書局，1987。

南唐・宋齊邱《玉管照神局》，中華書局，1991。

北宋・蘇軾《東坡志林》，中華書局，1981。

北宋・洪興祖《楚辭補注》，中華書局，1983。

北宋・丁度《宋刻集韻》，中華書局，1989。

北宋・陳彭年等編修《廣韻》，四部備要本。

明・唐順之《荆川先生文集》，四部叢刊本。

清·嚴可均校輯《全上古三代秦漢三國六朝文》,中華書局,1958。
清·彭定求等編《全唐詩》,中華書局,1960。
清·錢泳《履園叢話》,中華書局,1979。
清·阮元校刻《十三經注疏》,中華書局,1980。
清·文康《兒女英雄傳》,浙江古籍出版社,1986。
清·段玉裁《説文解字注》,上海古籍出版社,1988。
清·王先謙集解《荀子集解》,中華書局,1988。
清·陳鼎撰《東林列傳》,江蘇廣陵古籍刻印社,1983。
清·王先慎集解《韓非子集解》,中華書局,1998。
清·西周生《醒世姻緣傳》,上海古籍出版社,2017。
郭紹虞輯《宋詩話輯佚》,中華書局,1980。
傅璇琮等主編《全宋詩》,北京大學出版社,1995。
漢語大字典編纂委員會《漢語大字典》,四川辭書出版社,湖北辭書出版社,1986。
逯欽立輯校《先秦漢魏晉南北朝詩》,中華書局,1988。
徐沁君校點《新校元刊雜劇三十種》,中華書局,1980。
徐元誥《國語集解》,中華書局,2002。

參考文獻

[1]黄樹先. 比較詞語探索[M]. 成都:巴蜀書社,2012:69+96.
[2]錢汝嵩. "薄相"的多義性[J]. 讀書,1992(11):158.
[3]王鍈. 詩詞曲語辭例釋(增訂本)[M]. 北京:中華書局,1986:15.
[4]王鍈. 詩詞曲語辭例釋(第二次增訂本)[M]. 北京:中華書局,2005:21.
[5]薛理勇. 上海俗語切口[M]. 上海:上海人民出版社,1992:26.
[6]殷曉傑,唐雁淩,趙菁. 近代漢語"玩耍"義詞的歷時演變研究[J]. 浙江師範大學學報,2015(2):92-98.
[7]曾昭聰. 近代漢語異形詞的來源[J]. 安徽理工大學學報,2013(2):76-82.
[8]曾昭聰. 近代漢語異形詞理據探討[J]. 欽州學院學報,2015(1):66-71.
[9]張惠英. 漢語方言代詞研究[M]. 北京:語文出版社,2001:6.
[10]鄭張尚芳. 漢語的同源異形詞和異源共形詞[A]//侯占虎主編. 漢語詞源研究(第1輯),長春:吉林教育出版社,2001:179-197.

A Study on the Meaning of the Word *Bo Xiang*(薄相)

Wang Jian

Abstract: *Bo Xiang*(薄相)is a dialect of the Wu dialect area. In the current dialect, *Bo Xiang*(薄相)is written as *Bo Xiang*(白相)and *Bo Xiang*(孛相). The structure of *Bo Xiang*(薄相)is modification, which is the same as a group of words of ～*Xiang*(～相). The core meaning of *Bo Xiang*(薄相)is "immediate". In interpersonal relationships, the distance between the distances will cause emotional changes, the near expression is very close, and the excessive proximity is contemptuous and not solemn. The following words have similar paths in the development of meanings, such as *Bo*(薄)*Xia*(狎)*Mie*(蔑)*Bi*(鄙)

Er(邇)*Ai*(隘)*Po*(迫)and so on. *Bo Xiang*(薄相)has the meaning of play, joke, frivolity.

Key words: *Bo Xiang*(薄相), *Bo Xiang*(白相), *Bo Xiang*(孛相), core meaning

通信地址:浙江省臨海市東方大道605號台州學院人文學院

郵　　編:317000

E-mail:wangjian135@163.com

“静便”考源*

湯傳揚

内容提要　表“清静、安静”義的“静便”是語素義相同的並列式複合詞。“静辦”“静扮”是“静便”的音變形式。“浄”在近代漢語階段可用同“静”表“寧静、寂静”義。因此,“静辦”“静扮”又寫作“浄辦”“浄扮”。

關鍵詞　静便　同義連文　静辦　静扮　浄辦　浄扮

在近代漢語中,“静便、静辦、静扮”等詞可以表“清静、安静”義。《漢語大詞典》收有“静便”“静辦”;《近代漢語詞典》收有“静/浄辦”“静/浄扮”等詞條。蔣冀騁(1991:201-202/2019:536)運用湖南祁東方言以證“静辦(浄辦、静扮)”的詞義。但這些詞是如何産生的?其結構又是怎樣的?王雲路(2010:666)認爲:“‘静便’‘静辦’‘静扮’”都是方音的記録,當是‘静謐’的音變。”但考察“謐”“便”“辦”“扮”等的中古音地位:謐,明母質韻三等入聲;便,兩讀,一讀爲並母綫韻三等去聲,另一讀爲並母仙韻三等平聲;辦,並母襇韻二等去聲;扮,幫母襇韻二等去聲。“謐”與“便”“辦”“扮”在韻和調上均有不小的差異。我們認爲這一問題還可以再討論。

“静便”一詞,《漢語大詞典》首舉唐杜甫《秋日夔府咏懷一百韻》中的例句爲證。調查文獻,我們在中古漢語時期的語料中找到兩則含有“静便”的用例。一個與本文討論的“静便”無關,另一個的討論見下文。下面先談無關者。《賢愚經·沙彌守戒自殺品》:“時女即便五體投地,白沙彌言:‘我常願者,今已時至,我恒與汝,欲有所陳,未得静便,想汝於我亦常有心,當與我願。我此舍中,多有珍寶金銀倉庫,如毗沙門天宫寶藏,而無有主,汝可屈意爲此舍主,我爲汝婦,供給使令必莫見違,滿我所願。’”句中的“未得静便”如果按照現代漢語理解的話,大致爲“没有機會”。這裏的“便”爲去聲之“便”。“便”的意思是“指適宜的時機”。諸如上例中的“静便”在其他語料中尚未發現①。接下來,先討論“静便”在唐代詩歌中的用例。“静便”在唐代的用例悉數列舉如下:

(1)多病加淹泊,長吟阻静便。如公盡雄俊,志在必騰騫。(唐杜甫《寄岳州賈司馬六丈、巴州嚴八使君兩閣老五十韻》)

(2)藥餌虚狼籍,秋風灑静便。開襟驅瘴癘,明目掃雲煙。(唐杜甫《秋日夔府詠懷奉寄鄭監李賓客一百韻》)

(3)蕙徑鄰幽瀹,荆扉興静便。草堂苔點點,蔬囿水濺濺。(唐温庭筠《感舊陳情五十韻獻淮南李僕射》)

---

* 匿名審稿專家給本文提出了中肯的修改意見,論文修改過程中承蒙蔣紹愚先生指導,在此一併致謝!文中謬誤,概由本人負責。

① “静便”在唐道世《法苑珠林·受戒篇》中亦有體現:“白沙彌言:‘我常願者,今已時至。我常與汝,欲有所陳,未得静便。’”但很顯然《法苑珠林》中的這則語料源於《賢愚經》。

"長吟阻静便"一句，蔡夢弼注云："静便，安貌。"王洙、趙彦材注云："宋曰：'平聲，安貌。'"趙彦材注云："謝靈運《過始寧墅》詩：'拙疾相倚薄，還得静者便。'"師尹注云："張協書：'養病日多，亦愛静便。'""秋風灑静便"一句，蔡夢弼注云："便，讀平聲，安也。謝靈運詩：'還得静者便。'"①

按：諸家注釋或引用謝靈運《過始寧墅》詩"拙疾相倚薄，還得静者便"，或引用張協書"養病日多，亦愛静便"②。究竟哪個才是杜詩"静便"之源呢？我們認爲當是後者③。這是因爲前者中的"静者"指的是深得清静之道、超然恬静的人。多指隱士、僧侣和道徒。例如，《吕氏春秋·審分》："得道者必静，静者無知。"所以，"静便"源自"静者便"的可能性不大。上舉例(1)(2)(3)均出自五言排律，其平仄的格式爲"仄仄平平仄，平平仄仄平。平平平仄仄，仄仄仄平平。""便"字一定是平聲。以下我們將平聲的"便"記作"便$_1$"、去聲的"便"記作"便$_2$"。"便$_1$"有"安適、安寧"義。《説文·人部》："便，安也。"《墨子·天志中》："百姓皆得暖衣飽食，便寧無憂。""便、寧"同義連文。《戰國策·秦策二》："今也，寡人一城圍，食不甘味，卧不便席，今應侯亡地而言不憂，此其情也？"《楚辭·大招》："魂乎歸徠！恣所便只。"王逸注："便，猶安也。"《史記·匈奴列傳》："朕與單于俱由此道，順天恤民，世世相傳，施之無窮，天下莫不咸便。"唐杜甫《寄題江外草堂》："遭亂到蜀江，卧疴遣所便。誅茅初一畝，廣地方連延。"宋蘇軾《和子由寒食》："繞城駿馬誰能借，到處名園意盡便。"由此不難看出，"静便"是語素義相同的並列式複音詞④。

與"静便"構造相同的還有"安便""寧便"。如唐白居易《新秋喜涼》："老夫納秋候，心體殊安便。睡足一屈伸，搔首摩挲面。"唐鄭綮《開天傳信記》："上將登封泰山，益州進白騾至。潔朗丰潤，權奇偉異，上遂親乘之。柔習安便，不知登降之倦。"宋蘇轍《催行役法札子》："臣竊見二聖臨御以來，凡所更改法度，皆已略定，惟是役法，首尾五年，民間終未得安便。"唐韓愈《唐故相權公墓碑》："其在山南河南，勤於選付，治以和簡，人以寧便。"

大抵是受杜詩的影響，"静便"一詞在宋元詩歌、韻文中不乏用例。例如北宋黄庭堅《次韻師厚雨中晝寢憶江南餅麴酒》："雨砌無車馬，風帘灑静便。"北宋劉攽《市朝》："市朝老去無希慕，枕簟秋來覺静便。"北宋王安石《寄育王大覺禪師》："單已安那示人禪，草堂難望故依然。山今歲暮終岑寂，人更天寒最静便。"宋王安中《初寮集》卷一："喜氣排寒沍，輕飈洗静便。"宋胡寅《和彦達九日》："滿頭黄菊鬥芳妍，人與秋光兩静便。"元袁桷《上京雜咏》之十："長夏崇真館，疎帘灑静便。"元劉因《次韻閔雨》："山人萬慮消磨盡，惟有憂農阻静便。"

在近代漢語中又有"静辦"一詞可表"清浄、安静"義。如五代郭威《令州縣軍鎮各守職分敕》："其州府不得差監征軍將下縣，庶期静辦，無使煩勞。"《五燈會元》卷十六"雪峰思慧禪

① 該部分内容根據《杜工部草堂詩箋》(古逸叢書覆宋麻沙本)、《分門集注杜工部詩》(四部叢刊景宋刊本)、《九家集注杜詩》(清文淵閣四庫全書本)整理。

② 張協，字景陽，西晉文學家。明張溥辑有《張景陽集》。但該則語料未在《張景陽集》中。

③ 此處承蒙蔣紹愚先生指點，謹致謝忱！

④ 匿名審稿專家指出，對"静便"一詞的意義討論似有待細化。"便"的安適義，乃爲一種心理狀態，"静"與之組合亦應作如是解。早期的"静便"似很少指環境的安静、静謐，明清以來才較多用以表達這種意義。筆者按：的確，"便"的安適義，是一種心理狀態。但"静"與之組合是否應作如是解呢？從文中舉的例子來看，唐宋詩歌中的"静便"有的指的即是環境的安静、静謐。説例句中背後含有心理的安適也未嘗不可，這是因爲外在的環境與人内心的心理狀態密切相關。"静"本身既可以指外在的環境，又可以指内心的狀態。"静便"組合後意義不限於心理狀態。

師":"喝散大衆,非唯耳邊静辦,當使正法久住,豈不偉哉!"《警世通言·計押番金鰻産禍》:"戚青却年紀大,便不中那慶奴意,却整日閙吵,没一日静辦。"《元曲選·〈灰闌記〉楔子》:"(卜兒云)左右我的女兒在家,也受不得這許多氣。便等他嫁了人去,倒也静辦。""静辦"又可寫作"静扮"。如《元曲選外編·陳母教子〈三折〉》:"母親要打我,番番不曾静扮。"亦可寫作"浄辦"。如《元曲選·〈凍蘇秦〉楔子》:"(卜兒云)老的也。既然他兩個要去。等他自措盤纏求官去來,省的在我耳朵根邊,終日'子曰子曰',伊哩烏蘆的這般閙炒。倒也浄辦。"《水滸傳》第二十四回:"我怨你時,當初你在清河縣裏,要便吃酒醉了,和人相打,如常吃官司,教我要便隨衙聽候。不曾有一個月浄辦,常教我受苦。"又作"浄扮"。如《醒世姻緣傳》第八十五回:"還得叫兩個小唱,席間還得説幾句套話,説該扮個戲兒奉請,敝寓窄狹,且又圖浄扮好領教。"

"静"之所以可以寫作"浄",是因爲"浄"在近代漢語階段可用同"静"表"寧静、寂静"義。如《秦併六國平話》卷上:"休萌戰攻侵伐之謀,共用安浄和平之福。"《水滸傳》第六十六回:"再調公孫勝先生,扮做雲遊道士,却教淩振扮做道童跟著,將帶風火轟天等炮數百個,直去北京城内浄處守待。只看號火起時施放。"至於"辦",我們認爲這應是"便"的音變①。又可寫作"扮",當是由於全濁聲母清化後"扮、辦"在官話同音所致。與"静便"相比,"静辦"更多地使用於禪宗語録、小説、話本、戲曲等口語性强的文獻中,這顯示出其旺盛的生命力。

"静便"一詞,普通話和現代漢語方言鮮見。但"静辦"還保留在部分方言中。據《現代漢語方言大詞典》第2353、5039頁:

徐州[浄辦]tɕiŋ pæ̃我這個小院才~|老和尚廟來裏~○較老説法

揚州[静辦]tɕiŋ pæ̃偏僻;清浄:這地方~,到這塊來寫東子不醜

武漢[静辦]tɕin pan 寂静、安静,没有聲音、没有吵閙和喧嘩:這裏真~|你們要~些!

萬榮[静辦]tɕʻiʌŋ pæ̃安静,清浄:這人愛~,人多嘮他就不高興啦|人都走啦,怪不道屋裏置麽~|過嘮年你底你們都走,叫我~幾天

萍鄉[静辦]tɕʻiŋ pʻā 安静:~個欄埸地方|個裏這裏蠻~

黎川[静辦]tʻiŋ pʻan 背静:廟仔好~

于都[静辦]tsʻē pʻā 安静:佢尼還是這只間裏吵天聊天,更~|你~滴子,吵死人就舞唔得

"辦"在中古是並母去聲字。並母是濁塞音[b],在官話方言中,平聲讀作[pʻ],仄聲讀作[p]。因此,在徐州、萬榮(中原官話)、揚州(江淮官話)、武漢(西南官話)等方言點,"辦"的聲母爲[p]。李如龍(2014)綜合相關研究得出"全濁聲母的演變在贛語是:三分的少、二分的多,留濁的少、清化的多,留濁的送氣、不送氣兼有,清化後送氣的多、不送氣的少""客家方言在全濁聲母上的表現是比較一致的。清化最爲徹底,大多不論平仄都讀爲送氣音"等結論。由此也就不難理解,在萍鄉、黎川(贛語)、于都(客家方言)等方言點,"辦"的聲母爲[pʻ]。

① 據《漢語方言字彙》(第2版)(1989:242),"便便宜"在廈門方言中有文、白兩讀。文讀作piɛn;白讀作pan。其中,白讀音與"辦"的聲韻相同。這説明"便便宜"在歷史音變中有可能音轉爲"辦"這樣的讀音。但值得注意的是,"便便宜"的白讀音與"辦"的聲調不同。歷史上"静便"之"便"讀平聲,但後來轉爲去聲的"辦",聲調的變化該如何解釋?筆者目前還説不出個所以然來,尚需進一步研究。

【附記】

本文修改稿完成後,看到王中强碩士論文《關漢卿雜劇語詞研究》(2017:82—83)分析了"静辦"一詞。他認爲"静辦"應源於"静便"。王文由"静辦"推及"静便",本文從"静便"論及"静辦"。切入角度不同,但殊途同歸。我們是碩士同班同學,但之前並未看過他的碩士論文。這只能説是暗合。王文的論述比較簡單。本文在收集材料、"便"的音義分析、探究"静便"的源头、探討"静辦"與"浄辦""浄扮"等的關係、"静辦"在現代方言中的留存和音理等方面有價值。

參考文獻

[1]北京大學中國語言文學系語言學教研室編. 漢語方言字彙[M]. 北京:文字改革出版社,1989:242.
[2]蔣冀騁. 近代漢語詞彙研究[M]. 長沙:湖南教育出版社,1991:201-202.
[3]蔣冀騁. 近代漢語詞彙研究(增訂本)[M]. 北京:商務印書館,2019:536.
[4]李榮主編. 現代漢語方言大詞典[M]. 南京:江蘇教育出版社,2002:2353,5039.
[5]李如龍. 全濁聲母清化的類型與層次[M]//語言學論叢(第五十輯). 北京:商務印書館,2014:123,126.
[6]王雲路. 中古漢語詞彙史[M]. 北京:商務印書館,2010:666.

Study on the Origin of *Jingbian*(静便)

Tang Chuanyang

Abstract: The word *Jingbian*(静便) that expresses "quiet" is a compound with the same morpheme meaning. *Jingban*(静辦) and *Jingban*(静扮) are sound changes of *Jingbian*(静便). *Jing*(浄) is the same as *Jing*(静) in expressing the meaning "quiet" in the modern Chinese and therefore *Jingban*(静辦), *Jingban*(静扮) can be written as *Jingban*(浄辦), *Jingban*(浄扮).

Key words: *Jingbian*(静便), Synonymous morphemes are linked together, *Jingban*(静辦), *Jingban*(静扮), *Jingban*(浄辦), *Jingban*(浄扮)

通信地址:北京市海淀區清華大學紫荆學生公寓 14 號樓 1314B
郵　　编:100084
E-mail:1090014537@qq.com

《肉蒲團》詞語例釋*

王 曉

内容提要 《肉蒲團》的語言極爲通俗化、口語化，書中使用了不少方言詞、俗語詞，是研究近代漢語詞彙的寶貴材料。本文試對《肉蒲團》中"打肋磚"和"撒"兩詞進行了考釋。

關鍵詞 肉蒲團 打肋磚 撒 考釋

《肉蒲團》(以下簡稱《肉》)又名《覺後禪》，是我國明清時期著名的豔情小説，在國内外影響很大。其語言極爲通俗口語化，書中使用了不少方言詞、俗語詞，是研究近代漢語詞彙不可多得的寶貴材料。本文選取《肉》中兩個比較難理解的詞語加以考釋，不當之處，望方家予以指正。

一 打肋磚

送進去的時節，就像教化子打肋磚，要故意使人聽見，好可憐見他的一般。(《肉》第十回)

按：例中"打肋磚"一詞頗令人費解，不過與之相關的"打磚"常出現在明清戲曲小説中。例如：

(1)(玳安)猛見一箇狗領着個貧婆，拖個小瞎子進來，抱着一塊磚討飯，心裏好酸。……便説："小花子休打磚罷！我也是才回來的，没有家小，有幾箇冷燒餅，你吃去罷！"(明·丁耀亢《續金瓶梅》第十六回)

(2)〔醜磚匀〕我先來，我拿著這塊刮金板裝作瞎子走向街坊，在那鬧市中跪下，把這根竹子夾在屁股後頭……〔作打磚介〕阿唷！阿唷！打死我花子了。(清唐英《燈月閑情十七種·〈轉天心〉第八齣》)

"打磚"的含義，許少峰(2008:366)認爲是指"盲人用竹竿點地"，甚誤。因爲從例(1)(2)中，我們可明確看出"打磚"這一行爲所用的工具就是磚，竹竿並非必需品；打磚丐可能是盲人，也可能僅僅是裝瞎。王寶紅(2014:60)認爲，"(打磚)在明清俗語中有着獨特的含義，指乞丐手持磚頭敲打前胸後背，甚至不惜砸傷自己，以求得圍觀者的施捨。"此説得之。

漢語中有"甑甎"一詞，例如：

(3)人問："如何是道?"或時答甑甎、木頭。(五代延壽《宗鏡録》卷九十八)

---

* 本文是國家社科基金青年項目"民國時期漢語語文辭書研究及其資料庫建設"(18CYY049)、中央高校基本科研業務費專項資金項目(19SZYB05)的階段性成果。在寫作過程中得到了楊琳老師的指導幫助，匿名審稿人也爲本文的修改提出了很多寶貴意見，在此一併致謝。

(4)丢了黄金抱甋磚,獨落門牙往肚嚥。(清翟灝《通俗編》卷三十八)

"甋甎"指長方形磚。唐玄應《一切經音義》卷十四引《通俗文》云:"狹長者謂之甋甎。""鹿"有長方之義。《國語·吴語》:"市無赤米,而囷鹿空虚。"三國吴韋昭注:"員曰囷,方曰鹿。"字也作"簏"。如宋蘇軾《密州祭常山文》:"自秋不雨,霜露殺菽。黄糜黑黍,不滿囷簏。""簏"的本義指竹編的盛器,較高。《説文·竹部》:"簏,竹高篋也。""篋"多爲方形,而事物的"高"與"長"往往相通。

黄金貴(1995:1185-1186)認爲"甋甎"是東漢對條形小磚的稱呼,並説"今吴方言還用此名作砌牆小磚之稱"。此説法需再斟酌,説"甋甎"是條形磚没問題,但説是"小磚"則不準確。首先,中國古代有一種大方磚稱爲"甋瓳"。唐玄應《一切經音義》卷十三引《埤蒼》云:"瓴瓳,大甎也。"卷四引《通俗文》云:"甎方大謂之瓴瓳,今大方甎是也。"很多古代辭書都將"瓴瓳"釋爲"甋甎"。如《玉篇·瓦部》:"瓴瓳:大甋甎也。"《廣雅·釋宫》:"瓴瓳,甋甎也。"這顯然與"甋甎"是小磚的説法不合。其次,"鹿"以及從"鹿"得聲的字在文獻中經常指一些大的事物。如《漢書》卷二十八《地理志》上"鉅鹿",唐顔師古注引應劭曰"鹿,林之大者也。"宋李昉《太平御覽》卷一百六十一《州郡部》七:"《尚書》:'堯試舜百揆納于大麓。'麓則林之大者。"明蘭茂《韻略易通》上:"甋:大甎。"最後,現代吴方言中的"甋甎(頭)"也不指小磚。如《丹陽方言詞典》(1995:309):"碌磚頭,大塊的磚。"

"甋甎"也作"碌磚",例如:

(5)用力磨碌甎,那堪將作鏡。(唐寒山《寒山詩》)

(6)正如閙市裏颺碌塼,打着者方知。(清吴榮光《辛丑銷夏記》卷二)

《漢語方言大詞典》(1999:6453):"碌磚〈名〉磚頭。吴語。"其實不光吴語,其他方言中也有"碌磚"的稱法。如《泰州日報》2015年5月31日曾載姚東社《打碌磚》一文,文中所説"碌磚"即磚頭,"打碌磚"就是"打磚"。

書友余少平①認爲"打肋磚"的"肋磚"即"碌磚"的另一種寫法,"打肋磚"就是"打磚",此説不誤。"肋"在很多方言中與"甋""碌"的讀音相同相近。如閩東方言中"鹿、肋"同音(葉太青 2014:324),臺北閩南話中"碌、肋"同音(侯精一、竺家寧 1999:174)等。但應該指出的是"肋"並非"碌"的記音字,"肋""碌"應都是"甋"的記音字,"打肋磚"即"打甋磚",之所以選擇"肋"字,可能因爲人的兩肋與胸部緊密相連,由"打磚"的擊打胸部很容易聯想到擊打肋部,再加上字音相近,所以就將其寫作了"打肋磚"。

二 撒

未央生在背後看了,還不知可是本人。直等他撒上褲子,掉過臉來,仔細一認,不消説是當初賞鑒過的,比初見之時更加嫵媚。(《肉》第十二回)

按:此句中"撒上褲子"的"撒",各版本均作"撒"。太田辰夫、飯田吉郎(1987:185)因無法理解此處"撒"的意思,而將"撒"視爲"撤"字之誤,而"撤"字又等同於"扯",這完全是一種臆測,因爲"撒"字自可通。"撒"在明清小説中經常被用來表示用繩子等繫緊、勒緊之義。例如:

---

① 摘自與余少平先生的私人通信,2016年5月1日。

(7)那孫大聖早已知二魔化在葫蘆裏面,却將他緊緊拴扣停當,撒在腰間,手持著金箍棒,準備廝殺。(明·吴承恩《西遊記》第三十五回)

(8)那大聖早已跳出門前,將扇子撒在腰間,雙手輪開鐵棒,與那魔抵敵。(明吴承恩《西遊記》第三十五回)

(9)那呆子把釘鈀撒在腰裏,整一整青錦直裰,斯斯文文,走入門裏。(明吴承恩《西遊記》第五十回)

(10)孟邦傑取了些散碎金銀,撒在腰間,紥縛停當,提了雙斧正要牽馬,却聽得莊前人喊馬嘶,摇天沸地。(清錢彩《説岳全傳》卷九)

(11)叔寶吃了些,與馬也吃了些,多的包了,撒在鞍上。(清鴛湖漁叟《説唐全傳》第二十七回)

劉懷玉(1986:172)認爲方言"撒"的本義是繫帶子、捆東西,這是正確的,但他又根據上述(7)(8)(9)三例説"撒"在"多數情況下已轉義爲插或别東西",不確。因爲我們用"撒"的捆緊、擊緊義來解釋上述《西遊記》中的例子,也完全説得通。同樣,《漢語大詞典》根據例(8)(9)將"撒"解釋爲"插;塞進"也不準確。另外,劉先生僅根據《西遊記》的例子,就得出"撒"的動作主要是描寫粗俗人物用的結論也失於片面,因爲從以上例子可看出"撒"並無特定的使用對象。

"撒"的本義爲放開、張開。《集韻·曷韻》:"檕,放也。或作撒。"引申可指散放(如撒開)、泄出(如撒尿、撒氣)、盡力施展或表現(如撒嬌、撒潑)等義,這些都與繫緊、勒緊義無關,所以表繫緊、勒緊義的"撒"當是一個記音字。我們認爲其所記之字當爲"殺"。首先,很多方言口語中"殺"和"撒"讀音相同或相近(《漢語方言大詞典》1999:2120-2126,7019-7025),如吴語嘉興方言中"殺"和"撒"爲同音字(俞光中 1988:208)。其次,"殺"在很多方言中有捆緊、束緊義。如《漢語方言大詞典》(1999:2120):"殺:捆緊、扣緊。吴語。"《河南方言詞語考釋》(2012:212):"用繩子捆緊,開封曰殺,讀[ʂa^{24}];鄭州亦曰殺,讀[ʂa^{24}]。"《濟南方言俗語》(2013:190):"【擼吐】應該緊的東西鬆脱了:繩子没殺緊給擼吐啝。"表捆緊、繫緊義的"殺"組成複音詞(詞組),如"殺緊、殺掖、殺被、殺褲子、殺腰帶"等。因此,《肉》中的"撒上褲子"即"殺上褲子",乃繫上、繫緊褲子的意思。

那麽"殺"的繫緊、捆緊義從何而來呢? 劉宏、趙禕缺(2012:212-213)認爲此"殺"乃"剎"之音變字。此説稍顯牽强,其實"殺"本字可通,無需爲其另尋本字。徐啟庭①在論述"殺"的演變時,提出"殺"的收束義是從植物枯萎殘敗義引申出的,疑誤。我們認爲"殺"的收束、捆緊義,是從其本義殺戮、致死引申來的。《説文·殳部》:"殺,戮也。"《書·大禹謨》:"與其殺不辜,寧失不經。"將動物殺死是田獵、獵獲。如《禮記·王制》:"天子殺,則下大綏。諸侯殺,則下小綏。"宋李昉《太平廣記》卷四百八十二《蠻夷》三:"奇肱國,其民善爲機巧,以殺百禽。"將莊稼、樹木等殺死是收割、砍伐。如《吕氏春秋·圜道》:"物動則萌,萌而生,生而長,長而大,大而成,成乃衰,衰乃殺,殺乃藏,圜道也。"《資治通鑒·陳長城公至德元年》:"(和)千子前任趙州,百姓歌之曰:'老禾不早殺,餘種穢良田。'"元胡三省注:"今人猶呼割稻爲殺稻。"將病痛殺死、除去則爲醫治。如明李時珍《本草綱目·草四·青蒿》:"(青蒿)殺風毒心痛熱黄。"事物被殺死、除去則意味着生命的結束、終止,所以"殺"又引申出收束、終止義。如宋歐陽修《水谷夜行寄子美聖俞》詩:"譬如千里馬,已發不可殺。"清佚名《劉公案·江寧府首部》:

① 參見傅永和等(2012:309-310)。

“大人聞聽殺住步,腹内説‘何不進去看分明?’”用繩子等將事物收束起來,即是繫緊、殺緊。如明西周生《醒世姻緣傳》第六十七回:“把皮襖叠了一叠,殺在騾上。”清佚名《劉公案·大名府三十部》:“徐克展、張、劉三人一見,心中大悦,并不怠慢,連忙都將長衣脱去,每人都穿上綁身小襖,一條綫帶殺腰。”

另外,還有一個“煞”也可表示捆緊、束緊義。如清李緑園《歧路燈》第七十一回:“次日出門,皮箱貨箱煞在車上,褡褳被窩裝在一旁。”清石玉昆《小五義》:“那女賊一塊青絹帕把髮髻紥了個挺緊,穿着一件綁身的青小襖,青汗巾子煞腰。”“煞”乃“殺”的通用字。《廣韻·黠韻》:“煞,同殺。”《資治通鑒·唐順宗永貞元年》:“叔文聞之,怒,欲下詔斬之,執誼不可;則令杖煞之,執誼又以爲不可;遂貶焉。”元胡三省注:“煞,與殺同。”

參考文獻

[1]蔡國璐. 丹陽方言詞典[M]. 南京:江蘇教育出版社,1995.
[2]董文斌. 濟南方言俗語[M]. 濟南:濟南出版社,2013.
[3]傅永和等主編. 漢字演變文化源流(上)[M]. 廣州:廣東教育出版社,2012.
[4]侯精一,竺家寧. 臺北話音檔[M]. 上海:上海教育出版社,1999.
[5]黄金貴. 古代文化詞義集類辨考[M]. 上海:上海教育出版社,1995.
[6]劉宏,趙禕缺. 河南方言詞語考釋[M]. 鄭州:河南人民出版社,2012.
[7]劉懷玉.《西遊記》中的淮安方言[J]. 明清小説研究,1986(1).
[8]王寶紅. 説“打磚”[J]. 咸陽師範學院學報,2014(5).
[9]許寶華,宫田一郎. 漢語方言大詞典[M]. 北京:中華書局,1999.
[10]許少峰. 近代漢語大詞典[M]. 北京:中華書局,2008.
[11]葉太青. 北片閩東方言語音研究[M]. 合肥:黄山書社,2014.
[12]俞光中. 嘉興方言同音字彙[J]. 方言,1988(3).
[13][清]情隱先生. 肉蒲團[M]. 思無邪匯寶(第十五集),臺北:臺灣大英百科股份有限公司,1994.
[14][日]太田辰夫,飯田吉郎. 中國秘笈叢刊(研究篇)[M]. 東京:汲古書院,1987.

Explanations of the Words in *Jou Pu Tuan*

Wang Xiao

Abstract: The language of *Jou Pu Tuan* is very popularization and colloquial. It uses a lot of dialects and slang, and these are the rare precious materials for us to research the Modern Chinese vocabulary. In this paper we try to explicate “*daleizhuan*”(打肋磚)and “*sa*”(撒)of *Jou Pu Tuan*.

Key words: *Jou Pu Tuan*, *daleizhuan*(打肋磚), *sa*(撒), interpret

通信地址:山東省曲阜市静軒西路57號曲阜師范大學國際文化交流學院
郵　　編:273165
E-mail:wangxiao840829@126.com

《世説新語》札記二則

劉芳池

内容提要 《世説新語》一書向稱難讀，因其中不僅多魏晉口語，更雜廁了不少清談玄理。如不對相關疑難進行一些闡釋，則讀者未必能明了個中旨趣。文章對“牙後慧”“默而識之”進行全新角度的闡釋，或許能使讀者對此兩條的理解更爲準確。

關鍵詞 世説新語　牙後慧　默而識之

《世説新語》是中國文化史上的重要典籍，堪稱中古的百科全書。其書“記言則玄遠冷雋，記行則高簡瑰奇”，所以自其問世以來，備受讀者寶愛。但是，因爲其書來源複雜，博采雜書史乘，人事涉及面頗爲廣闊，而采摭之書又多已亡佚，故其間疑難不少；再加之其書以當時的口語寫成，時移語易，更增加了閱讀的困難。雖然，近幾十年研究《世説新語》取得了很大成就，但也還有未能了了之處。筆者不佞，嘗在閱讀之餘做過一些雜記，自知才疏學陋，豈敢自必，今拈出其中兩條，問學於次，乞方家不吝教督。

(一)《文學》27：殷中軍云：“康伯未得我牙後慧。”①

劉孝標注：“《浩别傳》曰：‘浩善《老》《易》，能清言。康伯，浩甥也，甚愛之。”

此條一向也衆説紛紜。無不以爲此是貶詞。其實，劉孝標的注已給我們開啟了思維。韓康伯是殷浩的外甥，殷浩很喜愛他，這話豈會是貶低韓。韓爲當時清談名家，我們且看《世説》中有關條目。

> 《言語》79：“谢胡兒語庾道季：‘諸人莫當就卿談，可堅城壘。’庾曰：‘若文度來，我以偏師待之；康伯來，濟河焚舟。’”

> 《品藻》63：“庾道季云：‘思理倫和，吾愧康伯；志力彊正，吾愧文度。自此以還，吾皆百之。”

庾龢對韓伯的評價，可見當時韓伯的名聲已屬一流談客。因爲韓伯是殷浩的外甥，人們難免有誤解以爲其聲譽是乃舅推揚，於是殷浩辯白説韓伯的名聲與自己無關，也就是説是韓伯本身的修爲所至。“牙後慧”也就是言語所帶來的實惠。牙，齒牙，指話語，如：

> 《文學》96：“桓宣武北征，袁虎時從，被責免官。會須露布文，唤袁倚馬前令作。手不輟筆，俄得七紙，殊可觀。東亭在側，極歎其才。袁虎云：‘當令齒舌間得利。’”

> 又如《賞譽》90：“殷中軍道韓太常曰：‘康伯少自標置，居然是出群器；及其發言遣辭，往往有情致。’”

這同様是從韓伯的才具贏得了名聲著眼，説韓伯從不自己吹噓，而能出人頭地。把這兩

---

① 此文所引《世説新語》原文及劉孝標注，一依徐震堮(1984)。

條聯繫起來,殷浩前者説韓伯有名聲不是仰仗我當舅舅的宣揚,後者説韓伯的名聲不是靠自己的吹噓。這舅父愛外甥溢於言表啊!

(二)《文學》35:支道林造《即色論》,論成,示王中郎,中郎都無言。支曰:"默而識之乎?"王曰:"既無文殊,誰能見賞?"

此條的"默而識之"至今所有注本皆引《論語・學而》:"子曰:'默而識之,學而不厭,誨人不倦,何有於我哉?'"試問,若支以孔子比王坦之,則何譽之高!而且《輕詆》21中支詆毁王坦之是"塵垢囊",反差如此之大,前後豈不矛盾?再則,後邊王坦之"誰能見賞"的反詰就没了前提。其實,此處是用《論語・爲政》:"子曰:'吾與回言終日,不違,如愚。退而省其私,亦足以發,回也不愚。'"何晏集解引孔安國注:"不違者,無所怪問。於孔子之言,默而識之,如愚者也。"①支、王二人一向不相能,總是相互奚落,此處妙在各以其本色相詆毁。因爲王坦之不喜歡老莊,好儒學,支遁即引《論語》而譏諷他。並且非常巧妙地用了孔安國的注,孔子欣賞顔淵心領而不言,支把自己擺在了孔子的位置,而將王比作了顔淵,這樣來占了師生的便宜,同時也把王冷落自己的《即色論》不贊找回了面子。針對支的奚落,王也不是省油的燈,馬上以佛教中人物作譬,把自己比作維摩,將支遁比成文殊師利而向維摩詰請教,巧妙地還擊回去。意思是説,你不是文殊,怎麽能理解維摩詰的無言。這樣理解,"都無言"和"見賞"便有了著落。且雙方都從對方的信仰發難或回擊,分别用儒典或佛典,更見言辭的犀利。

參考文獻

[1]李學勤主編. 十三經注疏:論語注疏[M]. 北京:北京大學出版社,2000.
[2]李毓芙. 世説新語新注[M]. 濟南:山東教育出版社,1989.
[3]柳士鎮,劉開驊. 世説新語全譯[M]. 貴陽:貴州人民出版社,1996.
[4]許紹早. 世説新語譯注[M]. 長春:吉林教育出版社,1989.
[5]徐震堮. 世説新語校箋[M]. 北京:中華書局,1984.
[6]楊勇. 世説新語校箋[M]. 北京:中華書局,2006.
[7]余嘉錫. 世説新語箋疏[M]. 北京:中華書局,2007.
[8]張萬起,劉尚慈. 世説新語譯注[M]. 北京:中華書局,1998.
[9]朱鑄禹. 世説新語匯校集注[M]. 上海:上海古籍出版社,2002.

通信地址:四川大學歷史文化學院;西南科技大學黨委宣傳部
郵　　編:610065
E-mail:liufangchilaoshi@163.com

① 《十三經注疏・論語注疏》(2000:19)。

《説文》“湑”字“一曰露皃”探源*

羅　濤

内容提要　《説文・水部》“湑”字“一曰露皃”非本義“莤酒也”的引申。其意義來源於“浞”字的假借，同時二字字形也非常接近，屬於“形音皆近”的關係。由於“浞”字典籍罕見，加之受到毛傳對“湑”字注解的影響，所以“一曰露皃”綴於“湑”字之下，其與“浞”的關係也淹没難尋。“湑”字本義及“一曰”義都能在毛傳中找到本源，可見《説文》的詁訓依據。

關鍵詞　説文　一曰　湑　浞　詩經

一　《説文》“湑”字引經之意及“湑”字其他用例

《説文解字・水部》：“湑，莤酒也。一曰浚也。一曰露皃。從水胥聲。《詩》曰：有酒湑我。又曰：零露湑兮。”

按許慎的解釋，“湑”的本義是莤酒①。其中“一曰浚也”，段玉裁注云：“此亦同漉瀝，義可兩兼，湑、浚雙聲。”②後面所引詩句，前一句解釋“莤酒”這一本義；後一句解釋“一曰露皃”③。縱觀後世諸家注解，很少有對“一曰露皃”進行解釋。僅有嚴章福《説文校議議》提及是“引申爲露皃”④。承培元《説文引經證例》云：“零露湑兮，傳亦曰露皃。蓋用泲酒字形頌濃露有如酒之滴瀝也。”⑤二者都認爲是引申。

按照《説文》許慎的疏解，“湑”字本義爲“莤酒”。“一曰浚也”可視爲本義之引申。但是如果説從“莤酒”的本義引申出“露皃”，這樣的説法讓人難以理解。故而我們認爲它應該别有來源。要探討《説文》“湑”字“一曰露皃”的來源，還需要從别的方向思考。

用於解釋“露皃”的書證“零露湑兮”，出自《詩經・小雅・蓼蕭》。現在把一些主要的注釋枚舉如下：

毛傳：“湑湑然蕭上露貌。”

---

*　本文爲教育部人文社會科學重點研究基地重大項目“基於上古漢語語義知識庫的歷史語法與詞彙研究”(項目編號 18JJD740002)的階段性成果。胡敕瑞師曾審閲小文並提出寶貴意見，謹致謝忱。同時也感謝匿名專家的評審意見。

①　傳抄古文有“[illegible]”，從邑，疋聲，當是表示“莤酒”義的專字。徐在國(2006：1116)。

②　《説文解字注》(2010：562)。無獨有偶，《説文》“漉”下亦有“一曰浚也”四字，段玉裁注亦云：“此亦同瀝漉，兼可兩兼。”見於《説文解字注》(2010：562)。但段氏没有具體闡明二者的關係。“漉”字意爲“釃酒也”，與“湑”字義相近。二字之關係，值得探討。

③　參看《説文解字詁林》(1988：11128)。

④　參看《説文解字詁林》(1988：17689)。

⑤　《説文解字詁林》(1988：11130)。

孔疏："此蕭所以得長大者，由天以善露潤之，使其上露湑湑然盛兮，以故得其長大耳。"①

朱熹《詩集傳》："湑湑然蕭上露貌。"②

陳奐《詩毛氏傳疏》："《裳裳者華》傳：'湑，盛貌。'盛曰湑，重言曰湑湑。傳云'蕭上露貌也'者，謂蕭上露盛多湑湑然也。"③

王先謙《詩三家義集疏》："湑，盛貌，露在物之狀。"④

上面諸多解釋都承襲毛傳，表示露盛貌、露霑於物之狀。所以《説文》才引詩"零露湑兮"，以證"一曰露皃"之説。

"湑"類似的表達在《詩經》中還有三處：

《小雅·裳裳者華》："裳裳者華，其葉湑兮。"

《小雅·車舝》："析其柞薪，其葉湑兮。"

《唐風·杕杜》："有杕之杜，其葉湑湑。"

這三例的辭例大致相同。關於各家對這幾處辭例中"湑"字的解釋，羅列於下：

	毛傳	鄭箋	孔疏	詩集傳	詩三家義集疏	詩毛氏傳疏	毛氏傳箋通釋
裳裳者華	湑，盛貌	葉湑然於下	葉湑然而茂盛兮在於下⑤	湑，盛貌⑥	湑猶湑湑也，言賢者功臣世澤之盛，如此花葉之茂也⑦	皆有盛義…湑猶湑湑也⑧	無
車舝	無	其葉茂盛	其葉茂盛⑨	湑，盛⑩	其葉茂盛⑪	傳云：湑，盛貌⑫	亦當爲葉盛貌⑬
杕杜	枝葉不相比也	無	湑湑與菁菁皆茂盛之貌⑭	湑湑，盛貌⑮	鄭箋…不如馬説妥順⑯	湑湑與菁菁皆茂盛之貌⑰	湑湑、菁菁，皆言葉盛

從上面各家的注釋可以看到，"湑""湑湑"在詩句中的意思都是茂盛之義。我們摘録《蓼

① 《毛詩正義》(2007:349)。
② 《詩集傳》(1980:111)。
③ 《詩毛氏傳疏》(1986:435)。
④ 《詩三家義集疏》(2009:597)。
⑤ 《毛詩正義》(2007:479-480)。
⑥ 《詩集傳》(1980:159)。
⑦ 《詩三家義集疏》(2009:770)。
⑧ 《詩毛氏傳疏》(1986:592)。
⑨ 鄭箋原文是"爲其葉茂盛蔽岡之高也"，孔疏串講與鄭箋同。本文爲了圖表簡略，故摘引。詳可參《毛詩正義》(2007:485)。
⑩ 《詩集傳》(1980:162)。
⑪ 此説與鄭箋注同，此爲節引。參見《詩三家義集疏》(2009:780)。
⑫ 《詩毛氏傳疏》(1986:601)。
⑬ 《毛詩傳箋通釋》(2012:347)。
⑭ 《毛詩正義》(2007:223)。
⑮ 《詩集傳》(1980:71)。
⑯ 《詩三家義集疏》(2009:424)。
⑰ 《詩毛氏傳疏》(1986:289)。

蕭》《裳裳者華》兩首詩相關的句子，可以看到這兩首詩用詞之間的異同：

《蓼蕭》：“蓼彼蕭斯，零露湑兮。蓼彼蕭斯，零露瀼瀼。蓼彼蕭斯，零露泥泥。蓼彼蕭斯，零露濃濃。”

《裳裳者華》：“裳裳者華，其葉湑兮。裳裳者華，芸其黄矣。裳裳者華，或黄或白。”

據《蓼蕭》毛傳，湑，湑湑然蕭上露貌；瀼瀼，露蕃貌；泥泥，霑濡貌；濃濃，厚貌①。這幾個詞都表示露水蕃厚霑濡之狀，以此比興小序“澤及四海”的主題。《裳裳者華》毛傳：“湑，盛貌；芸、黄，盛也。”雖然兩首詩相關的句子所描寫的主體不同，一是露盛，一是葉盛，但意義近似。陳奐在“零露湑兮”下引“湑，盛貌”，正是引用《裳裳者華》“其葉湑兮”毛傳的解釋，説明這兩句詩中“湑”字内在的關聯。

其次，王先謙、陳奂都强調“湑”可重言爲“湑湑”，與《蓼蕭》毛傳“湑湑然”正合，也可看作注家串聯二者關係的證據。這顯示了一種必須考慮的可能性，即這兩個“湑”字都可解釋爲露盛貌。“其葉湑兮”意爲葉子被露水霑濡，從而與下文“芸其黄矣”相應，非直寫葉子之盛。馬瑞辰就在解釋《杕杜》“湑湑”時指出：“《説文》‘湑’字注：‘一曰，露貌也’，引《詩》‘零露湑兮’。露之濃貌爲‘湑’，木之盛貌爲‘湑湑’，其義一也。’”②這個意見確不可移。

但從古書中的這些用例來看，目前似乎還看不到“湑”字本義“莤酒”與“露皃”之間的聯繫。

二 “疋”與“足”“湑”與“浞”的形音義關係

我們認爲，湑字“露皃”這一詞義並非是引申，而是與“浞”字有關。

大徐本《説文・水部》：“浞，濡也。從水足聲。”③徐鍇本作“小濡皃也”④。今大徐本似奪“水皃”二字，小徐本的“小”可能是“水”字之誤。《廣韻》云“浞，水濕”，也可以作爲“小”乃“水”字訛誤的證據⑤。

《詩經・小雅・信南山》：“既霑既足，生我百穀。”孔疏云：“既已沾潤，既已豐足，是以故得生我之衆穀也。”⑥孔疏把“足”釋爲“豐足”，不確。朱熹《詩集傳》云：“優，渥，霑，足，皆饒洽之意也。冬有積雪，春而益之，以小雨潤澤，則饒洽矣。”⑦饒，豐富。“洽”有潤澤之義。《説文・水部》：“洽，霑也。”朱熹把“豐饒”與“霑洽”結合起來釋讀，比孔疏稍進一步，但對於句中的“足”字的理解也不精審。

段玉裁《说文解字注・水部》“浞”字下注云：“《小雅》曰‘既霑既足’，蓋‘足’即‘浞’字假

① 《毛詩正義》(2007:349)。

② 《毛詩傳箋通釋》(2012:347-348)。

③ 《説文解字》(2007:234)。

④ 《説文解字繫傳》(1998:223)。

⑤ 桂馥《義證》、王筠《句讀》等對此都有論證。詳可參看《説文解字詁林》(1988:11065)。

⑥ 《毛詩正義》(2007:461)。

⑦ 《詩集傳》(1980:155)。

借也。"①錢坫《説文解字斠詮》②、朱駿聲《通訓定聲》③、王先謙《詩三家義集説》④"浞"字下都持同樣的觀點。陳奐《詩毛氏傳疏》也明白指出:"浞,濡也。足即浞之假借字。"⑤可見《信南山》中的"足"爲"浞"字假借,表示霑濡之貌,應該是没有問題的。

在傳世文獻中,"浞"字表示"霑濡"時還可以寫成"促"。《易林》"浼浼促促,塗泥至轂",王筠《句讀》認爲是訛誤⑥,其實可以看做是"浞"字之借。無論是"浞"還是"促",聲符都是"足"字。這也可以作爲"浞"字能夠寫作相關字形的一個旁證。

諧聲偏旁可以顯示某些字之間的關係。"浞"從"足"得聲,"湑"從"胥"得聲,"胥"又從"疋"得聲,"疋""足"的關係事實上很密切。作爲諧聲偏旁的"足"與"疋""胥"之間的聯繫比較複雜,有必要進行討論,以期獲得"浞""湑"二字關係更多的綫索。

首先,從古文字的角度來看,"足"與"疋"同源。《字源》"疋"字條指出,"'疋'與'足'是一字之分化"。"戰國文字中'疋'與'足'分化爲二字,字形上有了區别。"⑦李孝定在《甲骨文字集釋》中也認爲"徐灝《段注箋》,'疋'乃'足'字别體,所沮切,亦'足'字聲轉"正確可從,只是篆文已經分衍爲二⑧。既然"疋"與"足"同源,則"浞"與"湑"字之間看成通假也行得通。

其次,從字形上考慮,二者字形也很接近。《説文·疋部》:"疋,足也。上像腓腸,下從止。《弟子職》曰:'問疋何止。'古文以爲《詩·大雅》字。亦以爲足字。或曰胥字。一曰:'疋,記也。'"

這段話的信息非常豐富。我們在這裏著重於"亦以爲足字。或曰胥字"這句話。先談"足"與"疋"的聯繫。《説文》"疋,足也",是用今字釋古字。徐灝《説文解字注箋》:"疋乃足之别體。所菹切,亦足之轉聲。""亦以爲足字"在别的傳世文獻中也有綫索。所引《弟子職》"問疋何止",《管子·弟子職》作"問所何趾?"王紹蘭云:"疋、所古同聲,自可借所爲'疋'。《説文》無'趾'字,'止'即是。古本爲長。'問疋何止'之'止',讀'知其所止'之'止',問足所止何方,非趾之謂。"⑨劉向《新序》:"今爲濡足之故,不救溺人可乎?"《韓詩外傳》作"濡雅"。桂馥《義證》云:"足誤爲疋,疋變爲雅。"⑩"足""疋"形誤,段玉裁就認爲是"形相似而假借"的一個變例。《引經證例》又云:"或曰'胥'字者……古音同'疋',是借'疋'爲'胥'。今傳寫訛'足'也。"⑪

從傳世文獻上的這些例證來看,可以得出這幾個字形誤的途徑:

從"足"訛誤爲"雅":足→ 疋→ 雅

從"胥"訛誤爲"足":胥→ 疋→ 足

---

① 《説文解字注》(2010:558)。
② 《説文解字詁林》(1988:11065)。
③ 《説文通訓定聲》(2011:386)。
④ 《詩三家義集疏》(2009:757)。
⑤ 《詩毛氏傳疏》(1986:577)。
⑥ 《説文解字詁林》(1988:11065)。
⑦ 李學勤(2012:157)。
⑧ 轉引自李圃(2004:612)。
⑨ 關於這句話解釋衆多。從目前的材料來看,王紹蘭的解釋似乎更爲合理。詳見黎翔鳳(2011:1163)。
⑩ 《説文解字詁林》(1988:2786)。
⑪ 《説文解字詁林》(1988:2790)。

這些訛誤的實例,"疋"字承擔着很關鍵的作用。這些字的關係從古文字的寫法也能看到諸多端倪。比如説,在楚系文字中,"足""疋"二字字形就非常近似:

足:《容成氏》簡 28　《從政》甲簡 14　《包山》文書簡 169

疋:《老子》甲簡 28　《孔子詩論》簡 10　《皇門》簡 7

楚系文字"足""疋"的不同之處在於:"足"字上半部分的筆畫出頭,近乎"口"字;"疋"字上半則未出頭,近乎楚文字"厶"字。如果抄手在書寫時稍微草率,這種區别就會變得很不確定。比如《皇門》簡 7 的那個字形,上半部的部件就與包山簡的字形很接近。這時候發生訛誤的可能性就很大。這兩個形體的關係在某些系别的文字中都能形成替换。比如説,在齊系文字的"路"字多從"疋"①,與秦系文字從"足"有明顯的差别。

接下來需要討論"疋"與"胥"字的關係。《説文》説"或曰胥字"四字,表明《説文》認爲"疋""胥"可通②。出土文獻中也有"疋""胥"相通的例證。郭店簡《窮達以時》簡 9:"子疋前多功。"子疋,即伍子胥。上博簡五《鬼神之明》即寫作"五子",後一字整理者隸定爲"疋",云:"疋,讀爲胥。"③在後来文字演變過程中,"疋字後來繁化寫作胥,用爲姓氏"④。"足""疋"形近易誤、"疋""胥"可通。而"浞""湑"分别以足、胥爲聲符,其發生形誤就不難理解。因爲這兩個字不過是在"足""疋"的基礎上加上形符氵而已。我們認爲這一形誤的途徑應該是⑤:

從"浞"訛誤爲"湑":浞→⿰氵疋→湑

這裏討論的"足"與"疋"的例子,强調了相同或相近的諧聲偏旁在串聯相關文字時的作用。二者無論是在語音上還是在字形上關係都非常密切,屬於"形音皆近"的關係。

通過上面的論述,"湑"字"一曰露貌"的來源於"浞"字,諧聲偏旁"足""胥"無論是從語義還是語音看都有關聯。正因爲罕見,《信南山》中"既霑既足"容易被誤解,它與"湑"字在"露貌"這一義項的關係也不易察覺。

三　《説文》"一曰"表示通假義的用例——來自體例的内部證據

我們現在需要對《説文》中"一曰"這一體例進行審視,檢討在這一體例下是否存在着用

---

① 張振謙(2017:112-114)。

② 《玉篇》(2008:34)全引《説文》"疋"字之説,卻没有此四字。王筠《説文句讀》認爲這四字是"校者之詞""蓋是小注",參見《説文解字詁林》(1988:2787)。沈濤《説文古本考》也認爲"蓋古本無此四字",乃"二徐妄竄",參見《説文解字詁林》(1988:2785)。《説文》早期的面貌或許確實如此,校者從旁作注,後來誤入正文。這種可能性是存在的,但是竄入者是不是二徐則不易確定。既便如此,這也可以作爲"疋""胥"相通的一個證據。

③ 馬承源(2005:317)。

④ 張振謙(2017:113)。

⑤ 以目前的材料來看,尚未發現"湑""浞"或者"浞""⿰氵疋"直接相通的證據,所以這個論證尚缺失一環。我們依然認爲,從"足""疋"的例子來看,形誤之説是可以的。"⿰氵疋"字在楚簡中出現過,字形爲"[illegible]"(新蔡甲三.268),但是楚簡中這個字形一般表示"沮",與我們所提到的"浞""湑"並不相同。

“一曰”來表示通假的用例①。王筠《説文釋例・卷十・説解變例》專講“一曰”的體例：

“案：此二字(指“一曰”二字，筆者注)，爲許君本文者蓋寡。其爲後人附益者，一種也。合《字林》於《説文》，而以‘一曰’區別之者，又一種也。其或兩本不同，校者彙集爲一，則所謂‘一曰’者，猶今人校書，云‘一本作某也’，是又一種也。”②

這些條例，似乎没有提到假借的情況。“湑”字下“一曰露皃”具體屬於以上哪種，尚不能確定。王氏所舉例子中也没有引用此例。但他分條枚舉時，其實涉及到假借的問題。例子甚夥，姑舉數例：

“玟”下云：一曰石之美者。此後人因玟亦借爲琘，遂移琘之説解於此也。《玉篇》同今本。《韻會》則不引此句③。

“𤔔”下云：亂也。一曰治也。案乙部“亂，治也”。則一曰者，校者恐人以亂爲𤔔而箋記於側，寫者誤入正文，抑亂爲𤔔之假借，本兩義邪？④

“假”下云：一曰至也。《虞書》曰：“假于上下。”《廣韻》三十五馬假下云“非真也”。而後云，《説文》又作“徦，至也。”案此篆説在彳部，則此爲後人所增明矣⑤。

“騰”下云：一曰騰犗馬也。案騬下云：“犗馬也。”以此騬騰叠韻，誤謂其同義耳。《月令》：“乃合累年騰馬，游牝於牧。”鄭注：“累騰皆乘匹之名。”⑥

《説文・玉部》：“玟，玟瑰，火齊珠。”琘，石之美者。從《説文》的角度來看，“玟”字下“一曰石之美者”應該是“琘”字之借。“𤔔”訓“亂”，《説文》“亂”訓爲“不治”，“𤔔”訓爲“治”。“𤔔”下“一曰治也”當是“𤔔”之借。假，《説文》：“非真也。”“徦，至也。”“一曰至也”當是借爲“徦”字⑦。騰，《説文》：“傳也。”段玉裁注：“上文犗馬謂之騬，則是騰爲騬之假借。”⑧

“湑”字這一情況與上文提到的“玟”“𤔔”“假”“騰”等字可相類比。《説文》“一曰”條例既然含有假借而來的義項，“湑”字下“一曰露皃”是“浞”字之借，與這個條例正合，從體例這一内部的證據也説明我們的推論是合理的。

我們除了要探尋“露皃”本義的來源外，還可以探尋爲何“湑”字下會被綴以“一曰露皃”四字。我們認爲“一曰露皃”的説解很有可能與《詩經》中《蓼蕭》《裳裳者華》這幾首詩有關。

《蓼蕭》毛傳：“湑湑然蕭上露貌。”《裳裳者華》毛傳：“湑，盛貌。”這是“湑”字“一曰露皃”最直接的來源。“湑”本義爲“莤酒也”，由於《詩經》巨大的影響，毛傳對此字的解釋口耳相傳，無法忽略，所以就在下面綴上“一曰”，表示它另一個顯見而重要的義項，以與本義“莤酒也”相區别。上面提到過，“浞”字罕見於經典，在《詩經》中也只借“足”字代之，所以作爲“露皃”本字的事實反而被忽略了。這也就可以解釋爲什麽“一曰露皃”綴於“湑”字之下，而非其本字“浞”字之下。

---

① 華學誠(1986:91-100)《〈説文〉“一曰”義例試説》一文，第三部分“言義者例”中，第四條即是“説‘借義’者”，可參看。

② 《説文釋例》(1998:231)。

③ 《説文釋例》(1998:232)。

④ 《説文釋例》(1998:234)。

⑤ 《説文釋例》(1998:238)。

⑥ 《説文釋例》(1998:239)。

⑦ 段玉裁與王筠觀點相同，認爲假字“一曰”爲後人所增，故删去。參見《説文解字注》(2010:375)。

⑧ 《説文解字注》(2010:468)。

四　結論

上面的論述，主要討論了《説文》“湑”字“一曰露皃”的來源，一是其本字的來源，即尋繹此義的本字；一是書證的來源。這些問題又涉及了許慎在解釋《説文》時的故訓依據，《説文》“一曰”這一條例的内涵等等，同時對於探尋《説文》古本的原貌也有所啟發。

徵引書目

陳奂．詩毛氏傳疏[M]．臺北：學生書局，1986.
段玉裁．説文解字注[M]．上海：上海古籍出版社，2010.
丁福保．説文解字詁林[M]．北京：中華書局，1988.
顧野王．玉篇[M]．北京：中華書局，2008.
許慎．説文解字[M]．北京：中華書局，2007.
黎翔鳳．管子校注[M]．北京：中華書局，2011.
李圃．古文字詁林[M]．上海：上海教育出版社，2004.
李學勤．字源[M]．天津：天津古籍出版社，2012.
馬承源．上海博物館藏戰國楚竹書（五）[M]．上海：上海古籍出版社，2005.
馬瑞辰．毛詩傳箋通釋[M]．北京：中華書局，2012.
毛亨傳，鄭玄箋，孔穎達疏．毛詩正義[M]．臺北：藝文印書館，2007.
王筠．説文釋例[M]．北京：中華書局，1998.
王先謙．詩三家義集疏[M]．北京：中華書局，2009.
徐鍇．説文解字繫傳[M]．北京：中華書局，1998.
徐在國．傳抄古文字編[M]．北京：綫裝書局，2006.
鄭玄注，賈公彦疏．周禮注疏[M]．臺北：藝文印書館，2007.
朱駿聲．説文通訓定聲[M]．北京：中華書局，2011.
朱熹．詩集傳[M]．上海：上海古籍出版社，1980.

參考文獻

[1]華學誠．《説文》“一曰”義例試説[J]．内蒙古大學學報・漢文哲學社會科學版，1986(4).
[2]張振謙．説“疋”解“路”[M]//中國文字學報（第七輯）．北京：商務印書館，2017.

The Study of the Meaning of *yi yue lu mao*（一曰露皃）of the chracter *Xu*（湑）” from the Book of *Shuo Wen*（説文）

Luo Tao

Abstract: In the book of“*Shuo Wen*（説文）”, the character“*xu*（湑）”means“*yi yue lu mao*（一曰露皃）”and the meaning of it derives from the homophobe of the character“*zhuo*

（浞）"rather than the extension of"*xu jiu ye*（莤酒也）". Due to the rare of the character "*zhuo*（浞）"*and the effect of the meaning of*"*xu*（湑）","*yi yue lu mao*（一曰露皃）"is placed under the"*xu*（湑）"and the relationship between"*xu*（湑）"and"*zhuo*（浞）"is hard to be interpreted. The character"*xu*（湑）" and "*yi yue lu mao*（一曰露皃）" can be traced in *Mao zhuan*（毛傳）, which lay the foundation of "*Shuo wen*（説文）".

Key words：*Shuowen*（説文）, *yi yue*（一曰）, *xu*（湑）,*zhuo*（浞）, *Shijing*（詩經）

通信地址：北京市海淀區阜成路白堆子23號首都師範大學初等教育學院首都師大東區
郵　　編：100048
E-mail：humengzaizu@126. com

釋《楚帛書》古楚語詞“凼”

——兼談南方方言“凼”的來源

吴春亮

内容提要 一直以來，長沙子彈庫戰國楚帛書極具研究價值，其中从“凵”从“水”的會意字能否釋爲“凼”仍懸而未決。文章在前賢研究基礎上，根據文字演變及諧聲規律，結合歷史文獻及現存的語言材料，認爲“凼”當屬古楚語詞，表小水坑義。作爲底層現象，“凼”在韻書及相關漢語典籍均不收，却一直保留在南方人的口語中。顯然，“南北異言”現象古已有之，故古楚語詞的研究不僅要結合歷史文獻材料，還需同時兼顧現今活的語言事實。

關鍵詞 楚帛書 凼 楚語

一 引言

作爲目前最早出土的古代帛書，1942 年發掘於長沙子彈庫戰國楚帛書（以下簡稱《楚帛書》）極具研究價值，一直是學界關注的重點。有關它的考釋成果頗豐，但争議也同樣較大，遺留着許多懸而未決的問題。其中有一個从水从凵的會意字“凼”，即“（甲 3・30）”，在《楚帛書》甲篇中只出現一例：①

(1)乃命山川四海，熱氣寒氣……以涉山陵，瀧汩凼澫。（《楚帛書》甲篇 3）

《楚帛書》甲篇主要以上古時期伏羲、女媧創世的神話故事爲主綫。一直以來，關於甲篇“凼”的解釋，説法各異，主要有如下三種假説：

1. 釋“益(溢)”説

陳邦懷（1981：240）釋爲“益”，从水从皿省，認爲“殷墟甲骨從之字或省作凵者數見，此字通作泆。”益，爲“溢”之初文，許慎《説文解字》（以下簡稱《説文》）：“益，饒也。从水，从皿，皿，益之意也。”《一切經音義》訓：“溢，古文‘泆’同。”《説文》：“泆，水所蕩泆也。从水，失聲。”由此看來，陳邦懷認爲“益”當解釋爲會水滿外溢之意。

何琳儀（1986）認同陳先生的觀點，但何先生把“益”釋爲楚國水名，指出：“如果以湘水爲南北中軸綫，‘瀧汩益厲’四水恰在其南東西北四方。”（何琳儀 1986：80）據《水經注》卷三十八記載：“茱萸江又東逕益陽縣北，又謂之資水，應劭曰：縣在益水之陽，今無益水，亦或資水之殊目矣。”這裏的“資水”即指“益水”。

“益”，甲骨文作（《鐵》224・4）、（《甲》2319）、（《粹》12）；金文作（班簋）、

---

① 爲行文方便，全文統一採用通行漢字，不作嚴格隸定。需特殊説明的古文字及個别生僻字，一般選擇前賢摹寫的文字字形，以截圖方式呈現。下同。

(王臣簋)。從甲骨至金文,"益"均會水滿器皿之意。其中"皿"甲骨作[皿](《乙》6404)、[皿](7288);金文作[皿](皿屖簋)。楚簡在字形上承甲骨、金文,以《包山楚簡》爲例,張守中(1996:75)曾對同字不同形及同字形重複的例數進行統計,據張先生的統計,"益"各有[益](《包簡》·116;13例)、[益](《包簡》·106;11例)、[益](《包簡》·113;1例)、[益](《包簡》·146;2例)四種不同的字形。從字形演化角度看,目前傳世的材料尚未發現如陳邦懷先生所言[皿]省作凵的例證,顯然釋爲"益"缺乏可靠依據。

2. 釋"淵"説

李零(1985:69)曾提出:"凼,疑同《説文》'淵'字的古文'囦'。"連劭名(1991:41)、湯餘惠(1993:166)等從其説。《説文》:"淵,回水也,从水,象形;囦,古文从囗,从水。"衛元嵩《元包經·太陰》:"氣蠢于莫,物萌于囦。"李江注:"囦,古淵字。"可見,古文"淵"和"囦"常互注,本義爲深潭、池塘。

李零先生之所以釋爲"淵",主要由於"[凼]"與"淵"所反映的古文"囦"形同。"淵",甲骨文作[淵](《後上》15·2),《漢簡》作[淵]。可以看到,"[凼]"和"淵"在字形表現上確有些類似,但仍差距較大,前者象水在凵中,後者則象囗中有水,會潭水之意。另據饒宗頤、曾憲通(1985)的考釋,《楚帛書》[淵](乙2·24;乙7·10)可釋爲"淵",指出:"[淵]象左右兩岸有水之形,中山王鼎作[淵]與此最近。"(饒宗頤、曾憲通1985:288)張守中(1996:170)也曾對《包山楚簡》中的[淵](《包簡》·86)、[淵](《包簡》·199反)、[淵](《包簡》·143)進行過考釋,認爲應該釋爲"淵"。總的説來,從甲骨文到楚系文字,我們都尚未發現形似"凼"的"淵"字。

3. 釋"凼"説

饒宗頤、曾憲通(1985)曾釋爲"凼",其爲"滔"的初文,"選堂先生謂凼,从水从凵,滔殆其後起字"(饒宗頤、曾憲通1985:145)。陳斯鵬(2007)在饒、曾等諸先生觀點上進行豐富,"'凼漫'實即淹積之水得以疏泄流通而變得清淺之意,'瀧汨'和'凼漫'結構和含義都基本一致,説的是洪水之得到疏治。"(陳斯鵬2007:7)

我們認爲這種假説比較可信,從帛書所呈現的字形看,从水从凵的特徵比較明顯。依照現有材料,"水"象水流動之形,《楚帛書》曾出現兩例[水](乙1·29;丙6:1·7),釋爲"水",這一點是相當明確的,不贅述。

結合現有文獻材料,"凵"一般只用作構字部件,往往不能單獨成字,但楚系文獻中却有獨立成字的記載。

《包山楚簡》(湖北省荆沙鐵路考古隊1991:370)發現一例"凵(凵)"的字形:

(2)紫紳,紃緋,紫紿,虎長,四馬之凵面。(《包簡》271)

整理者認爲"凵"借作"鍱",《説文》:"鍱,鏶也。"段玉裁注:"此謂金銅鐵椎薄成葉者。"劉信芳(2003)認爲當釋爲"凹",與馬銜凹陷的形狀相似,《包簡》271"銨"、《牘》1"皓"及《望山楚簡》2·12、2·13的"鋯"同解,都指束馬的器械(參劉信芳2003:300)。另據湖北省文物考古所《望山楚簡》(1995)又作"匧":

(3)☑紫韋之□,紫□,白柔(鞣)之妥(綏)……□馬,皆又(有)匧。(《望山簡》9:108頁)

匧,《集韻·覃韻》:"匧,受物器。"《正字通·匚部》:"匧,受物器,與函通,俗从含,省作。"

我們發現,“匼”和“凹”都具有凹陷、坑塹的語義特徵,與“凵”的本義恰好相符。

另外,“凼”在《説文》《廣韻》等漢語典籍中均無相關記載,却作爲口語詞在漢語南方方言中保留至今,以别於北方官話。由此看來,“凵”與“凼”在上古時代就帶有很强的地域色彩。

二 諧聲偏旁“凵”的音義表現

《説文》:“凵,張口也,象形。”王筠補釋:“凵是口之變體,古文齒作,从凵,……皆凵爲口之證。”朱駿聲《説文通訓定聲》:“一説坎也,塹也,象地穿,凶字从此。”饒炯《説文解字部首訂》:“按其音,則凵又當爲‘坎’之古文,象地穿形者。”

上述“張口形”及“坑坎”兩種不同釋義,艾蔭範(1994:99)從格式塔心理學角度對此曾做過解釋,把“口”與“凵”混淆歸因於人類知覺中本能的“完形壓强”。這種説法雖能爲研究提供不同視角,但本身在概念上過於模糊,我們不妨直接從字形演變角度去找原因。以“出”爲例,甲骨文作(《鐵》201·4),象人脚趾走出室内,从止从凵,或作(《鐵》62·2),从止从口,與“各”在甲骨中所從字形(《甲》256)、(《甲》639)正好相對。這麽説來,古文中確有“凵”“口”混用現象,可能是由於同化作用造成混同。許慎的解釋顯然受到字形混同後的影響,從字義表現上看,許慎的説法是誤解,“凵”當爲“坎”之初文,解作“坑陷”義。

甲骨文“凵”一般用作偏旁,以“臽”爲例,甲骨文作、、,象人跪坐於坑坎中。于省吾(1979:272)曾解釋道:“象陷人於坑坎之中,其字从人凵,凵亦聲,系會意兼形聲字。”由此他推演甲骨文中一批獸形从凵的字,都可解釋爲象某物陷入坑中。我們試舉其中的幾例:

(4)戊午卜,争貞,叀王自往,十二月。(《乙》5·408)

(5)於河水二宰。(《後上》23·10)

(6)辛子卜,貞,三犬,來五犬,五豕,卯四牛,一月。(《前》3·3·3)

(材料引自于省吾 1979:272-275)

、、分别指鹿、牛、犬困於陷阱中,據劉釗(2006:64)考證,這批字當屬“坎”的專字。簡言之,凡从凵的字常具有坑坎的語義特徵。

凵,上古音 * khomʔ,上古當屬談部,按朱駿聲説爲“坎”之初文。《説文·土部》:“坎,陷也,从土,欠聲。”本義指坑,《齊民要素·大豆》引《氾勝之書·區種大豆法》:“坎,方、深各六寸,相去二尺,一畝得千二百八十坎。”可見,“坎”一般表示面積比較小的坑。“坎”上古屬談部,有苦感、苦紺二切,分别對應上古 * khoomʔ、* khooms,聲韻形式與“凵”同。由此看來,它們之間確有同源關係。

從諧聲角度看,凡从“凵”諧聲的字上古多屬談部或能與之通轉。同樣以“臽”爲例,若單獨成字,以凵作諧聲偏旁,上古音 * khloomʔ/ * grooms,屬談部。若作爲諧聲偏旁,可構成一系列從臽諧聲的新字,這些新字韻部皆屬談部。我們選擇其中幾例(鄭張尚芳 2013:501):

臽:惂 * khloomʔ,萏 * l'oomʔ,淊 * gloomʔ / * qroom,鵮 * ʔr'oom / * t-kroom

可以看到,即便聲母不同,凡从臽諧聲的字韻母表現一致,上古所屬韻部相同。按“同諧聲必同部”原則,“凼”从凵諧聲,上古也理應屬談部。

三 “凼”與南方少數民族語言

如前所述,“凼”不見於《説文》《廣韻》等傳世文獻,有學者認爲它應是後起字,其實不然。許多南方土語詞常不見於漢語傳世文獻,總結起來,這種現象可能和中原華夏民族對南方少數民族所具有的排斥心理有關。

《孟子·滕文公上》曾記載:“今也南蠻鴂舌之人,非先王之道,子倍子之師而學之,亦異於曾子矣。”這裏所説的“南蠻鴂舌之人”主要指南方少數民族(包括楚人),説他們的話像鳥叫。可想而知,當時北方漢人不僅所操語言與南人有别,還隱含了北人對南人譏諷、嘲笑的心理,因而這些“南蠻鴂舌”之言不見於以雅言爲基礎的漢語文獻便不足爲奇了。至於這類不收於傳世文獻的南方土語詞,我們可以結合今南方少數民族語進行解釋,以下是“水坑”在侗台語部分語言點的讀音(語料據梁敏、張均如 1996:238):

表 1 “水坑”在侗台語部分代表點讀音

泰語	老撾	傣拉	武鳴	柳江	龍州	侗南	仫佬	毛南	拉珈
khum^{1}	khum^{1}	khum^{1}	kum^{2}	kum^{2}	khum^{1}	ȶəm^{2}	ʦəm^{2}	ʦəm^{2}	k ũm^{2}

聲母方面,表“水坑”義在侗台語今讀聲母有 kh、k、ȶ、ʦ 四種不同音值。其中,聲母爲送氣塞音 kh,聲調爲陰調類,聲母爲不送氣的塞音、塞擦音 k、ȶ、ʦ,聲調爲陽調類。據梁敏、張均如(1996)的構擬,它們可能來源於原始侗台語形式 *△gɦ,即帶濁送氣的濁塞音。根據梁、張(1996)的報道,泰、老、傣、龍由於送氣成分較强,濁音清化後與 *△xk 聲母演變而成的送氣塞音 kh 合流。而武、柳、侗南、仫佬、毛南等由於送氣成分較弱,只保留濁塞音而與系統中原有的濁塞音 *△g 合流,後一同清化爲不送氣清塞音 k,而 ȶ、ʦ 與 *△gl 的演變規律對應,可能受濁塞音及第二音素-l 的雙重影響。如下所示:

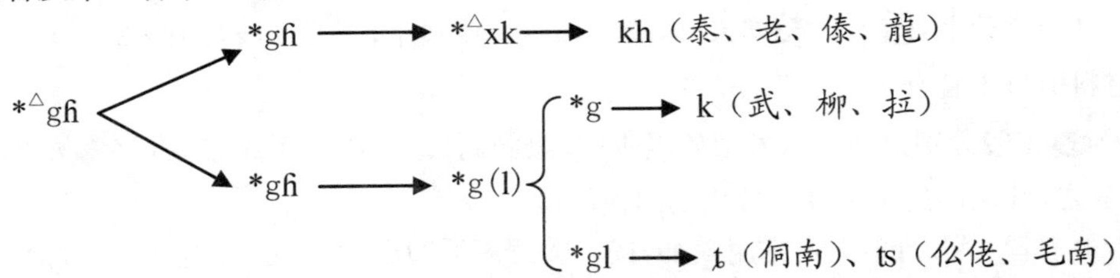

以上兩種類型演變都在聲調因清濁而分陰陽之前,因而送氣塞音聲母爲陰調類,不送氣塞音、塞擦音聲母爲陽調類。可見,kh、k、ȶ、ʦ 在侗台語中屬不同的語音層次。韻母方面,上舉侗台語各點均收雙唇-m 尾,主要元音因聲母發音部位不同而改變,聲母爲舌根音,主要元音爲圓唇高元音 u,聲母爲舌面前、舌尖前音,主要元音爲央元音 ə。據此,我們發現,侗台語中表水坑義的音韻形式正好與“凼”諧聲偏旁“凵”的上古音基本一致。

戰國時期楚國兵强馬壯,稱霸中原,地域覆蓋了中國大片區域。周振鶴、游汝傑(1986:94)的研究表明,楚語可能混合了當時當地其他民族的語言成分。這種説法比較可信,這些民族中最强大的一支可能就是越人。據《漢書·地理志》記載:“自交趾至會稽,七八千里,百越雜處,各有種姓。”越人和楚人在言語上無法互通,漢人劉向《説苑》就記載了楚鄂君因聽不懂越人歌而需要召人翻譯成楚語的故事。楚懷王時曾滅越國,楚語和越語之間必然相互接觸、影響。

《漢書・地理志》注引臣瓚曰:“世本云:‘越爲芈姓,與楚同祖。’故《國語》曰:‘芈姓夔越。’然則非禹後明矣。”楚越是否同祖的説法仍待考證,但可以肯定,歷史上楚越之間的關係比較密切。

今南方不少地名保留有“凼”字,我們在全國範圍内共收集到3402組帶“凼”的地名,根據其分布區域及所占總數的百分比,整理成如下表2。

表2　帶“凼”的地名分布數及所占百分比①

省份	地名數(組)	百分比(%)	省份	地名數(組)	百分比(%)	省份	地名數(組)	百分比(%)
湖南	1090	32.04	雲南	100	2.94	河南	4	0.12
四川	784	23.05	廣東	63	1.85	陝西	4	0.12
貴州	668	19.64	廣西	42	1.26	西藏	1	0.03
重慶	462	13.54	江西	33	0.97	澳門	1	0.03
湖北	136	4.00	安徽	13	0.38	江蘇	1	0.03
合計	3140	92.27	合計	251	7.40	合計	11	0.33

可以看到,地名帶“凼”主要集中分布於長江沿綫至淮河及以南的大部分地區,這些區域既是楚人的地域,同時也是越人活動的範圍。其中,以湖南、四川、重慶三省市所占比例最大,將近70%。

作爲古越語後裔,近年來侗台語常被用於古楚語詞的考釋,鄭偉(2007)通過侗台語的語音考證古楚語常用詞“翟”可能是古侗台語“一”的標音字。更有學者甚至持古楚語爲台語説。我們認爲,在没有進行系統的類型比較研究前,這種猜想顯然不具理論意義。誠如周、游(1986)所言,古楚語受其他民族語言成分的影響至少是可以肯定的。

四　漢語南方方言“凼”的音韻表現

音韻形式方面,“凼”②聲韻調在南方各方言中表現各異,其中以聲母之間的區别最明顯。我們根據它們各自聲母表現形式的不同,概括爲以下幾種類型(語料據中國社會科學院1999):

送氣型:南昌 $t^{h}oŋ^{6}$,東莞 $t^{h}ɐm^{4}$,萍鄉 $t^{h}õ^{56}$,廣州 $t^{h}ɐm^{4}$;

不送氣型:丹陽 $taŋ^{56}$,婺源 $tɔ̃^{4}$,長沙 $tõ^{6}$,成都 $taŋ^{56}$,貴陽 $tɑŋ^{56}$,南寧平話 $təm^{4}$,黎川 $hɔŋ^{6}$;

濁音型:杭州 $daŋ^{6}$,上海③ $dɑ̃^{246}$,婁底 $dɔŋ^{6}$。

從聲母類型看,發音部位都爲舌尖音,聲調屬陽調類。除部分老湘語(如婁底)及吴語

---

① 本文地名材料來源於“國家統計局”官網:http://www.stats.gov.cn/tjsj/tjbz/tjyqhdmhcxhfdm/。

② 本文聲調只用上標數字標注調類:1陰平、2陽平、3陰上、4陽上、5陰去、6陽去、7陰入、8陽入。若某方言個别聲調發生合併,如不分陰陽平,則用數字“12”代替,依此類推。

③ 上海話陽調類主要分陽舒和陽入兩種,其中陽舒包括平、上、去三個調的陽調,故文中此處以“246”標注其調類。

(如上海、杭州)保留濁輔音外,其餘各方言點已演變成同部位送氣或不送氣清化塞音,恰好符合定母在各方言的音變規律。那麽南方各方言點"凼"聲母如何由舌根音(諧聲偏旁"凵"爲舌根音)轉爲舌尖前音,我們或許可以從與之對應的侗台語演變中找到答案。侗台語除部分點如武、柳、拉讀爲舌根音外,也有部分點如仫佬、毛南、侗南等因受第二音素-l的影響,聲母发音部位已前移。據此猜想,早期"凼"舌根音聲母後可能同樣帶有塞化流音-l/-r,使其聲母發音部位前移。據鄭張尚芳(2013:137),塞化流音在端組亦有分布,以"唐"爲例,其从"庚"＊kraaŋ得聲,《春秋經》還通"陽",則當爲＊daaŋ>＊glaaŋ,與"行"＊glaaŋ爲同源異形詞。這種演變上古已完成,"凼"韻母今讀可爲我們提供些許證據。

韻母方面,上述各方言今讀鼻尾韻(部分已鼻化或鼻音消失),古屬陽聲韻。當它們同帶鼻韻尾時,鼻音韻尾的表現形式不同。總的來看,大部分方言點韻尾爲舌根鼻音ŋ,今音讀同宕江攝,唯有廣西、廣東境内部分粵方言和平話收閉口-m尾,其主要元音爲央元音ɐ,見表3(語料據詹伯慧2004:392;謝建猷2007:1100)。

表3 "凼"讀閉口-m尾

	順德	中山	斗門	雲浮	臺山	韶關	信宜
廣東	$t^hɐm^3$	$t^hɐm^{34}$	$hɐm^6$	$t^hɐm^4$	hem^4	$t^hɐm^6$	$t^hɐm^2$
	横縣	南江	百色	沙井	龍頭	那畢	南寧市區
廣西	$t^hɐm^4$	$t^hɔm^4$	$t^hɐm^4$	$tɐm^4$	$tɐm^4$	$tɐm^4$	$t^hɐm^4$

表中韻母[ɐm],廣西、廣東主要來自中古咸、深二攝。關於"凼",在清代地方文獻材料中曾有記載。清康熙鈕琇《觚賸·語字之異》:"粵中語少正音,書多俗字。如……蓄水之地爲氹,音泔。"不僅解釋詞義,還用直音法標注讀音。道光年間《廣州通志》卷九十二:"蓄水之地爲氹,通水之道爲圳。""氹"字下注"圖錦切",廣州話今讀符合該反切。稍晚光緒年間桑靈直《字觸補》及俞樾《茶香室叢鈔》卷二都注爲"甘",同期周壽昌《思益堂日劄》卷八則沿用"圖錦切"。"甘",廣州今讀[$kɐm^1$],顯然與"圖錦切"所反映的讀音相差較大。

以往有關兩類音韻懸殊的現象並未進行解釋,現結合前述諧聲偏旁"凵"上古音值及侗台語今讀來看,它們都反映了"凼"較早時期的讀音,差别只在於兩種讀音的來源不同。其中直音"甘"與諧聲"凵"及"水坑"在侗台語的語音形式相近,可能源自侗台語底層。前賢的研究成果表明,廣州粵語與侗台語之間的音韻格局基本一致,有着深層次的語音對應關係,保留了更多侗台語底層現象(參 Li1977、邢公畹 1999)。另一類"圖錦切"可能是楚語固有讀音,可結合"潭"的音義表現一同考慮。

潭,从覃得聲,《廣韻》徒含、以荏二切。就語音角度來看,"潭"和"凼"圖錦切所對應的音韻形式一致,差别主要在聲調。《廣雅·釋水》:"潭,淵也。"戰國時主要見於楚國文獻中,以《楚辭》爲例,"潭"出現9次,我們舉其中一例。《楚辭·九章·抽思》:"長瀨湍流,泝江潭兮。"王逸注:"潭,淵也,楚人名淵曰潭。"同表深水義,楚人和中原漢人在用詞上有别,楚人用"潭"而中原人則用"淵",即使東漢時期的王逸,在注解"潭"時也還需用中原雅言"淵",可見差别之大。

"凼",或作"氹",分布區域僅限南方方言,北方方言不收。其中幾乎所有點用於指"小水坑"義,但部分點的詞義已經發生引申,以徽語婺源方言爲例:

(7) 表有水的小坑,如"泥凼、水凼";

(8) 表没有水的小坑,如“路上一窟一凼哩個,走起來吃勁不過(路上坑坑洼洼的,走起路來非常吃力)”;

(9) 泛指具有圓小、凹陷特徵的事物,常用於表示身體部位,如“酒窩凼(酒窩)、心窩凼(心房)”;

(10) 用作名量詞,如“一凼水、一凼泥”。

從例(7)到例(9),“凼”的義素丢失,詞義開始引申、泛化。特别在例(9)中,只取本義中帶“小、淺、圓”的語義特徵。與前三例不同,例(10)發生詞性的變化,但名量詞“凼”所修飾的名詞有嚴格限制。單從詞義角度看,侗台語和漢語南方方言“凼”基本能夠對應,差别只在詞義指稱範圍上,前者專指“水坑”,而後者“凼”則特指“小水坑”。兩者相較,漢語南方方言的詞義範圍已經縮小,甚至詞性發生改變,朝着虚化方向演變,詞義發展速度顯然快於侗台語。究其根源,主要和早期“潭”“凼”的分立有關。

如前所述,“凼”不論本義或引申義,在南方各方言其詞義都帶有“小、淺”的語義特徵,和“潭”具有“深、廣”的特徵相對。若以音義相參照,“潭”和“凼”音韻表現大致相似,並且詞義相對,使用範圍有很强的地域性。這麽説來,古楚語時可能就有“潭”和“凼”的分立。

至於其他南方方言收鼻尾-ŋ,則是由-m向-ŋ的變化造成的,漢語史上曾發生-m、-ŋ交替現象,邢公畹(1986)通過大量例子證明,漢語和侗台語都普遍有-m、-ŋ的交替現象。以漢語“風”的音韻演變爲例:

“風”*꜀pləm > ꜀pjəm > ꜀pjuŋ >廣州 foŋ[1](引邢公畹 1986:1)

漢語語音史上這種-m、-ŋ的交替現象時有發生,從“凼”多數點讀同宕江攝的情況看,“凼”由-m變入-ŋ的時間至少應早於《切韻》音系,反之便會産生新的問題。如婺源、南昌、長沙、成都等語言點,咸、深攝不讀同宕、江攝,若《切韻》時代“凼”仍是-m尾,那麽按音變規律,上述各點不能讀入宕、江攝。

綜上所述,古楚語中便有“凼”和“潭”的分立,兩廣地區的粤語今讀大致反映該時期的讀音。至於“凼”在其他南方方言的音韻表現,則是根據各自方言的音變規律而産生的後起變化。正因如此,表小水坑義“凼”今只分布於南方多數地區,不見於北方官話。

五 小結及餘論

近年來,有學者結合藏緬、侗台、南亞等漢語親屬語言以考釋一些漢籍無載的古楚語詞,已取得可喜成績(參吴小奕 2005、葉曉鋒 2014)。總的來看,以往有關《楚帛書》“凼”的考釋主要集中於字形和字義,而常忽視活的語言事實,以至各執己見,莫衷一是。鑒於此,本文在前賢研究基礎上,從文字字形演變切入,考證《楚帛書》从凵从水的會意字當釋爲“凼”。根據諧聲偏旁“凵”的音義表現,確定“凼”上古收閉口-m尾,同時在詞義上兼表“坑坎”義。在此基礎上,結合現有的語言材料,即侗台語“水坑”及漢語南方方言表小水坑義“凼”的音韻形式,更進一步證實《楚帛書》古楚語詞“凼”當表小水坑義。

原帛文“以涉山陵,瀧汨凼澫”句主要與治水有關,多數研究者認爲它們當釋爲洪水氾濫之意,其實不然。誠如陳斯鵬(2007:7)所指,“瀧汨”“凼澫”説的都是洪水得以疏通治理後的結果,不然後文將會繼續講述他們如何治水的故事。

瀧、汩都有淹没義，與前句“涉”相對。瀧，《説文》：“瀧，雨瀧瀧皃。”《方言》卷七：“瀧涿謂之霑漬。”《廣雅・釋詁二》：“瀧，漬也。”有水浸漬義。汩，《説文》訓爲“治水也”。《楚辭・天問》：“不任汩鴻，師何以尚之。”王逸注：“汩，治也，鴻，大水也。”陳斯鵬認爲帛書“瀧汩”即爲《天問》“汩鴻”之倒文，實爲不妥。此處“汩”也當釋爲淹没義，與“瀧”所表示的意義相近，今福州話仍用“汩”表示淹没義。

至於“山陵”和“凼漭”，劉信芳(2002:20)認爲：“上文‘山陵’乃泛稱，則‘瀧汩凼漭’不宜實指。”我們認爲這種説法比較可信，這麽説來，“山陵”和“凼漭”都是泛稱。與“山陵”泛指大小山川相對，“凼漭”則泛指大小湖泊。今廣西有“漭源”“漭尾”，亦可通作“漫”，按帛書上下文，“漭”此處當作“漫”解，與“凼”構成叠韻連綿詞，泛指大小湖泊。據此，《楚帛書》“以涉山陵，瀧汩凼漭”可解釋爲大水從山谷穿越而出，灌注了下游大小湖泊。

参考文獻

[1]艾蔭範. 説凵[J]. 遼寧大學學報，1994(5)：99-103.
[2]陳邦懷. 戰國楚帛書文字考證[M]//古文字研究(第五輯). 北京：中華書局，1981：233-242.
[3]陳斯鵬. 楚帛文獻與文學考論[M]. 廣州：中山大學出版社，2007.
[4]何琳儀. 長沙帛書通釋[J]. 江漢考古，1986(2)：77-82.
[5]湖北省荆沙鐵路考古隊. 包山楚簡[M]. 北京：文物出版社，1991.
[6]湖北省文物考古研究所. 望山楚簡[M]. 北京：中華書局，1995.
[7]李零. 長沙子彈庫戰國楚帛書研究[M]. 北京：中華書局，1985.
[8]連劭名. 長沙楚帛書與中國古代的宇宙論[J]. 文物，1991(2)：40-46.
[9]梁敏、張均如. 侗台語族概論[M]. 北京：中國社會科學出版社，1996.
[10]劉信芳. 子彈庫楚墓出土文獻研究[M]. 臺北：藝文印書館，2002.
[11]劉信芳. 包山楚簡解詁[M]. 臺北：藝文印書館，2003.
[12]劉釗. 古文字構形學[M]. 福州：福建人民出版社，2006.
[13]饒宗頤、曾憲通. 楚帛書[M]. 香港：中華書局香港分局，1985.
[14]湯餘惠. 戰國銘文選[M]. 長春：吉林大學出版社，1993.
[15]吴小奕. 釋古楚語詞“靈”[J]. 民族語文，2005(4)：35-37.
[16]邢公畹. 漢語和侗泰語裏的-m、-ŋ交替現象[J]. 民族語文，1986(4)：1-15.
[17]邢公畹. 漢台語比較手册[M]. 北京：商務印書館，1999.
[18]謝建猷. 廣西漢語方言研究[M]. 南寧：廣西人民出版社，2007.
[19]于省吾. 甲骨文字釋林[M]. 北京：中華書局，1979.
[20]葉曉鋒. 上古楚語的南亞語成分[J]. 民族語文，2014(3)：28-36.
[21]周振鶴、游汝傑. 方言與中國文化[M]. 上海：上海人民出版社，1986.
[22]張守中. 包山楚簡文字編[M]. 北京：文物出版社，1996.
[23]詹伯慧. 廣東粵方言概要[M]. 廣州：暨南大學出版社，2004.
[24]中國社會科學院語言研究所. 現代漢語方言大詞典[M]. 南京：江蘇教育出版社，1999.
[25]鄭偉. 古代楚方言“覷”字的來源[J]. 中國語文，2007(4)：378-381.
[26]鄭張尚芳. 上古音系(第二版)[M]. 上海：上海教育出版社，2013.
[27]LI Fang-Kuei. *A Handbook of Comparative Tai*[M]. Hawaii ：The university Press of Hawaii，1977.

Explaining *Dang*(凼)of the Ancient *Chu*(楚) in *Chuboshu*(楚帛書)
——Researching the Origin of the Southern Dialect *Dang*(凼)

Wu Chunliang

Abstract: For a long time, the Changsha *Zidanku*(子彈庫) *Chuboshu* (楚帛書) has been of great research value, and it is still unresolved whether the word that have characteristics with *Kan*(凵) and *Shui*(水) can be interpreted as *Dang*(凼). Based on the research of the predecessors, the evolution of the characters and the law of harmony, then combined with the historical documents and existing language materials, the article considers that *Dang*(凼) is a ancient *Chu*(楚) dialect word with the meaning of small puddle. As substratum phenomenon, *Dang*(凼) does not exist in rhyme books and any other related Chinese classics, but it has remained in the spoken language of southerners. Obviously, the phenomenon of "the difference dialect between North and South" has existed in ancient times. Therefore, the study of ancient *Chu*(楚) dialect should not only combine historical document materials, but also take into account the current linguistic facts.

Key words: *Chuboshu*(楚帛書), *Dang*(凼), *Chu*(楚) dialect

通信地址:上海市徐匯區桂林路100號上海師範大學徐匯校區西部語言研究所
郵　編:200234
E-mail:1349888502@qq. com

"相當"一詞考釋中的斷句問題*

王閏吉

内容提要　一些學術刊物最近發表了多篇有關"相當"一詞的詞彙語法問題的論文,這對澄清"相當"的詞義,探討其語法化過程有着十分重要的作用,但在"相當"一詞考釋過程中也出現了一些標點斷句問題,值得作進一步考釋。

關鍵詞　相當　斷句　考釋

一　緣起

《中國語文》《語言研究》這兩種"體現了最新最前沿的研究動態"(方一新等,2015)的雜志,最近發表了幾篇有關"相當"一詞考釋的論文,如曹秀玲(2008)、趙文源(2009)、呼叙利(2012,2013)等。本人讀後也頗受啟發,但也發現一些問題,所以也想羅列出來,以就教於方家。

二　"相當"與"去"之間不應點斷

曹秀玲《"相當"的虚化及相關問題》一文(以下簡稱曹文)認爲"宋代'相當'做狀語的用例大量增加,但爲形容詞性'合適'義,並不表程度",並舉唯一例證"者個師僧相當去"予以證明。呼敘利《〈"相當"的虚化及相關問題〉獻疑》一文(以下簡稱呼文)指出這個例句中的"相當"爲"相配、相符、相稱"義,仍爲動詞,做謂語,而非做狀語,這應該是正確的。但呼文認爲"相當"與"去"之間應點斷,"去"獨立成一小句,似乎視"去"爲動詞,這是可以商榷的。不妨看呼文引的幾個例子:

(1)閻羅王聞説,呵呵大笑云:"者個師僧相當去,不奈你何;若不相當,總在我手裏。"(《古尊宿語録》卷一六,286 頁)

(2)(瑞州末山尼了然禪師)因灌溪閑和尚到,曰:"若相當,即住;不然,即推倒禪床。"(《五燈會元》卷四,249 頁)

(3)閻老子知得,乃曰:"賢上座,你若相當去,不妨奇特;或不相當,總在我手裏。"(《五燈會元》卷二〇,1317 頁)

(4)雲門道:"汝若相當去,且覓個入路。微塵諸佛,在爾脚跟下;三藏聖教,在爾舌

* 基金項目:國家哲學社會科學基金項目"唐宋禪録方俗語詞江户時代日人釋義研究"(16BYY147)。

頭上。不如悟去好!”(《佛果圜悟禪師碧巖録》卷七,據《大正藏》第48册)

(5)你若不相當,且覓個入頭處。微塵諸佛,在你舌頭上;三藏聖教,在你脚跟底。不如悟去好!(《五燈會元》卷一五,931頁)

以上例句,如果“去”獨立成句,理解爲動詞的話,句子的意思就没法解釋圓通。

首先,呼文認爲例(1)、例(3)、例(4)都應在“相當”與“去”之間點斷,“去”字獨立成句,可這就使結論句變成了“去”,“相當”就“去”(離開),後面的結論句“不奈你何”“不妨奇特”“且覓個入路”變得多餘了。而且“去”跟“不妨奇特”“不奈你何”也自相矛盾。因爲“去”是叫人家滚開,“不妨奇特”“不奈你何”是對人家讚美佩服。

其次,呼文的“相當就去”理解也明顯有違事理禪理。常言道:“酒逢知己千杯少,話不投機半句多。”遇到志同道合、情投意合的朋友,想多與人家交流一下,乃人之常情。禪宗不立文字,教外别傳,直指人心,見性成佛,更强調心領神會、心有靈犀、心心相印,禪師當然希望契合禪法的參學者留下來,所以《碧巖録》卷四説:“一言相契即住,一言不契即去。”(據《大正藏》第48册)這裏的“住”“去”無疑是動詞,因爲前面有副詞“即”修飾。一般都是“相當”“即住”,“不相當”“即去”,絶對没有“相當”“即去”的。如:

(6)灌溪游方時,到山,乃云:“若相當,即住;不然,即推倒禪床。”(《聯燈會要》卷一〇,據《續藏經》第79册)

(7)(鄂州灌溪志閑禪師)後到末山,先自約曰:“相當則住,不然則推倒禪床。”(《萬松老人評唱天童覺和尚拈古請教録》卷二,據《續藏經》第67册)

(8)師(五泄和尚)便辭,到石頭,云:“若一言相契則住,若不相契則發去。”(《祖堂集》卷一五,562頁)

(9)五泄初參石頭,才到門,便云:“一言相契即住,一言不契即去。”(《建中靖國續燈録》卷二七,據《續藏經》第78册)

(10)侍郎張公孝祥致書謂楓橋演長老曰:……公之出處,人具知之;啐啄同時,元不著力。有緣即住,緣盡便行。若禅販之輩,欲要此地造地獄業,不若兩手分付爲佳耳!(《禪林寶訓》卷四,據《大正藏》第48册)

(11)公之或出或處,領衆行道,人咸知之。如雞唤雛,母啐子啄,一呼百應,元不著力,到處皆然,豈靠此耶?有緣即住,無緣即撒手便行。若這等禅販如來之流,要楓橋造地獄業,公不若恒順衆生兩手分付,實爲佳美矣!(《禪林寶訓順朱》卷四,據《續藏經》第64册)

以上都是表達“相當”“即住”,“不相當”“即去”相反相成的兩方面意思的。又如:

(12)師(福州雪峰義存禪師)問:“闍梨近去返太速生?”僧曰:“某甲到彼問佛法,不相當乃回。”(《景德傳燈録》卷一六,據《大正藏》第51册)

(13)(竹庵珪和尚)諸人尋常上來,一言不相當,拽拄杖打出三門外,直是棒折也不放。(《續古尊宿語要》卷六,據《續藏經》第68册)

(14)(德山和尚)若有學者,你將取學得底來,呈似老僧看,一句不相當,須吃痛棒始得。(《正法眼藏》卷一,據《續藏經》第67册)

(15)(如淨和尚)無明業識幢,竪起漫天黑,一句不相當,拳頭飛霹靂咦,老婆心切血滴滴。(《如淨和尚語録》卷二,據《大正藏》第48册)

以上則是表達“不相當”“即去”的意思,但其實也有隱含“相當”“即住”的意思。

檢索包括CBETA電子佛典所有的佛教典籍,僅有例(4)這1例似乎有"相當"就"去"的意思。但呼文舉這一例用以證明自己的觀點,其實是有問題的。因爲這段話也是表達相反相成的兩方面意思的,後面是"悟",前面應該"不悟"或"不相當"才對。此則公案更早出處和後來的引用,如《雲門匡真禪師廣録》《五燈會元》《明覺禪師語録》《宗門拈古彙集》《林泉老人評唱丹霞淳禪師頌古虚堂集》《古尊宿語録》《聯燈會要》《五家語録》等,"相當去"都作"不相當"。如:

(16)(雲門)又云:"爾若不相當,且覓個入頭路。微塵諸佛盡在爾舌頭上,三藏聖教在爾脚跟下。不如悟去好。"(《雲門匡真禪師廣録》卷二,據《大正藏》第47册)

(17)(雲門)示衆云:"你若不相當,且覓個入頭處。微塵諸佛,在儞舌頭上;三藏聖教,在儞脚跟底。不如無事去好!還有人悟得麽?出來對衆道看。"(《聯燈會要》卷二四,據《續藏經》第79册)

(18)雲門大師示衆云:"爾若不相當,且覓個入頭處。微塵諸佛在爾舌頭上,三藏聖教在爾脚跟底。不如誤(悟)去好。"(《明覺禪師語録》卷二,據《大正藏》第47册)

(19)雲門示衆:"你若不相當,且覓個入頭處。微塵諸佛在你舌頭上,三藏聖教在你脚跟底。不如悟去好。"(《宗門拈古彙集》卷三五,據《續藏經》第66册)

(20)雲門一日上堂道:"你若不相當,且覓個入路。微塵諸佛在你舌頭上,三藏聖教在你脚跟底。不如悟去好。"(《林泉老人評唱丹霞淳禪師頌古虚堂集》卷六,據《續藏經》第67册)

以上"你若不相當,且覓個入頭處"意思是"你如果不能契合禪法,就先出去找一個悟入的門徑吧",都仍是"相當"即住,"不相當"即去。而例(4)所引《碧巖録》"汝若相當去,且覓個入路"意思恰恰相反,應該是漏掉了一個"不"字。《碧巖録》的版本很多,我們隨手查了身邊的幾個版本,大都作"若不相當"。如吴平(2005)《新譯〈碧岩集〉》所據底本,1942年日本禪學權威鈴木大拙將藏在金澤大乘寺中的《碧岩集》重新考定命名爲《佛果碧岩破關擊節》,日本學者伊藤猷典又以此校定爲《碧岩集定本》,這是衆多禪學研究者認爲最好版本,也都作"若不相當"。岐陽方秀注《碧巖録不二鈔》曰:"蜀、福兩本'若'字下有'不'字。《雪竇録》舉雲門語亦有'不字'。"①景聰興勘注《碧岩集景聰臆斷》:"'若'字下有'不'字,而猶可也。《不二》曰:福本'若'字下有'不'字。《雪竇録》舉雲門語亦有'不'字云云。"②實統注的《碧巖録種電鈔》"你若不相當"下解釋曰:"你若不相當去:不適當去之謂。"③我們現在引用《碧巖録》仍作"你若相當去",疑是不明句義而以訛傳訛。

以上"相當"後面的"去"字應該是一個事態助詞,置於句尾,表示行爲動作假設出現。"去"字用在句尾,作事態助詞,置於句尾,表示行爲動作假設出現,在唐宋禪録中頗爲常見,其行爲動作也不只局限於"相當"一詞,也見於其他動詞。如:

(21)問:"承師有言,若便悟去,亦不分外;若便不悟去,亦不分外。未審如何是不悟底事?"(《祖堂集》卷一一,413頁)

(22)曰:"爲什麽佛法不現前?"師曰:"只爲汝不會,所以成不現前。汝若會去,亦無

---

① 見岐陽方秀(1361-1424)注《碧巖録不二鈔》,慶安三十四年(1650)刊本,禪文化研究所1993年影印本,第217頁。

② 日景聰興勛(1508-1592)注《碧岩集景聰臆斷》,室町末戰國期清泰寺藏手寫本,第302頁。

③ 日實統注《碧巖録種電鈔》,元文四年(1739)刊本,花園大學國際禪學研究所藏,第426頁。

佛道可成。"(《景德傳燈録》卷四,據《大正藏》第 51 册)

(23)直饒會得十分去,笑倒西來碧眼胡。"(《嘉泰普燈録》卷一〇,據《續藏經》第 79 册))

(24)師云:"汝若不會,世尊有密語;汝若會去,迦葉不覆藏。"(《禪林類聚》卷一,據《續藏經》第 67 册)

(25)拄杖子是礙,那個是覺?若也會去,解礙爲礙而不自在;若也不會,歸源性無二,方便有多門。(《正法眼藏》卷六七,據《續藏經》第 67 册)

(26)且道,謦欬在什麽處?若知有去,始見全提半提;儻或未知,布袋裹老鴉雖活如死。(《圓悟佛果禪師語録》卷二,據《大正藏》第 47 册)

上述表示行爲動作假設出現的事態助詞"去",只是"去"字助詞用法的一個方面。吕叔湘(1941)早就指出,近代漢語裏,"去"字除了動詞用法外,還有助詞用法,用以"表事象之將然,不復可循去字本義爲解"。李崇興(1990)、劉堅等(1992)、曹廣順(1995)等對助詞"去"也有較全面的研究。

三 "相"與"當"之間不應點斷

呼文又指出,曹文證明"元明清時期'相當'用量不多,後期出現做程度狀語的個别用例",所舉的唯一例證"君龍行虎步,相當極貴"中的"相當"並非一個詞,"相"爲名詞,"貌相,面相"義;"當"爲副詞,表示對未來情況的推測。這無疑也是正確的。但呼文認爲"相"與"當"之間應該點斷,"相"應屬上,"當"應屬下,這也是可以商榷的。不妨先看呼文舉的相關例句:

(26)隆昌初,明帝輔政,起爲寧朔將軍,鎮壽春。服闋,除黄門侍郎,入直殿省,預定策勳。封建陽縣男,食邑三百户。嘗舟行牛渚,遇大風,入泊龍濆。有一老人,衣冠甚偉,立於岸側,謂之曰:"君龍行虎步,相當極貴。天下方亂,安之者其在君乎!宜善自愛。"問其姓氏,忽然不見。衍既屢有祥徵,心益自負。尋爲司州刺史。(《南史演義》,又名《南朝秘史》,一七回,511-512 頁)

(27)(蕭衍)累遷隨王鎮西諮議參軍。行經牛渚,逢風,入泊龍濆。有一老人謂帝曰:"君龍行虎步,相不可言,天下方亂,安之者其在君乎?"問其名氏,忽然不見。(《南史·梁本紀上》,168 頁)

(28)時父王問師言:"此中誰有王相,當紹我位?"時彼相師視諸王子,見阿育具有王相,當得紹位。(《雜阿含經》卷二三,據《大正藏》第 2 册)

(29)年十餘歲,與其同輩,戲于路側。時有梵志過見戲童,人數猥多,遍觀察之,見殉咒子,特有貴相,應爲王者。(《生經》卷一,據《大正藏》第 3 册)

(30)(蒯)通曰:"相君之面,不過封侯,又危不安。相君之背,貴乃不可言。"(《史記·淮陰侯列傳》,2623 頁)

例(28)(29)(30),呼文用來證明例(26)(27)不是"君龍行虎步,相當極貴""君龍行虎步,相不可言",而應是"君龍行虎步相,當極貴""君龍行虎步相,不可言"。但呼文這樣點斷,語法和節奏都有問題。

首先，從語法上看，一般常説“某有……相”“某具……相”“某顯……相”，如例(28)(29)，而不會直接説“某……相”，造成謂語殘缺。又如：

(31)正(徐正)謂左右曰：“此兒有霸王相。”(《李贄文集》第5卷《初潭集》，220頁)

(32)瑀召語親信，一日密語，瑀曰：“公有王侯之相。”(《古今圖書集成》第21册《方輿彙編・邊裔典》，24996頁)

(33)男子則遠遊冠，絲革靴，而具帝王之相；女婦則望仙髻，淩波韈，而備後妃之容。(《書畫記》，39頁)

(34)顯諸法實相，不可言宣。(《法華玄論》卷二，據《大正藏》第34册)

其次，從節奏來看，古人寫文章即使不是寫韻文，也常常會湊成整齊的句子，“龍行虎步，相當極貴”“龍行虎步，相不可言”就比較整齊，而在“相”字處點斷，就有點不順了。三字句讀起來本來就有點不順，所以常常會湊成四字音節。而且“相當極貴”“相不可言”之類的句子，在古籍中也是十分常見的。如：

(35)妃與宦者唐文扆教相者上言，衍(王宗衍)相極貴。(《新五代史》卷六三，791頁)

(36)雄身長八尺三寸，容貌魁偉。少時廣漢太守辛冉見而奇之，曰：“此相當貴。”(《中國野史集成・十六國春秋》，12頁)

(37)張次公娶鄰巫女，卜工曰：“女相當貴。”公後位至丞相，乃是次公亦貴，遂與女相合也。(《黄以周全集》第9册，400頁。)

(38)具無邊德，不可言一；融無二相，不可言多。(《宗鏡録》卷二八，據《大正藏》第48册)

(39)君龍顔虎步，相不可言。天下方亂，四海未一，安蒼生者，其在君乎？(《四庫家藏・抱朴子》，9頁)

前三例説“衍相極貴”“此相當貴”或“女相當貴”，與“相當極貴”比較，“相”增加了一個字的定語，故省略了“極”字，剛好湊成四字；没有定語，“極”字就不好省略了，也剛好四字。最後兩例前者“相”在前，“不可言多”湊成四字；後者“君”後面都是四字句，“龍顔虎步，相不可言”絶不可點斷作“龍顔虎步相，不可言”。

“龍行虎步”，喻威儀莊重，氣度不凡。語出《宋書・武帝紀上》：“劉裕龍行虎步，視瞻不凡，恐不爲人下。”“相當極貴”“相不可言”表達的正是“視瞻不凡，恐不爲人下”的意思，“相”近似於“視瞻”，“當極貴”“不可言”近似於“不凡，恐不爲人下”。《南朝秘史》中的“龍行虎步，相不可言”，《建康實録》卷一七、《通志》卷一三皆引作“龍行虎步，貴不可言”，無論如何不會在“貴”字處點斷。

此類的句式，後世也有仿造，如：

(40)士彠笑道：“果是女子，將來有何結果？”天綱道：“龍瞳鳳頸，相當極貴。”士彠道：“想是好作皇后了。”天綱道：“貴爲皇后，還是意中事。我看來尚不止此。”(《唐史演義》，262頁)

(41)這時，有一位老者對蕭衍説：“你走起路來龍行虎步，面相貴不可言。”(《二十四史人物精華》，870頁)

清代學者史夢蘭對例《南朝秘史》所引《南史》事作詞曰：“龍行虎步相非常，早向嵩神卜世長。伐荻新洲傳吉語，斬蛇真似漢高皇。”(《全史宫詞》，172頁)其首句無異於給“龍行虎步,相當極貴""龍行虎步,相不可言"作注解,從此詞的節奏看,"相"無疑下屬作主語。

即使不考慮節奏,有時"相"也必須下屬作主語,如宋李昉編《太平廣記》引《廣異記》云:"有一村中王老女,相極貴。"(《〈太平廣記〉匯校》卷三二八,5507 頁)

四 結語

"相當去"跟"不相當""即去",這兩個"去"字用法和意義截然不同。前者置於句尾,是一個事態助詞,表示行爲動作假設出現;後者用於副詞"即"之後,是一個動詞,"離開"的意思。呼文將"相當去"中的"相當"與"去"之間點斷,恐不明"去"的事態助詞的用法。同時,呼文也缺乏對事理禪理的分析,以致所舉例(1)至例(5)五例中,例(4))説"汝若相當去,且覓個入路",例(5)説"你若不相當,且覓個入頭處",自相矛盾。其實例(4)的"相當去"有多種版本也作"不相當"。

呼文將"相當極貴"中的"相"與"當"之間點斷,主要没有考慮語法和節奏問題。一般常説"某有……相",而不會説"某……相",造成謂語殘缺。古人寫文章即使不是寫韻文,常常會湊成整齊的句子,"龍行虎步,相當極貴",讀起來就特别順暢。

徵引書目

西漢・司馬遷《史記》(修訂本),中華書局,2014。
唐・李延壽《南史》,中華書局,1975。
南唐・静、筠禪僧《祖堂集》,日本花園大學影印,1994。
宋・賾藏主《古尊宿語録》,中華書局,1994。
宋・普濟《五燈會元》,中華書局,1984。
宋・歐陽修《新五代史》,中華書局,1974。
明・李贄《李贄文集》,社會科學文獻出版社,2000。
清・黄以周《黄以周全集》,上海古籍出版社,2014。
清・杜綱《南史演義》,上海古籍出版社,1994。
清・史夢蘭《全史宫詞》,大衆文藝出版社,1999。
清・吴其貞《書畫記》,遼寧教育出版社,2000。
蔡東藩《唐史演義》,上海文化出版社,1982。
藍吉富《大藏經補編》,華宇出版社,1985。
孫愛民《二十四史人物精華》,中央民族大學出版社,2002。
宋・張國風《〈太平廣記〉會校》,北京燕山出版社,2011。
《古今圖書集成》,中華書局,巴蜀書社,1985。
《大正藏》,新文豐出版公司,1983。
《嘉興藏》,新文豐出版公司,1987。
《續藏經》,新文豐出版公司,1995。
《四庫家藏》,山東畫報出版社,2004。
《中國野史集成》,巴蜀書社,1993。

參考文獻

[1]曹廣順. 近代漢語助詞[M]. 北京:語文出版社,1995:107-118.
[2]曹秀玲. "相當"的虚化及相關問題[J]. 中國語文,2008(4):317-321.
[3]方一新等. 近二十年的古漢語詞彙研究[J]. 中國語文,2015(1):73-86.
[4]呼敘利. "相當"商詁[J]. 語言研究,2012(1):109-112.
[5]呼敘利.《"相當"的虚化及相關問題》獻疑[J]. 中國語文,2013(4):371-373.
[6]李崇興.《祖堂集》中的助詞"去"[J]. 中國語文,1990(1):71-74.
[7]劉堅等. 近代漢語虚詞研究[M]. 北京:語文出版社,1992:129-138.
[8]吕叔湘. 釋《景德傳燈録》中在、著二助詞[J]. 華西協合大學中國文化研究所集刊,1984,1(3):44-58.
[9]吴平. 新譯《碧岩集》[M]. 臺北:三民書局,2005:655.
[10]趙文源. "相當"有"整齊"義[J]. 語言研究,2009(2):96-97.

The Punctuation Problems of Illustrations about *Xiangdang*(相當)

Wang Runji

Abstract: Some academic journals have recently published a number of papers on the meaning and grammar of the word *Xiangdang*(相當), which has a very important role in clarifying the meaning of *Xiangdang*(相當)and exploring its grammaticalization process. There are also some punctuation problem, which is worth further examination.

Key words: *Xiangdang*(相當), punctuation, textual reseach

通信地址:浙江省麗水市蓮都區學院路 1 號麗水學院民族學院
郵　　編:323000
E-mail:wangrunji@gmail. com

《漢書·古今人表》“榮聲期”異名辯正*

徐　凌　孫尊章

内容提要　榮啟期,歷代文獻中關於其事跡記録不多,相傳爲春秋時隱士。但對其名字的寫法,文獻中争議較多。《漢書·古今人表》載爲“榮聲期”,顔師古注認爲當爲“榮啟期”。王肅注《孔子家語》中疑爲“榮益期”。清代學者認爲亦可能是“榮磬期”或“榮肇期”之誤。同時,學者還就“榮聲期”“榮啟期”“榮益期”“榮磬期”及“榮肇期”等用字誤因展開激烈争論,總結出書體、聲近、形近、避諱等致誤原因。運用笔记、典故、出土文献、敦煌俗文献等對此問題進行再次辨析,可發現,“榮啟期”爲正名,“聲”“肇”“啟”“益”等都是誤用,這些誤用,都存在原因。

關鍵詞　榮啟期　榮聲期　漢書　同人異名

榮啟期,春秋時隱士,其人其事見於史籍之内容寥若星辰,傳説他曾行於郕之野,語孔子,自言得三樂:爲人,又爲男子,又行年九十。後用爲知足自樂之典。《列子·天瑞》有相關記載:“孔子遊於太山,見榮啟期行乎郕之野,鹿裘帶索,鼓琴而歌。”①

一　文獻所載其名異稱用例

歷代雖對榮啟期此人的歷史事跡記録甚少,但對於其名字的寫法,卻多有争議。《漢書·古今人表》載“榮聲期”,顔師古注:“即榮啟期也,‘聲’或作‘啟’。”②顔師古認爲“榮聲期”即“榮啟期”。《孔子家語·六本》王肅注認爲“榮聲期”當爲“榮啟期”或“榮益期”:“孔子遊於泰山,見榮聲期行乎郕之野”,王肅注:“‘聲’宜爲‘啟’,或曰‘榮益期’也。”③元蘇應龍的觀點和王肅相類,他在《新編類意集解諸子瓊林》卷十六《内修門·樂》“榮聲期有至樂者三”條中引用《家語》:“《家語》‘孔子遊於泰山見榮聲期’(‘聲’宜爲‘啟’,或曰‘榮益期’也)。”④明王圻《續文獻通考》卷二百十三“左、國、世本、世記、年表、人表諸書所載姓名辨異”條:“‘榮啟期’作‘榮聲期’。”清羅惇衍《集義軒詠史詩鈔》卷二“榮啟期”條:“宋人,年九十餘,《家語》作

* 本文是江西省社科規劃一般項目“清乾嘉時期書信詞彙問題研究”(18YY06)、國家社科基金重大項目“漢語詞彙通史”(14ZDB093)的階段性成果。本文初稿曾在“第十届中古漢語國際學術研討會(2017)”上報告並得到與會專家的指導,方一新老師、蔣宗福老師、張文冠博士也提出了寶貴的修改建議,謹致謝忱。文中錯誤,概由作者負責。

① 《列子集釋》(1979:22)。

② 《漢書》(1962:933)。

③ 見《四庫全書》第695册(1987:38)。

④ 見《續修四庫全書》第1222册(1996:8)。

'榮聲期',或云'榮益期'。"①

二 歷代關於其名異稱誤因之争

前賢不僅對此人名的用字有争議,同時還指出了多種其名字致誤的原因,並加以分析論證。顔師古指出,漢史游《急就篇》載"榮聲期""榮啟期"相混是"啟""聲"相近造成的:"《國語》云'厲王悦榮夷公',皆榮氏也。魯有榮駕鵝,楚有榮黄,其後亦稱榮氏。孔子所見榮啟期,泰山郕人也,或謂之'榮聲期','啟'、'聲'相近故也。"②此處"相近"並未具體指出在於哪個方面,因此,到了清代對此争論更加激烈。錢大昕認爲"榮啟期"之所以誤爲"榮聲期",是因爲"聲"乃"磬"之誤,"磬""啟"聲近而輾轉所致:"榮聲期,師古曰:'即榮啟期也。''聲'當爲'罄'之訛,'啟''罄'聲相近。"③桂馥《與丁小雅教授書》中不認可錢大昕之説,認"聲"爲"肈"之誤,"肈""啟"義近而通:"間以鄙意揣測,固知無當,或可備一説乎? 表中'榮聲期'小顔謂'即榮啟期',梁君引錢宮詹説'聲'當爲'罄','啟''罄'聲相近。馥愚以爲'聲'當爲'肈'。《説文》:'啟,開也。''肁,始開也。'啟、肁義同,傳寫'啟'爲'啓','肁'爲'肈','肈'與'聲'字形近致訛。古人名字異稱者,或借聲近之字、或假義同之文多此類也。"④

王念孫、文廷式等則認爲"聲""啟"相混,跟聲音無涉,而從書法體式變化出發,得出"榮聲期""榮啟期"相亂皆因"聲""啟"書體相近的緣故。王念孫《讀書雜志・漢書第四》"榮聲期"條提到:"榮聲期,師古曰:'即榮啟期也,聲或作啟。'《考異》曰:'聲當爲罄之訛,啟、磬聲相近。'念孫案:'此因隸書啟字作啟,形與聲近而訛耳。據師古注,則他本固有作'啟'者矣。不必迂其説而以爲罄之訛也。'"⑤文廷式《純常子枝語》指出:"《漢書・古今人表》有榮聲期,小顔謂即榮啟期,錢辛楣先生《考異》謂'聲'當爲'罄','罄''啟'聲相近。桂未穀《晚學集》又謂'聲'當爲'肈',《説文》:'啟,開也。''肁,始開也。'義同形近致訛。余謂二説皆求之過深,辛楣精於聲韻,未穀精於《説文》,所謂熟處難忘也。實則'聲'字草書與'啟'字相近,故致淆訛,無庸强爲附會。"⑥

而周廣業、周壽昌等則另闢蹊徑,從文化學的角度提出"榮聲期""榮啟期"相混乃漢代避諱制度所致。周廣業《經史避名匯考》卷七認爲無論"榮啟期"還是"榮聲期"均因避諱省爲"榮期":"又有本二字名,因避諱去其一字者。榮啟期見《列子》及《家語》《説苑》,周末人,《漢表》作榮聲期,師古注聲或作啟。而孟堅《終南山賦》'榮期綺季,此焉恬心'、傅毅《七激》'榮期清歌',並删去啟字。左思《白髮賦》因之曰'皤皤榮期,皓首田里',晉張敏《頭責子羽文》'如榮期之帶索',周庾信《榮啟期三樂圖》贊《榮期三樂》。"⑦清周壽昌《漢書注校補》卷十三雖和周廣業一樣認爲避諱是造成"聲""啟"互换的原因,但具體觀點有别,他認爲是避諱而引

① 見《續修四庫全書》第 1542 册(1996:567)。
② 見《四庫全書》第 223 册(2003:7)。
③ 《廿二史考異》(2008:89)。
④ 《清儒學案》(2013:1694)。
⑤ 《讀書雜志》(1985:15)。
⑥ 見《續修四庫全書》第 1165 册(1996:93)。
⑦ 見《續修四庫全書》第 827 册(1996:491)。

起字形轉寫造成的:"榮聲期,師古曰即榮啟期也。壽昌案:榮啟期見《列子·天瑞篇》《淮南子·主術訓》,此轉寫時,避漢景帝諱改作'聲'也。《家語·六本篇》'孔子遊於泰山見榮聲期',注:'聲'宜爲'啟'。"①

三 "榮啟期"異名誤因辨正

綜上,多數學者認爲"榮聲期"當是"榮啟期"之誤,但在論述致誤原因時,卻衆說紛紜、各執一端,均援引古代字書、音義、舊注等爲证。圍繞以上争論,可以看出歷代學者争論的焦點在於對此隱士姓名用字"聲""啟""益""磬""肇"之争及誤因,我們運用筆記、典故、出土文獻、敦煌俗文獻等對此問題進行再次論證,並在此基礎上對前人的觀點進行一一分說。

1."榮益期"之辨

王肅《孔子家語》注、元蘇應龍《新編類意集解諸子瓊林》、明·王圻《續文獻通考》、清羅惇衍《集義軒詠史詩鈔》等認爲"榮啟期"或作"榮益期"。對於"啟"誤爲"益",我們認爲主要原因在於古代文獻中"啟""益"常上下并提,因而致誤。這種現象在古籍整理中被稱爲"互訛"。俞樾《古書疑義舉例》有"上下兩句互誤例":"古書有上下兩句平列,而傳寫互誤其字者。《詩·江漢》篇:'江漢浮浮,武夫滔滔。'王氏引之曰:'當作"江漢滔滔,武夫浮浮。"'……寫經者'滔滔''浮浮'上下互譌。"文獻中"啟""益"常並提。傳說人物"啟""益"争位之事被諸多典籍記録,相傳"益"是禹選中的繼承人,"啟"是禹的兒子,"啟"最終奪"益"之位,因此"啟""益"常連用,造成用字互訛。如《韓非子·外儲説右下》:"古者禹死,將傳天下於益,啟之人因相與攻益而立啟。"《戰國策·燕策一》:"禹授益而以啟爲吏,及老,而以啟爲不足任天下,傳之益也。啟與支黨攻益而奪之天下,是禹名傳天下於益,其實令啟自取之。"又《孟子·萬章上》:"禹薦益於天,七年禹崩,三年之喪畢,益避禹之子於箕山之陰,朝覲訟獄者不之益而之啟曰:'吾君之子也'。謳歌者不謳歌益而謳歌啟曰:'吾君之子也'。""啟"誤爲"益"是古籍中文字涉上下而互訛的常見現象。

2.聲近致誤之辨

錢大昕雖承認"榮啟期"爲正名,但認爲"聲"應是"罄"之誤,因"啟""罄"聲相近。桂馥雖否認了錢大昕的觀點,但也提出"古人名字異稱者,或借聲近之字、或假義同之文"的觀點。其實"聲"有異體"殸",古"殸""磬"相通,"罄"古同"磬",故"聲""罄"古常混用,因此,即使"聲""罄"混用,也是漢字正字和俗字混用造成的,而非錢大昕所説"聲"是"磬"之誤。"啟"上古屬脂韻,"罄"上古屬耕韻。中古"啟"屬溪母薺韻,上聲;而"罄"屬溪母、青韻,去聲。"啟""罄"雖在上古音中共用同一個元音,但"啟"屬陰聲韻,"罄"屬陽聲韻,雖然清代孔廣森等提出陰陽對轉之説,但真正的通韻指韻部音色相近的韻,如耕韻與真韻,支韻與脂韻等。不同韻,中古雖聲同可相通,但"聲""啟"誤用在《漢書》中已存在。同時,文獻中未見"啟""罄"通用的用例。故錢大昕此説不可信。

3.書體致誤之辨

王念孫和文廷式亦承認"榮啟期"爲正字,但認爲改"啟"爲"聲"是書法體式相似造成的。

① 見《續修四庫全書》第267册(1996:509)。

王念孫《讀書雜志》認爲改"啟"爲"聲"是隸書之誤；文廷式《純常子枝語》認爲是草書之誤。簡牘、馬王堆帛書中的"啟"及馬王堆帛書中的"聲"隸書字體如下：

（馬王堆帛書）

（馬王堆帛書）

隸書"啟"和"聲"的寫法有較大區别，王念孫認爲因隸書形似，導致二者誤用的觀點，不可盡信。

文廷式認爲的"啟"、"聲"草書相類的説法，亦有不確。首先，關乎草書的廣泛流行時間。草書雖在秦末已發端倪，漢代形成，許慎《説文序》裹亦有"漢立而草興"的説法。但當時在民間，主要流行一種被稱之爲"章草"的書法體式，這種字體與隸書相近，但有别於今草，頗易辨識。王學仲(2006：120)提到"就是我們在竹、木簡牘中看到的帶波捺的章草書，它與隸書非常接近"，"這一書體每字獨立，便於認識，布列齊整，點畫分明"。東漢趙壹《非草書》中論到："蓋秦之末，刑峻網密，官書煩冗，戰攻并作，軍書交馳，羽檄紛飛，故爲隸草，趨急速耳，示簡易之指，非聖人之業也。但貴删難省煩，損複爲單，務取易爲易知，非常儀也。"①可見，在東漢，草書仍是"非聖人之業""非常儀"。即便當時草書盛行，據王學仲"與隸書非常相近""便於認識，布列齊整，點畫分明"等觀點，"啟""聲"二者草體，應不難辨識，致誤可能性較小。下面是孫過庭的草書"啟"和"聲"，二者也有明顯差異。

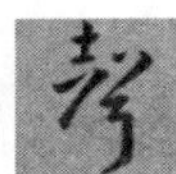

4. 避諱致誤之辨

趨吉避凶、趨利避害的心理充分映射到人類的文化載體中。避諱成爲古代常見的語言文字現象，充斥於歷代文獻中。利用避諱字和時代的對應關係規律，對文獻資料進行文字校勘、辨僞、版本鑒定等，在歷代都受到學者們的關注。清周廣業《經史避名匯考》、周壽昌《漢書注校補》等文獻用避諱之法去分析"榮啟期"誤爲"榮聲期"之原因，符合當時的社會習俗和政治禮制。但二者均認爲因避諱直接將"啟"改爲"聲"的説法，則與漢代避諱之俗相悖。王彦坤(1997：1)指出："其俗起於周，成於秦漢，盛於唐宋，延及清末。"漢代避諱之風已具，且已有規可循。王彦坤(1997：338)以漢代爲避景帝劉啟名諱，總結出漢代避帝王名諱常用的四種方式：

> 一"作某"。《史記·孝文本紀》："子某最長，純厚慈仁，請建以爲太子。"《舉例》卷一云："某謂景帝啟也。《史記》《漢書》於漢諸帝紀皆不書名。"二"省闕"。（文體名）《文心雕龍·奏啟篇》云："啟者，開也。高宗云，'啟乃心，沃朕心'，取其義也。孝景諱啟，故兩漢無稱。至魏國箋記，始云'啟聞'；奏事之末，或云'謹啟'。"三"改稱"。（節氣）《困學紀聞》卷五曰："《左傳》'啟蟄而郊'，《正義》云：'太初以後更改氣名，以雨水爲正月中，驚蟄爲二月節，迄今不改。'"四"代字"，以"開"爲"啟"。

"代字"是古人較爲常用的避諱之法。顏之推稱之爲"同訓代换"，即是選同義或近義之

① 見《四庫全書》第812册(2003：105)。

字來避諱。《顏氏家訓・風操》:"凡避諱者,皆須得其同訓以代换之。"①總觀兩漢帝王之國諱,多採用"同訓代换"這一避諱之法,漢爲避景帝劉啟之諱,常將"啟"改爲"開",如《荀子・議兵》"微子開封於宋",楊倞注:"紂之庶兄,名啟,歸周後封於宋,此云開者,蓋漢景帝諱,劉向改之也。"②《公羊傳・哀公三年》"季孫斯、叔孫州仇帥師城開陽",漢何休解詁:"開陽,左氏作啟陽。開者,爲漢景帝諱也。"③

可見,無論是唐代顏師古還是今人王彦坤,均認爲避諱中的"改稱"和"代字"是指用義近之字相改、相代。周廣業和周壽昌所持的"聲""啟"相换的觀點,不符合上述漢代避諱的原則。

四 結論

綜上,聲近、書體等致誤的説法,多有欠缺。避諱致誤的説法,雖有一定道理,但對於二周所認爲的改"啟"爲"聲"的具體原因,還需進一步探討。

根據敬諱常用的"同訓代换"原則,漢代據諱俗,無論改字、代字,均"須得其同訓以代换之",所改之字應與被改字意義相近或相關。將"榮啟期"中"啟"改爲"肇",符合這一避諱原則,故文獻有將"榮啟期"改爲"榮肇期"的記録。"啟""聲"二字之間,并無意義相涉。漢代通常將"啟"改爲同義詞"開",而"肇""啟"均有"開"義,《説文・戈部》"肈",段玉裁注:"李賢引伏無忌《古今注》曰:肈之字曰始,音兆。""啟""肇""開"三者義近,因避諱而改"啟"爲"肇"亦合諱俗。同時,因"肇""聲"形似,"榮啟期"輾轉誤爲《漢書・古今人表》中的"榮聲期",且"肇"和"聲"形近致誤,文獻中亦屬常見。《説文・戈部》:"肈,上諱。"④段注:"玉裁按:古有肈無肇,从戈,之肈,漢碑或从殳,俗乃从攵、作肇。"可見,古無"肇"而有"肈"字,且漢碑中從"殳",和"聲"偏旁形近,從而誤"肇"爲"聲",這一點桂馥《與丁小雅教授書》中也提到,但桂馥只是指出"啟""肇"同義代换,但没有明確二者互易是因避諱而成。

其實,"榮啟期"爲正名,不僅可從傳統經注文獻、筆記、小説等俗文獻記録中找到蛛絲馬跡,而且亦能從後世出土文獻中找到佐證。傳世文獻,從較早的《説苑》《列子》,到顏師古的《漢書注》,都直接記録爲"榮啟期",正如王念孫所説"據師古注,則他本固有作'啟'者矣"應有所本。宋陳彭年的《廣韻・庚韻》:"榮,榮華。又姓,漢有榮啟期。"《世説新語・文學》中亦有記載:"孫興公作《天台賦》成,以示范榮期",劉孝標注:"《中興書》曰:范啟,字榮期,慎陽人。"古人名和字之間多有關聯,這裏"范榮期"名"啟",而字"榮期",應與當時風氣與隱士"榮啟期"有關。出土文獻,如敦煌文獻中亦有關於"榮啟期"的記載:"榮啟期,衡山之陽,鹿皮爲裳,撫琴而歌。夫子見而問曰:'子有何樂而致於斯?'榮啟期曰:'我有三樂,一者我聞男尊女卑,今已得之,是一樂也。'"(《南陽張延綬别傳》P. 2568)另 1960 年 4 月在江蘇省南京市西善橋南朝墓葬出土、現藏於南京博物院的"竹林七賢與榮啟期"的磚畫,亦爲"榮啟期"。如下圖:

---

① 王利器《顏氏家訓集解》(增補本)(1996:65)。
② 《荀子集解》(下)(1988:278)。
③ 《十三經注疏》(1980:2346)。
④ 東漢和帝名"肈",公元 88 年即位,在《漢書》成書之後。

魏晉時期，黃老之學盛行，時人崇尚清談，榮啟期作爲春秋時的隱士，當時被認爲是名士，備受推崇。故而此畫像磚將其和竹林七賢並提，成爲衆人仰慕的對象。這亦證明"榮啟期"爲正名無疑。

徵引書目

清·阮元校刻《十三經注疏》，中華書局，1980。
清·王先謙撰，沈嘯寰、王星賢點校《荀子集解》(下)，中華書局，1988。
楊伯峻撰《列子集釋》，中華書局，1979。
漢·班固撰，唐·顏師古注《漢書》，中華書局，1997。
王利器《顏氏家訓集解》(增補本)，中華書局，1996。
清·王觀國撰，田瑞娟點校《學林》，中華書局，1988。
清·錢大昕撰《十駕齋養新録》，商務印書館，1935。
清·錢大昕撰《廿二史考異》，鳳凰出版社，2008。
清·王念孫《讀書雜志·漢書第三》，北京市中國書店，1985。
《四庫全書》，上海古籍出版社，1987。
《續修四庫全書》上海古籍出版社，1996。
徐世昌《清儒學案》，中國書店，2013。

參考文獻

[1]白居正．元代避諱初探[J]．江蘇科技大學學報·社會科學版，2019(3)：18-24.
[2]卞仁海．出土先秦兩漢文獻中的避諱材料述論——兼論避諱的起源問題[J]．古代文明，2018(2)：54-60.
[3]陳垣．史諱舉例[M]．北京：中華書局，2004.
[4]王新華．避諱研究[M]．濟南：齊魯書社，2007.
[5]王學仲．書法舉要[M]．北京：新世界出版社，2006.
[6]王彦坤．歷代避諱字彙典[M]．鄭州：中州古籍出版社，1997.
[7]温馨雨．漢語避諱地名中的語言文字現象[J]．賀州學院學報，2019(3)：98-101.
[8]徐世昌．清儒學案[M]．北京：中國書店，2013.
[9]許威漢．《古書疑義舉例》一失之我見[J]．中國語文，1997(5)：382-383.
[10]于文哲．崔顥新考——以新出墓誌爲中心[J]．新疆大學學報·哲學人文社會科學版，2019(4)：82-

88.
[11]周廣業. 經史避名匯考[M]. 北京:北京圖書館出版社,1999.

Research of *Rongshengqi*(榮聲期) in *Hanshu Gujinrenbiao*(《漢書・古今人表》)

Xu Ling　Sun Zunzhang

Abstract: According to historical records, *Rongqiqi*(榮啟期) was a hermit in Chunqiu Period, *Hanshu gujinrenbiao*(《漢書・古今人表》) has a entry of *Rongshengqi*(榮聲期), the past scientific research centering on if *Sheng*(聲) was the error of *Qi*(啟), *Yi*(益), *Zhao*(肇), *Qing*(罄), and they analyzes the cause of making such mistakes, includeschirography, similar in sound, similar in look. According to our research, the correct name is *Rongqiqi*(榮啟期). Because of taboo, *Qi*(啟) turn into *Zhao*(肇), and then *Zhao*(肇) turn into *Sheng*(聲) because they are similar in character forms.

Key words: *Rongqiqi*(榮啟期), *Rongshengqi*(榮聲期), *Hanshu*(漢書), one person with different names

通信地址:徐　凌　四川省成都市望江路 29 號四川大學文學與新聞學院/江西省南昌市志敏大道 1101 號江西農業大學人文與公共管理學院
郵　　編:610064/330045
E-mail: clairxu@163.com

通信地址:孫尊章　江西省南昌市志敏大道 1101 號江西農業大學人文與公共管理學院
郵　　編:330045
E-mail: sunzunzhang@163.com

編者的話

我們《漢語史學報》第二十一輯已經四校，付印在即。本輯共收録21篇文章，粗粗翻覽一過，擬就印象稍深的幾篇談一點感想。

音韻類有4篇，張民權先生《王國維校録段玉裁批注〈廣韻〉考述》一文考述王國維臨録清人黄丕烈臨摹的段玉裁《廣韻》校本，指出王國維不僅僅過臨黄丕烈臨段校本，更善於利用新發現的歷史文獻，對《廣韻》做了全面校勘。李無未與鍾雪珂先生《承襲與出新：新井白石〈東音譜〉與方以智〈切韻聲原〉》一文，將日本學者新井白石《東音譜》與中國方以智《切韻聲原》進行了比較，指出《東音譜》繼承了《切韻聲原》，但並非直接照搬，而是有所改造，有所出新，"二者並不是一般意義上的承襲與發展，而是東、西方學術交流過程中，在東亞範圍内音韻學史上的一次有效整合與升華"。二文對學術史的梳理原原本本，脉絡清晰，熔資料性、學術性爲一爐，像我這樣的外行讀來也饒有趣味。

裘雲青老師《〈鹿母經〉真僞考》對兩種題西晋竺法護譯的《鹿母經》進行了詳實深入的考察，認爲長篇《鹿母經》在前，短篇《鹿母經》在後，後者是前者的節略；從詞彙角度考察，判定長篇《鹿母經》係竺法護所譯。論文不僅在選題、結論方面多有勝義，在方法論方面也頗具指導意義。

歷史詞彙、訓詁類如真大成等《中古新詞"趁"與文獻斷代》一文，作者在《説"趁"——基於晉唐間（5—10世紀）演變史的考察》的基礎上，利用"趁"之"尋求；貪求"義和"趁＋AP"的産生時代，考訂《齊民要術》卷前《雜説》"極可能是中唐以後人的手筆"。另外，通過考察"趁却"和"趁得""趁取"的使用時代，論定梵志、寒山詩（至少部分用例）是中唐以後的作品。

句法語義類如李小軍《範圍、程度、頻率、語氣——副詞之間的語義關聯》一文認爲，範圍、程度、頻率、語氣之間具有語義上的緊密聯繫，文章結合實例，條分縷析了範圍、程度、頻率與語氣之間，範圍與程度、頻率之間的單向衍生關係，頻率與程度之間的雙向衍生關係，涉及上述4種語義範疇之間的8種語義演變路徑。作者近年來致力於考察、研究語義範疇問題，本文則是相關領域的最新研究成果。

其餘各篇也都各有發明或創新，限於篇幅，兹不一一。

要感謝的，除了各位作者和廣大讀者外，中心的青年教師王誠副教授，我的博士生劉芳，費心費力，在學報的日常事務方面做了大量具體而瑣細的工作，謹此致以衷心的感謝。

王雲路
2019年11月25日

圖書在版編目(CIP)數據

漢語史學報.第二十一輯 / 王雲路主編. — 上海:上海教育出版社,
2019.12
ISBN 978-7-5444-9727-5

Ⅰ.①漢… Ⅱ.①王… Ⅲ.①漢語史—叢刊 Ⅳ.①H1-09

中國版本圖書館CIP數據核字(2020)第017097號

責任編輯　徐川山
特約審讀　王瑞祥
封面設計　陸　弦
編　　務　王　誠　劉　芳

漢語史學報　第二十一輯
王雲路　主編

出版發行　上海教育出版社有限公司
官　　網　www.seph.com.cn
地　　址　上海市永福路123號
郵　　編　200031
印　　刷　上海葉大印務發展有限公司
開　　本　787×1092　1/16　印張 13.75　插頁 2
字　　數　320 千字
版　　次　2019年12月第1版
印　　次　2019年12月第1次印刷
書　　號　ISBN 978-7-5444-9727-5/H·0330
定　　價　90.00 元

如發現質量問題，讀者可向本社調換　電話：021-64377165